종교신학입문

PAUL F. KNITTER
INTRODUCING THEOLOGIES OF RELIGIONS

Copyright © 2002 by Paul F. Knitter

All rights reserved

Translated by YOU Jung Weon
Korean translation copyright © 2007 Benedict Press, Waegwan, Korea
Korean translation edition is published by arrangement with Orbis Books
Maryknoll, New York

종교신학입문
2007년 5월 초판 | 2011년 4월 재쇄
옮긴이 · 유정원 | 펴낸이 · 이형우
ⓒ **분도출판사**
등록 · 1962년 5월 7일 라15호
718-806 경북 칠곡군 왜관읍 왜관리 134의 1
왜관 본사 · 전화 054-970-2400 · 팩스 054-971-0179
서울 지사 · 전화 02-2266-3605 · 팩스 02-2271-3605
www.bundobook.co.kr
ISBN 978-89-419-0709-1 93230
값 **15,000원**

이 책의 한국어판 저작권은
Orbis Books와 독점 계약한 분도출판사에 있습니다.
저작권법에 따라 한국 내에서 보호를 받는 저작물이므로
무단 전재와 무단 복제를 금합니다.

PAUL F. KNITTER

종교신학입문

폴 니터 | 유정원 옮김

분도출판사

INTRODUCING THEOLOGIES OF RELIGIONS

로즈와 폴

나의 부모님

사랑과 감사로

그들을 추억하며

introducing theologies of religions
contents

- 머리말 11
- 약어표 16

서언
그리스도교와 타종교: 문제와 희망 17
- 많은 종교: 새롭게 체험된 실재 23
- 다원성: 종교적이고 우주적인 삶이 주는 주요 사실 26
- 공동체들의 공동체? 29
- 더 읽을 책 37
- 종교신학의 성서적·교부학적 기초에 관해 더 읽을 책 39

I
대체 모델
참된 종교는 단 하나다

1 · 완전 대체 43
- 근본주의적·복음주의적 그리스도인 44
  그리스도교 안의 다양성 45 | 얼마나 많이? 48
- 완전 대체: 타종교는 무가치하다 49
  칼 바르트: "하느님을 하느님으로 있게 하시오, 예수 그리스도 안에서!" 50
  "종교에는 믿음이 없다!" 53 | 그리스도교는 참된 종교다 54
  신약성경과 예수를 진지하게 받아들이기 55 | '하나의 길'만이 의미를 지닌다 59
- 더 읽을 책 64

2 · 부분 대체 67
- 하느님은 타종교 안에 계시는가? 그렇다, 그리고 아니다 67
  타종교에도 계시는 있다! 68 | 타종교에 구원은 없다! 72 | 그리스도교와 타종교의 관계 79 | 세계교회협의회: 대화는 좋지만 신학은 건드리지 마라! 82
- 다른 신앙인들은 '길을 잃었는가'? 85
- 더 읽을 책 91

3 · 대체 모델의 주장과 문제점 95
- 주장 96
  성경은 그리스도인의 삶 한가운데 자리 잡고 있다 96 | 악의 실체와 악에서 벗어나는 데 필요한 도움 97 | 예수는 하나이며 유일한 분이다 99 | 종교를 경계함 103
- 문제점 104
  그리스도교 종교신학의 원천은 무엇인가? 104
  예수는 하나이며 유일한 분인가? 107

II
완성 모델
한 종교가 다른 많은 종교를 완성시킨다

4 · 제2차 바티칸 공의회의 획기적 도약 113
- 그리스도교 역사를 돌아보니 114
- 신학의 개척자 칼 라너 121
  인간 본성은 은총을 입었다 121 | 종교는 '구원의 길'이다 125
  익명의 그리스도인 128 | 교회가 지닌 한계와 종교가 지닌 한계 130
- 제2차 바티칸 공의회: 획기적 이정표 132
  '종교적이고 인간적인 귀중한 가치들' 133 | 과연 타종교는 '진리의 빛'이고 '구원의 길'인가? 135 | '복음을 받아들이기 위한 준비' 137
- 더 읽을 책 138

5 · 위대한 개방과 대화 141
- 세 단계 진전 143
- 필요한 균형 148
- 대화하기 151

  성령으로 향하기: 가빈 드코스타 152 | 완성을 넘어서: 자끄 드퓌 156
  다른 가톨릭 신학자들의 관점 162 | 아시아의 낯선 주장들 166

- 더 읽을 책 170

6 · 완성 모델의 주장과 문제점 173
- 주장 174

  종교들 안에 진리와 은총이 있다 174 | 대화는 그리스도인 삶의 본질이다 175
  모든 종교에는 양보할 수 없는 부분이 있다 176

- 문제점 178

  완성 모델은 진정 대화를 허용하는가? 178 | 투신은 확신을 요구하는가? 179
  예수는 어떻게 구원하는가? 181

III
관계 모델
많은 참된 종교가 대화에 초대받았다

7 · 철학적 다리 185
- 세 가지 질문 186
- 세 개의 다리 190
- 철학적 · 역사적 다리 192

  새로운 종교 지도 193 | 실재는 하나지만 문화적 표현은 다채롭다 194
  상대주의라는 미끄러운 비탈길 피해 가기 199
  예수에 대해 무슨 말을 할 것인가? 201

- 더 읽을 책 208

8 · 신비적 다리와 예언적 다리 211

- 종교적 · 신비적 다리 211

  신-인간-우주의 일치 214 | 하나와 많음 217
  관계의 풍요로움 219 | 예수에 대한 말 221

- 윤리적 · 실천적 다리 227

  그들의 열매를 보고 그들을 알 것이다 227 | 공통 문제는 공통 기반이다 229
  실천 후의 대화가 더 좋은 대화다 233 | 해방자 예수 238
  예수의 고유성 다시 보기 243

- 더 읽을 책 246

9 · 관계 모델의 주장과 문제점 249

- 주장 249

  새로운 답변이 필요하다 249 | 예수는 성사다 252
  성령 그리스도론 255 | 관계 그리스도론 258

- 문제점 259

  비열한 제국주의? 259 | 저열한 상대주의? 267
  관계 모델의 주장은 과연 그리스도교적인가? 271

IV
수용 모델
많은 참된 종교를 그대로 놔두라

10 · 아주 다른 것과 더불어 평화 만들기 281

- 우리가 사는 현대 세계의 탈근대적 맥락 282

- 탈자유주의적 기초 289

  종교: 체험보다 말이 앞선다 289 | 공통 토대란 없다 293
  대화: 좋은 이웃 되기 296 | 변론을 위한 변론 300
  그리스도의 자리 303

- 더 읽을 책 307

11 · 참된 차이가 참된 대화를 낳는다 309

- 많은 종교, 많은 구원 309

  종교들은 다른 수단들만 가진 것이 아니다. 각자 다른 목표로 가고 있다 309
  종교의 차이는 하느님 안에 차이가 있기 때문이다 312
  많은 구원은 더 나은 대화로 안내한다 317 | 그리스도의 자리 322

- 비교신학 325

  종교신학을 일시 중단하라! 326 | 타종교와 비교하여 자기 자신 이해하기 329
  어떻게 해야 하는가? 332 | 우정의 중요성 336 | 예수의 역할은? 337

- 더 읽을 책 343

12 · 수용 모델의 주장과 문제점 345

- 주장 346

  우리는 모두 포괄주의자다 346 | 차이의 가치 350
  대화는 신학을 전개시킨다 354

- 문제점 357

  언어는 프리즘인가 감옥인가? 357
  많은 구원이 이 세상을 구원할 수 있을까? 364
  절대적인 것은 많다 = 절대적인 것은 없다? 368
  비교신학은 '신학을 자유롭게' 할 수 있을까? 372

결론 내릴 수 없는 결론 377

- 그리스도인 간의 대화가 필요하다 378
- 종교 간의 협력이 필요하다 384

- 인명 색인 391
- 사항 색인 394

머리말

나는 이 책이 경고의 종과 초대의 종으로 울리길 바란다. 먼저 이 책은 그리스도인뿐 아니라 여러 타종교인이 자기 종교가 아닌 종교들을 좀 더 진지하게 받아들여 다른 종교인들을 이해하고 함께 대화하고 협력해야 한다고 느끼도록 경고하려고 한다. 다음으로 흥미를 일깨우고 활력을 주며 세상에 공헌하고 깊은 신앙을 주는 선익善益이 타종교인과 어울리고 배울 때 이루어진다는 사실을 밝히고자 한다. 긴급한 요청은 예정된 기회이기도 하다. 현대 종교인은 종교끼리 종교적 관계를 형성해야 한다고 말한다. 자신의 신앙을 산다는 것은 다른 신앙을 사는 타인들과 함께 산다는 뜻이다. 이 책은 그리스도인이 직면한 다양한 문제와 희망을 밝히고 그것에 어떻게 대처하는지 살피고자 한다.

나는 이 점을 1985년에 발표한 『오직 예수 이름으로만?』*No Other Name?*에서 고찰한 바 있다. 지금 쓰려는 이 책은 초기 연구 내용을 개정한 것이다. 그러나 그리스도인이 지난 20여 년 넘게 타종교인들과 만난 경험에 관해 신학자들이 해 온 이야기들은, 1985년에 쓴 책을 개정하는 것만으로는 어림도 없었다. 새 책을 써야 했다. 아주 새롭고 다양한 견해가 있었고, 많은 것이 변했다.

나 또한 변했다. 학교에서 만나는 동료 신학자들을 겨냥해서 또 하나의 책을 쓰고 싶지 않다는 점을 알게 해 준 온화하면서도 정곡을 찌르는 아내 캐시에게 고마움을 전한다. 종교 모임과 교회에서 만난 학생들 및 신자들과 나눈 사목적 체험을 돌아볼 때, 나는 '타종교들'이 그리스도인에게 부담스럽고 고민을 안겨 주며 의혹을 불러일으킨다는 사실을 더 분명히 알게 되었다. 나는 이 벗들과 얘기하고 싶었다. 이들은 종교와 신앙에 정통해 있고 지성적이며, 종교와 신앙에 관심을 가지거나 고뇌하는 평범한 이들이다. 이들과 이야기 나누려면, 솔직하고 호의적인 태도로 사귀면서 그들이 안고 있는 실제 문제들을 공유하고, 그들에게 근거가 확실하고 믿을 만한 신학을 제시해야 한다.

내가 이런 문제들을 곰곰이 생각할 당시, 오르비스 출판사도 현대신학에 주목하는 독자들을 대상으로 새로운 '입문' 시리즈를 펴내기 시작했다. 도움이 될 만한 것이 있는지 찾아보기 바란다! 나는 처음 쓰려던 개정판에서 도움이 될 만한 내용을 추려 이 입문서에 넣을 수 있었다. 지난 수년 간 '신앙과 신앙이 만나다'The Faith Meets Faith 시리즈를 편집한 오르비스 편집국장이며 내 벗이자 동료인 윌리엄 버로우스William Burrows는 내 의견을 흔쾌히 받아들였다. 그러나 주의할 것이 있다. 나는 이 책에서 여러 입장을 설명하고 분석하지만, 한 입장만 주장하지는 않는다!『오직 예수 이름으로만?』에서 나는 하나의 모델(당시 용어로 '신중심주의')을 주장하기 위한 토대를 세우고, 종교신학을 비판적으로 다루었다. 그러나 이 책에서는 그리스도교가 전개한 다양한 종교신학 모델들을 공정하게 비판하려고 노력했다.

한 입장에 서지 않고 공정하게 비판한 것은 축복으로 돌아왔다. 물론 객관성, 공평성, 중립이 완벽하게 지켜지진 않았다. 그러나 가치 있는 작업이었다. 나는 이 책에 매달렸으나 확실하고 매력적인 종교신학을 제시하지는 못했다. 내 주장을 펴지 않고 다른 종교신학들을 더 분명히 이해하고 평가하는 데 노력을 기울였다. 그렇다고 다른 신앙에 접근하는 나만의 길이 없는 것은 아니다. 각 모델의 장단점을 밝힘으로써, 나는 내가 말한 모델의 한계점과 아울러 다른 모델들과 계속 대화할 필요를 더 많이 깨닫게 되었다.

그러나 '신학들'theologese을 말하지 않는 사람들에 관해 쓰는 동시에 중립적 태도를 지녀야 하는 이중 작업은 아주 신중해야 했기에 도움이 필요했다. 로버트 벨라민 본당Robert Bellarmine Parish의 동료 열두 명에게 고마움을 전한다. 힘들게 내용을 채운 다음, 나는 이메일이나 팩스로 그것을 그들 한 사람 한 사람에게 보냈다. 그들은 읽는 대로 우리 집에 모여 '평신도 독자에게 관심을 불러일으키고 사실을 전하기 위한' 내 노력의 결실에 대해 친절하고 솔직하게 말해 주었다. 여러 달이 지나서 우리는 일종의 '신학에 기초한 공동체', 곧 신앙을 이해하려는 공동체를 구성했다. 우리가 하는 일들이 효과를 내야 한다는 바람도 품었다. 나를 도와준 이들은 크리스텐 코르코란Kristen Corcoran, 톰과 다이애나 플라우트Tom & Diane Flautt, 마이크 하르몬Mike Harmon, 루스 홀텔Ruth Holtel, 카렌 헐리Karen Hurley, 신과 메리 오드워Sean & Mary O'Dwyer, 줄리와 켄 로데Julie & Ken Rothe, 루 베라Lou Vera, 샘 웰러Sam Weller다. 내 아내 캐시와 아들 존에게도 고마움을 전한다. 꼼꼼하게 내용을 읽은 후 사랑을 담아 정직하게 지적해 주었다.

나는 또한 2000년 가을 학기 대학원에서 '그리스도의 유일성'The Uniqueness of Christ 과목을 수강한 학생 스물다섯 명의 조언도 받았다. 우리는 이 책 초고를 가지고 공부했고, 믿음을 가지고 솔직하게 신학 내용과 방법론을 고찰했다. 그들의 진지함은 나에게 힘을 주었다. 특히, 학생들이 학기 말에 어느 신학적 모델을 좋아하는지 물었을 때, 나는 내 신학적 입장을 공들여 주장했다.

그러나 나는 '폭넓은 청중'과 교감하는 동시에 내가 확실하고 정확한 신학을 전개하고 있는지 확인받아야 했다. 그리하여 동료들, 특히 정확하고 공정한 글을 쓰도록 도와줄 이들의 도움을 받았다. 그들에게 진심과 겸손을 담아 감사드리며, 앤도버 뉴턴 신학교Andover Newton Theological School의 마크 하임Mark Heim, 로욜라 메리마운트 대학교Loyola Marymount University의 짐 프레드릭스Jim Fredericks, 포담 대학교Fordham University의 잭 힐리Jack Healy 그리고 특히 로마 그레고리오 대학교Gregorian University의 자끄 드퓌Jacques Dupuis에게 감사드린다. 그들은 내 원고를 일일이 읽어 주었고, 내가 그들이나 다른 사람들의 설명을 오해했다고 생각되는 부분을 기꺼이 지적해 주었다. 내가 그들의 충고를 잘 받아들였기 바란다. 가장 절친한 벗이며 매서운 비평가인 오르비스 출판사의 빌 버로우스Bill Burrows도 같은 도움을 주었다. 그는 이 책을 잘 이끌어 준 착한 목자였고, 내가 길을 잃지 않고 잘 나아가도록 잡아 주었다.

마지막으로, 이 책의 용도를 언급하겠다. 나는 다양한 독자를 위해 이 책을 쓰려고 했지만, 이 책을 쓸 당시만 해도 하비에르 대학교Xavier University 학생들을 염두에 두었다. 수업 때마다 엄청난 신학적 전문 용어와 사고를 다루자, 학생들은 어렵고 지루해했다. 나는 특히 그들이 이 책을 읽기 바란다. 이 책은 '타종교들'을 향하거나 '세계종교들 사이의 대화'에 관한 그리스도인의 태도를 다루는 학부 과정에서 기본 교재로 사용할 수 있다. 또 이 책은 일반적 '세계종교들'을 다루는 학부 과정에서 알맞은 입문

서로 쓰일 수 있다. 학기중 3/4 정도는 이 책 내용을 다루고 학생 두세 명이 짝지어 각 장이 끝날 때마다 읽은 내용을 보고서로 작성하게 한 수업은 효과적이었다. 그 후 1/4은 프랜시스 클루니Francis Clooney의 『모든 신의 자녀를 위한 힌두교의 지혜』*Hindu Wisdom for All God's Children*나 레오 르페브르Leo LeFebure의 『붓다와 그리스도』*The Buddha and the Christ*같이 특정 종교와의 대화를 연구하는 것이다. 대학원 과정에서는 각 장 끝에 실어 놓은 참고 도서('더 읽을 책') 가운데 몇 권을 골라 읽는다면 다양한 모델들을 더 깊이 토론할 수 있을 것이다. 끝으로 벨라민 본당 경우처럼, 이 책은 성인교육 과정이나 본당 토론 모임에서 활발한 대화를 이끌어 줄 것이다.

그리하여 그리스도인이 타종교를 좀 더 진지하게 받아들이도록 경고하고 초대해 줄 종으로 이 책이 제 역할을 다하기 바란다. 이로써 그리스도인이 어떤 신학적 모델을 받아들이든, 그들 나름의 신앙을 성숙시키고, 예수가 말한 '하느님 나라'에 좀 더 가까이 가도록 이 세상을 안내할 것이라고 믿는다.

이 책이 그렇게 쓰인다면, 하비에르 대학교에서 은퇴한 나에게 더한 기쁨은 없을 것이다.

2002. 2. 25
하비에르 대학교 명예교수
폴 니터

약어표

AG	Ad Gentes Divinitus	「교회의 선교 활동에 관한 교령」
DP	Dialogue and Proclamation	「대화와 선포」
GS	Gaudium et Spes	「현대 세계의 교회에 관한 사목 헌장」
LG	Lumen Gentium	「교회에 관한 교의 헌장」
NA	Nostra Aetate	「비그리스도교와 교회의 관계에 대한 선언」
RM	Redemptoris Missio	「교회의 선교 사명」
UR	Unitatis Redintegratio	「일치 운동에 관한 교령」

●●●● 서언

그리스도교와 타종교
문제와 희망

01 서언 제목은 이 책 전체 내용을 꼭 집어내고 있다. 많은 타종교가 가르치는 실재가 그리스도인에게 왜 커다란 문제이면서 커다란 희망인지를 살펴볼 것이기 때문이다. 타종교들이 보여 주는 다원성과 생명력에 당황하거나 매력을 느끼는 그리스도인은, 과거에는 맞닥뜨리지 못했던 의문점들과 도전에 직면하고 있다. 이것이 문제다. 그러나 해결하지 못한 이 의문점들은 인간성, 신성, 그리스도교 자체에 대한 새로운 발견과 통찰을 안겨 준다. 이런 면에서 희망이다. 이 책은 문제와 희망을 진지하고 정직하게 다루려고 한다.

어찌 보면 이 문제는 새로운 것이 아니다. 정확한 연대를 알 수 없는 인류의 기원으로부터, 생의 의미에 대한 관심을 불러일으키고 확장시켜 온 의식의 불꽃인 많은 종교가 언제나 나름의 '궁극적' 해답들을 제시해 왔다. 그리고 오늘날 그리스도인은 타종교 전통들의 존재와 힘과 풍요로움을 더 많이 자각하게 되었다. 활발히 서로 만나고 서로 돕는 지구촌 시대에 사는 현대인은 그 어느 때보다 분명하고 곤혹스럽게도 다양한 종교들과 그들의 각기 다른 많은 궁극적 대답들과 맞닥뜨린다.

이 새로운 상황은 때로 고통스럽다. 오늘날 타종교들에 관한 지식의 양과 새로운 자각은, 현 상황을 접해 보지 못하고 자기 종교 집단에만 충실하면 그만이었을 과거 종교인이 품었던 의문과는 전혀 다르기 때문이다.

- 왜 많은 타종교가 있는 것일까?
- 하느님이 한 분이시라면, 한 종교만 있어야 하는 것이 아닌가?
- 모든 종교는 하느님 보시기에 옳고, 하느님과 만나는 이들에게 똑같은 효력을 가지는가?
- 종교들의 차이는 상반된 내용보다 다양한 빛깔에서 나온 것인가? 종교 전통들은 서로 어떤 관계를 맺어야 하는가?
- 특히, 내 종교는 다른 종교들과 어떤 관계를 맺어야 하는가?
- 나는 내 종교에서 배운 것보다 다른 종교에서 더 많이 배우는가? 왜 나는 다른 종교가 아닌 한 종교에 속해 있는가?

이 질문들은 그리스도인이 이웃 종교인과 그들의 신앙과 관련하여 그리스도교 신앙을 어떻게 이해해야 할지 다룬다. 앞에 열거한 질문들에 답하려는 그리스도교 성직자와 신학자들은 '종교신학'이란 학문을 세웠다. 종교신학을 통해 성직자와 신학자들은 자신의 신앙 선조들이 응답해 온 그리스도교 성경과 전승을 연구한다. 그들은 '종교사'와 '비교종교학'도 공부한다. 그들은 타종교를 더 잘 이해하려고 타종교 경전을 읽고 타신앙인들과 대화한다. 그다음 성직자와 신학자들은 동료 그리스도인에게 자기가 배운 것을 설명한다. 그들은 그리스도교 가르침이 타종교 안에서 변화했다고 자주 말한다. 그들의 의견은 신학자들 사이에 격렬한 논쟁을 낳았고 교회 교도권¹의 반발을 자아냈다.

이 책 제목은 '종교신학입문'이다. 여기서 나는 그리스도교와 타종교의 여러 관계를 다룬 주요 신학적 입장과, 하느님의 계획 안에서 타종교가 수행하는 역할을 다룰 것이다. 이 책은 종교신학을 체계적으로 공부하려는 이들을 위한 책이다. 이 책은 수많은 관점이 있어 왔고 지금도 여전하다는 것을 분명히 밝혀 준다. 결론적으로, 이 책은 종교에 관한 '신학들'을 다룬다. 나는 최선을 다해 이 신학들을 공정하게 설명하고 요약하겠다. 내가 살펴본 성직자와 신학자들은 각기 다른 입장의 타당성을 아주 다르게 평가한다. 나는 그들의 차이를 합해 놓을 수 없다. 나는 내가 살펴본 학자들이 나에게 '당신은 내 입장을 공정하게 다루었군요'라고 말해 주기 바란다.

나는 이 책에서 많은 학자를 다루었고 그들의 의견을 물었다. 그들 중 한 사람은 내가 본인의 입장은 충분히 잘 요약했으나, 본인들이 마치 교의신학의 목표를 배신하고 소비자들이 선택하는 물건으로 전락한 듯하다고 불평했다. 단순히 선택할 것들을 나열한 것이 아니라, 일관되게 진리를 밝히고 주요 주제들에 가장 적절히 대답하려는 교의신학을 저버린 것 같다고 말이다. 이 책은 그리스도교의 핵심 진리와 '타종교들'의 핵심 진리를 진지하게 다루지만, 종교 다원주의를 이해하려는 그리스도교의 신학적 과제가 무엇인지는 밝히지 않는다.

나는 각 입장에 공감하려는 태도로 일관했다. 사실 일찍이 나는 내가 그리스도인으로서 핵심 문제를 해결한 책을 썼고, 이것으로 판단의 잣대를

---

1 가톨릭 교회의 두 주요 문헌이 이 역학을 잘 설명해 준다. 교황 요한 바오로 2세의 *Redemptoris Missio*(1990.12.7. 「교회 선교 명령의 지속적 타당성」)와 신앙교리성 문헌인 *Dominus Iesus*(2000.8.6. 「예수 그리스도와 교회의 일치 및 보편 구원성에 관한 선언」).

마련했다고 생각했다.[2] 그 책을 놓고 벌어진 논쟁들은, 모두가 받아들일 수 있는 그리스도교 종교신학을 세우기 쉽다는 내 생각이 잘못임을 깨닫게 해 주었다. 하지만 나는 오늘날 그리스도인이 타종교의 은총과 힘과 진리를 점점 더 일상에서 많이 체험하는 까닭에 사도행전 4장 12절을 재해석할 필요가 있다고 생각했다: "그분 말고는 다른 누구에게도 구원이 없습니다. 사실 사람들에게 주어진 이름 가운데에서 우리가 구원받는 데에 필요한 이름은 이 이름밖에 없습니다." 요한 복음의 전체 본문은 다음 구절로 요약된다.

> 하느님께서는 세상을 너무나 사랑하신 나머지 외아들을 내주시어, 그를 믿는 사람은 누구나 멸망하지 않고 영원한 생명을 얻게 하셨다. 하느님께서 아들을 세상에 보내신 것은, 세상을 심판하시려는 것이 아니라 세상이 아들을 통하여 구원을 받게 하시려는 것이다. 아들을 믿는 사람은 심판을 받지 않는다. 그러나 믿지 않는 자는 이미 심판을 받았다. 하느님의 외아들의 이름을 믿지 않았기 때문이다. 그 심판은 이러하다. 빛이 이 세상에 왔지만, 사람들은 빛보다 어둠을 더 사랑하였다. 그들이 하는 일이 악하였기 때문이다(요한 3,16-19).

많은 그리스도인이 자신의 신앙을 진지하게 받아들이기 때문에, 이런 성경 본문에 의문을 제기하면 고통스러워한다. 자기 신앙을 확신한다 해도

---

[2] Paul F. Knitter, *No Other Name? A Critical Survey of Christian Attitudes toward the World Religions* (Maryknoll, N.Y.: Orbis Books 1985) [『오직 예수 이름으로만?』 변선환 역, 한국신학연구소 1987].

이 의문점을 섣불리 떨쳐 내지 못한다. 이 본문은 전통적 그리스도교 가르침만이 단 하나의 참된 종교이며, 타종교는 타신앙인들이 복음을 받아들이고 그리스도교로 개종하게 해 주는 미덕을 지닐 뿐이라고 가르치기 때문이다.

종교신학, '종교다원신학'[3]은 이 문제들과 정면 대결한다. 종교 다원성을 결론으로 받아들이기 어려워하는 이들은, 선을 넘어서려 하지 않는다. 문제들은 성경을 떠올리는 것만으로 해결될 수 있다. 그러나 대다수 종교신학자들은 이런 식의 가벼운 해답을 받아들이지 않으므로, 이 책에서는 그들의 주장을 소개하겠다.

무엇보다 먼저, 우리의 변화된 역사적 상황은 종교 다원성에 대한 감수성을 키울 때 이해된다. 과거 그리스도교와 유다교에 대한 무슬림의 생각은 더 이상 적절하지 않다. 이웃 무슬림들이 간직한 장점과 진리를 체험함으로써, 그리스도인은 무시해 왔던 이슬람의 주장을 재고할 필요가 있다. 나는 유교, 불교, 힌두교, 아프리카와 아메리카 토착 전통을 연구하고 배울 때도 똑같다고 믿는다. 이런 점에서 각 종교의 길을 기억하고 인류가 믿어 온 종교들의 계속된 다양성과 다원성이 얼마나 중요한지 고찰해 보고자 한다. 그 해답을 찾기 전에 우리는 그 질문이 가지는 참뜻과 절박함과 복잡함을 살펴보아야 한다. 그리하여 아래 문제를 다루겠다.

1. 고대부터 계속되어 온 종교 다원성을 현대는 왜 다르게 체험하는가?
2. 이 체험은 많은 사람에게 '새 시대'를 예고하며 타종교들과 아주 새로운 관계를 맺도록 제안하는가?

---

[3] Jacques Dupuis, *Toward a Christian Theology of Religious Pluralism* (Maryknoll, N.Y.: Orbis Books 1997) 7-13.

3. 새 시대가 밝아오고 있다는 시각과 '타'종교들과 새롭게 관계 맺고 그들을 새롭게 이해하라는 제안은 왜 그토록 많은 이에게 문제와 고민을 던져 주는가?

많은 의견을 내 개인의 연구와 기도를 토대로 풀어내지 않았다면, 이 문제를 제대로 다루지 못했을 것이다. 그러나 나에게 가장 큰 영향을 준 것은 전 지구의 여러 타종교를 믿는 형제자매들과 대화한 것이다. 가난한 이들이 처한 어려움, 종교를 정략으로 이용하여 대화를 방해하는 것, 어머니 대지에 닥친 위험한 상황도 깊은 영향을 미쳤다. 몇 년 전에 나는 현시대 상황과 종교 다원성을 다룬 책 두 권을 썼다.[4] 2001년 9월 11일 이후에 발생한 사건들은, 내가 다룬 사항들을 더 중요하게 보게 만들었고 종교가 더 불안해진 평화를 증진시켜 줄 수 있다는 낙관주의를 옹호하게 해 주었다. 연구와 기도, 종교 간 대화, 정의와 평화와 해방을 앞당겨 주는 실천, 생태계 보존을 위한 노력이 나를 변화시켰다. 그 누구도 내가 이 책을 완전히 '객관적' 태도로 썼다고 믿지는 않을 것이다. 학자이며 그리스도인인 나는 평화로운 하느님 나라에 관한 복음 세계를 실현하는 데 관심이 있었다. 그 세계는 나를 더 나은 세상을 창조하려는 종교인들과 함께 협력하고 대화하도록 이끌어 주었다. 나는 오늘날 과거 어느 때보다 이 실천하는 협력이야말로 진리를 밝혀 준다고 확신한다. 실재가 보편적 상대성을 지닌다는 해석은 사람들을 상대주의라는 유해한 도그마에서 허우적거리게 만들어 왔으며, 차이는 아무 문제가 안 되고 진리를 얻으려면 토론, 논쟁, 연구가

---

[4] Paul F. Knitter, *One Earth - Many Religions: Multifaith Dialogue and Global Responsibility* (Maryknoll, N.Y.: Orbis Books 1995); *Jesus and the Other Names: Christian Mission and Global Responsibility* (Maryknoll, N.Y.: Orbis Books 1996).

필요하다는 주장은 우리의 탈근대적 현실에선 구식으로 전락했다. 이 '탈근대'에 관한 관념은 다음에 다루겠다. 이 책에서는 그리스도교와 마주한 타종교를 이해하기 위해 실천적이고 실용적인 판단 기준을 다룰 것이다. 지금은 다원 시대를 사는 현대인이 각 종교의 주장에서 전 지구적 진리로 나아가고 있음을 밝혀보겠다.

많은 종교: 새롭게 체험된 실재

오늘날 타종교는 더 이상 경계 저 멀리 존재하고 있지 않다. 타종교는 전 세계에 분포해 있고, 북미와 유럽에까지 번져 있다. 타전통에 관해 알기 위해 더 이상 학자나 세계 여행가가 될 필요가 없다. 누구든지 서점을 방문하고, 텔레비전을 보고, 인터넷을 연결하면 된다. 한때 학자들이 흥미를 가지고 비밀스럽게 다루던 것이 이제는 멋진 겉표지를 단 종교 서적으로 출판되어 미국과 유럽 서점에 깔려 있다. 바가바드기타, 도덕경, 불경 번역본이 성경과 나란히 놓여 있다. 허스튼 스미스Huston Smith, 조셉 켐벨Joseph Campbell, 틱낫한Thich Nhat Hanh, 달라이 라마Dalai Lama가 힌두교, 불교, 도교, 이슬람교의 의미와 가치에 관해 비평한 책들이 그리스도인 작가들 책 못지않게 잘 팔리고 있다. 시청자들은 공중파 텔레비전을 보며 타종교의 깊이와 아름다움에 빠져들 수 있다. 이 개방성은 아시아 종교 전통, 이슬람 전통, 아메리카 토착 전통을 다루는 과목이 그리스도교 신학을 다루는 과목보다 더 빨리 신청 마감되는 대학에서 특히 두드러지게 나타난다. 더욱이 타종교를 연구한 내가 경험한 것과 유사하게도, 학생들은 대개 열반, 업Karma, 브라만, 도道에 대한 가르침이나 수행법을 듣는 것만으로는 만족하지 못한다. 그들은 그리스도교 가르침을 기준으로 타전통들의 '진리'를 평가하고 비교하는 것에 의문을 제기한다. 타전통들에 정통할 때 자신의 종교 안에서도 굳게 설 수 있음을 학생들은 점점 더 많이 느낀다.

그러나 타종교에 대한 인식이 서구 그리스도인을 뒤흔들어 놓는 일은 책이나 수업을 통해 이루어지지 않는다. 그런 일은 이웃, 직장, 시민 단체에서 만난 친구들과 삶에 대해 얘기할 때 생긴다. 사람들은 생각만 교환하는 것이 아니라 종교들을 넘나든다. 1960년대에 윌프레드 캔트웰 스미스는 수십 년을 통해 유포된 종교인 간의 인격적 나눔에 대해 다음과 같이 말했다.

> 앞으로 인간의 종교적 삶은 그리고 참으로 삶을 종교적으로 살려고 한다면, 그것은 다른 종교와의 공존을 인정하는 종교적인 다원성 안에서 영위될 것이다. 이러한 사실은 우리 모두에게 연관되는 것이어서, 추상적인 수준의 '인간' 일반에게뿐만 아니라, 한 사람 한 사람 개별적인 인간으로서 여러분과 나 모두에게 해당된다. 이제는 더 이상 우리와 다른 신앙을 가지고 있는 사람들을 변두리에 멀리 떨어져 있는 사람들로 취급할 수 없고, 한낱 여행자들의 이야기에나 오르내리곤 하는 호기심의 대상으로만 여길 수 없는 것이다. 우리가 더욱더 깨어 있고 삶에 깊이 참여하면 할수록 그 사람들이 바로 우리의 이웃이고 동료이며, 경쟁자이고 친구임을 알게 될 것이다. 이제 유교 문화를 지닌 이들과 힌두인들, 불자들과 무슬림들은 국제연합에서뿐 아니라 우리와 함께 같은 길거리를 거닐고 있다. 우리 문명의 운명은 점점 더 그들의 행동에 의해서 영향을 받고 있을 뿐 아니라, 우리는 개인적으로도 그들과 함께 스스럼없이 차를 마시고 있다.[5]

그리스도인은 타종교인들과 학교 친구, 직장 동료로 만날 뿐 아니라 저녁 식사를 함께 하거나 혼인함으로 해서 낯설었던 신앙들을 자기 삶의 다른 차원이자 힘으로 받아들이게 되었다. 그리스도교가 아닌 타종교에서 의미를 찾는 친구, 동료, 가족, 배우자는 자신의 존재를 뒤흔들어 놓기도 한다. 선 불교 수행자는 하느님의 존재에 전혀 무심한 수행을 통해 평화를 얻는다. 힌두인은 자기와 나무 사이에 아무런 본질적 차이도 없다는 깨달음에서 '구원'을 발견한다. 이웃과 친구의 이런 모습은 그리스도인의 삶과 신념에 어떤 영향을 미치는가? 그들은 우리처럼 평범하고 행복을 추구하며 직장과 가정생활을 하는 이들이다. 그들은 사랑, 봉사, 헌신의 삶을 산다.

종교신학은 현실에 무심하지 않고 모든 것이 모든 이에게 유익할 수 있다고 말하는 사람들을 위한 것이다. 실제로, 종교신학은 종교적으로 '다른 것'에 관해 더 많이 배우려는 이들을 위한 것이다. 이 탐구는 타종교인의 삶과 신념이 그리스도인에게 어떤 의미를 주는가 묻는다. 이 물음은 교회 밖에 구원 없다고 확신해 온 그리스도교가 타종교와 만나고 타종교인이 인정하고 가치를 부여하는 방식을 이해하게 해 주었다.

종교 다원성을 주장하게 된 19세기 이래 일부 그리스도인은 그리스도교 선교 활동을 탐탁지 않게 보았다. 분명 그리스도인은 선교를 통해 멀리 퍼져 나갔다. 선교사들의 피땀으로 그리스도 교회는 지구촌 곳곳에 자리 잡게 되었다. 2,000년간 선교에 매진한 그리스도인은 삼천년기를 맞으면서 전 세계 인구의 33.2%를 차지하게 되었다. 그리하여 그리스도인은 아프리카, 아시아, 라틴아메리카에도 많이 있다. 현재 그리스도교는 역사상 유례

---

5 Wilfred Cantwell Smith, *The Faith of Other Men* (New York: Harper & Row 1962) 11(김승혜·이기중 역 『지구촌의 신앙: 타인의 신앙을 어떻게 이해할 것인가』 분도출판사 1989, 17-8).

없는 세계종교로 발돋움했다. 또한 간디가 알고 있었듯이 산상설교 같은 나자렛 예수의 비전과 가치관은 그리스도인의 초대를 완강히 거절한 타문화들에 영향을 미쳤다. 그러나 우리가 계속 전 지구를 개종시키겠다는 선교 목적을 달성하려 한다면, 그 결과는 실망스러울 것이다.

물론 수많은 사람이 그리스도교로 개종했다. 그러나 개종자들 다수는 소위 세계종교인 힌두교, 불교, 유다교, 유교를 믿던 이들이 아니다. '기축 시기'(칼 야스퍼스의 용어, 기원전 900~서기 200)에 형성된 이들 종교 울타리 안에서 태어난 사람들과 7세기에 발생한 무슬림은 거의 그리스도교로 개종하지 않았다. 이런 경향은 앞으로도 변하지 않을 것이다. 기축 시기에 이 종교에서 저 종교로 개종한 이들은 저 종교에서 이 종교로 개종한 이들과 엇비슷하다. 그리스도교가 가장 많은 신자를 가졌다면(1998년 19억 정도) 이슬람교 신자도 엄청난 신장세를 보여 두 번째로 많은 12억이다.

다원성: 종교적이고 우주적인 삶이 주는 주요 사실

종교들의 다양성과 그 끝없는 생명력을 자각한 사람은 '모든 이를 위한 하나의 유일한 길은 없다'고 생각한다. 이 생각에 동의하는 이들은 이 간단명료한 판단을 문화, 철학, 경제 체계에도 적용시켜 왔다. 그리하여 많은 현대인은 자신의 이성적 행동, 의식, 민족성, 종교가 많은 것들 가운데 하나라고 확신하게 되었다. 에드워드 스힐레벡스Edward Schillebeeckx는 그리스도인에게 다음과 같이 말한다. "자기만이 진리를 소유하고 있고 나머지 전체는 잘못된 길에 빠져 있다는 확신은 더 이상 용납되지 않는다." 이런 맥락에서 자신이 가는 길만이 종교적 진리를 획득할 수 있다는 주장은 '시간을 역행하여' 사는 꼴이다.[6]

스힐레벡스에 동의하는 이들은 다원성이 모든 무리의 '다른' 양 떼를 한 우리에 모아 놓는 그리스도교의 전체 계획을 달성할 때까지 견뎌 내야 할 상황이라고 보지 않는다. 인류학·역사학·사회학자들은 단 하나의 최고는 없으며, 다양성이 실재를 구성하고 여러 가지가 존재하며 기능한다고 확신한다. 이 점을 그리스도인은 받아들일 수 있는가? 아니면 거부하려는가? 이 물음은 다원성을 놓고 씨름하는 교회 성직자와 신학자의 선언으로는 붙들어 놓을 수 없다.

그리고 무슬림, 힌두인, 다른 종교인들도 똑같은 질문을 하고 있다는 데 주목해야 할 것이다. 사실, 오늘날 많은 이슬람 학자가 서구 학문의 상대주의에 저항한다. 우리는 이 질문에 쉽게 답할 수 있다고 생각하면서 자신을 속여선 안 된다.

서양이나 그 외 많은 대학교에서 공부한 이들은 종교 전통들이 우주에 관한 진리를 명쾌하게 말해 주지 않는다고 확신하게 되었다. 현실을 들여다보면 많은 경우 종교는 갈등, 퇴보, 미신, 증오를 만들어 냈다. 그리스도인(혹은 유다인, 무슬림, 불자들)은 얼마나 이 관점에 동의할 수 있는가? 우리가 이 합당한 비판의 칼을 우리 전통에 들이대면, 악습과 시대에 뒤처진 생각이 사라지고 신비롭고 영적 깊이를 지닌 종교에 몸담으려는 근본적 태도도 약해질까? 이 질문들이 공론화되기 전부터 많은 신학자와 종교학자들은 현대성과 이 질문 앞에서 곤혹스러워했다.

과학은 원자, 분자, 식물군, 곤충군, 인간에까지 이르는 다양성을 가지고 전 세계 모든 것이 공존하고 함께 기능한다고 말해 준다. 실재는 본디 풍요로우며, 뒤엉켜 있고, 신비롭다. 에드워드 스힐레벡스 말대로, 다원성

---

6 Edward Schillebeeckx, *The Church: The Human Story of God* (New York: Crossroad 1990) 50-1.

은 단순히 '사실의 문제'가 아니라 '원리의 문제'다. 우리가 '많은 것'을 억지로 하나로 뭉뚱그려 버리는 것은, 우리를 상처 내고 세상을 망쳐 놓는 것이다. "오늘날은 논리로 따지든 현실 상황을 보든 다양성이 단일성보다 우선한다"고 스힐레벡스는 단언한다.[7]

그렇다고 해서 다원주의가 다원성을 모두 환영하는 것은 아니다. 문제 없는 다원주의는 없기 때문이다. 많은 이가 상호 관계성relativity을 상대주의relativism와 쉽게 동일시해 버리지 못한다. 상대주의는 진리에 관한 여러 주장과 그것이 어떤 가치를 지니는지 토론할 만한 여지를 주지 않기 때문이다. 나는 점점 더 많은 종교가 상호 관계하지 않는 최상의 조직체로는 평행하게 존재할 수 없다고 확신하게 된다. 현대의 위기는 종교들이 연대하여 해결할 수 없는 것인가? 많은 종교가 합법적으로 복지를 지연시키거나 망쳐 놓을 수 있는가? 그럴 경우 인간성과 지구환경 문제는 과연 극복될 수 있는가? 스힐레벡스는 이 물음이 지닌 의미를 밝혀 준다. "종교들이 다양하다는 것은 없애 버려야 할 악이 아니라 모두가 환영하고 기뻐해야 할 자산이다. … 하나의 특정 종교보다 모든 종교 안에 더 참된 종교적 진리가 있다. … 이것은 그리스도교에도 해당되는 사항이다."[8]

세계종교들은 새로운 하나의 종교 형태로 모이는 것이 아니라 공동체들의 대화 공동체 형태로 모여야 한다. 가장 적절한 인류의 종교적 미래상은 점점 거대해지는 교회, 회당, 절, 모스크가 아니라 1993년 시카고와 1999년 케이프타운에서 개최된 세계종교회의World Parliament of Religions에서 전 세계인이 목격하고 수천 명이 경험한 데서 찾아볼 수 있다. 여기 참석한 세계 주요 종교 공동체 사람들은 종교들이 서로서로 대화할 필요가 있음

---

[7] 같은 책, 163.
[8] 같은 책, 166-7.

을 확인하고 실천하려고 모였다. 그들은 국제적 차원의 대화 공동체와 지역적 차원의 공동체가 가능하다고 생각한다.

공동체들의 공동체?

세계종교들이 한데 모인 공동체들의 대화 공동체는 아직 꿈이다. 이 꿈이 가지는 의미를 살피기 위해, 우리는 왜 많은 이가 이 꿈의 가능성과 필요성을 생각하는지 이유를 따져 볼 수 있다.

우리는 먼저 철학자들에게 눈을 돌린다. 철학자는 사람들이 역사 안에서 세상과 자신을 어떻게 이해했고 이해하는지 밝히고 해석하며 가르쳐 주는 문화적 작업을 하기 때문이다. 현대 서양 문화의 다양한 철학 유파들 중에 어떤 것은 사람들의 개인적 삶을 참되게 해 주는 실재를 바라보게 한다. 그것은 세상과 모든 것이 진화하고 있거나 과정 중에 있다고 본다. 즉, 우리는 고정된 존재 상태에 머물러 있지 않고 진행한다는 것이다.

철학자들은 이 관점을 여러 방식으로 주장한다. 알프레드 노스 화이트헤드Alfred North Whitehead와 찰스 하트손Charles Hartshorne은 이 세상이 창조의 모험 과정을 거치고 있다고 본다. 피에르 떼이야르 드 샤르댕Pierre Teilhard de Chardin은 우주가 오메가 점Omega Point에 일치하고자 고통스럽지만 끊임없이 생물권biosphere에서 정신권noosphere으로 진화한다고 본다. 이 오메가 점은 종말의 우주적 그리스도와 동일하다. 현대의 일부 불자들은 서로 의존하여 발생하는 연기 과정을 통해 끊임없이 세상이 변하고 있음을 발견한 고타마의 사상을 정교하게 다듬어 놓았다. 오로빈도Aurobindo 힌두교는 세상이 신성성을 향해 발전한다고 전망한다. 토마스 베리Thomas Berry와 브라이언 스윔Brian Swimme이 밝힌, 웅대하게 발전(진화)하는 '우주 이야

기'는 생태 환경이 처한 위기에 주목하는 사람들 사이에서 커다란 반향을 일으키고 있다.[9]

이 사상가들의 비전은 서구 문명 정신과 상상력이 만들어 낸 세계관과는 아주 다르다. 중세 시대와 르네상스를 거치면서 유럽인 대다수는 하느님이 당신 손으로 완전하고 견고하며 위계지어진 것을 창조했다고 믿었다. 어느 누구도 이 질서를 함부로 고칠 수 없다. 인간은 하느님과 관계 안에서 자기 자리를 지켜 왔다. 신적으로 구조화된 질서 안에서 만물과 사회 계급은 제자리를 지킨다. 하느님은 노예는 노예로 살고 임금은 임금으로 살라고 명하셨다. 변화가 일어나더라도, 중세의 세계관에서는 그것이 타락에서 돌아서서 하느님과 함께 영원불변하는 세계를 살라는 자극이라고 받아들였다.

많은 사건과 발견이 불변하는 세계상을 바꿔 놓았다. 프랑스 혁명과 산업혁명이 가져온 엄청난 붕괴는 기존에 생각했던 대로 사회계급이 불변하는 것도 신이 정해 놓은 것도 아니라고 판단하게 만들었다. 만물의 부동성 역시 다윈이 발견한 생물체 진화론으로 깨졌다. 그의 『종의 기원』은 창조가 단 한순간의 사건이 아니라 끊임없는 과정이며, 끝나지 않고 결정된 것이 아니라고 밝혔다.

알버트 아인슈타인Albert Einstein이 제창한 '새로운 물리학'의 통찰과 발견으로 20~30년 만에 뉴턴의 우주관이 철저히 수정되었다. 실재는 더 이상 분리된 부분들이 서로 정교하게 연결된, 잘 짜여진 기계가 아니다. 실

---

9 Alfred North Whitehead, *Process and Reality* (New York: Free Press 1969); Charles Hartshorne, *The Divine Relativity* (New Haven: Yale University Press 1948); Pierre Teilhard de Chardin, *The Phenomenon of Man* (New York: Harper & Row 1961); Joanna Macy, *Mutual Causality in Buddhism and General Systems Theory: The Dharma of Natural Systems* (Albany: State University of New York Press 1991); Thomas Berry and Brian Swimme, *The Universe Story* (San Francisco: HaperSanFrancisco 1992).

재는 계속되는 움직임, 끝없는 과정으로서 실재의 부분들은 정확히 정해져 있거나 위치를 잡고 있을 수 없다. 가장 깊고도 미세한 차원에서 볼 때, 이 세상은 '탄탄하게 세워진 구조'basic building block나 '존재물'이 아니다. 세상은 복잡하고 끝없이 변하며 서로 얽힌 운동 과정이요 생성 과정이다.

이 새로운 물리학은 특별히, 모든 것이 하나의 존재물이라기보다 생성하고 있고 이 생성은 상호 관계를 통해 일어난다고 주장하는 철학자들을 고무시켰다. 이 맥락에 따르면 우리는 생성 과정에 의해서만 존재할 수 있고 관계 안에서만 생성될 수 있다. 전자electron든 인간이든 '독자적으로 혼자서만' 존재할 수 있는 것은 아무것도 없다. '모든 사물'Every-thing과 '모든 사람'Every-body은 밑둥에서부터 정력적으로 서로 관계하며 '사물'이나 '사람'은 관계로 형성된다. 그러나 '우리가 우리 관계 안에 있다'는 말은 진부한 표현이다. 이것이 글자 그대로 진실한지 포착하기는 어렵다. 우리는 여전히 사물을 사건이라기보다 실체로 보기 때문이며, 우리 자신을 협력자라기보다 개인으로 생각하기 때문이다.

우리 언어 구조는 우리가 관계 안에 있다는 것을 포착하지 못하게 막는다. 우리는 명사를 가지고 생각과 말을 시작하고 거기에 동사를 갖다 붙인다. 보통 주어가 술어 앞에 있다. 만일 우리가 호피Hopi 인디언의 언어, 즉 명사를 동사에 끼워 맞추는 식으로 말하고 느낄 수 있다면, 우리는 우리 자신과 세상의 참된 존재 방식에 가까워질 것이다. 우리는 먼저 개별 인간이고 나서 그다음에 관계 맺는 것이 아니라, 맺고 있는 관계, 곧 우리가 누군가와 관계 맺고 무엇과 연결되는가로 개인이 된다. 관계가 우리의 모습을 틀지어 주는 것이다. 우리는 그저 '생성되고 있는 것'이 아니라 '~과 더불어 생성되고 있는 것'이다. '~과 더불어'를 제거해 버리면 우리는 죽고 만다.

다양성 — 다원성 — 에 관해 탐구하는 철학은 창조의 가능성에 대해 말해 줄 수는 없지만 일찍이 없었던 탁월한 일치로 나아가게 해 준다고 전망한다. 많은 것이 하나가 되라고 부름받았다. 그러나 이 하나는 많은 것을 삼켜 버리는 것이 아니다. 많은 것은 많은 것으로 남아 있으면서 하나가 되고, 하나는 각기 다른 것에 이바지하는 많은 것들 각각에 의해 형성되며 전체를 이룬다. 이것은 많은 것이 각각 더 확장되면서도 집중하는 목표를 지향하면서 더 큰 전체 안에 들어가는 과정이다. 개별화individualization는 약해지지만 개성화personalization는 더욱 강해진다. 개인은 다른 자아들의 부분으로서 자신의 참자아를 발견한다. 그러므로 이 운동 — 움직임 — 은 절대적 일자나 유일자를 향해 나아가지 않고 '조화로운 다원주의', 곧 일치를 만들어 내는 다원성을 향해 나아간다. 더 간단하고 사교적인 용어로 말하면, 이 움직임은 진실로 대화 공동체를 향해 나아간다. 각 구성원이 다른 구성원들과 대화하면서 살고 대화를 통해 자기 자신으로 존재하는 대화 공동체 말이다.

이 철학적 입장은 종교 다원주의에 관한 새로운 경험을 해석해 줄 수 있을까? 세계종교들은 전에 없이 서로 갈등하며 각자의 정체성과 문제점을 새롭게 인식하고 있다. 원자나 사람이나 문화처럼, 종교들은 서로 더 좋은 관계를 맺을 때 더 확장되면서도 집중할 수 있다고 깨달아 가고 있다. 철학과 과학이 실재를 딱딱한 개체로 이해하던 서구 문명을 일깨워 놓은 것처럼, 많은 종교인은 자신이 더 역동적이고 대화를 추구한다고 이해하면서 각성하고 있다. 종교인들은 자신의 정체성을 다른 종교들과 함께하는 더 폭넓은 공동체에서 발견하고 발전시키도록 노력해야 한다고 느끼고 있다. 그리스도인이 되려면 우리는 이 폭넓은 종교 공동체에 속해야 한다. 오늘날 우리는 종교들 사이에서 종교적이 되어야 한다.

간단한 유비는 이 점을 더 분명히 밝혀 주고 대화 문제를 검색해 준다. 즉, '진리'나 '사물의 존재 방식'을 별이 총총히 박힌 우주와 비교해 보는 것이다. 별은 무수히 많지만 너무 멀리 떨어져 있어서 맨눈으로는 전체 우주를 볼 수 없다. 그래서 우리는 망원경을 사용한다. 그렇지만 우주에 무엇이 있는지 볼 수 있게 해 주는 망원경은 모든 것을 다 볼 수 없게 방해하기도 한다. 천문학자들이 사용하는 거대한 망원경조차도 거기에 눈을 맞출 때만 많은 별을 보여 준다. 이 점이 우리 상황을 설명해 준다. 우리는 항상 일정한 문화적 망원경을 통해 진리를 바라보며, 이 망원경은 우리 부모님, 선생님, 더 넓게는 사회가 가르쳐 준 것이다. 망원경은 볼 수 있게 해 준다는 장점과 아울러 모든 것을 보여 주지 않는다는 단점을 지닌다.

그렇다면 우리는 무엇을 할 수 있는가? 우리의 제한된 문화적·종교적 망원경이 허용하는 것 이상의 진리는 어떻게 하면 볼 수 있는가?

그 답은 간단하며, 종교들 간의 대화 공동체라는 주제와 조응한다. 우리는 다른 망원경을 빌리면 되는 것이다! 만일 이웃의 망원경을 통해 볼 수 있다면, 비록 이 새 망원경이 낯설고 눈에 맞추기 어렵더라도 우리 망원경에서 놓친 것들을 볼 수 있다. 또한 이 망원경이 여러 곳에 많이 세워져 있고 다른 데 초점을 맞출수록 새로운 것을 더 많이 볼 수 있다. 우리 것과 정말 다른 망원경은 우리 망원경으로는 도달할 수 없거나 포착할 수 없었던 우주의 다른 영역들을 보여 줄 수 있다. 그리고 더 많은 망원경을 사용할수록 진리에 대한 우리의 비전과 이해는 더 확장될 것이다. 따라서 우리는 처음부터 깨달을 수 있었던 결론, 진리는 대화를 통해 인식된다는 결론에 이른다.

우리를 탈근대적 의식으로 안내하는 학자들도 대화 필요성에 관한 또 다른 이유를 제시한다. 우리의 문화·종교적 망원경을 통해 우리가 보는 진리는 제한된 것일 뿐 아니라 위험천만한 것이기도 하다는 지적이다. 우리가 아는 진리가 제한된 것임을 깨닫지 못할 경우, 우리는 그것을 유일한 진리, 완전한 진리, 최고 진리로 보고, 우리 자신과 모든 사람을 위한 진리로 단정짓는다. 탈근대적 사상을 따르는 학자들은 이 시점에서 우리의 진리 주장을 의심해 볼 필요가 있다고 말한다. 바로 이때 진리가 이데올로기로 되어 버릴 수 있기 때문이다. 여성들과 억압받는 이들뿐 아니라 '의심의 대가'들인 니체·프로이트·마르크스에 따르면, 한 집단이 자기네 진리를 절대적 진리라고 고집할 때 그 진리는 다른 이들을 억압하는 데 쓰인다. 한 집단, 한 사회, 한 종교가 어떤 것을 참이라고 확언하며 공표할 때 진리는 이데올로기가 된다. 그들은 그것을 진실이라고 믿으며, 그것으로 다른 이들을 억누르기 때문이다.

이데올로기는 다른 이들을 희생시키고서 자신의 '진리'를 자신의 개인적·경제적·계급적 복지를 증진시키는 수단으로 사용하는 것이다. 한 집단의 이익이 진리를 결정하는 표준이 된다. 미셸 푸코Michel Foucault가 지적한 대로, 진리 주장은 쉽게 권력 주장이 되어 버린다.[10] 이렇게 우리 진리는 매우 위험천만한 신조로 둔갑할 수 있다.

진리가 위험한 이데올로기로 둔갑했던 실례는 종교사와 문화사에 수없이 있었다. 그리스도교 설교가들은 가난한 이들의 빈곤이 왜 그들을 하늘나라 높은 자리에 앉게 해 준다고 말했는가? 그 설교가 가난한 이들을 위로해 주었나, 아니면 교회에 많은 봉헌금을 낸 부자 땅 주인에 맞서서 폭동을 일으키지 못하게 했나? 힌두교 내 최상 계급으로서 종교적 권위를 지닌 브라만은 왜 카스트 제도를 영원하고 신성한 법인 다르마의 필요조건

---

[10] Michel Foucault, *Power/Knowledge: Selected Interviews and Other Writings, 1972~1977* (New York: Pantheon Books 1980).

이라고 주장하는가? 그들은 이 법을 연구와 명상을 통해 발견했기 때문인가, 아니면 자기네 권력과 위신을 카스트 제도로 지키려 했기 때문인가?

어떻게 하면 우리는 이데올로기의 독침에서 우리 자신을 보호할 수 있을까? 자기반성만으론 턱없이 부족하다. 이데올로기는 오염된 공기 같은 것이다. 나는 내가 소유한 것이 무엇인지를 나에게 적나라하게 말해 줄 누군가가 필요하다. 우리는 다른 망원경을 사용하여 우주의 진리를 바라보는 사람들의 말에 귀 기울일 필요가 있다. 우리의 진리를 그들이 어떻게 보는지, 또 진리에 관한 우리의 선포가 그들에게 어떤 영향을 미치는지 들어야 한다. 그들은 우리의 진리가 그들을 어떻게 배척하고 비천하게 만들며 착취하는지 알려 줄 것이다.

인간이 진리를 인식하고 해석하는 방식을 탐구하는 해석학적 언어로 이 모든 것을 살펴보면, 우리는 위르겐 하버마스Jürgen Habermas가 '대화 실천' communicative praxis[11]이라고 한 과제와 만날 수 있다. 진리를 인식하기 위해 우리는 다른 이들과 대화해야 한다. 이 말은 우리가 아주 다른 이들과 서로 진심을 담아 말하고 듣는 것을 뜻한다. 우리가 우리 자신과만 말하거나 같은 진리를 믿는 이들과만 말하든지, 우리와 대화할 수 없다고 대화에 초대하지 않은 이들이 있다면, 우리는 아직 발견하지 못한 무언가를 배울 기회를 스스로 잘라 버리는 것이다.

모국어를 사용하면서도 다른 문화 언어나 종교 언어를 이해하고 친교를 나눌 수 있다는 것은 '세계시민'이 되어 가는 경이와 운명을 느끼는 것이다. 지구촌의 일원이 되는 것을 우리의 고향을 완전히 떠나라는 강요로 볼 경우, 이 말을 오해하거나 오용할 수 있다. 우리의 정체성은 언제나 특정

---

11 Jürgen Habermas, *The Theory of Communicative Action*. vol.1 (Boston: Beacon Press 1984).

지역에 뿌리박고 있으며, 크게 확장되더라도 계속 그 지역에 남아 있다. 그러나 이와 동시에 우리는 다른 곳의 시민까지 되라는 요청과 매력적인 기회를 얻는다. 우리는 우리 터전에서 물려받은 것과 다른 곳을 방문하여 배우게 된 것을 가지고 우리 터전이 우리에게 준 것의 가치와 한계 모두를 평가할 수 있다. 이런 측면에서 현대인은 모두 세계시민이 되도록 요청받고 있다. 민족 공동체와 문화 공동체가 직면한 두 가지 가장 큰 위협은, 자기 터전을 결코 떠나지 않으려는 이들과 다른 모든 것보다 자기 것을 최고라고 생각하는 이들 안에서 자라고 있는 민족주의와 광신fanaticism이다.

모든 종교인과 종교 공동체에게 세계시민이 되라고 요청하는 것은 아니다. 자기 신학이 이 요청을 허락하지 않는 이들은 세계시민이 되라는 것을 협박으로 받아들이곤 했다. 이방인과 마주하는 것은 여전히 너무도 위협적이기 때문에, 많은 종교 공동체는 새로운 세계 상황에 일종의 문화적 고립주의 — 쇄국주의 — 로 대응하여 타종교를 약탈하고 자기 민족 중심주의를 위해 부려먹는다.

이 책은 특별히 지난 50여 년간 그리스도인들이 종교 다원주의를 새롭게 체험하고 종교 간 대화 공동체가 필요하다는 것을 느끼면서 이해하려고 노력해 온 다양한 방식들을 탐구하고 평가할 것이다. 그리스도교 종교신학 모델 전체를 다루면서, 신학자와 교회 성직자들이 그리스도교의 보편적 가치를 어떻게 보존하려고 노력하는지, 또 상대주의와 절대주의에 빠지지 않고 그리스도교의 특정한 역사적 원천을 어떻게 바라보는지 살펴볼 것이다.

여기서 고찰할 종교신학들은 매우 복잡하지만, 1962년에 이미 스미스는 이 모든 것을 다룬 바 있다.

우리는 어떻게 신학적으로 인간의 종교가 다양하다는 사실을 설명해야 하는가? 이는 어떻게 신학적으로 악惡을 설명하는가의 문제만큼 커다란 논제다. 그러나 지금까지 그리스도교 신학자들은 종교적 다원성이라는 사실보다는 악의 사실을 더 의식해 왔다. … 앞으로 우리가 그리스도교 신앙을 지적으로 신중하게 진술할 때에는 … 그 목적을 달성하기 위해 다른 종교의 교리를 부분적으로 포함시켜야 한다. 우리는 창조 교리를 가지고 은하계가 존재한다는 사실은 설명하지만 『바가바드기타』가 존재한다는 사실은 어떻게 설명하려고 하는가?[12]

『바가바드기타』가 왜 거기에 존재하는지 설명하기 위해서, 그리스도인은 근본적인 질문을 다시 해야 할 것이다. 그리스도교는 왜 여기에 있는가? 타종교를 새롭게 이해하는 것은 그리스도교를 새롭게 이해하는 것을 함축한다. 타종교들이 말하는 실재를 진지하고 호의적으로 맞이할 때, 그리스도인은 문제와 희망에 진정으로 다가설 것이다.

더 읽을 책

BRAYBROOKE, Marcus. *Faith and Interfaith in a Global Age*. Grand Rapids, Mich.: Co-Nexus Press 1988, 9-16, 103-32.

BRYANT, M. Darroll. "Do All Religions Teach the Same Thing? Exploring the Unity and Diversity of Religions", *Dialogue and Alliance* 11 (1997) 43-58.

CAMPBELL, Joseph. *The Hero with a Thousand Faces*. Princeton, N.J.: Princeton University Press 1968, 3-46.

---

12 윌프레드 캔트웰 스미스 『지구촌의 신앙』 179-80.

CHING, Julia. "Living in Two Worlds: A Personal Appraisal", in *A Dome of Many Colors: Studies in Religious Pluralism, Identity, and Unity*. Ed. Arvind Sharma and Kathleen M. Dugan. Harrisburg, Pa.: Trinity Press International 1999, 7-22.

COUSINS, Ewert. "The Convergence of Cultures and Religions in Light of the Evolution of Consciousness", *Zygon* 34 (1999) 209-20.

CRAWFORD, Cromwell S. "The Future of Religion at the Dawn of the 21st Century: Paradox of Pluralism", *Dialogue and Alliance* 13 (1999) 5-14.

DE MEY, Peter. "Ernst Troeltsch: A Moderate Pluralist? An Evaluation of His Reflections on the Place of Christianity among the Other Religions", in *The Myriad Christ: Plurality and the Quest for Unity in Contemporary Christology*. Ed. T. Merrigan and J. Haers. Leuven: Leuven University Press 2000, 349-80.

D'SA, Francis X. "The Universe of Faith and the Pluriverse of Belief: Are All Religions Talking about the Same Thing?" *Dialogue and Alliance* 11 (1997) 88-116.

ECK, Diana L. *Encountering God: A Spiritual Journey from Bozeman to Banaras*. Boston: Beacon Press 1993, 1-44, 200-32.

——. *A New Religious America: How a "Christian Country" Has Become the World's Most Religiously Diverse Nation*. San Francisco: HarperSanFrancisco 2001, chapters 1 and 2, and/or 6 and 7.

JAMES, William. *The Varieties of Religious Experience*. Various editions. Lectures 2, 3, 20.

JUNG, C.G. *Psychology and Alchemy*. Vol. 12 of Jung's collected works. London: Routledge and Kegan Paul 1953, 3-37.

——. "The Spiritual Problem of Modern Man", in *Modern Man in Search of a Soul*. New York: Harcourt, Brace, 1955, 226-54.

KÜNG, Hans, and Karl-Josef Kuschel, eds. *A Global Ethic: The Declaration of the Parliament of the World Religions*. New York: Crossroad 1993, 13-39.

NASR, Seyyed Hossein. "Religion, Globality, and Universality", in *A Dome of Many Colors: Studies in Religious Pluralism, Identity, and Unity*. Ed. Arvind Sharma and Kathleen M. Dugan. Harrisburg, Pa.: Trinity Press International, 1999, 152-78.

PANIKKAR, Raimon. "Eruption of Truth: An Interview with Raimon Panikkar", *Christian Century*, August 16-23, 2000, 834-6.

――. "Religious Identity and Pluralism", in *A Dome of Many Colors: Studies in Religious Pluralism, Identity, and Unity*. Ed. Arvind Sharma and Kathleen M. Dugan. Harrisburg, Pa.: Trinity Press International 1999, 23-47.

RACE, Alan. *Interfaith Encounter: The Twin Tracks of Theology and Dialogue*. London: SCM Press 2001, 1-42.

SCHUON, Frithjof. *The Transcendent Unity of Religions*. New York: Harper & Row 1975, 1-56. See also the Introduction by Huston Smith, ix-xxvi.

TOYNBEE, Arnold. "The Task of Disengaging the Essence from the Non-essentials in Mankind's Religious Heritage", in *An Historian's Approach to Religion*. New York: Oxford University Press 1956, 261-83.

――. "What Should Be the Christian Approach to the Contemporary Non-Christian Faiths?" in *Christianity among the Religions of the World*. New York: Scribner's 1957, 83-112.

TROELTSCH, Ernst. "The Place of Christianity among the World Religions", in *Christianity and Other Religions*. Ed. John Hick and Brian Hebblethwaite. Philadelphia: Fortress Press 1980, 11-31.

종교신학의 성서적・교부학적 기초에 관해 더 읽을 책

BLENKINSOPP, Joseph. "Yahweh and Other Deities: Conflict and Accommodation in the Religion of Israel", *Interpretation* 40 (1986) 354-66.

DENAUX, Adelbert. "The Monotheistic Background of New Testament Christology: Critical Reflections on Pluralist Theologies of Religion", in *The Myriad Christ: Plurality and the Quest for Unity in Contemporary Christology*. Ed. T. Merrigan and J. Haers. Leuven: Leuven University Press 2000, 133-58.

DUPUIS, Jacques. *Toward a Christian Theology of Religious Pluralism*. Maryknoll, N.Y.: Orbis Books 1997, chapters 1 and 2.

ELS, Pieter J.J.S. "Old Testament Perspectives on Interfaith Dialogue: The Significance of the Abram-Melchizedek Episode of Genesis 14", *Studies in Interreli-*

gious Dialogue 8 (1998) 172-90.

GNUSE, Robert Karl. "Holy History in the Hebrew Scriptures and the Ancient World", *Biblical Theological Bulletin* 17 (1987) 127-37.

KENNEDY, James M. "The Social Background of Early Israel's Rejection of Cultic Images", *Biblical Theological Review* 17 (1987) 138-44.

LAHURD, Carol Schersten. "The 'Other' in Biblical Perspective", *Currents in Theology and Mission* 24 (1997) 411-24.

MALINA, Bruce J. "'Religion' in the World of Paul", *Biblical Theological Bulletin* 16 (1986) 92-101.

MEAGHER, P.M. "Jesus Christ in God's Plan, Interreligious Dialogue, Theology of Religions, and Paul of Tarsus", *Vidyajyoti* 61 (1997) 742-56.

PERKINS, Pheme. "Christianity and World Religions: New Testament Questions", *Interpretation* 40 (1986) 367-78.

WILKEN, Robert L. "Religious Pluralism and Early Christian Theology", *Interpretation* 40 (1986) 379-91.

YOUNG, Frances. "Christology and Creation: Toward a Hermeneutic of Patristic Christology", in *The Myriad Christ: Plurality and the Quest for Unity in Contemporary Christology*. Ed. T. Merrigan and J. Haers. Leuven: Leuven University Press 2000, 191-206.

I

대체 모델

참된 종교는 단 하나다

● ● ● 제1장

완전 대체

마지막 순간 그리스도교가 모든 종교를 대체하고 말 것이라고 보는 이 입장은 그리스도인이 타신앙들을 보는 주된 생각이며, 그리스도교 역사를 압도했던 태도다. 그리스도교로 타종교를 대체시킬 방법과 이 대체가 왜 필요한가에 관한 견해는 제각각이지만, 그리스도교 선교사들은 모든 사람을 그리스도인으로 만드는 것이 하느님의 뜻이라는 확신을 가지고 세상 속으로 뛰어들었다. 마지막 날 하느님은 한 종교, 곧 당신 종교인 그리스도교만이 세상에 존재하기를 바라신다. 타종교들 안에 적어도 어떤 가치가 있다면, 그것은 일시적일 뿐이다. 궁극적으로는 그리스도교가 타종교들을 접수할 것이다. 그러므로 대체 모델은 하느님이 인류와 맺는 보편적 관계와 특수한 관계의 균형을 깨고 특수성으로 기울어져 버린다. 하느님의 사랑은 보편적이며 온 인류에게 퍼져 나가지만, 예수 그리스도를 따르는 특정 단일 공동체를 통해 실현될 뿐이다.

    오늘날 그리스도교는 여전히 이 대체 모델을 강조한다. 따라서 이 모델은 그리스도교가 말하는 종교신학들 중에서 첫손 꼽힌다. 이 모델은, 이른바 근본주의자나 복음주의적 그리스도인이 특히 강조한다. 현대 그리스도교 안에 존재하는 근본주의와 복음주의 세력과 그들의 중요성 및 도전을 무시하거나 경시하는 것은 그리스도교의 큰 부분을 잘라 내거나 현실을 외면하는 처사다. 이는 역사가 마틴 마티Martin Marty가 말한 대로다. "미국 종교를 살펴보면서 복음주의와 근본주의를 간과하는 것은 미국의 자연 경관은 꼼꼼하게 다 살펴보면서 록키산맥은 빠뜨리는 것에 비할 수 있다."[1]

따라서 앞으로 '근본주의'라는 말만 들어도 '부정적인' 감정을 가지는 이들은 자신이야말로 근본주의 그리스도인이 타종교인에게 접근하는 식으로 편협하게 대응하거나 편견에 사로잡혀 있지 않은지 살펴야 한다. 이 입장은 극단적으로 보면, 근본주의가 그리스도교의 핵심을 소유하고 있고, 특히 개혁교회가 다져 놓은 그 핵심을 간직하고 있다는 주장과 통한다. 대체 모델을 구식이라고 등한시하는 것은 이 태도가 그리스도인 안에서 얼마나 강력하고 주도적인지를 무시하는 것이다.

근본주의적·복음주의적 그리스도인

그렇다면 이들은 어떤 사람들인가? 근본주의자와 복음주의자라는 말뜻을 파악하기는 상당히 어렵다. 요즈음 대중매체에서 '근본주의자'는, 침례교의 어느 TV 설교가, 하시딤의 한 랍비, 모르몬교의 어느 가정주부, 또는 이슬람의 히스볼라Hisboullah에 있는 어느 군인을 가리킨다. '복음주의자'는 흑인 침례교인, 네덜란드의 칼빈파 신자, 메노파 신자Mennonites와 성령강

---

[1] Martin Marty, *A Nation of Believers* (Chicago: University of Chicago Press 1976) 80.

림파 신자Pentecostals, 가톨릭의 성령쇄신 운동가, 남부 침례교인을 망라한다. 이처럼 두 용어를 정의 내릴 수 없다면, 20세기 미국 그리스도교 안에서 일어난 변화에 한정지어 설명해 보자.

그리스도교 안의 다양성

근본주의적 그리스도교는 1910년에서 1915년 사이 로스앤젤레스에 사는 두 명의 부유한 사업가가 대준 자금으로 『근본주의』The Fundamentals라는 소책자 3백만 부를 목사, 복음주의자, 주일학교 책임자들에게 무료 배포하고 세례를 주면서 출발했다. 이 소책자는 수많은 이의 지지를 얻었고, 그리스도교 신앙과 정체성의 기초를 파괴하던 '근대성'에 맞선 미국 프로테스탄트에게 힘을 실어 주었다. 근대성의 파괴력은 여러 형태로 일어났다. 새로 등장한 진화론은 성경의 정확성을 의심하였다. 독일에서 발흥한 성경에 대한 새로운 역사비평적 접근은 인문학과 하느님 말씀을 직접 듣고 해석하는 방식을 대신하게 되었다. 또한 비교종교학은 그리스도교를 다른 모든 종교와 함께 동일선상에 놓았다. 근대적 사고방식이 주는 이 모든 매혹을, 근본주의자들은 단호하고 공격적으로 거부했다.

그러나 이런 식의 근대성에 대한 거부는 근본주의자들끼리 갈라서게 만들었다. 1940~1950년대를 거치는 동안, 근본주의 신학을 공유했던 이들 가운데 많은 신학자와 복음주의자들은 그들의 논쟁 지향성, 반지성주의, 사회에 무관심한 태도에 반기를 들었다. 1941년, 근본주의 반대자들이 '복음주의 국립협회'National Association of Evangelicals를 결성했다. 이들은 그리스도교가 근대성의 파도에 침몰하지 않게 명확한 태도를 지녔지만, '심술궂고, 반동적이며, 부정적이거나 파괴적인 조직을 원하지는 않았다'.[2] 이 개혁적 근본주의자들은 "근본주의를 부르짖는 목소리가 조금 수그러든다면 복음주의적 그리스도교가 '미국을 사로잡을' 수 있다"고 확신했다.³ 이 중 가장 영향력 있는 대표자인 빌리 그레이엄Billy Graham은 1950년에 '복음주의협회'Evangelistic Association를 창설했다. 근본주의자와 복음주의자는 분명 다르다. 그러나 그 차이는 신학 내용보다는 방식에 있다. 어느 전문가 말대로, "근본주의자는 무엇엔가 화가 나 있는 복음주의자다. … 근본주의자들은 단지 종교적 보수주의자가 아니라 단호한 태도로 싸우려는 보수주의자다".⁴

1960~1970년대를 거치면서, 복음주의의 확신을 널리 알리고 강력히 주장하는 더 진보적 복음주의자가 생겨났다. 바로 '신복음주의자'요 '교회일치 복음주의자'다. 이들은 다른 그리스도 교회 및 '세계교회협의회'World Council of Churches와 기꺼이 손잡고자 했다. 또한 이들은 근본주의자들이 성경의 절대적 무류성을 주장한다고 믿었기에, 자신들은 '제한된 무류성'에 관해 이야기하고자 한다. 따라서 성경은 믿음과 실천이라는 문제에는 '오류가 없지만', 역사적이고 과학적 사실 자료로서는 틀릴 수 있다고 본다. 마침내 수많은 신복음주의자는, 특히 베트남전과 도덕적 다수파Moral Majority(미국의 보수적 기독교 정치 단체 — 역자 주)의 세력 형성을 지켜본 후, 정치사회적으로 고지식하고 너무 쉽게 민족주의를 지지하며 억압적 정치 기반을 따르지 않았는지 동료 복음주의자에게 문제를 제기했다. 이들은 '신복음주의 좌파'New Evangelical Left를 구성했고, 억압받는 이들에게 정의를

◂2 Martin Marty, "Tensions within Contemporary Evangelicalism: A Critical Appraisal", in *The Evangelicals*, ed. David F. Wells and John D. Woodbridge (Nashville: Abingdon 1975) 172.

3 George Marsden, *Understanding Fundamentalism and Evangelicalism* (Grand Rapids, Mich.: Eerdmans 1991) 64.

4 같은 책, 1.

가져다주려는 정치적 행동 없이는 예수를 따를 수 없다고 주장한다.

근본주의자, 복음주의자, 신복음주의자 이외에 네 번째 집단을 살펴보아야 하겠다. 이 집단은 또 다른 집단이기보다는 이 세 집단 안에 강력히 퍼져 있는 흐름인 성령강림파 또는 성령쇄신 운동이다. 운동으로서 성령강림파는 1900년대 초, 특히 로스앤젤레스에서 단순하지만 혁명적 주장을 하는 부흥 열기 속에서 시작되었다. 그리스도인은 새로 내리는 성령에게서 성령강림파의 기원과 생명력이 생겼다고 여기는 한, 이 영을 체험할 수 있어야 할 것이다. 그리고 그리스도인은 그 체험을 참으로 느낄 수 있어야 한다. 그것은 내면 깊숙이에서 각성시키고 혼신을 다해 경배하게 하고 영언 — 혀로 말하기 — 을 하도록 이끌 것이다. 메마른 땅 위에 물을 끼얹는 것처럼 성령강림파의 쇄신은 급속도로 전 세계에 퍼져 나갔다. 1960~1970년대에 성령강림파는 주류 교회인 개신교와 가톨릭으로 널리 퍼지기 시작했고 '성령의 은사를 통한 쇄신'Charismatic Renewal이란 이름을 선호하여 사용했다. 오늘날 라틴아메리카와 아시아 여러 나라에서 크게 성장하고 있는 그리스도교는 대개 성령강림파 교회들에서 비롯된 것이다. 따라서 성령강림파와 복음주의의 차이는 신학 내용보다는 영의 권능을 받은 영성의 강렬함에 있다.

성령쇄신이 신앙과 신학의 기초가 되자, 근본주의자와 복음주의자, 그리고 성령강림파들 사이에 공통 분모가 생겼다. 이것은 네 개의 견고한 축을 공유한다.

첫째, 성경은 예수의 말씀과 행적을 따르는 모든 이를 이끄는 기초다. 그리고 이 책은 기록된 대로 읽어야 한다. 이 말은 반드시 무조건 글자 그대로 읽으라는 것이 아니다. 그러나 '내가 듣고 싶은 것'을 '말해 놓았다'고 여기지 않으려면 끊임없이 주의해야 한다.

둘째, 모든 신앙인은 자신의 그리스도교적 삶이 성경이나 사제가 '나는 믿는다'라고 한 말을 넘어선다고 확신한다. 그들의 삶은 살아 있는 그리스도와 그분의 영이 주는 구원의 힘에 대한 인간적 체험에 뿌리내리고 이를 신뢰해야 한다. 다양한 방법으로 그들은 '다시 태어남', '영으로 세례 받음', '예수를 택함'에 관해 이야기한다.

셋째, 따라서 예수는 모든 신앙인의 생명과 현실의 온갖 차이를 만들어 내신 분이다. 그들의 삶과 역사 안에서 예수는 아주 다른 것을 보여 주셨기에 전혀 다른 것을 만드실 수 있다. 그분은 구세주이시다. 그들은 그분만을 따르려고 한다.

넷째, 예수 그리스도 안에서 그들은 놀라움과 권능을 찾았기에, 이들은 자신이 받은 선물을 다른 이와 함께 나누도록 위임받는다. 그들은 자신이 보고 느낀 것을 다른 사람들도 보고 느끼기 바라며, 세상을 바꾸고 싶어 한다. 그들이 다른 사람보다 더 뛰어나서가 아니라 선물은 함께 나누는 것이라고 느끼기 때문이다.

이 그리스도인들은 하나같이 그들의 차이를 초월하고 같은 눈으로 하나의 이름만을 제시한다. 따라서 이 네 가지 특성에 '아멘'이라고 응답하는 모든 이를 '복음주의자'라고 부르겠다.

얼마나 많이?

복음주의자가 누구인지 정확히 밝히면 미국에 얼마나 많은 복음주의자가 있는지 알 수 있을까? 어림잡아 보아도 그 수는 엄청나다. 1980년대 갤럽 조사는 복음주의자의 특성을 '거듭난 체험'born-again experience이라는 용어를 써서 규정지었고, 이들이 미국 인구의 40%를 차지한다고 결론지었다. 더 최근 연구와 조사는 좀 더 폭넓은 기준을 사용하여 복음주의자가 인구의 25~30% 가량 차지한다고 어림잡았다. 그러나 이 연구는 (전체 인구 중 8~9% 정도를 차지하는) 미국 흑인 개신교 신자를 제외시켰다. 이들은 압도적으로 복음주의적 성향을 가졌다. 따라서 흑인 교회를 계산에 넣는다면, 앞선 갤럽 조사 결과는 40% 정도일 것이다.[5] 이는 미국 그리스도인 중 거의 절반을 뜻하며, 타종교에 대한 그들의 견해와 그들을 진지하게 다룰 만한 충분한 근거가 된다.

이 다양하고 보수적인 그리스도 교회들은 타종교에 다양하게 접근한다. 우리는 이들이 따르는 대체 모델을 두 가지, 완전 대체와 부분 대체로 나누어 분석하고 그 차이를 이해하며 존중할 것이다. 예상하듯이, 차이점들은 근본주의자와 복음주의자 사이의 변화 추이에 따라 달라진다.

완전 대체: 타종교는 무가치하다

완전 대체 신학은 다른 신앙 공동체들이 상당히 결핍되어 있거나 탈선해 있기에, 결국에는 그리스도교가 그들 자리에 들어가 이끌어야 한다고 주장한다. 전체 교회사를 보면 그리스도인은 대부분 이 입장에 서 있었다. 현대의 많은 근본주의자와 몇몇 성령강림파 교회도 여전하다. 20세기 상당 기간, 특히 스위스 출신의 한 신학자는 복음을 설교하려는 대다수 개신교 선교사들에게 이 태도를 전수했다. 바로 칼 바르트Karl Barth(1886~1968)다. 그는 가장 영향력을 떨친 개신교 사상가였다. 바르트는 근본주의자는 아니지만, 다른 종교를 이해하는 대체 모델에 신학적 기초를 놓았다. 이제 바르트 신학의 주요 내용 몇 가지를 가지고 이 모델을 살펴보자.

---

5 미국 복음주의 연구 웹사이트를 보라. www.wheaton.edu/isae/defevan.html.

칼 바르트: "하느님을 하느님으로 있게 하시오, 예수 그리스도 안에서!"

여러 측면에서, 젊은 칼 바르트가 그리스도교적 삶을 살고 신학 작업을 한 역사적 맥락은 우리의 맥락과 아주 비슷했다. 1920~1930년대에는 새로운 이념들이 계속 쏟아져 나왔는데, 불확실성과 걱정을 끊임없이 토해내는 듯했다. 그는 당대를 주도한 '자유주의 학자들'과 함께 연구했고, 그리스도교를 계몽운동의 인본주의에 꿰맞추려는 노력에 동참했다. 과학이 낳은 새 이념들과 '동양' 종교 연구는 그를 뒤흔들어 놓았다. 그는 인간 체험과 예수의 가르침 사이를 멋지게 연결시키고자 심혈을 기울였다. 그러나 그 모든 것은 허사였다. 그는 이것을 대학 강단이 아닌 목회 활동을 했던 스위스 어느 작은 교회 설교대에서 마침내 찾아낸다. 새로운 자유주의 신학은 그가 맡은 신자들과 자신의 마음을 어루만져 주지 못했다. 오히려 자유주의 신학은 분명한 방향을 잡지 못하고 무수한 가능성만을 제시하여 사람들을 혼란에 빠뜨리는 이념들과 입장들로 난무하게 만들었다. 사람들은 분명하고 확실한 어떤 것을 선택할 수도 없었고 따를 수도 없었다. 또한 놀랍게도 자유주의 신학은 악이라는 현실 앞에서 무릎을 꿇었다. 그 악은 제1차 세계대전의 대학살로 드러났다. 바르트와 그의 추종자들이 살던 플랑드르와 베르뎅에서는 '19세기를 휩쓴 낙관주의, 진화론의 유행, 보편적 형제애를 시시하게 보았다'.[6]

따라서 그는 설교와 목사관에서 쓴 책을 통해 유럽과 미국을 휩쓸고 있는 프로테스탄티즘의 방향을 바꾸었다. 『로마서』*Commentary on Romans*라는 그의 책은 혁명적인 고전이 되었다. 이 주석서와 12권의 『교회 교의학』*Church Dogmatics*에서, 그는 복음서와 사도 바오로가 전해 준 가르침을 다음

---

[6] George W. Hunt, "Karl Barth - Ten Years Later", *America*, November 4, 1978, 302.

과 같이 선언한다. 인간은 혼자 힘으로는 아무것도 이룰 수 없다. 하느님과 함께할 때 이룰 수 있다. 그러므로 인간은 나서서 설쳐 대지 말고 하느님을 하느님이게 하라.

바르트는 이 메시지가 사도 바오로와 종교개혁가들이 공표한 신약성경의 복음과 다름없다고 보았다. 그리고 이것을 프로테스탄트 그리스도교의 기초이자 견인차인 네 가지 '오직' 항목으로 요약했다.[7]

1. 오직 은총으로만 구원받는다: 이것은 바르트가 신약성경에서 읽은 단순한 어떤 것을 말하지 않는다. 은총은 그의 삶과 그를 둘러싼 불안정하고 폭력적이며 고통에 찬 세상 속에 커다랗고 진하게 아로새겨져 있다. 인간은 혼란 속에 있으며 혼자 힘으로는 이 혼란에서 빠져나올 수 없다. 옴짝달싹 못한다. 이 상황을 성서학이나 신학적 용어로 '원죄'나 '타락한 본성'이라고 한다. 스스로 판 구덩이에서 빠져나오려면 인간은 '지극히 높으신 분의 권능'을 깨달아야 할 것이다. 권능은 엄연히 존재한다. 사도 바오로와 더불어 바르트는 그것을 은총이라고 부른다.

2. 오직 믿음으로만 구원받는다: '오직 믿음으로만'을 뒤집으면 '행적으로 구원받지 못한다'는 뜻이 숨어 있다. 은총이 들어오게 하려면 뒤로 한 발짝 물러서서 길을 내주어야 한다. 혼자 힘으로 살아가는 것이 불가능함을 깨달아야 한다. 우리가 이 사실을 확신한다면 깨달을 수 있다. '오직 믿음으로만'이라는 말뜻은 다음과 같다. 하느님이 참하느님이시기 위해 그분께 향하라. 아이가 부모 품에 안기듯이, 우

---

[7] 바르트의 종교관과 그리스도교에 대한 입장은 그의 저서 『교회 교의학』(Edinburgh: Clark 1956) 1/2권 17절 참조.

리는 낭떠러지에서 뛰어내려 하느님 사랑과 은총의 품에 안긴다. 이때 인간은 진흙탕 속에서 허우적거리면서 가장 어려운 고비를 넘겨야 할 것이다. 확신을 가지는 것, 누군가에게 자신을 완전히 내주는 것 말고 아무것도 할 수 없다는 것은 진정 불가능해 보인다. 바르트는 이 불가능함을 지적한다. 따라서 세 번째 '오직'이 필요하다.

3. 오직 그리스도에 의해서만 구원받는다: 예수 그리스도 안에서, 오직 그분 안에서 하느님은 일하시고 만물의 참본성을 드러내셨다. 곧, 하느님은 우리가 그만한 가치가 있거나 공로가 있기 때문이 아닌데도 우리를 사랑하고 지지하시며 당신 사랑으로 보호해 주시려는 분이다. 사실 우리는 은총받을 만한 것을 '행하려고' 애쓰면서, 하느님의 흘러넘치는 사랑을 얻으려 한다. 이것은 은총을 '은총 아닌 것'으로 만든다. 예수 그리스도는 이 사실을 알려 주었다. 이것은 우리가 전혀 상상치 못한 믿기 힘든 소식이다. 우리는 이 소식을 들을 때만 알 수 있고 믿을 수 있다. 이로써 마지막 네 번째 '오직'에 도달하게 된다.

4. 오직 성경으로만 구원받는다: 우리는 성경과 성경에 선포된 말씀을 통해 예수가 전해 준 가르침과 진리를 만난다. 말씀의 가장 참된 의미 안에서 계시가 일어나고, 우리가 상상할 수도 믿을 수도 없는 것을 알려 준다. '계시 안에서' "하느님은 우리에게 예수가 하느님이라고 말씀하신다. … 계시는 인간에게 아주 새로운 어떤 것을 말해 준다. 그 계시 자체를 떠나서는 이 아주 새로운 것을 알 수도 말할 수도 없다"[8]고 바르트는 선언한다.

---

8 같은 책, 1/2권, 301.

"종교에는 믿음이 없다!" Religion Is Unbelief!

성경에 나오고 자기가 바라본 이 세상 인간 조건을 평가한 다음, 바르트는 종교를 정의 내렸다. 그 유명한 말은 수많은 프로테스탄트 교회와 신학교에 전해졌다. 그 말은 종교에 관한 우리의 일반적 이해를 뒤엎고 비난하는 것이었다. '엄밀하게 따져 보면 참되고 선하고 아름다운 것들이 거의 모든 종교에서 드러나'겠지만, "신적 계시가 주는 판단은 모든 종교 우위에 있다"고 바르트는 결론짓는다.

> 종교에는 믿음이 없다. 종교는 일종의 관심사concern, 신 없는 사람이 가지는 커다란 관심사일 뿐이다. 계시를 중심에 놓고 볼 때 종교란 하느님이 당신 계시 안에서 펼치시고 펼치시려는 것을 인간이 예상하여 만들어 낸 것이다. 종교란 하느님의 일하심을 인간이 날조하여 대체하려는 시도였다. 계시 안에서 드러나는 신적 실재를 인간이 제멋대로 끌어낸 하느님 개념으로 바꿔 놓은 것이다.[9]

종교 안에서 종교 때문에 인간은 자신이 해야 하는 것을 하지 않았다. 반성하며 모든 것을 내맡기고, 하느님을 예수 그리스도 안에서 하느님이게 하라. 종교에 몸담을 경우 사람들은 자신의 언어와 신조와 예법에 따라 '행동하려' 하고 결국은 하느님이 하신 일을 망쳐 놓는다. 이처럼 종교는 그 존재 의의와 상반되는 길을 가며, 하느님의 창조물이 아닌 인간의 창조물이다. 하느님은 '종교 과제'를 통해서가 아니라 은총의 직접적이고 인격적인 능력을 통해 우리를 구하시고자 우리 삶 안에 들어오신다.

---

9 같은 책, 1/2권, 299-300.

'타'종교들뿐 아니라, 특히 그리스도교를 겨누고 종교에 대해 말했다는 것을 깨닫지 못하면, 이 말은 아주 가혹하고 부정적으로 들린다. 어느 면에서, 바르트는 우리가 마지막 장에서 살펴볼 '모든 종교의 본질은 동일하다'는 견해에 동의할 것이다. 종교들은 동일하다. 그러나 그리스도교를 비롯한 모든 종교는 하느님을 계시하기 때문이 아니라, 하느님을 가로막기 때문에 동일하다. 따라서 바르트는 그리스도교와 타종교를 비교하기를 꺼린다. 그리스도교가 더 우수하다거나 다른 단계에 있기 때문이 아니라 오히려 비교할 만한 차이가 없기 때문이다. 그리스도교를 구성하는 모든 것, 곧 신학·예배·교회 조직·가르침·예술·윤리를 바라볼 때처럼, 타종교들 안에도 똑같이 '지긋지긋한 우상숭배와 독선'이 만연해 있음을 보게 될 것이다. 따라서 바르트는 그리스도교가 세상의 어떤 다른 종교보다 더 낫다고 주장할 만한 경험적 증거를 못 찾았다.

그리스도교는 참된 종교다

경험적 증거는 없지만, 바르트는 결국 그리스도교를 모든 종교 중에서 참된 종교로 선포할 만한 근거를 가지고 있었다. 바르트는 '오직 믿음과 은총과 그리스도에 의해서만' 하느님을 체험한다는 역설을 주장한다. 그리스도교는 스스로 거짓 종교임을 알고 있는 유일한 종교이기에 참종교다. 더 나아가 그리스도교는 스스로 거짓 종교요 우상숭배 종교임에도 불구하고 예수 그리스도를 통해 구원받는다는 사실을 알고 있으므로 참종교다. 모든 근본주의/복음주의적 그리스도인처럼 바르트가 그리스도교에 특권을 부여하는 까닭은 그리스도교를 하나의 종교로 다루는 것과는 무관하다. 모든 것은 예수 그리스도와 관계있다. 바르트는 태양을 유비로 사용한다. 곧, 세상의 거짓 종교들 가운데 그리스도교는 예수 그리스도라는 태양빛을 받는 유일한 거짓 종교다. 그리고 예수에게 감사드리는 그리스도인은 자기 종교의 선행이 무가치하고 예수와 그분의 영이 주는 사랑과 은총을 믿고 의지할 때만 자신의 삶 안에 계신 하느님을 진정 느끼기 때문에, 그리스도교를 유일한 참종교로 만든다. 예수가 없다면 그 은총은 쓸모없는 것이다. 예수가 없다면 모든 이해와 신뢰는 인간 능력을 벗어난 것이다.

바르트의 종교관에 비추어 볼 때, 그리스도교와 타종교들 사이에 어떤 관계가 있을 수 있는가? 바르트의 대답은 분명하다. "우리는 배타적 모순에 빠진다."[10] 바르트는 분명히 그리스도인에게 타신앙인들의 선한 의지, 성실함, 종교 자유를 존중하라고 말한다. 그러나 예수 그리스도라는 태양빛은 한 종교에서만 비추고 그 태양 안에서만 '은총으로', '믿음으로' 살 수 있기 때문에, 많은 그리스도인은 다른 종교와 관계 맺지 않는다. 타종교에는 예수가 없기 때문에, 계시도 없고 구원의 은총도 없으며 대화할 여지도 없다. 심지어 바르트는 타종교와 그리스도교가 '맞닿는 지점', 곧 비그리스도인을 그리스도인에게 안내하는 선교사들에게 권고한다. 그리스도인이 할 수 있는 모든 것은 사랑과 존경을 담아 복음을 선포하는 것이고, 그리스도의 빛을 그분이 없는 어두운 곳에 비추는 것이라고.[11]

신약성경과 예수를 진지하게 받아들이기

복음주의 신학이 칼 바르트 신학에서 종교를 다루는 잣대를 찾으려고

---

10 같은 책, 1/2권, 295-6, 303; 280-94도 참조.

11 바르트의 타종교관은 그의 초기 저술, 특히 『로마서』(*Römerbrief*, Epistle to the Romans, Chr. Kaiser, München 1922 초판본)와 『교회 교의학』 '17절' 81쪽을 요약한 것이다. 나중에 바르트는 '교회 밖의 언어와 관점을 가지고' 말하게 된다. 그러나, 그의 초기 관점은 20세기 중반까지 프로테스탄트 그리스도인들에게 커다란 영향력을 행사했다. 한편, 그는 항상 그리스도 없이는 '다른 언어와 관점으로' 말할 수도 볼 수도 없다고 주장했다. Paul Knitter, *Towards a Protestant Theology of Religions* (Marburg: N.G. Elwert 1974) 32-6.

할 때는 주의를 기울여야 한다. 모든 복음주의자는 신학보다 더 깊은 것, 곧 신약성경을 뿌리로 삼는다. 그들은 성경의 증언에서 퍼 올린 바르트 신학과 공명한다. 이 보수적 그리스도인은 모든 그리스도인에게 이 점을 강조한다. 곧, 그리스도인이 된다는 것은 성경, 특히 신약성경을 진지하게 받아들인다는 뜻이다. 이것은 예수를 따르는 모든 이가 기본으로 삼아야 할 분명한 특성이고, 그들이 극우든 극좌든 변함없는 사항이다. 그리스도인은 예수 그리스도에 관한 신약성경의 증언을 토대로 살아가는 사람이다. 모든 그리스도인은 신약성경의 핵심 가르침을 부정하는 신념과 태도를 가지고 그쪽으로 움직이지 않는지 경계해야 한다. 이것은 바로 그리스도인이라는 정체성을 포기하는 것이거나 냉담자가 되는 것이기 때문이다.

그리스도교가 타종교들을 대체한다는 입장에 찬성하는 그리스도인은 자신이 신약성경의 분명한 가르침에 사로잡혀 있다고 솔직하게 주장한다. 신약성경의 가장 결정적이고 중요한 가르침 가운데 하나를 인정하기 위해 성경을 글자 그대로 취할 필요는 없다. 그 한 가지란, 예수가 하느님께서 인간에게 주신 유일한 길이라는 가르침이다. 인간은 그들에게 자신의 몸을 내주신 예수를 향해서만 살아갈 수 있다는 신념을 무조건 취할 필요는 없다. 신약성경 안에는 예수를 다르게 보고, 다른 호칭으로 부르며, 그분이 주신 구원과 그분의 신성을 다르게 설명할 방법이 있다. 그러나 온갖 색깔의 가는 실을 한 가닥으로 엮어 옷을 짜듯이 이 온갖 차이 가운데 변하지 않는 한 가지가 있다. 그것은 예수가 구원자, 유일한 구원자이며, 그분 없이 인간은 죄로 물든 막다른 궁지에서 빠져나올 수 없다는 선언이다.

글자 그대로든 상징으로든 신약성경을 낱낱이 해석한 복음주의적 성경 해석을 자유주의 그리스도인이 살펴보는 일은 도움을 준다.

다음 본문은 예수 아닌 다른 구원자는 없다고 증언한다.

- "그분 말고는 다른 누구에게도 구원이 없습니다. 사실 사람들에게 주어진 이름 가운데에서 우리가 구원받는 데에 필요한 이름은 이 이름밖에 없습니다"(사도 4,12).
- "아무도 이미 놓인 기초 외에 다른 기초를 놓을 수 없기 때문입니다. 그 기초는 예수 그리스도이십니다"(1코린 3,11).
- "하느님은 한 분이시고 하느님과 사람 사이의 중개자도 한 분이시니 사람이신 그리스도 예수님이십니다"(1티모 2,5).
- "나는 길이요 진리요 생명이다. 나를 통하지 않고서는 아무도 아버지께 갈 수 없다"(요한 14,6).
- "아드님을 모시고 있는 사람은 그 생명을 지니고 있고, 하느님의 아드님을 모시고 있지 않는 사람은 그 생명을 지니고 있지 않습니다"(1요한 5,12).

다음 본문은 예수를 믿지 않는 인간의 헛됨을 보여 준다.

- 로마서 1-3장은 그리스도를 믿지 않는 인간, 곧 유다인들과 이방인들의 절망적인 상황을 표현한다. "그들은 변명할 수가 없습니다. 하느님을 알면서도 그분을 하느님으로 찬양하거나 그분께 감사를 드리기는커녕, … 유다인들이나 그리스인들이나 다 같이 죄의 지배 아래 있다고 고발하였습니다"(로마 1,20-21; 3,9).

다음 본문은 구원받으려면 예수에 관한 복음을 듣고 믿어야 한다고 주장한다.

- "아드님을 믿는 이는 영원한 생명을 얻는다. 그러나 아드님께 순종하지 않는 자는 생명을 보지 못할 뿐만 아니라, 하느님의 진노가 그 사람 위에 머무르게 된다"(요한 3,36).
- 로마서 10장에서, 바오로는 구원받으려면 예수를 믿어야 한다고 말한 뒤 다음과 같이 묻는다. "그런데 자기가 믿지 않는 분을 어떻게 받들어 부를 수 있겠습니까? … 믿음은 들음에서 오고 들음은 그리스도의 말씀으로 이루어집니다"(14 · 17절).[12]

이 본문들에 동의하든 않든 우리는 부정할 수 없다. 복음주의자는 이 본문들이 신약성경의 핵심이라고 증언한다. 그리고 초기 그리스도인들은 이 진술을 기록하고 읽을 때 하느님이 예수 안에서 구원하신다는 것을 한치도 의심하지 않았다. 그리스도인은 이 본문들을 부정할 수도, 무시할 수도, 대충 얼버무려 말할 수도 없다. 복음주의자는 이 본문들에 근본적으로 동의하지 않는 이들은 그리스도교 공동체에서 쫓아내자고 했을 것이다.

복음주의자는 그들이 바라본 신약성경과 예수 이해를 가지고 타종교를 판단한다. 이들의 타종교 이해는 스테픈 닐Stephen Neill 주교가 알기 쉽게 요약해 놓았다.

> (그리스도교 신앙은) 예수 안에서 필연적으로 발생해야 할 유일한 사건이 있었고, 그 사건은 결코 또다시 같은 식으로 일어나선 안

---

12 더 많은 본문은 John Sanders, *No Other Name: An Investigation into the Destiny of the Unevangelized* (Grand Rapids, Mich.: Eerdmans 1992) 38-41: R. Douglas Geivett and W. Gary Philips, "A Particularist View: An Evidentialist Approach", in *More Than One Way? Four Views of Salvation in a Pluralistic World*, ed. Dennis L. Okholm and Timothy R. Philips (Grand Rapids, Mich.: Zondervan 1995) 229-38을 보라.

된다고 주장한다. 하느님은 우주와 화해하셨다. 한 사람의 완전한 순종을 통해 하느님과 온 인류 사이에 새롭고 영원한 관계가 맺어졌다. 다리가 세워졌다. 하느님한테서 인간에게, 인간한테서 하느님에게 서로 필요한 통교가 이루어졌다. 그런데 왜 다른 것을 찾는가? 인간의 나약함을 달래 줄 특별한 처방전이 있으니 다른 것은 필요 없다.[13]

그리스도교가 타종교들을 대체한다면, 예수에 대해 한 번도 들어 본 적 없는 타종교인들은 지옥으로 떨어진단 말인가? 근본주의자와 복음주의 그리스도인은 이 물음에 명확한 답을 하지 않는다. 그들은 하느님과 맞대면하길 원치 않는다. 그들은 다만, 하느님과 하느님의 구원을 이해하고 기뻐하며 예수의 가르침을 듣고 믿는 것이 구원이라고 소리 높여 밝히고 싶어 하며, 이 내용이 성경에 나와 있다고 말한다. 성경은 복음주의자가 서 있는 토대다.[14]

'하나의 길'만이 의미를 지닌다

그러나 성경이 복음주의 신앙의 토대이기 때문에, 예수가 유일한 길이고 다른 종교는 복음으로 대체해야 한다는 주장의 근거로 그들이 끌어낸 유일한 원천은 성경이 아니다. 성경은 모두에게 해당하는 선한 가르침을

---

13 Stephen Neill, *Crises of Belief* (London: Hodder and Stoughton 1984) 31.

14 W. Gray Phillips, "Evangelicals and Pluralism: Current Options", in *The Challenge of Religious Pluralism: An Evangelical Analysis and Response*, ed. David K. Clark (Wheaton, Ill.: Wheaton Theology Conference 1992) 174-89; Ronald H. Nash, "Restrictivism", in *What about Those Who Have Never Heard? Three Views on the Destiny of the Unevangelized*, ed. John Sanders (Downers Grove, Ill.: InterVarsity Press 1995) 107-39.

전해 준다. '오직 믿음으로만'이라는 말은 맹목적으로 믿는 것을 뜻하지 않는다. 성경에 쓰인 모든 것을 곧이곧대로 믿는 근본주의자나 복음주의자들의 고정관념은 그야말로 진부한 것이다. 성경이 진리를 가르치는 한, 진리는 우리가 질문하고 그에 맞는 결론을 끌어내는 우리의 정신력과 공명할 것이다. 그리하여 진리는 모든 사람에게 분명하고 확실할 뿐 아니라 유일한 길을 마련하신 하느님을 생각하게 해 준다.

두 명의 존경받는 복음주의학자 더글라스 지베트R. Douglas Geivett와 게리 필립스W. Gary Phillips는 많은 이가 체험하는 것, 특히 대학생들이 졸업한 후 취직하고 결혼하고 가정을 이룰 때 겪게 되는 곤경을 상세히 설명한다. 무슨 일을 하고 누구와 결혼하며 자녀를 어떻게 키울지 결정하는 것은 어려운 일이다. 더구나 오늘날 '다문화적'이고 '다원적 가치'를 지향하는 탈근대적 생활 방식과, 진정 행복한 삶을 위하여 무수한 가치와 선택, 궁극적 해결책을 내미는 거대한 시장 앞에서 사람들은 당황하게 마련이다. 어떻게 삶의 의미를 찾을 것인가? 관계 속에서 기쁘게 사는 길은 과연 무엇인가?

이 철학적 물음에 윤리적 물음을 보탤 때, 삶의 방식을 결정하는 일은 더 복잡해진다. 현재를 앞서 나가는 멋쟁이가 되는 동시에 다음 세대보다 더 뛰어나고 빈틈없으며 강인해야 하는 것이다. 앞으로 나아가기 위해 누군가와 자주 부딪혀야 한다면 이것은 옳은 것인가? 누군가 이 방식을 거부한다면 어떻게 될까? 이것은 더 수준 높은 행동 방식인가 아니면 바보 같은 짓인가?

이들 물음에 정답은 없다. '가야 할 올바른 길'은 딱 정해져 있지 않다. 삶을 헝클어 놓는 악의 실체는 확실한 것을 놓게 만든다. 그렇다, 선한 이들이 나쁜 일을 겪는 경우는 허다하다. 또 그들이 뜻하지 않게 나쁜 일을 행하기도 한다. 질병, 폭력, 죽음 같은 나쁜 일들은 눈 깜짝할 사이에 행복에서 절망으로 돌려놓을 수 있다. 삶은 아름다움과 크나큰 전율을 느끼게 하는 동시에 우리를 한순간 나락으로 떨어뜨릴 수 있다.

따라서 지베트와 필립스는 불확실하고 불분명하며 두려움이 감싸고 무수히 다르고도 미심쩍은 길들이 있다는 것이 결정적인 판단 근거가 아니라고 본다. 하느님이 계시다면 그분은 불확실함 가운데서도 더 큰 확신을 주는 도움의 손길로 우리에게 분명한 방향을 제시하실 것이다. 그렇다면 그 길을 지향하는 생의 의지와 잘 닦인 길이 있다고 보아야 하지 않을까? 하느님이 그렇게 해 주신다면 '배타성particularity이라는 걸림돌'은 전혀 걸림돌이 아니다. "인간이 겪는 고난으로부터 하느님의 영적 치유를 받으려는 사람에게 배타주의particularism는 걸림돌이 아니다."[15] 인간은 하느님이 주시는 하나의 분명한 길을 필요로 한다!

의미를 추구하는 각 개인은 '하나이고 유일한'에 관한 이 상식적 논쟁을 붙들어야 할 것이다. 하느님이 주신 '하나의 길'이 훨씬 더 많은 의미를 지녀야 한다는 사회적이고 지정학적인 근거도 있다. 레슬리 뉴비긴Lesslie Newbigin 주교는 이 논쟁에서 우선 다음과 같이 묻는다. "절대 진리들이 없다고 확신하는가?" 확신한다면 우리는 '현대 서구 문화의 원리 가운데 하나'를 맹목적으로 받아들이는 것이다. 이 원리 역시 여느 것과 마찬가지로 입증할 수 없다. 마지막에 남을 진리들을 찾기 어렵다는 이유가 그 진리가 없다는 뜻은 아니다. 뉴비긴은 과학을 들어 비유한다. "양자론과 상대성원리를 양립시키려는 물리학자들은, 실재는 다른 성질을 가지며 다른 식으로 작용한다는 것이 근본적으로 모순이라는 가정에 굴하지 않는다. 물리

---

15 Geivett and Phillips, "A Particularist View", 218; 219-27.

학자들은 물리학 전체를 아우르는 하나의 통합 이론을 찾기 위해 계속 힘을 쏟고 있다."16 그렇다면 왜 인간사는 태양계처럼 하나의 중심을 가질 수 없는 건가? 오늘날 우리 인간은 하나의 중심이 그 어느 때보다 필요하다.

우리는 현대의 다양한 현상에 대처할 능력이 필요하다. 전 지구적으로 인간이 직면한 생명을 위협하는 문제들, 핵전쟁, 생태계 파괴, 국가 간 인종 폭력은 일치단결하여 해결해야 할 것들이다. 인류는 더 많이 연대하여 행동하고 한 가족을 이룰 필요가 있다. 이것은 다양성을 제거하라는 뜻이 아니고, 새로운 단일체 안에 다양성을 묶으라는 요구다. 이것이 가능할 때 '하나의 길'은 중요한 의미를 지닌다. 이때 하느님은 진리의 한 가지 기준, 사람들을 하나로 묶을 수 있는 단일체의 한 중심을 제시하실 것이다. 그러나 이것은 쉽지 않다. 단일체의 뛰어난 창설자가 있듯이, 다른 이들보다 우수한 국가나 사람들이 있기 때문이다. 뉴비긴은 이런 점에서 '하나의 진리'가 아니라 '하느님이 주신 하나의 진리'가 필요하다고 했다. 하느님이 주신 단 하나의 계시는 진리에 대한 다른 주장들을 능가한다. 인간이 만든 체계를 하느님의 표준 위에 올려놓을 수 없다는 뜻이다. 하느님이 주시는 하나의 중심을 부정하는 것은 하나의 자아와 하나의 국가를 모든 이를 위한 중심으로 만드는 위험에 빠뜨린다. 뉴비긴은 다음과 같이 결론짓는다. "예수 그리스도 안에 하느님의 결정적인 유일회적 구원 행위가 있다는 확증은 오만한 것이 아니다. 이는 모든 문화가 자기 문화를 타문화의 표준으로 삼는 교만함을 막는 보루다."17

그러나 우리는 너무나 빨리 움직여 왔다. 한때 복음주의자는 하느님이

---

16 Lesslie Newbigin, *The Gospel in a Pluralist Society* (Grand Rapids, Mich.: Eerdmans 1989) 161, 162-9.

17 같은 책, 169.

전 인류를 위한 진리의 유일한 원천이며 유일한 구원의 길을 완성하신다고 보았다. 그들은 이 원천과 길이 예수라고 결론 내리지는 않는다. 그들은 성경만 가지고 주장하지도 않는다. 그들이 바라는 모든 것은 예수에 관한 그들의 증언이 열어 주는 진실과 공간이다. 한때 그들과 사람들은 참으로 하느님 말씀을 듣고 말씀 안에 계시는 성령의 힘을 느꼈다. 복음주의자는 인간을 구원해 줄 유일한 이름인 예수의 진리가 밝혀질 것이라고 확신한다. 예수가 인간의 마음과 현 세계의 혼란에 어떻게 응답하는지 사람들이 보고 느낄 때, 온 인류를 일치시키는 원천이며 힘인 한 분 구세주를 받아들일 것이라고 확신한다. 그 수용은 감정적 응답이 아닌 이성적 응답이다. 유일한 구원자로 예수를 택한 것은 설교가가 아닌 철학자가 보증할 수 있는 것이다. 실제로 한 복음주의학자는 예수 안에 나타난 진리와 은총의 배타성을 철학적이고 이성적으로 기술한 책을 썼다.[18]

대체 모델은 많은 종교가 각자 오직 하나뿐인 진리, 또는 마지막에 남을 진리를 가졌다고 주장하는 '거룩한 경쟁'을 불러일으킨다. 이 경쟁은 자연적이고 필연적이며 유익한 것이다. 내가 다른 사람의 상품을 '좋은 것으로' 보면, 내 상품을 잘 팔 수 없다. 나는 내 것이 최고라고 믿고 그 이유를 말해야 한다. 이렇게 종교들을 경쟁하게 하라! 복음주의자는 그렇게 열려 있고 정직하고 비폭력적인 경쟁 안에서 예수가 맨 꼭대기에 도달할 것이라고 확신한다.

---

[18] Harold A. Netland, *Dissonant voices: Religious Pluralism and the Questions of Truth* (Grand Rapids, Mich.: Eerdmans 1991).

더 읽을 책

BARTH, Karl. "The Revelation of God as the Abolition of Religion", in *Church Dogmatics*, 1/2, paragraph 17. Edinburgh: Clark 1956, 280-361. Abridged version in *Christianity and Other Religions*. Ed. John Hick and Brian Hebblethwaite. Oxford: One World Publications 2001, 5-18.

BRADSHAW, Tim. "Grace and Mercy: Protestant Approaches to Religious Pluralism", in *One God, One Lord: Christianity in a World of Religious Pluralism*. Ed. Andrew D. Clarke and Bruce W. Winter. Grand Rapids, Mich.: Baker Book House 1992, 227-36.

CROCKETT, William V., and James G. SIGOUNTOS. "Are the 'Heathen' Really Lost?" in *Through No Fault of Their Own: The Fate of Those Who Have Never Heard*. Ed. William V. Crockett and James G. Sigountos. Grand Rapids, Mich.: Baker Book House 1991, 257-64.

DAYTON, Donald W. "Karl Barth and the Wider Ecumenism", in *Christianity and the Wider Ecumenism*. Ed. Peter C. Phan. New York: Paragon House 1990, 181-9.

GEIVETT, R. Douglas, and W. Gary Phillips. "A Particularist View: An Evidentialist Approach", in *More than One Way? Four Views of Salvation in a Pluralistic World*. Ed. Dennis L Okholm and Timothy R. Phillips. Grand Rapids, Mich.: Zondervan 1995, 213-45.

GRENZ, Stanley J. "Toward an Evangelical Theology of Religions", *Journal of Ecumenical Studies* 31 (1994) 49-66.

HARRISON, Peter. "Karl Barth and the Non-Christian Religions", *Journal of Ecumenical Studies* 23 (1986) 207-24.

HART, Tevor. "Karl Barth, the Trinity, and Religious Pluralism", in *The Trinity in a Pluralistic Age: Theological Essays on Culture and Religion*. Ed. Kevin J. Vanhoozer. Grand Rapids, Mich.: Eerdmans 1997, 124-42.

HENRY, Carl F. "Is It Fair?" in *Through No Fault of Their Own: The Fate of Those Who Have Never Heard*. Ed. William V. Crockett and James G. Sigountos. Grand Rapids, Mich.: Baker Book House 1991, 245-56.

HUFF, Peter A. "The Challenge of Fundamentalism for Interreligious Dialogue",

Cross Currents 50 (2000) 94-102.

JONES, Michael S. "Evangelical Christianity and the Philosophy of Interreligious Dialogue", *Journal of Ecumenical Studies* 36 (1999) 378-96.

NASH, Ronald H. "Restrictivism", in *What about Those Who Have Never Heard? Three Views on the Destiny of the Unevangelized*. Ed. John Sanders. Downers Grove, Ill.: InterVarsity Press 1995, 107-39.

NETLAND, Harold A. *Dissonant Voices: Religious Pluralism and the Question of Truth*. Grand Rapids, Mich.: Eerdmans 1991, chapters 5 and/or 7 and/or 8.

———. "The Uniqueness of Jesus in a Pluralistic World", *Religious and Theological Studies Fellowship Bulletin* 5 (1994) 8ff.

PHILLIPS, W. Gary. "Evangelicals and Pluralism: Current Options", in *The Challenge of Religious Pluralism: An Evangelical Analysis and Response*. Ed. David K. Clark. Wheaton, Ill.: Wheaton Theology Conference 1992, 174-89.

● ● ● 제2장

부분 대체

타종교를 '완전 대체'하려는 근본주의자, 복음주의자, 성령강림파 그리스도인들의 방식은 통찰력이 없고 가혹하다. 그들은 타종교에는 하느님이 계시지도 않고 아무 가치도 없으며 완전히 인간이 만들어 낸 것이고 하느님의 사랑을 가로막는다고 여겼다. 신학 용어로, 타종교에는 계시도 구원도 없다는 주장이다. 그리스도인이 타종교인과 대화하는 것은 타종교를 그리스도교로 대체하기 위해서 타신앙을 더 잘 알고자 애쓰는 것일 뿐이다. 그렇다면 이 대화는 잔인한 방법이다. 타종교에서 실재를 보지 못하거나 성경 메시지를 들을 수 없다고 여기는 복음주의자가 많기 때문이다.

하느님은 타종교 안에 계시는가? 그렇다, 그리고 아니다

그리스도교가 타종교를 대체한다는 시각보다 더 포용적인 입장이 있다. 제1장에서 신복음주의자라고 지적한, 성경에 토대를 둔 그리스도인이 그 입장이다. 이들은 예수의 유일성을 증거하고 성경을 현대인이 받아들이도록 힘쓰는 동시에 이 세상에서 하느님의 현존을 발견하도록 개방하고 교회일치를 추구하며 더 준비하려고 노력한다. 이들은 '완전 대체 모델'이 타종교 안에 하느님이 참으로 현존하신다는 점을 놓치고 있다고 비판한다.

타종교에도 계시는 있다!

'부분 대체 모델'과 완전 대체 모델 사이의 차이점은 계시와 연관된다. 좀 온건한 부분 대체 모델을 따르는 복음주의자들은 타종교 안에 하느님의 참된 계시가 있다는 사실을 인정하고 주장하며 기뻐하기까지 한다. 이는 신학적으로 '원原계시', '창조 계시', 또는 '일반 계시'라고 부른다.[1] 타종교 공동체에 속한 이들과 그 구조 속에도 하느님의 영이 계심을 뜻한다. 이들 공동체는 중요한 인간 실존 문제와 씨름하며, 어느 집단보다 그에 관해 더 많이 질문한다. 또한 이들은 하느님이 그 문제에 답을 주시기도 하고 인간 스스로 그 답을 찾아가기도 한다고 본다. 이는 완전 대체 모델과는 아주 다르다.

그리스도인이 타종교 안에도 하느님의 계시가 있다는 사실을 인정해야 하는 첫 번째 이유는 성경이 말하기 때문이다. 그 예는 다음과 같다.

1. 바르트와 몇몇 근본주의자들은 바오로가 쓴 로마서 1장을 읽었으나, 하느님은 당신 능력과 인간의 양심을 통해 모든 사람에게 말씀

---

[1] Emil Brunner, "Revelation and Religion", in *Christianity and Other Religions*, ed. John Hick and Brian Hebblethwaite (Philadelphia: Fortress Press 1980) 113-32; Paul Tillich, *Systematic Theology* (Chicago: University of Chicago Press 1951~1963) 1:53-60; Bruce Demarest, "General and Special Revelation: Epistemological Foundations of Religious Pluralism", in *One God, One Lord: Christianity in a World of Religious Pluralism*, ed. Andrew D. Clarke and Bruce W. Winter (Grand Rapids, Mich.: Baker Book House 1992) 189-206.

하신다는 점을 놓친다. "세상이 창조된 때부터, 하느님의 보이지 않는 본성 곧 그분의 영원한 힘과 신성을 조물을 통하여 알아보고 깨달을 수 있게 되었습니다. … 그들의 양심이 증언하고 그들의 엇갈리는 생각들이 서로 고발하기도 하고 변호하기도 하면서, 그들은 율법에서 요구하는 행위가 자기들의 마음에 쓰여 있음을 보여 줍니다"(로마 1,20; 2,15). 아주 명쾌하다.

2. 바오로는 하느님이 당신 언어로 말씀하시는 능력을 가지셨다고 리스트라 이방인에게 말했다. "지난날에는 하느님께서 다른 모든 민족들이 제 길을 가도록 내버려 두셨습니다. 그러면서도 좋은 일을 해 주셨으니, 당신 자신을 드러내 보이지 않으신 것은 아닙니다. 곧 하늘에서 비와 열매 맺는 절기를 내려 주시고 여러분을 양식으로, 여러분의 마음을 기쁨으로 채워 주셨습니다"(사도 14,16-17). 바오로는 아테네인에게는 다음과 같이 알렸다. "그분께서는 우리 각자에게서 멀리 떨어져 계시지 않습니다. … 우리는 그분 안에서 살고 움직이며 존재합니다"(사도 17,27-28).

3. 요한 복음서 저자는 복음서를 시작하면서, 예수 안에서 육신이 되신 하느님 말씀이 한처음에 세상에 계셨던 바로 그 말씀이며, 세상에 생명을 주시고 "그 생명은 사람들의 빛이었다. 그 빛이 어둠 속에서 비치고 있지만 어둠은 그를 깨닫지 못하였다"(요한 1,4-5)고 선포했다.

역사적 예수 등장 전후를 잇는 하느님 말씀에 대한 이 관념은 1세기 신학자인 교부들이 초기 교회에 심어 놓은 것이다. 이들은 하느님이 그리스도교 울타리 안에만 갇힐 수 없는 분임을 분명히 깨달았다. 더욱이 종교개혁자 칼뱅John Calvin은 마틴 루터Martin Luther가 한 다음 말에 동의했다. 루터는 '하느님에 관한 감수성'이 인간 본성 안에 스며들어 있다고 말하면서 "하느님에 대한 인식과 우리 자신에 대한 인식은 서로를 잇는 끈으로 연결되어 있다"고 했다.[2] 그러나 엄격한 대체 모델을 따르는 이들은 성경과 초기 신학자들이 주장하는 이 지침들을 잊어버리거나 무시하는 듯하다.

하느님이 모든 사람에게 말씀하신다는 성경의 가르침은 복음주의 신학자들이 타문화와 타종교를 볼 때 더 확실해졌다. 하느님은 인간을 초월한 저 높은 곳에서 말씀하시지 않는다. 오히려 하느님의 목소리는 마음의 움직임과 역사 사건들 안에서 들려온다. 파울 알트하우스Paul Althaus(독일계 루터파 신학자로 바르트의 종교관이 몹시 편협하다고 이해함)는 사람들의 마음을 잡아끄는 '더한 무언가' 안에서 신의 목소리를 듣는다고 보았다. 사랑에 빠질 때, 힘겨운 처지에서도 다른 이와 함께하기로 결정할 때, 가난한 이들에 대한 사회적 책임에 응답하려 할 때, 또는 악이 선을 누르는 상황을 확인하고서도 선이 악보다 강하다는 희망을 버리지 않을 때가 그때다.[3] 이름난 개신교 신학자로서 바르트와 거의 입장이 같았던 폴 틸리히는 좀 더 일반적이고 신비적인 태도를 취한다. 우리는 '궁극적 관심사에 사로잡혀' 있을 때 하느님의 현존을 느낀다. 그 관심사는 우리의 뿌리가 되고 우리를 지켜 주며 '다른 모든 관심사보다 … 삶의 의미에 대한 물음에 답을 준다'. 틸리히는 궁극적 관심사가 우리를 사로잡을 때는 우리 신원과 상관없이 받아들여졌음을 느끼거나 아는 순간이라고 본다. 틸리히는 누가 우리를 받아들이는지 모를 때도 '받아들여졌음을 받아들여야' 하며, 하느님의 손길 안에 있는 것이라고 말한다.[4]

---

2 Brunner, "Revelation", 121-2.

3 Paul Althaus, *Die christliche Wahrheit*, 7th ed. (Gütersloh: Gütersloher Verlaghaus 1966) 61-96.

이 인간적이고 개인적으로 표현한 일반 계시와 맞물려, 현대 개신교 신학자인 볼프하르트 판넨베르크Wolfhart Pannenberg는, 하느님이 단계적으로 인간에게 말씀하신다는 역사 과정을 지적한다. 그는 묻고 탐구하는 우리의 천성과 구체적 역사 사건 간의 상호 작용을 통해 하느님의 소리를 듣는다고 말한다. 우리 마음속에 더 큰 의미를 찾으려고 세운 것이 안테나라면, 우리 삶에 끼어드는 사건과 사람들은 하느님이 우리에게 들려주시는 리듬이다. 이것은 멈춤 없이 흐르면서 미래를 가리킨다. 우리는 지나온 삶을 돌아볼 수 있으므로, 삶의 역사 과정에서 앞으로 나아가려는 움직임과 지향을 감지할 수 있다. 그러나 이 모든 것의 완전한 의미는 미래, 곧 역사 마지막에 드러난다. 그때 하느님이 전체 역사 안에 현존하시며 특히 세계 종교들 안에서 발견된다는 것을 알 수 있다. 판넨베르크는 "모든 종교사는 인간 실존 구조 안에 전제된 신의 신비를 보여 주는 역사"라고 한다.[5] 이것은 타종교들 안에서는 신이 침묵하고 계실 뿐이라고 믿었던 바르트와 근본주의 입장과는 전혀 다르다.

판넨베르크는 하느님이 타종교인에게는 그들 종교를 통해 말씀하신다고 확신한다. 하느님 말씀을 숙고할 때, 이 새 모델은 긍정적이다. 이 복음주의 신학자는 일반 계시가 타종교인에게 신의 존재를 알려 주고 신은 인간적 사랑으로 그들을 부르는 '당신'이심을 알려 준다고 보았다.[6] 더욱이

---

[4] Paul Tillich, *Christianity and the Encounter of World Religions* (New York: Columbia University Press 1963) 4; Tillich, *Systematic Theology*, 1:153-5; Tillich, *The Courage to Be* (New Haven: Yale University Press 1952).

[5] Wolfhart Pannenberg, ed., *Revelation as History* (London: Macmillan 1968) 3-21, 125-58; Pannenberg, *Basic Questions in Theology* (Philadelphia: Fortress Press 1971) 2:112.

[6] Wolfhart Pannenberg, *The Idea of God and Human Freedom* (Philadelphia: Fortress Press 1973) 111-5.

타종교 안에서 하느님은 우리를 구원하려고 우리 삶에 개입하신다. "인간과 세상이 구원받아야 한다는 것은 모든 종교의 주제다."[7] 따라서 이 복음주의 모델에서 타종교들은 바르트가 주장한 것처럼 '인간이 만든 것'이 아니다. 오히려 타종교는 하느님이 원하신 것이다. 타종교는 하느님을 '대신하는 것'이며 당신 구원 계획을 이루기 위한 '도구'다.[8]

따라서 이들은 타종교가 하느님과 구원으로 이끄는 길들이라고 본다. 그러나 이 결론은 너무 성급해 보인다.

타종교에 구원은 없다!

타종교 안에 계시가 있는가라는 질문에서 구원이 있는가라는 질문으로 옮겨가면, 부분 대체 모델 주창자들은 갑자기 태도를 바꾼다. 그들은 하느님이 타종교를 통해 말씀하신다는 사실은 문제없이 받아들인다. 그러나 그들은 하느님이 그리스도인에게 베푸시는 구원을 타종교인에게는 허락하지 않는다고 주장한다. 구원이란 하느님과 일치하고 하느님의 사랑과 용서를 받는다는 확신 속에서 살며, 죽은 뒤에 영원한 생명을 보장받는다는 뜻이다. 이 신학자들은 하느님이 타종교 안에 계시다고 말하지만, 구원을 베풀지는 않는다고 주장한다.[9] 그들은 두 가지 분명한 이유를 들이댄다. 하나는 신약성경이 이를 분명히 밝히고 있으며, 다른 하나는 타종교 연구자들이 모두 이 점을 증거한다는 것이다.

---

[7] Carl Heinz Ratschow, "Die Religonen und das Christentum", in *Der christliche Glaube und die Religionen*, ed. C.W. Ratschow (Berlin: Töpelmann 1967) 118-20, 123-4.

[8] Althaus, *Die christlich Wahrheit*, 137-9; Millard J. Erickson, *How Shall They Be Saved? The Destiny of Those Who Do Not Hear of Jesus* (Grand Rapids, Mich.: Baker Book House 1996) 157-8.

[9] Calvin E. Shenk, *Who Do You Say That I Am?* (Scottdale, Pa.: Herald Press 1996) 117-20.

1. **신약성경.** 신약성경을 증거로 삼는 이들은 과거 그리스도인을 그대로 따른다. 먼저 하느님 말씀에 귀 기울인다. 그리고 타종교에 대한 구원 메시지는 아주 분명하다고 생각한다. "일반 계시에만 응답하여 참된 신앙인이 된 사람은 성경에 나오지 않는다." 또 "계시는 완전한 구원으로 안내하지 못한다."[10] 성경이 왜 타종교를 통한 구원을 배제하는지 더 깊이 보려면, 개신교 신학을 떠받치는 기둥인 '오직 그리스도에 대한 믿음으로만'을 떠올리라. 복음주의자에게는 이 두 '오직'만이 진리의 주춧돌이다.

① 구원은 오직 예수 그리스도에 의해서만 이루어진다. 신학 용어로는 그리스도의 '존재론적 필요성'이다. 즉, 인간을 끌어안고 현세와 내세 삶에 행복을 주고자 당신 손을 뻗으시는 하느님의 행위와 능력은 예수를 통해 예수 안에서 실현된다. 전통적인 개신교 신학에서 보면, 아담과 하와가 저지른 '인간의 타락'은 하느님과 인간 사이를 갈라놓고 해체시켰다. 인간은 죄를 짓고 하느님을 배반했기에, 그 사이를 바로잡고 이어 줄 어떤 것이 필요했다. 그 어떤 것은 하느님이 보내신 자유로운 사랑인 예수 안에서 이루어졌다. 예수, 그분만이 '불변하신다'. 이미 알고 있듯이, 단 하나의 다리만을 세우셨다. 그 다리를 건널 때만, 인간은 신에게 닿는다. 인간은 예수와 참된 인격적 만남을 가질 때만 하느님과 '하나' 될 수 있고 구원받는다.

종교에 관한 이 복음주의 모델은 예수를 하느님의 구원하시는 사랑의 표현, 예표, 상징이라고 주장한다. 그 사랑은 이미 이 세상에서 이루어졌고 예수가 그것을 보여 주었다. 유명한 루터파 신학자 칼 브라튼Carl Braaten은 "신의 구원을 알려 주는 그리스도가 많은 종교에 똑같이 적용될 수는

---

10 Erickson, *How Shall They Be Saved?* 158; Harold Lindsell, *A Christian Philosophy of Mission* (Wheaton, Ill.; Van Kampen Press 1949) 107; Carl Braaten, "Hearing the Other: The Promise and Problem of Pluralism", *Currents in Theology and Mission* 24 (1997) 398-9.

없다. 구원은 나자렛 예수가 얽힌 구체적 역사에 하느님이 개입하셔서 이루어졌다"[11]고 말한다. 이것은 예수 없이는 구원이 시작될 수 없다는 뜻이며, 복음주의자들이 '오직 그리스도만'이라고 주장하는 내용이다. '하나이며 유일한' 구절이 담긴 신약성경은 이 사실을 분명히 강조한다.

따라서 브라튼은 개신교 복음주의 신학에 대한 굳건한 확신과 충심을 가지고 다음과 같이 말한다.

> 신약성경 본문과 초기 그리스도교 전통에서 예수는 여러 구원자 중 한 구원자a savior가 아니라 구세주the Savior다. 예수는 수많은 신과 반신半神들 가운데 하나의 신이나 한 명의 아들이 아니라, 하느님이 낳은 유일한 아들이자 단 하나뿐인 세상의 구세주다. 이 배타적 주장은 복음의 핵심이며 상징적 해석으로 보아선 안 된다. … 예수는 하나이며 유일한 구세주이거나, 아니면 구세주가 아니다.[12]

판넨베르크는 모든 구원이 예수에게 달려 있고 예수에게서 오는 까닭을 왜 그리스도인이 주장해야 하는지 깊이 있게 다룬다. 이는 초기 그리스도인들이 예수를 그렇게 체험해서가 아니라 예수가 그런 분이라고 주장했기 때문이다. 그것은 바로 예수가 자신에 관해 생각하고 말한 것이다! 판넨베르크는 역사의 예수에 관한 확실한 사실들 중 하나를 바탕으로 이 주장을 한다. 예수는 '종말론적 예언자'로 불리길 자처했다. 예수는 자신이 하느님

---

11 Carl Braaten, *No Other Gospel: Christianity among the World's Religions* (Minneapolis: Fortress Press 1992) 74.

12 Braaten, "Hearing the Other", 398; Braaten, "The Uniqueness and Universality of Jesus Christ", in *Faith Meets Faith: Mission Trends No. 5*, ed. Gerald H. Anderson and Thomas F. Stransky (New York: Paulist Press 1981) 74-5.

의 '마지막' 예언자이고 하느님 나라와 하느님의 구원은 자신 안에서 자신을 통해 이루어짐을 알았다. 판넨베르크가 설명한 대로, "하느님이 오실 임박한 미래는 그분 — 예수 — 을 통해 지금 이루어지고 있기에, 그분 말고 구원에 이르는 다른 길은 없다. … 예수 안에 하느님이 계시다는 증언은 그리스도인의 첫 체험이 아니라 예수 자신의 증언이며 이 증언은 종말론적 결말을 담고 있다".[13] '다른 구원자들'을 허용하는 것은 예수를 부정하는 것이다.

종교신학에 대한 이 부분 대체 모델은 예수가 왜 중요한가를 밝혀 준다. 예수는 구원을 완성시키고 알려 준다.

② 예수만이 구원을 전해 준다. 신학 용어로 이 말은 그리스도의 '인식론적 필요성'을 뜻한다. 이 말은 '오직 그리스도에 의해서만'과 '오직 믿음으로만'을 이어 준다. 오직 믿음으로만 구원받는다는 것을 오직 그리스도에 의해서만 깨달을 수 있기 때문이다. 그리스도 없이는 이 사실을 깨달을 수 없으며, 생각조차 할 수 없다. 하느님을 거스르는 엄청난 인간의 죄와 이기심은 이를 바로잡으려는 하느님 아들의 무한한 사랑의 행위로만 없앨 수 있고, 더 나아가 하느님이 우리에게 바라시는 것은 다만 이 사랑의 행위를 믿는 것이다 — 이런 생각을 복음주의 그리스도인은 '엄연한 현실을 맞이하는 것이며', '볼 수도 들을 수도 없고 불가능한' 하나의 '순수한 기적'이라고 보았다. 우리는 하느님이 알려 주실 때만 이 기적을 인식할 수 있고, 예수 그리스도를 통해 하느님이 알려 주신다고 신뢰할 때 알 수 있다. 복음주의 그리스도인은 이런 이유로 구원을 실재에 대한 깊은 체험이

---

13 Wolfhart Pannenberg, "Religious Pluralism and Conflicting Truth Claims", in *Christian Uniqueness Reconsidered: The Myth of a Pluralistic Theology of Religions*, ed. Gavin D'Costa (Maryknoll, N.Y.: Orbis Books 1990) 100-1.

나 내적 평화와 지향점에 대한 깨달음이 아니라고 판단한다. 오히려 "구원은 그리스도와 일치하는 것이다. 이는 그리스도를 믿어 하느님의 의로움을 받는 것이다".[14]

따라서 '구원받는다'는 것은 하느님의 현존과 사랑의 힘을 느끼고 아는 것이므로, 어떻게 해서든 그리스도와 만나야 한다. 복음주의자는 그리스도와 만나는 길이 복음 선포에 있다고 믿는다. 브라튼은 "그리스도를 빼고 복음 선포를 제쳐 둔 채, 신학적으로 하느님의 구원의 길이라고 여길 만한 역사적 대안은 없다. 로마 가톨릭 전통신학이 '교회 밖에 구원 없다'고 가르쳤다면, 루터파 신학은 '그리스도 밖에 구원 없다'고 가르쳤다". 더 나아가 "그리스도에 관한 말씀 밖에 구원은 없다". 이 말씀, 복음 없이는 세계 종교들에 하느님의 참계시가 있다 해도 열매를 맺을 수가 없다. 브라튼은 다음과 같이 결론 내린다. "어떤 종교에도 하느님을 하느님이시게 하는 자유가 없다. 믿음만이 이를 가능케 해 준다. … 따라서 종교들이 인간의 체험과 역사에 진리와 선을 가져다준다 해도 하느님의 노여움과 심판을 피할 수는 없다."[15]

2. 종교들이 증언하는 것. 그리스도 없는 타종교들은 믿음만이 알려 주는 하느님의 사랑과 현존을 체험할 수 없다는, 타종교에 대한 최종판단은 성경만을 가지고 한 것이 아니다. 복음주의자는 타종교의 가르침과 실천을 자세히 살필 때, 그들의 증언을 확인할 수 있다고 말한다. 판넨베르크는 그리스도교 종교신학에 필수적인 '종교에 관한 학문'이 이를 밝혀 줄 것이라고 복음주의자를 대변하여 말한다. 그리스도인은 먼저 성경을 기초로

---

14 Braaten, "Hearing the Other", 399.

15 Braaten, *No Other Gospel*, 78. 76.

타종교에 관해 말하고 '보편 종교사 전 과정을 편견 없이 이해하여' 옳음을 증명해 왔다.[16] 이렇게 타종교 역사를 편견 없이 바라보면서 그리스도인이 알게 된 것은 무엇인가?

첫째로 그리스도인은, 타종교인들이 일반 계시를 통해 하느님의 현존과 사랑을 알고 선한 의지로 성실히 노력하면서도, 다른 형태로 자력 구원을 꾀한다는 것을 확인했다. 그들은 정말이지 의탁하질 못한다. 그들은 하느님께 자신을 맡기지 않는다. 그들은 스스로 구원받고자 하고, 신의 관대함을 알고 있으면서도 하느님이 진실로 그들과 함께하신다는 것을 느끼고자 혼자 힘으로 무엇인가를 해내고 증명하고 알려고 한다. 그들은 '선행'을 포기하지 못한다. 어느 신학자가 말했듯이, 그리스도인은 하느님의 사랑을 (시종일관) 따르려고 선행을 실천하지만 타종교인은 하느님의 사랑을 (전략적으로) 쟁취하려고 선행을 실천한다. 더 분명히 말하면, "성경을 따르지 않는 종교인들은 자기 자신을 찾으려 하고 자신의 구원을 스스로 구하려 한다. 신을 포기하면서까지 그들은 자신의 안전을 찾으려 한다."[17]

복음주의 그리스도인은 타종교 안에 자신의 안전을 찾아내려는 이 완강한 시도와 이어진 무언가가 있다고 보았다. 그것은 끊임없이 되풀이하여 하느님, 혹은 궁극자를 벽 속에 가두려는 노력이다. 이것은 타종교들이 하느님 자리에 여러 가지 형태로 우상을 세우는 것이나 마찬가지다.

- 예언과 명령을 내리는 신적 능력을 지닌 사람(이나 사람들)에게 하느님의 인격성을 부여하거나 절대적 원리에 하느님의 비인격성을 부여

---

16 Pannenberg, *Basic Questions*, 69-70.

17 Brunner, "Revelation", 122-5.

하는 경우가 있다. 두 경우 모두, 하느님이 가지신 근원적 신비와 초월성을 인간의 상념이나 욕망 안에 쑤셔박아 놓는다.

- 아니면 폴 틸리히가 말한 대로, 모든 타종교인은 그들이 행하는 일과 모든 의례가 신 자체가 아닌 신에 대한 상징들이라는 것을 잊고 있다. 종교적 상징들은 신의 실체를 가리키고, 구체적으로 표현하고 바라보게 한다. 그러나 상징들은 신 자체가 아니다. 그것들은 하느님이 누구인지, 하느님이 알려 주시려는 것이 무엇인지를 모두 담고 있을 수 없다. 이 사실을 잊어버린 타종교인은 자기 자신을 신이라고 하거나 자기네 가르침과 법을 하느님보다 더 중요하게 취급한다. 그리하여 그것으로 하느님을 대신한다. 우상숭배에 빠지고 마는 것이다. 신을 가리키는 동시에 상징 자체를 뛰어넘는 신의 유일한 상징은 예수라고 틸리히는 주장한다.[18]

- 판넨베르크는 타종교를 연구한 끝에, 모든 타종교는 그리스도교와 유다교가 분명히 밝힌, 하느님은 늘 미래의 하느님이라는 것을 인식하지 못한다고 결론 내렸다. 하느님은 결코 우리에게 당신의 완전한 모습과 완전한 뜻을 밝히지 않으신다. 역사 자체가 그러하듯, 세상 끝날까지 계실 하느님은 '일하고 계시다'. 하느님은 우리에게 예수 안에서 역사의 목표를 단 한 번 '미리 보여 주셨다'. 그러나 예수는 더한 무언가가 온다고 말했다. 어떤 종교들은 자기네가 과거의 황금기에 완전한 모습이었다고 생각하며, '태초 신화'를 가지고 이 과거를 복구하려고 한다. 타종교들은 자기네 가르침을 절대적인 것이라거나 최종적인 것이라고 주장하든지, 변화를 거부한 채 자기를 확대

---

18 Tillich, *Systematic Theology*, 2:91-111, 136-59, 191-208.

시켜서 현재 안에 미래를 심어 놓으려고 한다. 그 모든 시도는 하느님의 신비와 하느님이 알려 주시려는 미래를 추구하기에는 한계가 있다.[19]

그리스도교와 타종교의 관계

하느님은 타종교에 계시를 통해 말씀하시지만 타종교를 구원하시지는 않는다는 복음주의를 따를 때, 그리스도인은 타종교와 어떤 관계를 맺을 것인가? 타종교인과 관계 맺으려고 하지 않는 완전 대체 모델과 반대로, 복음주의 그리스도인은 타종교인과 대화하자고 제안한다.

존경받는 복음주의 신학자 헤럴드 넷랜드Harold A. Netland는 그리스도인이 타종교인과 대화를 하는 동기와 취지를 밝힌다. 대화는 '타인을 동료로 진지하게 받아들이기 위한' 방편이다. 그것은 '타신앙인을 겸손하고 민감하며 정중하게 대하는' 표시다. 타신앙인이 말하는 구원을 신학적으로 어떻게 판단하든, 그들은 그리스도인이 애정과 존경을 보내야 할 하느님의 자녀들이다. 이 점에 관해 무엇을 덧붙일 것인가? 넷랜드는 다양한 논제를 나열하며, 대화의 본질을 지적한다(즉, 종교들은 각기 왜 말하고 싶어 하는가? 그리고 그들은 이 만남의 필요조건으로 무엇을 내세우는가?). 또한 이 대화는 지식을 교환하며, 특히 서로에 대해 잘못 알고 있는 것을 바로잡을 수 있게 해 준다.

이 대화는 종교들 사이의 편견, 불신, 갈등을 풀어 버리는 주요 수단이 될 수 있다. 더 실제적으로, 이 친교는 공통된 사회 문제나 환경 문제, 정치 문제까지도 다룰 수 있다. 그리하여 타종교인들끼리 서로 협력하여 그

---

19 Pannenberg, *Basic Questions*, 113, 107-10.

들이 공유하는 사회, 정치적 세상을 더 평화로운 공간으로 만들어 낼 수 있다.[20]

그러나 결정적으로, 대화는 그리스도교와 타종교들 사이의 진짜 차이를 바라보게 한다. 타종교에 대한 복음주의의 일반적 평가를 보면, 유사점보다 차이점을 훨씬 더 많이 지적한다. 판넨베르크는 차이가 진정한 대화거리라고 말한다. "종교들끼리 갈등을 일으키는 견해와 진리 주장이야말로 대화 주제가 된다." 타종교인들은 각자 틀렸다고 생각하는 부분과 자기 입장이 다른 입장보다 뛰어나다고 믿는 부분을 말할 때 서로를 가장 잘 도울 수 있다. 이때 종교 간의 대화가 되고, 종교인들은 사회문제에 관한 정보나 할 일만 논의하는 것이 아니라, 그들이 나눠야 할 참된 문제인 하느님의 진리에 관해 얘기한다. 그리고, 이 대화는 근본주의자 말대로 거룩한 경쟁이 된다. 그것은 각 종교가, '사람들의 삶과 세상에 대한 체험을 가장 잘 설명하는 것은 바로 자신'임을 증명하려는 경쟁이다. 곧, 인간 마음속 심연에 자리 잡고 있는 의문점들과 욕구, 복잡하고 이해타산적이며 폭력이 만연한 세상에 필요한 것들을 해결해 줄 가장 탁월한 해법이 자기 종교에게 있다고 경쟁하는 것이다.[21]

복음주의 그리스도인은 항상 타신앙인의 존엄성, 지성, 종교적 자유를 존중하면서 경쟁적 대화를 수행해야 한다고 주장한다. 이 대화는 (강요하고, 감언이설로 속이고 비난하는) 개종이 아니라 (설득력 있고 마음을 잡아끄는) 복음주의를 이루어야 한다. 이렇게 다른 이들과 친교를 나누고 모

---

[20] Harold A. Netland, *Dissonant Voices: Religious Pluralism and the Question of Truth* (Grand Rapids, Mich.: Eerdmans 1991) 297-300.

[21] Wolfhart Pannenberg, "The Religions from the Perspective of Christian Theology", *Modern Theology 9* (1993) 286-7; Pannenberg, "Religious Pluralism" (note 13) 103.

든 이가 마음을 열고 귀 기울인다면, 복음주의자는 신약성경에서 선포한 대로 예수를 증명할 수 있을 것이라고 확신한다. 예수라는 '하나의 이름'을 통해서만 하느님을 발견하고 알아 가기 때문이다.

그리스도인은 타종교인과 이 경쟁적 대화로 관계 맺는다. 그들은 완전 대체 모델처럼 타종교를 저버리지 않는다. 종교들은 복음으로 향하는 길을 준비하고 있다. 그러나 타종교는 소극적 준비를 하게 할 뿐이다. 그들은 오직 예수만이 해답이자 안내자임을 의심하거나 다른 방향을 가리킨다. 따라서 종교들은 '헛된 곳에서 찾았던 진리의 완성자인 예수를 초석'으로 섬길 수 있다. 복음주의자는 인도가 '거의 모든 것이 있는 땅'이듯 오직 예수만이 '거의 모든 사람을' 고향에 데려간다는 스텐리 존스E. Stanley Jones의 비유를 따른다. 복음주의자가 예수에 관해 사용하는 또 다른 비유는 헤드라이트다. "헤드라이트를 켤 때만 밤길에 도로 표지를 읽을 수 있는 것처럼, 그리스도라는 빛을 타종교들에 비출 때 그리스도 없이는 이해할 수 없는 타종교의 의미를 볼 수 있다."[22]

다시 한 번, 이 복음주의 모델은 칼 브라튼이 요약한 그리스도교와 타종교의 관계로 되돌아간다. "종교들은 자체 안에 구원 체계가 없다. 그러나 하느님은 각 종교가 한계에 봉착할 때 십자가에서 죽고 부활하신 주님의 역사 안에서 미래에 구원받도록 하실 수 있다."[23] 하느님은 '그들을 유용하게 만드실' 수 있다. 그들은 완전 쓸모없는 것이 아니다. 그러나 결국 그들은 자기 '한계'와 맞닥뜨린다. 이 때문에 복음주의적 종교신학은 부분 대체 모델이다.

---

22 Shenk, *Who Do You Say?*, 142, 155.

23 Carl Braaten, *The Flaming Center* (Philadelphia: Fortress Press 1977) 109.

세계교회협의회: 대화는 좋지만 신학은 건드리지 마라!

기왕의 개신교가 대체 모델을 강조한다면, 우리는 세계교회협의회(WCC)가 어떻게 이 모델을 따르는지 따져 보아야 한다. 1948년에 창설된 세계교회협의회는 전 세계 100여 나라 330개 교회, 교파, 단체에 속한 4억 그리스도인을 포괄하고 있다. 이 그리스도인은 대개 미국 '주류' 개신교에 속하지만 복음주의자와 정교회 신자도 세계교회협의회 모임과 기획에서 강력한 영향력을 발휘한다. 세계교회협의회가 개신교와 정교회의 교회일치적 조화를 포용한다는 이유로, 철저히 일관된 입장을 보이지 않는 데 놀랄 필요는 없다. 그들의 동요는 때로 대체 모델의 한계를 넘어서는 듯도 하다. 간단한 역사 개관은 이들의 입장 변화와 그 너머를 보게 해 준다.[24]

20세기 들어 처음 몇십 년 동안, 타종교와 종교신학에 대한 매우 개방적이고 진보적인 개신교 선교 운동을 전개한 선교사들은 아시아와 아프리카에서 회의를 열었다. 1910년 에든버러와 1928년 예루살렘에서 개최한 국제선교회의International Missionary Conference에서 선교사들은 대화와 협력을 강조했다. 어떤 이는 개신교의 영향으로 말미암아, 가톨릭이 제2차 바티칸 공의회를 거치면서 획기적으로 타종교관을 바꿨다고 말한다. 그러나 앞서 살펴본 근본주의와 복음주의 교회 성장 및 개신 교회와 설교에 칼 바르트 신학이 미친 광범위한 영향력으로, 세계선교회의World Missionary Conference는 1938년 인도 탐바란Tambaran 회의 때 전혀 다른 입장을 밝힌다. 이 회의에서도 파시즘의 위험을 극복하고 타종교인과 함께 일하자는 요청은 분명히 밝혔다. 그러나 타종교인과 만남을 통해 이루려는 궁극적 목적이나 성

---

24 Kenneth Cracknell, "Ambivalent Theology and Ambivalent Policy: The World Council of Churches and Interfaith Dialogue 1938~1999", *Studies in Interreligious Dialogue 9* (1999) 87-111은 타종교에 대한 세계교회협의회의 태도를 명백하고 통찰력 있게 살폈다.

과는 개종을 통해서만 가능하다고 못 박았다. 탐바란 회의는 그리스도교와 타종교 사이의 관계를 너와 나 둘 다가 아닌, 너 아니면 나라고 단정지었기 때문이다. 복음과 타종교에 대한 대화는 유사점을 발견하게 해 주지만, 이것은 더 근본적인 차이를 지적하거나 아무것도 돌아보지 않게 만든다. 결론은 완전 대체일 뿐이다.

세계교회협의회는 1948년 창설 때부터 줄곧 삼십여 년간, 타종교를 그리스도교로 완전 대체해야 한다고 주장해 왔다. 그러나 1970년대 초 이 주장은 의심받기 시작했다. 그 이유는 식민주의의 몰락과 비유럽 국가들 및 종교들의 자의식이 피어난 데 있다. 또한 제2차 바티칸 공의회에서 가톨릭교회는 타종교인에게 열린 태도를 보였고, 1970년 베이루트와 취리히에서 열린 세계교회협의회 회의 전문가들은 '탐바란의 주장을 깨는 사건'을 일으켰기 때문이다.[25] 그리하여 1971년 세계교회협의회에 '타종교인과의 대화'Dialogue with People of Living Faiths를 위한 부설 기구를 세우고, 타종교인을 더 존중하는 대화를 하자고 선언했다. 1977년 4월, 태국 시앙마이에서 역사적 회의를 연 2년 후에 세계교회협의회는 「대화 지침서」를 발표했다. 이 책자는 '교회일치적 상황에서 대화를 활성화하기 위한 역사적 전환'이 이루어졌다고 선언했다.[26] '우월한 위치'에서 대화하려 해선 안 된다고 그리스도인을 훈계하는 이 지침서는 예수 추종자 모두가 대화를 사치스럽고 유쾌한 시간 때우기로만 생각하지 말라고 제시한다. 오히려 타종교인과 하는 대화는 "우리 이웃과 공동체를 이루도록 도와주면서 그리스도 안에서 신앙생활을 충실히 하게 해 주는 중요한 방편이다".[27] 여기서 세계교회

---

[25] Stanley J. Samartha, 앞의 책 97쪽 인용. 사마르타는 세계교회협의회에서 종교 간의 대화를 주장한 선구자 중 한 사람이다.

[26] Stanley J. Samartha, "Guidelines on Dialogue", *Ecumenical Review* 31 (1979) 155, 157.

협의회는 부분 대체 모델의 경계조차 뛰어넘는 듯하다.

그러나 이러한 진전을 뒷받침할 신학이 부재했다. 세계교회협의회가 종교 대화의 필요성을 부르짖었다면, 종교신학은 속삭이는 정도에 불과했다. 어떤 이는 이 지침서가 "타종교인이 하느님 앞에 어떤 자격을 가지는지에 관한 신학적 언급은 계획적으로 빼 버렸다"고 말한다.[28] 이 지침서는 타종교를 통한 구원을 말하지 않을 뿐 아니라 타종교를 통해 '하느님의 자기 탈은폐(계시)'가 가능할지도 의심한다. 따라서 세계교회협의회는 대체 모델을 벗어던지고 대화를 밀고 나가면서도, 신학은 여전히 완전 대체 모델에 뿌리박고 있다. 이 신학적 애매함은, 대화할 때 복음주의 교회와 정교회의 주장에 주목하라고 요구한다.

신학적 애매함은 세계교회협의회의 공식 발언에서 더 크게 부각된다. 1983년 밴쿠버에서 열린 세계 회의는 '완전 대체를 재천명'했고 '타종교 전통 안에 하느님이 현존하시지 않는다고 최종 판정'을 내렸다.[29] 그러나 타종교인과는 계속 대화하라고 요구한다. 대화와 신학 사이의 애매함과 긴장을 해소해 보려고 세계교회협의회 대화 기구는 1990년 스위스 바르에서 모든 신학적 관점을 대표하는 전문가 회의를 주관했다. 그들의 과제는 세계교회협의회가 타종교인과 대화하기 위한 분명한 신학적 토대를 마련하는 것이었다. 그들은 성령 안에 계신 하느님이 타종교들 안에서, 타종교를 통해 드러나시고 구원하신다는 것을 천명하는 다소 담대한 주장을 편다. 이것은 대체 모델을 넘어서는 것이다. 이 바르 회의의 주장은 1991년 캔버

---

[27] 세계교회협의회, *Guidelines on Dialogue with People of Living Faiths and Ideologies* (Geneva: WCC 1979) 11-2.

[28] Cracknell, "Ambivalent Theology", 101.

[29] 같은 책, 102, 88.

라Canberra에서 열린 총회(와 후속 총회들)에서 주도면밀하게 무시된다.

그리하여 세계교회협의회는 그리스도인에게 타종교인과 진지하게 대화하고 협력하라고 강조하지만, 신학적 입장은 완전 대체 모델 아니면 부분 대체 모델을 고수한다. 대화를 더 강력하게 호소하려면 더 성숙한 신학적 숙고가 필요하다. 세계교회협의회 총비서 콘라드 라이서Konrad Raiser는 "오늘날 그리스도교는 다른 종교들처럼 오랫동안 고집해 온 배타주의를 재평가하고 다원성을 포괄하며 지탱해 줄 새로운 문화를 세우는 데 기여하라는 도전을 받고 있다"고 말한다.[30] 우리는 세계교회협의회가 주장하는 종교신학을 대체 모델과 앞으로 살펴볼 다른 모델들 사이 어딘가에 놓아야 할 것이다.

다른 신앙인들은 '길을 잃었는가'?

완전 대체든 부분 대체든 대체 모델이 예수와 복음을 접하지 못한 사람은 구원받을 수 없다는 주장이라면, 사랑의 하느님은 예수를 알지 못하는 모든 사람을 가차없이 지옥에 처넣는단 말인가? 복음주의자는 이 문제에서 헤어나지 못한다. 1992년 세계복음주의학회World Evangelical Fellowship 세계회의는 전 세계 복음주의 대표자들의 입장을 발표했다. "'예수 그리스도를 모르는 이들은 구원받을 수 있는가?' … 우리는 이 질문에 적절한 답변을 찾지 못했다. 더 연구해야 한다."[31] 적절한 답변을 찾을 수 없었다는 것은

---

30 Konrad Raiser, *To Be the Church: Challengers and Hopes for a New Millennium* (Geneva: WCC 1997) 23.

31 세계복음주의학회 마닐라 선언, *The Unique Christ in Our Pluralist World*, ed. Bruce J. Nicholls (Grand Rapids, Mich.: Baker Book House 1994) 15.

근본주의와 복음주의 간의 불화와 분열을 알려 준다. 그들은 모두 예수 그리스도가 없는 곳에는 구원이 있을 수 없다는 데 동의한다. 그렇다면 네팔 산속 깊이 살면서 예수에 대해 전혀 들어 본 적이 없는 사람은 지옥으로 떨어져 버리는가? 이 결론은 잘못된 것이다.

어떤 근본주의자는 이 결론이 틀리지 않다고 본다. 헤럴드 린드셀Harold Lindsell은 완전 대체주의를 주장하며 "만일 비그리스도인이 예수 그리스도를 모른 채 죽는다면, 그들은 썩어 없어져 버린다"고 단호하게 말한다.[32] 다른 근본주의자들은 비그리스도인이 썩어 멸망한다 해도 하느님 탓이 아니라고 강조한다. 우리 모두는 자신이 죄인이라는 것을 잊는다. 그리스도인이든 아니든, 사람은 하느님을 배반했고 하느님보다 자기 자신을 믿었기 때문에 지옥에 떨어지는 것이다. 일반 계시에 따르면, 모든 사람은 하느님을 배반하기에 충분할 만큼 하느님을 알고 있다. 그리고 그들은 배반한다. 누구나 말이다. "예수 그리스도를 아는 모든 사람은, 그리스도를 거절하는 죄를 범했다. 모든 사람은 자신의 빛을 등지는 죄를 지었다."[33]

수많은 복음주의자는 우왕좌왕하면서도 여전히 이 입장을 밀어붙인다. 복음주의 신학은 그리스도 없이는 아무도 일반 계시를 제대로 받아들이지 못한다고 주장한다. 그렇다면 과연 비그리스도인이 일반 계시를 제대로 받아들이지 못했기 때문에 죄를 지었단 말인가? 그들은 그리스도인 설교가가 없는 곳에서 태어났기 때문에 지옥에 떨어진다. 그러나 많은 복음주의자는 이 질문에 혼란스러워하며, 불가지론을 내민다. 그들은 알 수 없

---

[32] Harold Lindsell, "Missionary Imperative: A Conservative Evangelical Exposition", in *Protestant Crosscurrents in Mission: The Ecumenical-Conservative Encounter*, ed. Norman A. Horner (Nashville: Abingdon 1968) 57.

[33] Carl Henry, John Sanders 인용, *No Other Name: An Investigation into the Destiny of the Unevangelized* (Grand Rapids, Mich.: Eerdmans 1992) 47.

다. 성경에는 예수에 관해 전혀 들어 본 적이 없는 이들한테 무슨 일이 일어날지 속시원한 대답이 들어 있지 않기 때문이다. 성경에는 예수로 말미암아 깨달은 '구원의' 하느님에 대한 체험담들이 담겨 있다. 따라서 우리가 할 수 있는 말은 "하느님은 한계를 정해 놓고 사람을 구하시지 않는다. 하느님은 자유롭게 누구나 구원하신다"이다.[34] 그다음은 침묵할지어다.

그러나 이 침묵 안에서조차 입장은 갈라진다. 어떤 이는 '비관적 불가지론'을 따르고 어떤 이는 '낙관적 불가지론'을 따른다. 비관론자는 하느님이 모든 사람을 구하시는 데 한계를 정하시지 않는다고 주장하고, 이 근거를 '충분히 많은 성경 본문'에서 찾아내어 "멸망으로 이끄는 문은 넓고 길도 널찍하여 그리로 들어가는 자들이 많다"(마태 7,13)고 지적한다. 따라서 '지극한 슬픔으로' 이 복음주의자들은 소수 사람만이 하늘나라로 들어간다고 생각한다. 낙관적 불가지론자들은 성경을 보고 하느님은 자유롭게 누구든지 구원하실 것이라고 강조한다. 하느님의 사랑은 용서하는 마음을 불러일으킬 것이다. 그러나 그들은 그 이유를 확실하게 말하려고 하지 않는다. 그것은 성경을 넘어서는 것이기 때문이다. 그러나 그들은 희망을 가진다.[35]

실제로 희망을 가진 복음주의자 수는 증가하고 있다. 1990년대 이후 복음주의 신학을 다룬 책과 논문들은 터부시하던 문제들을 활발히 다루고 있다.[36] 이 책은 낙관론자들이 불가지론을 다루는 방식과 아울러, 그리스도와 어떤 식으로든 연결되지 않으면 구원받지 못한다는 관점과 평생 복음을 듣지 못한 이들도 영원한 생명을 얻을 수 있다는 관점 모두를 확신할

---

[34] Braaten, "Hearing the Other", 400.

[35] 여기서 다룬 불가지론은 Dennis L. Okholm and Timothy R. Phillips, eds., *More Than One Way? Four Views of Salvation in a Pluralistic World* (Grand Rapids, Mich.: Zondervan 1995) 20-1; Netland, *Dissonant Voices*, 268-9 참조.

[36] Sanders, *No Other Name*, 21-2.

수 있는지 탐구하고 있다.

마지막 순간의 해결. 진심으로 자기 양심과 도덕적 삶이 이끄는 대로 살 수 있는 타종교인에게, 하느님은 죽기 직전 사람이든 천사든 당신의 사자를 보내시어 예수 그리스도에 대해 말해 주고 최종 결정 기회를 주실 것이다. 이 제안은 토마스 아퀴나스가 처음 한 것이고, 예수에 대해 배울 기회 없이 '숲 속을 헤매던' 선한 이방인들을 살려 주려는 의도를 보여 준다.[37]

사후 해결. 앞의 해결과 비슷하면서도, 인간이 죽은 후에도 복음을 듣고 선택할 기회를 남겨 둔다. 죽음과 그다음 사이의 신비스런 틈에서든 우리가 알고 있는 인생사 끝에서든 '마지막 선택'을 위한 기회는 최대한의 자료와 지식을 제공해 줄 것이다. 최근 20~30년간 복음주의자들 사이에는 이 관점이 유행하고 있다.[38]

선택이 가져다주는 해결. 이 해결은 철학적 특성을 띤다. 이것은 하느님이 그리스도교와 다른 종교에도 알려져 왔다고 전제한다. 하느님은 타종교인이 예수에 관해 들을 기회가 있었다면 분명 예수를 따랐을 것이라고 여기신다는 것이다. 그들은 하늘나라 입장권을 받았다. "하느님은 유다-그리스도교 역사의 흐름에서 벗어난 이들 사이에서 예상치 못한 방식으로 일하고 계시다."[39]

예외를 염두에 둔 해결. 성경을 보면 하느님은 '거룩한 이방인들' — 에녹, 욥, 멜키체덱 — 을 예외로 두신다. 하느님은 타종교의 거룩하고 신실한 사람들을 예외로 다루신다. 성경의 거룩한 이방인들 같은 사람은 예수

---

[37] 앞의 책, 152-6. Netland, *Dissonant Voices*, 275-7.

[38] Erickson, *How Shall They Be Saved?* 159.

[39] Robert H. Culpepper, "The Lordship of Christ and Religious Pluralism: A Review Article", *Perspectives in Religious Studies* 19 (1992) 320; Sanders, *No Other Name*, 167-70.

의 죽음과 부활을 통한 구원에 동참한다고 예견할 수 있다.[40]

보편주의적 해결. 이 해결은 극소수가 주장한다. 칼 바르트는 타종교를 부정하면서도 이 보편주의적 해결을 강조했다. 그러나 그는 결코 이 입장을 긍정하진 않는다. 이것은 초기 교회 사상이기도 하다. 역사의 종말에 죽으셨던 예수는 모든 사람을 위해 부활하시기 때문에, 모든 사람은 그리스도의 구원을 선택할 기회를 얻고, 선택할 것이므로 '보편적 복원'universal restitution이 이루어질 것이다. 그리하여 '역사의 주님'은 자신이 '또한 세계 종교들의 주님'이심을 입증하실 것이다.[41] 그러나 이 입장의 지지자들은 신중하다. 그들은 모든 이에게 예수와 복음을 선포하는 수고를 하지 않으려고 이 입장을 사용해선 안 된다고 그리스도인에게 경고한다.

더 관대한 자비를 통한 해결. 이 해결은 복음주의 신학을 훌쩍 뛰어넘어 용감하게 나아간다. 주창자는 클락 피녹Clark Pinnock과 존 샨더스John Sanders다.[42] 피녹은 흔히 '포괄주의'로 불리는 이 해결을 다음과 같이 정의한다. "포괄주의는 하느님이 온 세상에 현존하시기 때문에(전제) 하느님의 은총은 어떤 종교를 믿든 모든 사람 안에서 일하신다(결론)고 확신한다. 포괄

---

[40] Gary W. Phillips, "Evangelicals and Pluralism: Current Options", in *The Challenge of Religious Pluralism: An Evangelical Analysis and Response*, ed. David K. Clark (Wheaton, Ill.; Wheaton Theology Conference 1992) 178-82; Netland, *Dissonant Voices*, 270-4.

[41] Braaten, *The Flaming Center*, 118. 바르트의 보편주의는 Donald W. Dayton, "Karl Barth and the Wider Ecumenism", in *Christianity and the Wider Ecumenism*, ed. Peter C. Phan (New York: Paragon House 1990) 181-9.

[42] Clark Pinnock, *A Wideness in God's Mercy: The Finality of Jesus Christ in a World of Religions* (Grand Rapids, Mich.: Zondervan 1992) Sanders, *No Other Name*. 이 장에서 개략한 기본 형태를 담아 그들의 입장을 간단히 요약한 것은 피녹의 "Acts 4:12 - No Other Name under Heaven", in *Through No Fault of Their Own: The Fate of Those Who Have Never Heard*, ed. William V. Crockett and James G. Sigountos (Grand Rapids, Mich.: Baker Book House 1991) 107-15; Pinnock, "An Inclusivist View", in *More Than One Way?*, 95-121; Sanders, "Inclusivism", in *What about Those Who Have Never Heard?*, 21-55.

주의는 종교가 인류를 구원하고, 구원의 충만함을 유일하게 알려 주는 그리스도의 복음을 준비시켜 준다고 생각한다."[43]

이 시각은 논쟁의 여지가 많아서, 왜 이렇게 정의 내렸는지 따져 볼 필요가 있다. 이 시각은 모든 그리스도인이 뿌리 깊이 확신하는 신념, '하느님의 무한하신 자비는 절대 건드릴 수 없는 첫째 진리다'에서 출발한다. 모든 사람을 구원하시려는 하느님의 뜻은 하느님이 예수를 통해서만 일하신다는 신념만큼이나 그리스도인의 의식 속에 깊이 자리 잡고 있다. 그리하여 피녹과 산더스는 무엇이 중요한 결론인지 주장한다. 모든 사람을 품으시려는 하느님의 뜻이 예수에 대해 들어 본 적이 없는 이들에게도 흔들림 없는 것이라면, 그리스도인은 '하느님은 그리스도교라는 틀 밖에서도 구원하실 수 있다고 인식'해야 한다. 그러나 어떻게? 하느님의 관대하신 자비를 해결책으로 내놓는 이들은 그리스도인에게 쉬운 답을 알려 준다. 성령이 보편적으로 현존하시고 활동하신다고 말이다. 그리고 성령이 그리스도교라는 틀 밖에서 활동하신다면, 그것이야말로 진정한 계시라고 말이다. 그들이 '진정한'이라고 말할 때, 그것은 계시가 나타나고 구원할 수 있다는 뜻이다. 하느님이 그리스도인에게는 구원 계시를 주시지만, 다른 이들에겐 구원 없는 계시를 주신다고 말하는 것은 '다른 두 신'을 이야기하는 것이라고 산더스는 주장한다. 피녹과 산더스는 한발 더 나아가 성령은 계시와 구원을 위해 타종교를 사용하실 수 있다고 생각한다. 그러나 그들은 이 관점을 전개하면서도 신중하게 자기 정체성에 주목한다. 즉, 누군가 하느님의 구원 능력을 느낀다면, 그것은 믿음을 통해서지 행업을 통해서가 아니다. 하느님의 사랑을 신뢰했기 때문이지 종교적 실천 때문이 아니다.

---

43 Pinnock, "An Inclusivist View", 98.

관대한 자비는 그리스도교 가르침의 정수이며, 절대 양보할 수 없는 확실한 것이다. 곧, 우리가 타종교에서 성령의 구원하시는 현존과 진정한 계시를 발견했다 해도, 그것은 예수 그리스도 때문에 가능하다. 그것은 예수, 복음, 교회에서 나온다. 예수는 타종교가 말하는 진리의 표준이며 이 진리가 성취할 수 있는 유일하고 최종적인 목표다. 타종교 안에 있을 수 있는 선善은 무엇이든 그리스도를 준비하기 위해 있다.

앞으로 살펴보겠지만, 복음주의의 이 관대한 자비를 통한 해결 방식은 로마 가톨릭/주류 개신교의 완성 모델Fulfillment Model에서도 찾아볼 수 있다. 각 모델은 일반적 접근 방식을 설명하기는 쉬워도, 어느 특정 신학자에게나 적용하긴 힘들다. 각 모델은 서로 넘나들기 때문이다.

더 읽을 책

BRAATEN, Carl. "Hearing the Other: The Promise and Problem of Pluralism", *Currents in Theology and Mission* 24 (1997) 393-400.

——. *No Other Gospel! Christianity among the World Religions*. Minneapolis: Fortress Press 1992, ch. 2-4.

BRUNNER, Emil. "Revelation and Religion", in *Christianity and Other Religions*. Ed. John Hick and Brian Hebblethwaite. Philadelphia: Fortress Press 1980, 113-32.

CRACKNELL, Kenneth. "Ambivalent Theology and Ambivalent Policy: The World Council of Churches and Interfaith Dialogue 1938~1999", *Studies in Interreligious Dialogue* 9 (1999) 87-111.

DEMAREST, Bruce. "General and Special Revelation: Epistemological Foundations of Religious Pluralism", in *One God, One Lord: Christianity in a World of Religious Pluralism*. Ed. Andrew D. Clarke and Bruce W. Winter. Grand Rapids, Mich.: Baker Book House 1992, 189-206.

FACKRE, Gabriel. "Divine Perseverance", in *What about Those Who Have Never*

Heard? Three Views on the Destiny of the Unevangelized. Ed. John Sanders. Downers Grove, Ill.: InterVarsity Press 1995, 71-95.

FOERSTER, John. "Paul Tillich and Inter-religious Dialogue", *Modern Theology* 7 (1990) 1-28.

MITCHELL, Mozella G. "Discovering Christian Resources for a Theology of Interfaith Relations from the African Methodist Episcopal Zion Church", in *Grounds for Understanding: Ecumenical Resources for Responses to Religious Pluralism.* Ed. S. Mark Heim. Grand Rapids, Mich.: Eerdmans 1998, 157-74.

NEWBIGIN, Lesslie. *The Gospel in a Pluralist Society.* Grand Rapids, Mich.: Eerdmans 1989, ch. 13-14.

PANNENBERG, Wolfhart. "The Religions from the Perspective of Christian Theology and the Self-Interpretation of Christianity in Relation to Non-Christian Religions", *Modern Theology* 9 (1993) 285-97.

PINNOCK, Clark. "An Inclusivist View", in *More Than One Way? Four Views of Salvation in a Pluralistic World.* Ed. Dennis L. Okholm and Timothy R. Phillips. Grand Rapids, Mich.: Zondervan 1995, 95-123.

QUEBEDEAUX, Richard. "Interreligious Dialogue: Next Step for Conservative Protestant Intellectuals?" in *Christianity and the Wider Ecumenism.* Ed. Peter C. Phan. New York: Paragon House 1990, 233-46.

ROCK, Jay T. "Resources in the Reformed Tradition for Responding to Religious Plurality", in *Grounds for Understanding: Ecumenical Resources for Responses to Religious Pluralism.* Ed. S. Mark Heim. Grand Rapids, Mich.: Eerdmans 1998, 46-68.

SANDERS, John, "Inclusivism", in *What about Those Who Have Never Heard? Three Views on the Destiny of the Unevangelized.* Ed. John Sanders. Downers Grove, Ill.: InterVarsity Press 1995, 21-55.

THOMPSON, Nehemiah. "The Search for a Methodist Theology of Religious Pluralism", in *Grounds for Understanding: Ecumenical Resources for Responses to Religious Pluralism.* Ed. S. Mark Heim. Grand Rapids, Mich.: Eerdmans 1998, 93-106.

TILLICH, Paul. *Systematic Theology.* Chicago: University of Chicago Press

1951~1963, 1:137-44, 218-30; 2:78-88; 3:98-106.

———. *What Is Religion?* New York: Harper and Row 1969, 56-97.

VOLF, Miroslav. "The Unique Christ in the Challenge of Modernity", in *The Unique Christ in Our Pluralist World*. Ed. Bruce J. Nicholls. Grand Rapids, Mich.: Baker Book House 1994, 96-108.

"The World Evangelical Fellowship Manila Declaration", in *The Unique Christ in Our Pluralist World*. Ed. Bruce J. Nicholls. Grand Rapids, Mich.: Baker Book House 1994, 14-27.

YONG, Amos, "'Not Knowing Where the Spirit Blows ⋯': On Envisioning a Pentecostal-Chritstian Theology of Religions", *Journal of Pentecostal Theology* 14 (1999) 81-112.

● ● ● 제3장

대체 모델의 주장과 문제점

복음주의적 대체 모델의 타종교 이해 방식 및 그리스도와 성경을 향한 깊은 투신 배후에 도사린 문제들을 짚어 보자. 우리는 무엇을 배우고 무엇을 질문할 수 있는가? 다른 모델들과 아울러 이 모델은 그리스도인과 타종교인 간의 대화를 그리스도인끼리의 대화로 옮겨 놓는다. 그리스도교 종교신학의 각 모델을 정확히 다룬 다음, 마지막에는 그리스도인끼리 대화하게 하겠다. 우리는 이렇게 질문할 것이다. 이 모델을 지지하지 않는 그리스도인은 이 모델에서 무엇을 배울 수 있는가? 다른 그리스도인이 문제 삼거나 동의하지 않는 사항은 무엇인가? 각 모델이 중시하는 것은 무엇이며, 흘려버린 것은 무엇인가?

주장

성경은 그리스도인의 삶 한가운데 자리 잡고 있다

　모든 그리스도인은 성경에 대한 복음주의의 해석 방식이나 성경만을 하느님 계시의 유일한 원천으로 떠받드는 데 동의하지 않겠지만, 여전히 성경, 특히 신약성경에서 많은 것을 배운다. 신약성경은 복음주의 공동체들의 삶과 자기 정체성에 생명력을 불어넣어 주고 버팀목이 되어 주며 길을 열어 주기 때문이다. 복음주의 공동체들은 모든 그리스도인에게 신약성경이야말로 예수 그리스도의 제자로서 자아를 세워 주고 할 일을 알려 준다고 강조한다. 그리스도인은 성경 안에 계시는 성령으로부터 진리와 삶을 배운다. 그러므로 성경이 말해 주는 것을 옳다고 신봉하는 정통 교리Orthodoxy만 다루어선 안 된다. 오히려 성경은 예수가 바라보고 선포한 것을 살고 능력껏 성취하라고 말해 준다. 그것은 성경에 들어 있는 진리에 귀 기울일 때, 즉 우리 자신을 열어 놓을 때 가능하다. 그때 성경은 그저 한 권의 책에 머물지 않는다.

　그리스도인은 신약성경을 예수의 첫 제자들과 공동체의 증언이라고 확신한다. 증언은 예수가 그들에게 무엇을 의미했고 어떻게 그들을 변화시켰는지 보여 준다. 그리스도인은 증언이 단지 역사적 기록이 아니라, 삶을 새로운 방식으로 바라보도록 일깨우는 동시에 온전한 존재로 살아가는 능력을 발휘하게 한다고 믿는다. 따라서 이 증언은 그 능력을 보존하고 계속 유지하기 위한 규범이다. '규범'이란 말은 신약성경이 목표를 정해 줄 뿐 아니라 목표를 달성시켜 주는 매개변수임을 가리킨다. 규범은 규정하고 제한한다. 이 증언에 충실하려면 규범을 지키고 우리를 타락시키려는 온갖 것을 피해야 한다.

그러므로 복음주의는 그리스도인에게 그리스도교가 새 종교신학의 토대이며 신약성경의 증언에 따라 타종교인과 대화하는 것에 확신을 가지라고 말한다. 이 말은 모든 종교신학이 성경, 특히 신약성경에 나오는 그리스도교 신학이라는 뜻이다. 그리고 그리스도인이 성경에 따라 타종교를 보아야 한다는 뜻이다. 종교신학의 근본 자료를 많은 것에서 찾는 대신, 성경을 최고 위치에 놓는다. 따라서 성경에 기초한 종교신학은 성서적 증언과 모순되지 않는다고 결론 내린다. 만일 성경이 예수에 관해 주장한 것과 새 신학이 주장하는 것 사이에 모순이 있다면, 새 신학은 잘못된 것이다. 새 신학은 신학적 숙제를 더 해야 한다.

이 첫 번째 복음주의적 통찰과 도전을 요약하면, 모든 그리스도교 종교신학이 지녀야 할 가치는 성경과 맞아떨어져야 한다는 것이다. 그렇지 않으면 훌륭한 종교철학은 될지언정 그리스도교 신학일 수는 없다.

악의 실체와 악에서 벗어나는 데 필요한 도움

대체 모델은 악이 있으므로 인간은 도움을 받아야 한다고 지적한다. 복음주의는 위험을 감수하고서야 '오직 믿음으로만' 벗어날 수 있는 악이 인간성 안에 숨어 있다고 말한다. 이 악을 많은 그리스도인, 인본주의자, 과학자, 뉴에이지 신봉자들은 의식 밑바닥에 억눌러 숨겨 버린다. 사물들이 존재하듯, 이 세상과 우리 둘레에는 무언가 잘못된 것이 존재한다. 모든 종교는 이 '무언가 잘못된 것'을 '원죄', '고통'dukkha, '무지'avidya, '태만', '불균형'이라고 정의하면서 나름의 언어와 상징으로 포착하려고 한다. 철학자들은 더 궤변적인 언어를 즐겨서 악, 유한함, 근본적 한계성, 착각(환각), 불안한 마음이라고 부른다. 이 엄연히 존재하는 것은 사물의 존재와 작용 구조 안에 자리 잡고 있다. 그것이 어디서 유래하는지, 어떻게 작용하는지,

없앨 수 있는 것인지, 없애려면 어떻게 해야 하는지에 관해 각 종교와 철학자들은 각기 다른 질문과 대답을 한다. 철학적으로 존재론적 질문이다.

이 존재론적 문제를 지적하는 복음주의나 성서적 언어에 불편해하는 사람이 많다. 그러나 우리가 '죄인'이거나 '타락했다'는 인식은, 인간이 한계를 지니며 인간이 가진 건전한 이성과 선한 의지가 자동으로 진보를 가져오지 않음을 아는 것이다. 마르크스나 프로이트가 지적한 대로, 우리는 모든 거룩한 것들을 '의심해 보아야' 한다. 그것들은 자기중심적이어서 다른 이에게 해를 끼칠 수 있기 때문이다. 이러한 악, 파괴적 이기심, 무지를 못 본 척하는 것은 문제를 복잡하게 만든다. 심리적으로는, 실재를 외면하거나 자아가 무한하다는 그릇된 이미지를 가질 수 있다. 정치적으로는, 마르크스가 지적한 이데올로기와 그리스도인이 말하는 우상숭배에 빠질 수 있다. 어느 한 국가가 자기네 이데올로기가 완벽한 정치·경제적 체계를 가지고 있다고 생각하여 다른 이에게 광적으로 강요하는 식이다.

복음주의는 '오직 믿음으로만'이 현대인을 진리로 데려간다고 본다. 우리는 혼자서 창의적이고 진보적인 능력을 발휘한다 해도, 문제를 진정 이해하고 해결할 수 없는 경우가 허다하다. 철학적 용어로, 존재론적 문제 — 구조 파괴 — 가 생기면 인식론적 문제도 생긴다(우리는 무엇이 문제인지 이해할 수 없거나 문제라고 인정하지도 못한다). 간단히 말해서, 인간이 무언가를 알고 성취하는 데는 위험천만한 한계가 도사리고 있다. 이것은 나쁜 소식이다. 복음주의자는 여기에 좋은 소식 — 복음 — 을 덧붙인다. 우리를 도와주고 구해 주며, 우리의 한계 너머까지 도달하게 해 줄 수 있는 높으신 분의 능력, 신적 실재가 있다고 선언한다. 그러나 복음주의는 자신의 부족함을 먼저 인정해야 신적 실재를 체험한다고 주장한다. 우리는 자신을 개방하고 오직 믿음으로만 이 신적 실재 안으로 들어가 신뢰해야 한다. 그때에만 정신이 깨이고 노력이 열매 맺는다고 느낄 것이다.

높으신 분의 능력을 체험하는 것은 우리가 가진 능력을 사용하지 말라는 뜻이 아니다. 이 체험은 우리의 갈등을 마술처럼 즉각 해결해 주지 않는다. 우리는 해야 할 본분이 있다. 그러나 '우리 본분'은 '더 크신 분'과 연결될 때만 이룰 수 있다. 우리는 하느님의 실존과 은총을 언제까지나 우리 안에서 체험하겠지만, 그분의 실존과 은총이 우리를 격하시키지 않는다. 복음주의자는 하느님과 인간 간에는 분명한 질적 차이가 있다고 지적한다. 그것은 "그리스도인이 하느님에 관해 인식하고 있고 모든 사람이 알고 싶어 하는 근본적 신비다".[1] 이 근본적 신비를 잊는 것, 하느님은 항상 우리와 함께 계시지만 참으로 우리와 다른 분임을 잊는 것은 그리스도교 가르침을 모독하고 인간성을 메마르게 한다.

그러나 근본적 신비는 근본적 경이를 가져올 수 있다. 이 신비로움, 언제나 우리를 초월하시는 하느님은 우리 혼자 힘으로는 꿈꾸지도 못할 경이로움을 품고 계시다. 복음주의자는 다른 그리스도인과 모든 이에게 이 경이로움을 세 번째 주요 가르침으로 제시한다.

예수는 하나이며 유일한 분이다

(1장에서 살펴본) 탈근대를 사는 현대인과 (앞으로 살펴볼) 많은 비판적 그리스도인은 예수가 하느님의 '하나이며 유일한' 아들이고 구세주라는 주장을 의심하고 이 주장에 기분 나빠한다. 그러나 복음주의자는 이 주장이 진짜로 그렇게 의심스럽고 무례한지 다시 생각해 보라고 요구한다. 나자렛 예수는 인류 역사 안에 철두철미 놀랍고 전혀 다르고 특별한 무언가를

---

[1] David Tracy, *Blessed Rage for Order* (New York: Crossroad 1975) 28.

남기지 않았는가? 복음주의의 이 주장을 비판자들이 부질없다고 보면서 타종교에 개방하라고 주장하기 때문에, 복음주의가 강조하는 예수에 관한 복음이 옳을 수 있음을 부정해야 한단 말인가? 이 말을 부정하는 것은 지적으로 부정직한 것이다.

복음주의의 주장을 부정하는 것은 그리스도교 전통을 무시하는 처사다. 이 주장은 그리스도교 가르침의 정수요 핵심이며, 그리스도교 태동 이래 계속 이어져 왔다. 이 주장을 부정하거나, 그 말뜻을 저버리고 적당히 얼버무리는 것은 신약성경의 분명하고 일관된 주제를 훼손하는 것이다. 예수 안에서 하느님은 놀랍게도 인간성을 취하셨으며, 혼란하고 폭력적인 역사에 하나의 분명한 길을 마련해 놓으셨다. 많은 이에게 이 길은 '특수성이라는 걸림돌'일 것이다. 그러나 하느님이 하느님이시라면, 특히 하느님이 경이로운 근본적 신비이고 인간이 상상할 수 없는 분이라면, 이 '걸림돌'이 부적절하다는 판단은 모순이고, 너무나 경솔하고 위험하지 않은가?

바르트를 비롯한 현대 복음주의자들은 예수를 통한 하느님의 특별하고 고유한 행위를 결코 수치스러운 것으로 보지 않았다. 기본적으로 인간성 '깊은 곳에서부터 무언가 잘못된 것'이 있고, 이것이 사람들의 평화롭고 정의로운 삶을 방해한다면, 하느님이 이런 인간 상황을 고치도록 도와줄 확실한 무언가를 하시리라는 신념은 탁월한 식견이 아닌가?(이것을 존재론적 치유ontological fix라고 부르자). 그리고 인간이 혼자 힘으로는 문제 밑바닥에 무엇이 있고 그 해결책이 무엇인지 이해할 수도 공유할 수도 없다고 본다면, 하느님이 필요한 것을 계시하고 알려 주시는 것이 맞지 않은가?(이것은 인식론적 치유epistemological fix라고 하겠다). 인류는 과거보다 더한 역사적 위기 상황에 처해 있다. 생명을 주고 유지시켜 주는 지구 생태가 끝없는 탐욕에 죽어 가고, 지구를 괴멸시킬 가공할 핵 공포가 짓누르며, 불공정한 재산

분배로 가난한 이들이 점증하면서 폭력을 부추기고 있다. 따라서 인류는 단 하나의 진리와 권력의 원천에 매달릴 때 공통 해답을 찾아낼 수 있을 것이다. 지금 인류에게는 많은 진리가 필요치 않다. 공통된 비전과 희망으로 사람들을 일치시켜 줄 하나의 진리가 필요하다. 인류는 많은 해결책이 필요치 않다. 불가능했던 모든 것을 성취시켜 줄 하나의 해결책이 필요하다. 그리고 여기, 하느님의 외아들이며 구세주인 한 분 예수가 유일한 계시와 구원을 주었다는 그리스도교 가르침이야말로 사람들에게 필요하고, 찾고 있는 핵심 중 핵심이다.

가장 유명한 복음주의 대표자들은 제국주의적이거나 거만하지 않으며 겸손하고 사교적으로 이 주장을 편다. 타종교인을 향해 그리스도인은 자신과 자기 공동체가 확신하는 것을 말할 것이다. 예수 안에서 모든 질문에 대한 하느님의 답변을 얻으며 인간은 마음의 고향으로 돌아가게 된다고 말이다. 복음주의 그리스도인은 이것이 초대이며 이것에서 무엇을 느끼는지, 이것이 무엇을 의미하고 인간이 추구하는 것에 얼마나 적합한지 보라고 제안한다. 만일 타종교에서 비슷한 주장을 한다면 그래도 좋다. 복음주의 그리스도인은 그들을 존중하고 귀 기울이면서도, 자기가 진리라고 믿는 것에 전적으로 투신한다. 따라서 종교 간의 교류는 예수를 굳건하게 신뢰하는 그리스도인을 아무도 설득시킬 수 없는 종교적 경쟁인 셈이다.

존경받는 복음주의 신학자 미로슬라브 볼프Miroslav Volf는 그리스도인이 어떤 확신과 주장을 가지고 타신앙인과 관계 맺을 수 있는지 분명히 밝힌다. 그는 '임시적 확신'provisional certitude을 말한다.

> 예수 그리스도는 길이요 진리요 생명이다. 그리스도인은 이 말을 진리라고 주장할 것이다. 그러나 이 말은 절대 지식도 최종 진리도

아니다. 인간은 하느님이 되기에는 부족하므로 최종 진리를 소유할 수 없다. … 모든 그리스도인의 신념은 우리의 신념이고, 인간의 신념이며, 그래서 늘 임시적 신념이다. 우리는 그들이 옳다고 주장하는 것을 영원하다고 생각하지 않는다. 나는 이것을 임시적 확신이라고 부르겠다. 우리는 우리 신념을 절대화하고 싶어 한다. 그리하여 우리 관점을 포기하지 않고 진리라고 주장하고 우리 행동과 반성의 토대를 다진다. 이렇게 우리는 우리 관점을 임시적 진리라고 주장하는 동시에 우리 신념이 옳다고 믿는다. 이로써 우리는 자만하거나 억압적이지 않게 된다.[2]

그리스도인이 확신하는 예수의 유일성은 미래에 '절대적인 것'으로 드러날 것이다. 그동안은 임시적이다. 예수에게 깊이 투신하고 예수를 하느님의 하나이며 유일한 최종 진리라고 선언하는 동안 세상은 흘러가면서 이 신념을 증명하고 있기 때문이다. 그동안 그리스도인은 타종교를 존중해야 할 것이다. 볼프는 "우리가 우리 시각을 임시적 진리로 이해하는 한, 다른 관점들은 가능성 있는 진리로 보아야 할 것이다"[3]라고 덧붙인다.

복음주의는 예수를 유일한 구세주로 선포하고 타종교를 그리스도교로 대체할 수 있다고 보는 동시에, 타종교와 사이좋은 대화 경쟁자로 사귀라고 제안한다.

---

[2] Miroslav Volf, "The Unique Christ in the Challenge of Modernity", in *The Unique Christ in Our Pluralist World*, ed. Bruce J. Nicholls (Grand Rapids, Mich.: Baker Book House 1994) 103.

[3] 앞의 책.

종교를 경계함

"종교에는 믿음이 없다"고 주장한 칼 바르트의 대체 모델은 그리스도인에게 교훈을 준다. 바르트는 '프로테스탄트 원리'를 탐구하여, 종교개혁 당시 모든 종교를 돌아본 후 종교에는 반드시 위험 요소가 있다고 경고했다. 틸리히는 모든 종교 안에 '악마적 요소'가 있으므로 올바른 것을 인식하도록 하느님을 향해야 한다고 주장했다. 모든 종교는 매일매일 개혁을 겪어야 한다. 모든 종교는 복잡다단함을 벗어나 고유성을 찾고, 계시와 체험보다 더 중요한 교리, 율법, 예배를 발굴하여 후세에 전해야 하기 때문이다.[4] 장님 아니면 '광신자들'만이 모든 종교사 안에 있는 이 악마적 요소를 놓칠 것이다. 우리는 '의지처'나 '아편'이 되고 마는 종교들을 발가벗긴 프로이트와 마르크스와 니체의 도움을 받았다.

어떤 종교신학이나 종교 대화도 부패하기 쉽다고 지적하는 이 '프로테스탄스 원리'는 중요하다. 타종교를 평가하고 타종교인과 만날 때, 우리는 계속 자신에게 어려운 질문을 던져야 한다. 나는 신이 나에게 말해 주거나 이끄는 곳은 어디든 가겠다고 마음을 열어 놓는가? 내 종교에 단순히 매달리는 것이든 더 큰 것에 녹아드는 것이든 상관없이? 바르트는 종교 간 대화가 중요하다고 지적한다. 하느님이 계시 안에서 우리에게 말씀하시려는 것을 종교가 간직하고 있으며 다른 이들과 대화할 때 말씀하신다는 것을 종교가 해석해 줄 수 있다고 본다.

이 프로테스탄트 원리는 종교 간의 대화에 필요하다. 이 원리는 모든 종교인을 한자리에 불러 모아 대화하게 하고, 종교들의 역사적 발자취를 잊지 않은 채 새로운 '공동체들의 공동체'를 발전시켜 준다. 과거부터 오늘까

---

4 Paul Tillich, *Systematic Theology* (Digswell Place, England: James Nisbet 1968) 3:104-13.

지 종교는 평화를 불러온 것 이상으로 고통을 안겨 주었다. 실제로, 종교 간 전쟁과 폭력은 역사를 황폐하게 만들었고, 인도·스리랑카·중앙아시아·유고슬라비아·아일랜드에서는 아직도 살벌한 기운이 흐른다. 믿을 만한 통계자료에 따르면 종교는 사랑보다 증오를 더 많이 토해 냈다. 이 폭력과 투쟁 기록들은 종교들이 만난 자리 어디에서든 불거져 나온다. 그러나 대화는 세계종교들이 함께 어울려 상대방의 탁월함을 말하는 가운데 쉽게 달콤한 평화주의로 나아갈 수 있게 해 준다.

문제점

그리스도교 종교신학의 원천은 무엇인가?

대체 모델에게 묻는 이 첫 질문은 복음주의자는 물론 모든 그리스도인을 향한 것이다. 이 질문은 성경이 그리스도교 종교신학에서 어떤 위치에 있는지 묻는다. 더 폭넓게는 그리스도교 종교신학의 원천이 무엇인지 묻는다. 그리스도인이 타종교를 이해하기 위해 쓰는 주요 '잣대'는 무엇인가? 성경만이 종교신학의 유일한 원천인가? 아니면 그리스도인은 타종교 경전들과 가르침을 연구하며 타신앙인과 사귀어야 하는가?

바르트와 완전 대체 모델 옹호자들에게 성경은 하나이며 유일한 하느님 말씀이고 타종교를 보는 유일한 통로다. 그러나 다른 복음주의자들은 이 입장이 너무 편협하며 '일반 계시'를 놓친다고 지적했다. 특히 볼프하르트 판넨베르크에 동의하는 이들은 성경이 타종교를 이해하는 주요 원천이지만, 타종교인의 말에 귀 기울이고 연구하는 것이 필요하다고 본다. 성경은 타전통의 일반 계시 안에서 말씀하시는 하느님께 나아가라고 요청한다.

여기서 질문의 핵심을 짚고 넘어가야 하겠다. 성경이 타종교인에 대해 말한 것과 타종교인이 자신에 대해 말하는 것 사이에 충돌이 생길 때, 복음주의자는 어찌해야 하는가? 복음주의 신학은, 타종교 안에 일반 계시가 있지만 타종교인은 모두 자기 식대로 자력 구원에 힘쓴다고 단정짓는다. 그들은 결코 그리스도인이 '오직 신앙으로만'을 통해 이해하는 전적 신뢰를 간파하거나 실천하지 못한다. 그들은 언제나 자기 틀 안에서 하느님의 신비를 쥐어 짜내느라 열심이다. 불자와 힌두인과 무슬림은 현재의 깨침 안에서 미래의 하느님을 정의하려고 애쓰면서도 자기 자신을 이해하기 어려워한다. 예를 들어 그리스도교의 '부정신학' — 하느님은 항상 우리가 알아낼 수 있는 것보다 더 큰 분이라는 인식 — 은 대다수 아시아 종교들에도 있다. 힌두교의 ~도 아니고 ~도 아니다 neti, neti(하느님은 이것도 아니고 저것도 아니다)라는 조언, 열반을 정의 내리기에 앞서 취한 붓다의 장엄한 침묵, 모든 종교적 언어는 달을 가리키는 손가락일 뿐 달이 아니라는 선 불교의 주장이 그 예다. 아미타불을 믿는다는 것 말고는 아무것도 필요 없다는 정토 불교를 접하게 되었을 때, 성 프란치스코 하비에르는 마틴 루터가 일본에 기선 제압당했다고 생각했다! 정토 불교도 똑같이 '선행' 없는 '믿음만'을 가르치기 때문이다! 이 사례는 타종교에 대한 복음주의자의 견해에 제동을 건다.

그들은 자신이 보고 싶어 하는 것만 보고 있는 것인가, 아니면 성경이 자신에게 보여 준다고 생각하는 것만 보고 있는 것인가? 이것은 상당히 곤혹스런 질문으로 향한다. 다른 이가 믿는 신을 믿으면 진정 그들이 보는 그 세상을 볼 수 있을까? 앞에 사용한 유비를 써서, 불자가 보는 우주를 보려면 나는 불자의 망원경을 통해 보아야만 한다. 그러나 내가 불자가 보는 것을 보기 위해 이 도구를 사용하면 내가 보던 방식은 잊어야 하는가? 그것이 정말 가능한가? 나는 과연 다른 이의 망원경을 제대로 사용할 수 있을까? 나는 진정 그들이 보는 것을 볼 수 있을까? 그들의 망원경을 내가 익숙하게 보던 대로 '보면' 무엇이든 다 이해할 수 있을까? 나는 늘 내 관점에서 다른 세상을 보고 이해한다. 나는 내 관점을 결코 완전히 포기할 수 없다. 나는 내 그리스도교라는 몸을 벗어던지고 불교라는 새 몸을 가질 수 없다(더 자세한 내용은 4부를 보라).

이것은 사실 복잡한 문제다. 그렇지만 이것은 복음주의자에게 더 분명한 질문과 시사점을 던져 줄 수 있다. 복음주의 그리스도인은 성경이 말해 준 것(아니면 성경이 자기에게 말한다고 생각하는 것)을 가지고서가 아니라, 편견을 버리고 타종교를 진지하게 바라보아야 한다. 종교들은 종교신학의 참된 원천을 가지고 있다. 그렇다면 그리스도인은 타종교를 연구하거나 타종교인과 이야기할 때, 성경을 저만치 치워 놓으라는 말인가? 그렇지 않다. 그것은 가능하지도 않다. 우리는 새로운 사람과 사귈 때 우리가 누구이며 어떤 상황에 있는지를 가지고 만나기 때문이다. 그러나 우리는 만남이 보여 주고 만남이 가져올 것에 따라 변할 준비를 해야 한다. 그리스도인은 타종교와 만날 때 성경에서 이해한 것을 분명히 바로잡고 바꿀 채비를 할 필요가 있다. 이것은 '성경이 말하는 것이 옳은가?'라는 문제가 아니라 성경이 말했다고 그들이 생각해 온 것이 옳은가의 문제다.

그리스도인은 그리스도교 종교신학을 전개하기 위해 (그리스도교 전통과 체험이 담긴) 성경과 타전통에서 배우고 타신앙인과 대화해야 하는가? 이 둘은 서로 균형을 이루어야 한다. 이 둘은 서로 바르고 분명해지기 위해 대화 안에 스며들어야 한다. 복음주의자는 성경이야말로 그리스도인에게 언제나 중요한 원천이라고 말할 것이다. 그들은 옳다. 그러나 중요하다는 것은 절대적이라는 뜻은 아니다.

예수는 하나이며 유일한 분인가?

이 질문은 상당히 어렵고 복잡하며, 계속 생각해야 할 문제다. 우리는 예수가 '하나이며 유일한' 하느님 아들이고, 하느님 말씀이며 구세주로서 신약성경을 관통하는 강력한 전류와 같다는 복음주의의 주장을 알고 동의하기도 한다. 우리는 예수 그리스도가 하느님과 인간의 단절을 회복하기 위해 (존재론적으로) 필요하며, 사람들이 신앙을 통해서만 하느님이 주시는 은총의 선물을 이해하고 받아들이도록 (인식론적으로) 필요하다는 복음주의의 결론을 살펴보았다. 그러나 타종교에 관해 연구하고 타종교인과 대화하는 많은 그리스도인은, 이 주장이 무수한 질문을 쏟아 놓는다고 말한다.

그리스도인은 예수가 하나이며 유일한 구세주라는 것을 어떻게 아는가? 개인적 체험이 이 고백을 하게 하는가? 아니면 성경이 그렇게 말하기 때문인가? 분명히 성경은 이 고백을 반복한다. 그렇다면 성경의 가르침은 그리스도인의 고유한 체험을 굳건하게 해 주었는가? 그렇다와 아니다가 모두 가능하다. 성경 말씀을 통해서, 공동체의 성사생활 안에서, 또 자신의 마음과 정신 안에서 그리스도의 영을 체험한 그리스도인은 이 살아 계신 그리스도가 하느님의 사랑을 느끼게 해 주고 온 마음으로 이 사랑을 믿게 해 주며 깊은 평화를 체험케 해 주고 죽은 후에 이 평화를 바라게 해 준다고 대답한다. 또 그리스도 안에서 체험한 하느님의 선물이 자신을 위한 것이거나 자기 교회만을 위해서가 아니라 모든 시간의 모든 사람을 위한 것임을 느낀다. 즉, 그들이 굳게 믿는 그리스도인의 체험은 그리스도가 진정 모두를 위한 구세주라는 것이다.

그러나 이 그리스도인의 체험은 예수가 모두를 위한 유일한 구세주라고 말하지는 않는다. 예수만이 유일한 구세주라는 체험은, 타종교인은 아무도 자기 종교 창시자나 스승을 예수와 비슷하다고 주장할 수 없고, 타종교에는 그리스도인의 삶을 변화시킨 예수 같은 존재가 없다고 강요하는 셈이다. 혼인 비유를 들어 보자. 사람들은 자기 배우자에 대한 체험을 가지고 진실로 혼인을 말할 수 있다. 그러나 이 체험을 기초로 특정 남자나 여자가 사람들이 혼인하려는 유일한 사람이라고 말할 수는 없다.

이것이 옳다면, 성경과 그리스도교 전통에 기초해서만 예수를 하나이며 유일한 구세주라고 생각할 경우 다음 단계의 질문이 나올 수 있다: 타종교를 체험한 그리스도인은 자신의 예수 주장과 유사하게 타종교인이 자기네 창시자나 스승을 말할 경우, 타종교인에게 무슨 말을 할 것인가? 그들은 '구세주'나 '하느님의 아들'이라는 용어를 쓰진 않지만, (때로 몇 사람이 사용하더라도) 하느님의 구원하시는 말씀(무함마드), 깨달음과 열반을 알려 준 스승(붓다), 그 존재만으로도 사랑과 희망을 주는 거룩한 일자(크리슈나, 아미타불)에 관해 말한다. 당연히 우리는 너무나 손쉽게 비교하거나 그리스도교의 망원경으로 타종교인의 우주관을 해석하지 않는지 주의해야 한다. 레이몬 파니카Raimon Panikkar의 물음처럼, 예수와 붓다와 무함마드와 크리슈나가 (비슷한 사상과 비전을 지닌) '유사체'인가, (동일한 역할과 기능을 수행하는) '동일체'인가?

복음주의자와 모든 그리스도인은, 예수가 인간성을 '바로잡고' 하느님이 주시는 평화를 전해 주는 하느님의 유일한 도구인가 숙고해야 한다. 우리는 여전히 성경과 자신의 체험이 명확하게 말해 준다고 생각할 수 있다. 무언가 잘못되어, 우리 혼자 힘으로는 고칠 수 없고 하느님께 내맡겨야 한다고 말이다. 그러나 인간에게 다른 방편이 있을 수 있는지 물을 수도 있다. 혹시 인간이 하느님을 하느님이시게 놔둘 다른 방법이 있는지 물어야 하겠다. 무언가 잘못되었음을 이해하고 그에 대처할 권한을 받았다고 느낄 때 하느님께 다가가기 위한 다른 길은 없는가? 사람들은 예수 말고 다른 길들을 통해서는 '오직 믿음으로만' 가능한 '은총'을 체험할 수 없는가?

이 질문을 더 확장시켜 보자. 은총과 믿음을 통해서만 구원받는다는 복음주의의 이해는 신과 인간의 접촉과 변화를 포착하고 체험하는 유일한 방식인가? 복음주의는 성경에 기초한 하나의 특정한 하느님 체험을 타종교에 강요하는 것은 아닌가? 예를 들어, 무슬림이 '알라에게 복종한' 체험, 붓다의 깨우침에 관한 가르침, 힌두인이 궁극자 브라만과 완전 합일하는 해탈, 중국인이 음양의 조화에 따라 사는 평정함을, 인간이 자기 자신과 이 세상을 변화시키려고 더 큰 존재 안에 들어가거나 감화되는 다른 길들이라고 볼 수 있는가?[5]

만일 신이 '구원'과 변화를 가져다주는 다른 길들을 인정한다면, 그 길들은 그 길을 가는 사람만이 아니라 온 인류를 위해 중요하다. 대화는 '하나이며 유일한'을 말하는 다양한 주장들 중에서 누가 옳은가를 찾아내는 '거룩한 경쟁'에만 머물지 않는다. 그 대화는 종교들끼리 만나 올바른 길을 가게 해 주며 경쟁보다는 협력하게 해 줄 것이다. 하느님이 단 하나의 종교가 아닌 많은 종교 안에서 계시하고 구원하신다면, 대화는 종교들끼리 서로 귀 기울이게 하고 하느님은 그들이 알아낼 수 있는 것보다 항상 더 크신 분이라고 깨우쳐 줄 것이다.

그렇지만 성경을 중심에 놓는 복음주의에 사로잡히면, 다른 길과 다른 구원자에 대한 모든 주장과 예수를 하나이며 유일한 구원자라고 말하는 신약성경 언어 사이에 분명한 충돌이 발생한다는 것을 기억해야 한다. 이 사실은 4장 마지막 질문에도 나온다. 만일 우리가 그리스도교 종교신학의

---

5 11장에서 보겠지만, 이 길들을 연구한 사람들은 동일한 구원이 아닌 다른 구원들을 다른 방식들로 체험한다고 결론 내린다.

두 원천을 성경과 종교 대화라고 인정한다면, 과거 그리스도인과 다르게 '하나이며 유일한'이라는 언어를 이해할 수 있을까? 성경의 '하나이며 유일한'이라는 언어와 많은 그리스도인이 대화에서 체험하는 것 사이에는 껄 끄러운 충돌이 있기 때문이다. 그리스도인은 불자·유다인·힌두인·무슬림·아메리카 토착민과 만나며, 그들은 자기 종교 안에서 평화와 행복을 발견하고 신과 합일한다고 말하고 각자의 고유한 삶 속에서 독특한 체험 방식을 보여 준다. 이들은 행복하고 평화로우며 서로 사랑으로 헌신하고 이 세상을 위해 공헌하고 있다. 그들은 분명 '구원받았다'고 여겨진다.

복음주의는, 예수를 모르는 모든 사람을 잃었다고 말하지 않을 때 모순에 빠진다. 복음주의는 예수를 하나이며 유일한 구세주로 선언하는 성경의 특수주의적 본문들과, 역시 성경에 나오는 하느님은 모든 사람에게 행복과 구원을 주시려는 사랑의 하느님임을 알려 주는 보편주의적 본문들을 조화시키고자 노력한다. 솔직히 많은 그리스도인은 복음주의를 따르기에, 여기서는 성서적 비전보다는 신학적 상상력을 더 많이 살펴보았다. '종말'이나 '사후'에 이 문제가 해결된다는 생각은 '허구'일 것이다.

예수가 하나이며 유일한 구원자라는 성서적 언어와 하느님은 모든 이를 품고 계시다는 성서적 언어 사이의 긴장을 풀어 줄 좋은 방법은 무엇일까? '(예수 이외에) 다른 이름은 없다'는 신약성경의 주장과 그리스도인이 타종교인과 대화하면서 만나는 다른 모든 이름 사이의 충돌을 해소시켜 줄 더 좋은 방법은 없는가? 다음 장에서는 신약성경의 예수를 다르게 이해하고 재해석하려는 시도를 살펴볼 것이다.

II

완성 모델

한 종교가 다른 많은 종교를 완성시킨다

● ● ● 제4장

제2차 바티칸 공의회의 획기적 도약

이 장에서는 그리스도교가 타종교를 '완성'시켜 준다는 종교신학을 살펴볼 것이다. 대체 모델을 확인하고 질문의 답도 찾아보겠다. 그리스도인이 타종교를 더 잘 이해하기 위해 어떤 노력을 하는지도 고찰할 것이다. 이 모델은 그리스도교의 두 가지 신념을 똑같이 강조한다. 하느님의 사랑은 모든 사람에게 골고루 미치는 보편성을 지닌 동시에 예수 그리스도 안에서 완성되었다는 특수성을 함께 강조하고 있다. 이 두 가지를 균형 잡으려는 완성 모델은 대체 모델과는 아주 다르다. 완성 모델은 그리스도교 역사에 아주 새로운 것이 도래했다고 말한다.

'주류 그리스도 교회' 그리스도인 대다수가 이 모델을 주장한다. 대체 모델이 과거 그리스도교 역사에서 커다란 영향력을 휘둘렀다면, 완성 모델은 '주류' 교회인 루터교회·개혁교회·감리교회·영국국교회(성공회)·그리스 정교회·로마 가톨릭 교회의 가르침이다. 이 입장은 주류 교회 신학자들의 주장일뿐 아니라, 더 중요하게는 이들 교회 최고 신학자들의 타종교관이다. 그들은 타종교들이 가치 있고 타종교에서 하느님을 발견한다고 믿으며, 그리스도인이 그들과 대화할 필요가 있다고 확신한다. 이 새로운 태도는 새로운 체험에 기초하며 새로운 종교신학을 요청한다.

완성 모델은 그리스도교 공동체 안에 새로운 것을 뿌리내리게 했지만, 한계를 지니고 있다. 하느님이 타종교 안에도 현존하신다는 확신과 하느님이 예수 안에서 특별히 현존하신다는 확신 사이에서 균형 잡기는 그리 쉬운 일이 아니다. 그들은 '예수의 유일회성 — 독특성 — 을 부여잡고서는 더 나아갈 수 없다. 하지만 예수의 독특성을 벗어던지는 모험은 그리스도교의 정체성을 놓아 버린다'고 말한다.

완성 모델을 공부하려면 그리스도교 공동체의 첫 번째 발전단계를 돌아보아야 한다. 느린 발전에 자부심을 가지고 다른 교회들의 혁신보다 뒤처져 온 로마 가톨릭 교회가 새로운 종교신학 사조의 중심에 있다는 사실은 놀랄 만한 일이다. 앞에서는 프로테스탄트 망원경으로 탐구했다면, 이번에는 가톨릭 망원경으로 타종교들을 들여다볼 것이다.

그리고 이 망원경이 더 먼 곳을 보기 위해 최근에는 얼마나 커졌고 어떻게 재구성되었는지 알아보고자, 먼저 과거로 돌아가서 수세기 동안 타종교들을 보려고 사용해 온 여러 종류의 가톨릭 망원경을 살펴보겠다. 타종교를 향한 그리스도교 역사를 개관하는 것은 완성 모델이 얼마나 새로운 모델인가 이해하고 평가할 수 있게 해 줄 것이다.

그리스도교 역사를 돌아보니

타종교에 대한 가톨릭의 태도를 개괄적으로 보는 것은 시소를 타 온 그리스도교 종교신학의 균형을 잡아 준다. 시소의 (하느님은 모든 사람을 사랑하고 구원하시려 한다는) 보편축과 (하느님은 예수를 통해 구원하신다는) 특수축은 위아래 왕복운동을 반복해 왔다. 한때는 보편성을 중시했으나, 한때는 특수성이 득세했다. 가톨릭에서 '특수성'에는 예수만이 아닌 교회도 포함된다. 가톨릭 신자가 예수와 충만하게 구원의 만남을 가지는 유일한 장소는 교회였다. 예수는 교회라는 자신의 공동체 안에서, 그리고 이 공동체를 통해서 사람들을 하느님께 나아가게 하고 서로 사랑하게 하는 당신 사명을 수행한다. 가톨릭 역사를 돌아보면 예수와 교회가 하느님을 알고 구원을 얻기 위해 필요하다는 주장이, 하느님은 모든 사람을 두루 사랑하신다는 신념보다 두드러진다.

그러나 역사의 첫 장에는 그렇지 않았다. 신약성경 저자들과 그 저자들이 몸담았던 여러 다양한 공동체들은 '타종교들'에 별 관심이 없었고 엄마 종교인 유다교와의 관계에 집중했다. 그러나 200년이 흐르는 동안 상황은 급변하여, 예수의 제자 공동체들은 물리적으로나 문화적으로 그리스-로마 세계와 밀접해진다. 이때 그리스도인은 소수였고, 갖가지 위험에 노출되었다. 그들은 자기 자신과 자기네 이웃이 누구인지 설명해야 했다. 당대의 무수한 철학과 종교들을 아우르면서 예수 제자라는 정체성을 이 폭넓은 문화 속에서 뿌리내려야 했다.

서기 300년에 이르는 동안, 초기 그리스도교 신학자인 교부들 — 교모들이 있었는지 모르지만, 그들에 대한 역사 기록은 없다 — 은 신약성경 중심 주제인 하느님 말씀을 가지고 폭넓은 이방 문화의 의미를 밝히는 데 열중했다. 그들은 당대 교회 언어로 로고스 스페르마티코스*logos spermatikos*라는 새로운 표현 — 혹은 상징 — 을 만들어 냈다. 로고스는 말word을 뜻하고 스페르마티코스는 씨앗 같은seedlike을 뜻한다. 모든 그리스도인은 하느님 말씀이 예수 안에서 '육화'되었다고 체험했다. 이제 그들은 예수가 태어나기 전에도 또 그리스-로마 세계 전체에도 이 똑같은 하느님 말씀이 씨앗과도 같이 흩뿌려졌다고 말하게 되었다. 물론 여전히 예수를 중시했다. 이렇게 두루두루 뿌려진 말씀은 '모든 사람을 품는 분의 말씀이다'. 교부 유스티누스(순교자)는 이 말씀의 씨Seed-Word 안에서 하느님의 부르심을 알아듣고 따르려는 이들은 누구나, 예수에 대해 전혀 들은 바가 없더라도 이미 참된 그리스도인이라고 말했다. 테르툴리아누스는 하느님이 보편적으로 현존하시고 부르시기 때문에 모든 개개인의 영은 "본성상 그리스도를 따른다"[1]고 선언하면서, 이 점을 더욱 강조했다. 비록 초기 그리스도인은 타 문화와 종교들 안에 있는 말씀의 씨가 예수 안에서 완성된다고 주장했지만, 말씀의 씨는 교회 너머로 하느님이 구원의 팔을 펴신다는 주장을 가능하게 해 준다.

그러나 상황은 곧 뒤바뀐다. 하느님의 보편적 사랑과 현존을 강조하던 데서, 교회를 특별히 중시하고 강조하게 되었다. 물론 그리스도인은 이를 환영한다. 콘스탄티누스 황제 이후와 테오도시우스 대제 치하 때(379~395), 박해에 시달리던 소수 그리스도교 공동체는 갑자기 국가 종교로 탈바꿈한다. 로마 주교는 영적 권력과 정치적 권력을 휘두르는 최고 사제, '최고 성직자단을 아우르는 최고 사제장Pontifex Maximus'이 된다. 교회 안녕은 국가 안녕과 영합하기에 국가의 적은 교회의 적으로 몰렸다. 적은 비로마인이자 비그리스도인이었다. 이렇게 불행히도 교회 '밖' 사람들에 대한 태도가 변하기 시작했다.

이 변화는 특출한 신학자요 후에 성인으로 추앙받는 아우구스티누스에

---

[1] Justin, *I Apologia*, 46; *II Apologia*, 10,13; Tertullian, *Apologia*, 17,4-6; Clement of Alexandria *Stromata*, 1,13; 5,87,2; *Protreptikos*, 6, 68, 2ff; Origen, *Commentarium in Joannem*, 1, 39.

게 엄청난 영향을 주었다. 바오로 서간을 읽고, 과거의 교만하고 방탕한 삶에서 빠져나오기가 얼마나 힘들었는지 몸소 겪으면서, 아우구스티누스는 우리가 오직 은총으로만 구원받는다고 설교와 글로 거듭 주장하였다. 은총 없이는 이승과 저승에서 길을 잃고 말 것이다. 그는 로마제국과 교회를 위협하던 '야만'족 — 410년 로마를 점령하고 아우구스티누스가 죽던 430년까지 히포를 포위 공격한 서고트인 — 들이 길을 잃은 본보기라고 꼽았다. 아우구스티누스는 점차 구원의 은총은 교회 안에만 있다고 확신하게 된다. 또 '이중 예정설'을 주장하기에 이른다. 영원으로부터 하느님은 교회 안 소수 사람만 구원하기로 예정하셨고, 나머지 '타락한 무리들'은 지옥에 떨어진다는 가르침이다.[2] 그의 제자 루스페의 풀젠티우스Fulgentius of Ruspe(†533년)는 이 가르침이 '이방' 종교들에게 무엇을 의미하는지 분명히 밝혔다. "모든 이방인과 교회 밖에서 죽은 모든 유다인, 이단자, 분리종파론자들은 분명 악마와 그 사자들이 마련해 놓은 영원한 불에 떨어질 것이다."[3] 시소는 교회를 중요시하는 축으로 완전 기울어졌다.

그리고 이 상황은 16세기까지 요지부동이었다. 이때 타종교인에 대한 태도는 '교회 밖에 구원 없다'는 유명한 격언으로 요약된다. 처음 이 선언을 한 오리게네스(†254년)와 키프리아누스(†258년)는 교회 밖 사람들을 겨냥하지 않았다. 오히려 교회 안에서 이단적 생각으로 위험에 빠지려는 이들을 경고한 것이었다. 그러나 500년이 지나고 중세 시대에 오자, 교회에 다니지 않는 비그리스도인은 천국에 갈 수 없다는 의미로 바뀌었다. '악마와 그 사자들' 옆에 있는 '이방인'인 타신앙인은 (유다인을 제외한) 무슬림이었다(무슬림은 '성지'를 점령하고 유럽을 궁지에 몰아넣었기 때문이다). 더구나 무슬

---

2 Augustine, *Enchiridion*, 107.

3 Fulgentius of Ruspe, *De Fide ad Petrum*, 38, 79.

림은 단순한 '타신앙인'이 아니라 정적政敵이며 물리쳐야 할 적군이었다. 대화 대신 십자군이 궐기했다.

그리하여 '교회 밖에 구원 없다'는 전 세계를 단죄하기에 이른다. 이 단죄는 설교단이나 강단만이 아니라 교회와 공의회 주교들의 엄숙한 공식 선언에서 되풀이된다. 제4차 라테라노 공의회(1215)는 이 익숙한 말에 강조 부사구를 덧붙였다. '교회 밖에 결코 구원 없다.' 교황 보니파티우스 8세는 교서 「우남 상탐」*Unam Sanctam*(1302)을 발표하고, 하나의 교회에 속해야 구원을 얻는다는 선언에 교황 무류권을 보탠다. 1442년 피렌체 공의회는 풀젠티우스를 단죄하면서 다음과 같이 말했다. "자선을 베풀고 그리스도를 위해 피를 흘린다 할지라도 가슴속 깊이 가톨릭 교회와 일치하지 않는다면 구원받을 수 없다."[4] 모든 사람을 위한 하느님의 무한하신 사랑을 교회라는 틀에 묶어 놓은 것이다.

그러나 시소는 다시 위아래로 흔들린다. 피렌체 공의회가 개최되고 50년이 지난 후 크리스토퍼 콜럼버스는 인도에 당도했다는 짐작과는 달리, 전혀 새로운 세계에 발을 디뎠다. 이 '신세계'는 새로운 신학적 질문과 단서를 펼쳐 놓게 하였다. 역사학자들은 '교회 밖에 구원 없다'는 타협 없는 완고한 주장이 특정 역사와 정신 구조에서 나왔다고 지적하였다. 역사적으로 그리스도인은 복음이 온 세상에 뿌려졌다고 생각했다. 정신적으로 그리스도인은 복음을 능가하는 그 어떤 진리나 아름다움도 찾아볼 수 없다고 믿었기에 교회 가르침을 거부하는 것은 상상할 수조차 없었다.[5] 이

---

[4] H. Denzinger and A Schönmetzer, *Enchiridion Symbolorum Definitionum et Declarationum*, 802, 870-2, 1351.

[5] Francis A. Sullivan, *Salvation outside the Church? Tracing the History of the Catholic Response* (New York: Paulist Press 1992) 199-204.

완고하고 맹목적인 확신을 가지고 그리스도인은 아메리카인을 좌지우지하려 했다. 그러나 아메리카 토착민과 종족들은 예수에 관해 들은 바가 전무했고, 식민지화하는 그리스도인의 작태를 접하고는 자신의 전통적 방식을 더 좋아하고 보존하려 하였다. 이 현실을 목격하고, 로버트 벨라민Robert Bellarmine과 프란치스코 수아레스Francisco Suarez의 신학을 토대로, 트렌토 공의회(1545~1563)는 교회의 필요성을 부인하지 않은 채 '하느님의 보편적 사랑'에 무게를 둔 정식 '화세'火洗(baptism of desire)를 발표한다. 이방인으로서 물로 세례를 받을 수 없는 처지라면, '열성을 통해' 세례 받을 수 있다. 이 말 뜻은, 자신의 양심에 따라 도덕적으로 살아온 이들은 은연중에 교회에 동참하겠다는 열성을 표현한 것이며 천국문을 통과할 수 있다는 것이다.[6]

이 시소의 흔들림에서 당대의 새로운 태도와 함께 역사 속에 흩뿌려진 '말씀의 씨'에 대한 시각을 확인할 수 있다. 그것은 '교회 밖에 구원 없다'가 '교회 없이 구원 없다'로 바뀌었음을 뜻한다. 사람들은 교회 밖에 있을 수 있으나, 그들이 자신의 양심 안에서 하느님 말씀을 따르는 한, 어떤 식으로든 교회 안에 있거나 교회와 연계되어 있는 것이다. 이와 같이 타종교인에 대한 긍정적 태도는 17세기에서 20세기 중반의 교황들이 제창했고 퍼져 나간다. '교회는 구원을 위해 필요하다. 그러나 …'가 기본 명제다. 신학자들은 '그러나'를 해명하기 위해 애썼다. 특히 20세기부터 50년간 신학자들은 교회 밖에 있는 '거룩한 이교도'는 누구나 교회 안에 포함될 수 있음을 온갖 개념으로 풀어냈다. 자신의 양심을 따르고 이웃을 사랑하는 모든 힌두인, 불자, 무슬림은 교회의 '영'에 속하거나, 교회에 '소속되어 있

---

[6] Denzinger-Schönmetzer, *Enchiridion*, 1524, 1542.

고' '연결되어 있으며' '관계 맺고' 있다. 그들은 교회 구성원으로서 '불완전하지만' '교회에 관심을 보이는' '잠재적' 구성원이다.[7] 이 개념들은 모든 이에 대한 하느님의 사랑을 성심성의껏 상상하여 증언하려는 노력인 동시에 교회 역할의 필요성을 주장한다. 그들은 시소의 균형을 맞추려고 애썼다.

시소가 진짜 균형을 잡았는지 아니면 한쪽으로 기울어졌는지는 다방면에서 논의할 수 있겠다. 그러나 한 가지 분명하고도 중요한 것은 16세기부터 20세기까지 균형을 잡으려던 온갖 노력들은 타종교에 대한 긍정적 태도가 아닌, 교회 밖 타종교인에 대한 긍정적 태도를 심어 주었다. 극소수 예외[8]를 빼고 그 당시 신학자들, 교회 지도자들, 그리스도인은 가톨릭 교회가 전혀 상상할 수 없었고 상상할 엄두도 못 내던, 하느님은 타종교들을 통해 은총과 계시와 구원을 베푸실 수 있다고 추정하게 되었다. '말씀의 씨'가 역사를 통해 뿌려졌다고 인식한 교부들도, 종교들이 말씀이 자랄 옥토라고는 말할 수 없었다. 하느님 말씀이나 하느님의 영이 교회 울타리를 넘어서 사람들의 생명을 자라게 하고 어루만진다면, 그것은 인격적 체험이나 신비 체험을 통해 일어난 것이다. 참된 구세주는 오직 한 분뿐이기 때문에 참된 종교는 오직 하나뿐이다. 하느님은 그리스도교 말고 다른 어느 종교도 사용하실 수 없다. 이런 관점은 1960년대까지 의심의 여지가 없는 것이었다.

---

7 Maurice Eminyan, *The Theology of Salvation* (Boston: St. Paul Editions 1960) 167-81.

8 니콜라우스 쿠사누스(Nicholas of Cusa)와 라이문두스 룰루스(Raymond Lull)가 해당된다. Jacques Dupuis, *Toward a Christian Theology of Religious Pluralism* (Maryknoll, N.Y.: Orbis Books 1997) 105-9.

신학의 개척자 칼 라너

20세기 중반부터 50년간 가톨릭 공동체는, 독일 예수회원인 칼 라너가 타종교인을 이해하고 그들과 관계 맺는 방식을 책으로 펴내면서 급진적 변화와 놀라운 진보의 길을 걷는다. 라너는 20세기의 가장 유명하고 영향력 있는 신학자[9]이며 미지의 종교 지형을 탐구한 개척자다. 비록 그는 생애 대부분을 독일에서 보냈고, 타종교를 연구하지도 않고 타신앙인과 많은 대화를 나누지도 않았으나, 그리스도교 전통에 대한 연구와 깊은 영성생활을 통해 하느님의 세계는 그리스도교를 훨씬 능가하는 드넓은 세계라고 확신했다. 라너는 창의적이고 비범한 저술을 통해 그리스도교 망원경에 새 렌즈를 덧붙여 모든 사람과 유장悠長한 인간사 안에서 하느님이 일하신다고 밝힌다. 1960년대 초반 그는 '비그리스도교'에 대한 망원경에 몰두한다. 그는 소수 그리스도인이 보았던 것을 본다. 1961년 첫 강연에서 그는 조심스럽게 그리스도교의 정교한 신학을 참으로 혁신적인 종교신학의 초석으로 사용한다.[10]

인간 본성은 은총을 입었다 Nature is Graced

라너의 혁신적인 종교신학이 밝히는 핵심은 그리스도인의 삶과 확신의 핵심인 하느님은 사랑이시다와 동일하다. 라너는 이 확신을 설명하고 그 의미를 밝힌다. 요한 1서 4장 8절의 하느님은 사랑이시다라는 말씀은, 하느님이 모든 사람과 모든 존재에 닿고자 하시고 끌어안고 싶어 하신다는

---

9 나는 이 진술에 동의한다. 그는 내 스승이다!

10 나중에 출판된 Karl Rahner, "Christianity and the Non-Christian Religions", in *Theological Investigations* (Baltimore: Helicon Press 1966) 5:115-34.

뜻이다. 더 전통적인 말로 하면, 하느님은 진정 모든 사람을 구원하고 싶어 하신다는 뜻이다. 그러면서 라너는, 하느님은 원하시는 것을 행하신다고 말한다. 하느님이 진정 모든 사람을 구원하고 싶어 하시는 한, 하느님은 행하실 것이고, 필요한 것은 무엇이라도 가능케 하실 것이다. 만일 우리가 이것을 인정하지 않는다면, 우리는 하느님이 사랑이시라는 것을 진짜 믿는 것이 아니다. 그렇다면 이 '행위'는 무엇을 뜻하는가? 라너는 그것을 하느님께서 당신 자신을 모든 인간에게 드러내 보이시거나 전해 주시는 것이라고 본다. 하느님은 당신 자신을 보여 주시고, 각 사람에게 당신의 평화, 긍정성, 노력, 매력을 느낄 수 있게 해 주신다. 이 모든 것을 그리스도인은 은총이라는 교리 용어로 아우른다. 하느님은 모든 개인에게 구원의 은총을 주신다.

하느님 사랑의 더 깊은 의미를 추구하고 그리스도인의 정신과 상상력을 각성시키고자 라너는, 우리 인간 본성은 그저 '자연적인 것'만이 아니라고 결론짓는다. 만일 우리가 자연적 여자나 남자가 된다는 것이 무엇과 같은지를 느낄 수 있다면, 우리 인간 본성을 넘어선 어떤 것도 느낄 수 있다. 우리는 우리의 은총을 입은 본성을 느낀다. 우리는 신의 현존, 신적 능력, 신의 온기, 신의 평화를 느낀다. 신학 언어를 사용하여, 라너는 우리 인간이 '초자연적 실존'에 부름받았음을 밝히려고 애쓴다. '초자연적 실존'이란, 지금 여기 우리의 현존은 자연 상태를 넘어선 '초-자연' 상태의 현존이며, 우리가 생각하는 우리의 존재 방식을 훨씬 뛰어넘어 현존한다는 뜻이다. 라너는 그 어떤 것도 '순수 자연/본성'natura pura 상태로는 존재하지 않는다고 거듭 말한다. 인간인 우리는 인간 이상이다. 우리의 참존재는 신성·하느님의 영을 만나며, 신성·하느님의 영이 만나게 해 주는 것을 느낀다. 어떤 이는 인간 본성이 신적 본성의 한 부분이라고 말하기도 한다.

라너는 연구를 거듭하면서, 우리가 본성적으로 '은총'과 신성을 얼마나 다양한 방식으로 느낄 수 있는지 설명하려고 했다. 신의 은총은 항상 우리 인간의 행위 안에서 깊이 감지되며 고동치고 있다. 왜냐하면 '은총'은 하느님의 자녀로 보이기 위해 걸치는 한 벌 옷이 아니라, 전구를 전구로 쓰이게 불을 켜 주는 전기와 같기 때문이다. 달리 표현하면, 하느님의 사랑은 단순히 우리를 얼싸안는 것이 아니다. 하느님의 사랑은 우리 안으로 들어와 우리 안에 가득 차고, 다른 식으로 살고 행동하게 만든다. 라너는 은총이 우리 안에 불어넣어졌다고 말한다. 정신이 육체에 불어넣어졌듯이 말이다.[11] 그는 이 신적 실존을 우리 안에서 느낄 수 있는 수많은 특정한 길 중에서 가장 밑바탕을 이루는 선취라고 본다. 우리 인간 본성 안에 들어온 중요한 어떤 것은 '더한 무언가로 뻗어 가 있다'. 우리가 도달하려고 하는 모든 것에서, 우리는 우리가 이루고 포착하려는 것 너머로 늘 뻗어 간다.

라너는 이것이 우리가 알고 사랑하는 방식 안에서 확연히 드러난다고 말한다. 인간은 앎을 필요로 하고 사랑하고 사랑받는 것이 필요한 존재다. 우리가 아무리 많은 지식을 얻었다고 하더라도, 항상 더 나아간 질문은 더 나아간 대답을 요구하고, 그보다 더한 질문을 또 제기한다. 이런 경향은 사랑이 다가올 때 더 그렇다. 우리는 서로 간의 사랑에 흠뻑 빠지고 자신을 내주는 상대방의 헌신에 응하면서 크나큰 만족을 느낀다. 그러나 결코 참으로 만족하지는 못한다. 우리는 서로 느끼거나 상대가 주는 사랑을 통해, 더 위대한 사랑이 잡아당기고 있음을 느낀다. 실제로 유한한 존재와 사랑을 주고받으면서 우리는 무한한 타자와 사랑하고 사랑받는다. 라너는 우리가 '무한성을 지닌 유한한 존재'라고 결론짓는다. 죽고 말 우리 존재

---

11 라너는 이것을 전문 용어로 '준형상인성'(quasi-formal causality)이라고 한다. 이찬수 『인간은 신의 암호 — 칼 라너의 신학과 다원적 종교의 세계』 분도출판사 1999, 45 참조 — 역자 주.

안에서, 우리는 그 한계에도 불구하고 그 너머의 목소리를 듣는다. 참으로, 우리 본성은 은총을 입었다.

　인간 조건에 대한 라너의 가톨릭적 관점은 프로테스탄트 복음주의와는 사뭇 다르다. 라너는 복음주의가 이해한 인간의 '타락한 본성'과 '죄 많은 상태'에 치우치지 않도록 조절한다. 물론 우리 인간 세상의 죄 많고 이기적이고 악마적인 실상을 부정하거나 별것 아니라고 보는 것은 축복받은 순진함이요 위험천만한 무지일 것이다. 그러나 라너는 바오로 사도가 자신의 죄와 한계를 붙들고 씨름한 후 깨달은 것을 프로테스탄트 신자들에게 일깨워 준다. "죄가 많아진 그곳에 은총이 충만히 내렸습니다"(로마 5,20). 이것이야말로 '복음'이다. 우리가 깊은 구렁에 빠져 있다면, 우리는 구렁 밖으로 기어 나올 수 있는 방편을 가지고 있는 것이다. 우리가 흔히 '인간 본성의 일부'라고 생각하는 이기주의와 탐욕에 사로잡혀 있다면, 타인에 대한 사랑과 돌보는 능력은 인간 본성의 더 깊고 강력하고 충만한 부분으로 자리 잡고 있다. 라너는 스스로 '구원 낙관론자'라고 선언하면서 이렇게 강조했다. 이를 통해 그는 그리스도교 밖의 무수한 사람들이 그리스도인보다 하느님의 위대성을 더 잘 알아볼 수 있다고 지적한 것이 아니다. 더 근본적인 측면에서, 그는 선과 악이 반반 비율로 있다고 보지 않는다. 선(은총)은 악(죄)보다 강하다. '구원받을' 가능성이 '타락한' 현실보다 크다. 그리고 우리는 선을 실현하고 은총을 사는 천국에 이를 때까지 무작정 기다려야만 하는 것도 아니다. 하느님의 실존과 하느님이 주시는 사랑과 능력이 지금 바로 우리 인간 본성 안에 들어 있기 때문이다.

　교회 울타리 밖에서도 하느님을 체험하고 구원을 발견할 수 있다고 주장한 라너는 트렌토 공의회 이후 가톨릭 신학의 흐름을 주도했다. 그러나 그는 종교신학을 전개하면서 그 흐름을 훌쩍 넘어선다.

종교는 '구원의 길'이다

라너는 종교들 안에서 하느님의 은총이 활동하신다고 주장하여 대다수 그리스도인을 깜짝 놀라게 했다. 하느님은 타종교 교리, 실천, 의례를 통해 당신 자신을 선물로 주신다. 라너는 가톨릭 교회의 체험과 신학으로 이 대담한 발언을 했다.

가톨릭 신학은 인간을 구체적인 사회적 존재로 보는 현대 인간학과 심리학을 늘 진지하게 다루어 왔다. 우리가 살아가고 알고 믿고 전념하는 온갖 것은 우리 자신과 타인을 통하여 펼쳐진다. 구체적인 것은 무엇이든 우리가 타인들과 함께 타인을 통해 듣고 보고 느끼고 냄새를 맡고 만졌기 때문에 있는 것이다. 우리가 알고 있거나 신뢰하고 있는 것은 어떤 영적 침투 — 주입 — 를 통해 단순히 우리 속에 부어진 것이 아니다. 만일 이것이 인간적인 측면에서 옳다면 종교적인 측면에서도 옳다. 이것이 하느님이 우리 몸과 타인을 통해 우리를 대하는 방식이리라. 따라서 은총은 현실적인 것이다. 하느님의 현존은 구체적 모습으로 나타난다.[12]

라너는 다음과 같이 멋진 결론을 내린다. 인간 역사 안에 하느님이 현존하심을 가정할 수 있게 해 주는 많은 '요소' 가운데, 가장 먼저 손꼽을 수 있는 것은 세계종교들일 것이다. 종교들 안에서 인간은 심오한 의미를 찾고, 의례와 상징과 이야기를 통해 그 의미를 찾으려고 더 노력한다. 만일 우리가 인간 역사를 관통하여 하느님이 당신 숨결과 손길을 펼치신다고 믿는다면, 또 만일 우리가 그 숨결이 구체적 형태를 띤다고 믿는다면, 종교들은 신의 숨결과 성령의 단서를 탐구할 수 있는 첫 번째 분야다. 이 사실을 부정하고 의심하는 가톨릭 신자들에게, 라너는 다음과 같이 말한다.

---

12 이에 관한 논의와 인용: Karl Rahner, *Foundations of Christian Faith* (N.Y.: Crossroad 1978) 178-203, 318.

가톨릭은 교회가 필요하다고 강조한다. 가톨릭 교회는 하느님이 눈에 보이는 형태, 사회적 형태로 우리와 만난다고 믿기 때문이다. 가톨릭 교회는 그 형태를 '성사'라고 부르고, 교회 자체를 '첫 번째 성사'로 본다. 그렇다면 가톨릭 신자에게 통용되는 진리는 타종교인에게도 해당되어야 할 것이다. 만일 그리스도인에게 성사가 필요하다면, 불자와 힌두인에게도 그렇다. 그들은 특별히 자기네 종교에서 이 '성사' — 넓은 의미에서 하느님 은총의 구체화 — 를 발견한다.

라너는 수많은 가톨릭 신자를 놀라게 하는 동시에 해방시켜 주는 결론을 단 한 마디로 말한다. 종교들은 '구원의 길들'이 될 수 있다. 하느님은 힌두교·불교·이슬람교와 토착 종교들의 교리와 실천 안에서, 그것을 통해 당신 자신을 보여 주신다. 비그리스도교들은 "하느님과 참된 관계를 맺게 해 주는 긍정적 방편이며 구원을 얻을 수 있게 해 준다. 이 방편은 따라서 하느님의 구원 계획 속에 긍정적으로 포함되어 있다"고 라너는 지적한다. 하느님이 타종교들을 '긍정적으로' 작용하게 해 놓으셨다! 가톨릭 신자는 불자에게 세례를 통해 구원받을 수 있다고 말하기 전에 불자의 말에 귀 기울여야 한다. 라너는 불자도 불교 안에서 고유한 '세례'를 받았다고 말한다. 그들은 불교를 믿음에도 불구하고 구원받은 것이 아니라 불교를 믿기 때문에 구원받았다.

우리는 '구원받았을 수 있다'고 말해야 한다. 그러나 라너는 이 새 신학으로 모든 종교를 찬성한 것은 아니다. 그는 조심스럽게 타전통들 안에 신이 현존할 가능성을 제시한 것이지, 엄연한 사실을 밝힌 것이 아니었다. 이 가능성은 타신앙인과 대화하고 연구를 통해 얻을 수 있는 결론일 수 있다. 라너는 그리스도인이 이전에는 전혀 생각지 못했던 하나의 가능성을 열어 놓은 것뿐이다.

그렇지만 라너가 전개하는 신학이 탄탄하게 이어 가는 단계를 따라가면, 하느님이 '그리스도교' 이외에 다른 언어로 말씀하고 계시하는 것을 단순한 가능성이 아닌 틀림없는 이치probability로 받아들이게 된다. 이 이치는, 타종교가 잘못된 부분이나 부패한 요소를 가질 수 있다는 사실 때문에 약화되지 않는다. 만일 부패야말로 하느님이 한 종교를 얼마나 많이 쓰셨는지 재는 표준 치수라면, 그리스도교는 그 어느 종교보다 더 낮은 단계에 있다고 볼 수 있다. 개인은 자신의 지성과 양심으로 자기 공동체 안에 썩어 있거나 부서진 것을 스스로 인식하고 거부할 책임이 있다. 한 특정 종교에 소속되기 위해 진리와 오류라는 종교꾸러미 전체를 끌어안을 필요는 없다. 한 종교가 잡초를 자라도록 내버려 두는 것은 밀을 추수할 수 없을까 봐서다(마태 13,29-30).

라너는 유비를 써서 그리스도인을 타종교인과 새롭게 만나라고 초대한다. 라너는 그리스도교의 선교를, 선생님이 초등학교 1학년 학생과 오스트레일리아에 관해 토론하는 것과 똑같은 방식으로 힌두인과 신성에 대해 대화하며 시작해선 안 된다고 선언한다! 초등학교 1학년생은 오스트레일리아에 대해 들어 본 적이 없으므로, 선생님은 이것저것 지적하면서 토론을 시작한다. 그러나 힌두인과 대화할 때는 이런 방식이 걸맞지 않다는 것이다. 하느님은 선교사가 도착하기 훨씬 전에 힌두인들 안에 현존해 오셨고 당신 자신을 보여 주셨다. 그러므로 선교사는 힌두교를 통해 하느님이 이미 일하고 계셨다는 사실에 경탄할 준비가 되어 있어야 하며, 이 경이로움에서 배워야 할 것이다. 따라서 라너의 종교신학은 대체 모델과 다른, 그리스도교와 타종교 간의 관계로 초대한다. 라너의 종교신학은 타종교인은 질문거리만 가지고 있고, 그리스도인이 해답을 알고 있다고 보지 않는다. 양쪽 모두 물음과 해답을 간직하고 있다.

그러면서 라너는 각자의 해답이 균형을 이룰 수 있다고 말한다. 과연 그리스도인이 힌두인한테서 많은 것을 배우듯이, 그 반대도 가능할 것인가? 이 복잡한 문제의 답을 찾기 위해, 라너 종교신학의 다음 단계를 따라가 보자.

익명의 그리스도인

은총, 하느님 사랑의 실존이 바로 인간 본성의 일부이고(1단계), 이 은총이 항상 구체화되어 있다고 본(2단계) 라너는 여기에 그리스도교의 또 다른 본질적 교리(3단계)를 자신의 종교신학에 보탠다. 그것은 모든 은총은 그리스도의 은총이라는 그리스도교 신학이다. 하느님이 폭넓은 종교 세계 안에 현존하신다는 그의 이 마지막 단계는 더 깊은 측면을 다루는 동시에 새로운 한계를 노출시킨다. 그 한계는, 그리스도인이 언제나 예수에 대해 말해 왔고 가톨릭이 언제나 교회에 대해 말해 왔다는 데서 연유한다.

만일 하느님의 은총, 즉 하느님 사랑의 현존이 우리 본성과 역사 안에 스며들어 있다면, 그것은 예수 그리스도 때문이다. 이것은 이 책 서두에서도 반복한 내용이다. 그것이 그리스도교의 핵심이기 때문이다. 그리스도인은 예수가 이 우주 안에 존재하는 '구원'과 치유하는 영혼의 근거cause라고 믿는다. 그러나 라너는 예수가 구원의 근거라는 더 많은 해석의 여지를 분명히 설명한다(이 해석은 6장에서 다룰 것이다). 그는 다시 신학 용어를 사용한다. 예수는 구원의 최종 근거final cause다. 최종 근거는 피조물의 목표를 가리키고 완성을 가능케 하며 도와준다. 하느님의 구원하는 사랑은 하느님이 지니신 본성 자체에서 늘 나온다. 그리고 우리가 예수 안에서 하느님이 하시려는 것을 보고, 하느님이 모든 사람에게 신적 영을 주려 하신다는 것을 보는 한, 예수는 하느님의 구원하는 사랑의 최종 근거다. 하느님 자녀의 참된 모범을 보여 주는 예수의 인격뿐 아니라, 인간 사회 안에 하느님의 사랑과 평화와 정의를 심은 예수의 가르침은 인류 안에서 하느님 영의 숨결이 어디로 불고 무엇을 바라는지 가르쳐 준다.

역사의 최종 목표와 참된 가능성을 보여 준 예수는, 라너가 인간 마음속 가장 깊이 있는 가장 알기 어려운 욕구 중 하나라고 느낀 것을 충족시켜 준다. 라너의 신학적 언어는 그 지향점을 알려 준다. 인간은 '절대적 구원자'를 필요로 하고 그리워한다. 하느님을 닮은 사랑과 정의의 삶을 살기 위해 투신하려면, 하느님이 우리에게 당신 자신을 내맡기셨음을 잘 알 필요가 있다. 하느님은 이 진실을 예수 안에 마련해 두셨다. '최종 근거'와 '절대적 구원자'라는 뜻은, 예수 안에서 하느님이 참으로 우리와 함께 계시고 이것을 되물리지 않으신다는 하느님의 분명한 마지막 말씀을 듣기 때문이다. 따라서 예수는 '절대적 보증인'이며 '가장 큰 확신을 주는 버팀목이자 원천'으로, 우리에게 예수와 같은 삶을 살게 해 주고 보람도 안겨 준다. 그와 함께할 때, 우리는 우리가 어디로 가는지 안다. 그리고 이 세상과 다음 세상에서 얻을 수 있는 것이 무엇인지도 안다.

이 모든 사실은 예수의 필요성을 이해하는 대체 모델과 라너의 완성 모델이 말하는 중요한 차이를 밝혀 준다. 두 모델 모두 예수의 필요성을 내세우지만, 복음주의는 예수를 유익한 근거로 보고 예수를 모르는 사람은 하느님의 구원하는 사랑을 알 수도 체험할 수도 없다고 주장한다. 한편 라너는 예수를 모르는 사람도 하느님의 구원하는 사랑을 체험할 수 있으나, 그 체험이 어디로 이끄는지, 또 그 체험의 참된 목적과 그 체험이 열어 주는 것이 무엇인지 확실히 알 수 없다고 주장한다. 그리하여 최종 근거인 예수의 필요성을 강조한다.

라너는 모든 창조물에 하느님이 당신 사랑을 부어 주신 근거를 예수한

테서 본다. 자신의 종교 안에서 하느님 사랑의 은총을 체험한 불자, 힌두인, 오스트레일리아 토착민은 이미 예수와 연결되어 있고 예수를 향해 가고 있다. 예수는 하느님이 선물로 주시는 사랑과 은총의 궁극적 목표를 보여 주기 때문이다. 더 나아가 예수의 영속하는 현존과 힘은 역사 안에서 예수의 가르침을 실천하는 공동체에서 발견되기 때문에, 타종교인은 자기 종교 안에서 자기 종교를 통해 '은총을 입고' 그리스도교를 향해 가고 있다. 이런 의미에서 그들은 이미 그리스도인이며 그리스도인이 체험하는 것을 체험하고, 그리스도인이 예수 안에서 얻는 것을 향해 가고 있다. 그러나 그들은 아직 이 사실을 깨닫지 못하고 있다. 그들은 그리스도인이라는 이름이 붙지 않은 그리스도인이다. 그들은 익명의 그리스도인이다.

라너는 이 익명의 그리스도인이라는 비전을 그리스도인에게만 제시했다. 그는 불자와 힌두인을 향해 이 비전을 말하지 않았다. 교회 밖 사람들에게 부정적 시선을 보내는 그리스도인을 해방시키고, 하느님은 그리스도인이 생각하는 것보다 훨씬 더 크신 분이라는 것을 깨우쳐 주고 싶어 했다. 하느님은 당신이 원하면 언제 어디서나 추종자를 만드실 수 있다. 라너는 그리스도인이 교회를 떠나길 바라지도 않았고, 친구인 불자와 무슬림에게 이미 그리스도교적이라고 말하고 싶어 하지도 않았다.

교회가 지닌 한계와 종교가 지닌 한계

하느님이 어떻게 예수를 통해 구원하시는가를 이해하는 것은 그리스도교뿐 아니라 타종교에게 새로운 통찰뿐 아니라 새로운 한계를 보여 준다. 라너는 동료 그리스도인에게 교회와 선교에 대한 놀랍고도 영감에 찬 전망을 제시했다. 교회는 더 이상 지옥과 오류의 망망대해 한가운데 있는 구원과 진리의 섬이 아니다. 선교사는 더 이상 마귀에 붙들린 사람들을 구하러 나가는 것이 아니다. 오히려 교회는 "가시적 교회 밖에 숨겨져 있으나 엄연히 존재하는 그리스도교적 희망을 역사 안에 드러내는 선구자요 역사와 사회 안에 세워진 분명한 표지"라고 라너는 말한다.[13] 그가 가리키는 또 다른 더 좋은 용어는 성사다. 교회는 이미 있는 것에 생생한 색깔을 입혀서 구체화하고 더 분명하게 보여 주어야 하겠다. 교회의 목적은 (비록 그런 일이 필요해도) 사람들을 구출하여 완전히 새로운 세상으로 가게 하는 데 있지 않고, 안개를 걷어 내어 사람들을 더 환하게 보고 더 안전하게 나아가도록 해 주는 데 있다.

그렇다면 이러한 교회의 청사진과 목적은 선교의 열정까지 꺼 버리는 것은 아닐까? 라너는 반론에 직면했다. 이교도는 더 이상 구원이 필요치 않다. 그들은 단순히 '이교도'가 아니다! 그러면서도 왜 선교를 '진행'해야 하는가? 라너는 선교가 여전히 자극을 주고 더 성숙하게 해 주기 때문이라고 대답한다. 복음을 전파하면서, 그리스도인은 사람들을 위해 일할 뿐 아니라 그들과 함께 일한다. 하느님의 자녀인 그들이 예수가 보여 주신 사랑과 정의를 삶 안에서 실현하라는 부름을 더 잘 깨닫고, 더 투신하도록 도와주기 위해서다. 라너는 초기 저술에서 그리스도인이 되는 것은 '구원을 위해 여전히 더 좋은 기회'를 쉽게 얻을 수 있기 때문이라고 밝혔으나, 후에는 그 기회를 만들 수 있기 때문이라고 말한다. 예수의 제자가 된다는 것은 본인에게 더 많은 이익이 생기는 것이기보다 타인에게 '더 많은 책임감'을 가지는 것이다.[14]

라너의 종교신학은 교회의 한계를 지적하는 만큼 종교의 한계도 지적한다. 결국 성령이 타종교 안에서 얼마나 열매를 맺건, 타종교에서 성인聖人

---

[13] Rahner, "Christianity and the Non-Christian Religions", 133.

[14] Karl Rahner, *Schriften zur Theologie* (Einsiedeln: Benziger 1970) 9:513-4.

들을 얼마나 많이 발견했건, 타종교인은 자신이 어디로 가고 있는지 모르고 자신이 누군지도 모른다. 이것이 복음주의처럼 라너가 자신의 신학에서 오직을 주장하는 이유다. 오직 예수 그리스도만이 구원의 최종 근거다. 오직 예수 그리스도 안에서 하느님은 당신이 펼치시려는 것을 보여 주셨고, 오직 예수 그리스도 안에서 하느님은 창조의 목표를 드러내셨으며, 오직 예수 그리스도 안에서 하느님은 '절대적 구원자'를 보내셨다.

따라서 진리와 선을 담고 있는 타종교들은 세례자 요한의 역할을 한다. 그 길을 예비하고, 사람들을 마지막 단계에 이르도록 준비시키며, 그리스도교 공동체에 참여시켜서 마침내 이미 받은 풍요로움의 의미를 깨닫게 해 준다. 라너는 이 과정에 특정한 제한 시간을 둔다. 일단 타종교들이 그리스도교와 참으로 만나고 타종교인들이 복음을 들은 연후에야, 세례자 요한처럼 자기 길을 벗어나와 예수 그리스도를 향해 길을 놓는다(그러나 라너는 이 주장이 타문화인에 관해 들어 보지 못한 유럽인에게나 해당한다고 보았다). 예수 앞에서 모든 타종교는 과거 주장의 정당성은 잃지만 참된 타당성을 얻고 완성된다.

이러한 라너의 개척적인 새 사상은 현대 가톨릭 신학자들에게 새로운 종교신학을 발전시키기 위한 청사진을 마련해 주었다. 더 중요한 것은, 타 신앙인에 대한 그의 혁신적 접근 방식을 제2차 바티칸 공의회에서 대부분 채택하여 공식 선언했다는 점이다.

제2차 바티칸 공의회: 획기적 이정표

라너가 그리스도교 종교신학의 새 길을 처음 탐험했다면, 제2차 바티칸 공의회(1962~1964)는 그것을 공표했다. 제2차 바티칸 공의회는 그리스도교가 타종교에 대해 말하고 교회 자체가 타종교와 관계 맺고 있음을 밝힌 역사의 이정표다. 교회가 있어 온 이래, 공식 선언을 통해 타종교를 그토록 광범위하게 언급한 적은 없었고, 그렇게 긍정적으로 말한 적도 없으며, 모든 그리스도인에게 타종교를 진지하게 다루고 함께 대화하라고 요청한 적도 없었다. 5세기에서 16세기까지 주도했던 '교회 밖에 구원 없다'는 관점과 비교할 때, 제2차 바티칸 공의회는 단순히 획기적 시점만이 아닌 새 노선이다. 라너는 후에 공의회에 참석한 많은 주교가 이 방향의 새로움과 요구를 충분히 알아채지 못했다고 회고한다.[15] 그들이 만일 이 사실을 알았다면, 더 천천히 가자고 했을 것이다.

'종교적이고 인간적인 귀중한 가치들'

타종교인에 대한 공의회 선언은 주로 「비그리스도교와 교회의 관계에 대한 선언」*Nostra Aetate* (*NA*)에 대담한 어조로 나온다. 그 선언은 역사적 '이정표'가 되었으며 반성을 가져왔다. 원래 주교들은 반유다주의를 조장해 왔던 그리스도인의 태도를 바로잡고자 유다인만 언급하려고 했다. 유다교에 대한 새로운 신학적 입장이 필요했던 것이다. 그러나, 타종교인과 더불어 살아가는 그리스도인을 대표하여 공의회에 참석한 다른 주교들은, 이 기회에 유다교와 다른 종교들에게도 개방하길 원했다. 그리하여, 공의회의 「일치 운동에 관한 교령」*Unitatis Redintegratio* (*UR*) 첨부 설명으로 작성하려던 처음 의도에서 벗어나 독자적인 '선언'을 하게 되었다.

타종교인에 관한 이 「비그리스도교와 교회의 관계에 대한 선언」은 트렌토 공의회 이후 가르침과는 매우 다르다. 하느님의 사랑과 구원 현존은 교

---

15 Karl Rahner, *Schriften zur Theologie* (Einsiedeln: Benziger 1967) 8:357.

회라는 울타리 안에 갇혀 있을 수 없다고 선언하기 때문이다. 사실 제2차 바티칸 공의회는 더 나아가 자기 탓 없이, 자신의 양심을 따라 사는 무신앙자(무신론자)도 하느님 뜻을 따르면 '구원'을 얻을 수 있다고 분명히 가르친다[「교회에 관한 교의 헌장」(*Lumen Gentium, LG*) 16]. 교회사상 처음으로 이 종교들에 관한 선언Declaration on Religions은 주요 종교들이 각각 '인간 역사 속에 현존하는 심오한 신비'들에 어떻게 응답해 왔는가를 분명히 밝힌다. 이 선언은 힌두교, 불교, 이슬람교의 기본교리와 실천을 간단히 요약하고 '모든 곳에서 발견되는 다른 주요 종교들'을 긍정한다. 이 선언은 이들 전통이 발전시켜 온 '심원한 종교성'을 인정하고 존경으로 바라본다. 타종교 가르침과 실천이 '옳고 성스러운 것'을 드러내며 '모든 사람을 비추는 참진리를 반영한다'고 인정한다. 그리고 이 선언은 모든 가톨릭 신자에게 그 선조들은 들어 본 적도 없는 것을 '권고'한다. '지혜와 사랑으로' 타종교 신봉자들과 서로 "대화하고 협조하면서 그리스도교 신앙과 생활을 증언하는 한편, 다른 종교인들의 정신적·도덕적 자산과 사회 문화적 가치를 인정하고 보호하며 증진"(*NA* 2)하라고 선언한다.

「비그리스도교와 교회의 관계에 대한 선언」은 타종교에 호의적이고 새롭게 접근한 공의회 문헌이라고만 볼 수 없다. 「교회의 선교 활동에 관한 교령」*Ad Gentes Divinitus* (*AG*)은 타종교들 안에 "진리와 은총"(*AG* 9)이 있다고 인정하면서 라너의 1962년 논문을 직접 인용한다. 이 교령은 오래고도 풍부한 교부 문헌들을 적용하여 예수가 체현하신 말씀과 동일한 '말씀의 씨앗'을 타종교들 안에서 발견할 수 있다고 인정한다(*AG* 11.15). 이 말씀의 씨앗은 "감추어진 하느님의 현존과도 같이"(*AG* 9) '관상의 씨앗'을 자라게 한다(*AG* 18). 사실 타종교들 안에는 "고귀한 종교적·인간적 요소들"[「현대 세계의 교회에 관한 사목 헌장」(*Gaudium et Spes, GS*) 92]이 있다. 보니파티우스 8세 교황이나 피렌체 공의회에서라면 이 말들을 이단으로까지 단죄하진 않더라도 얼마나 이상하게 생각했을까?

과연 타종교는 '진리의 빛'이고 '구원의 길'인가?

앞서 본 대로 제2차 바티칸 공의회는 라너의 새 신학에 조응하여 타종교를 다루지만, 두 가지 주요 사항을 제외시킨다. 많은 사람을 만족시키고자 공의회는 라너의 '익명의 그리스도인' 개념을 취하지 않는다. 이 개념은 그리스도인에게는 엄청난 논란을 불러일으켰고 비그리스도인들에게는 상당한 불쾌감을 안겨 주었다. 실망스럽게도 공의회는, 타종교를 '구원의 길'이자 하느님이 세상에 당신을 드러내시는 방편으로 볼 수 있고 그렇게 보는 것이 마땅하다는 라너의 관점을 저버린다. 이 관점이야말로 라너의 새로운 종교관의 핵심인데 말이다. 왜 공의회는 이 종교관을 승인하지 않았을까? 이 물음은 가톨릭 신학자들의 불꽃 튀는 논쟁을 불러일으킨다.

어떤 신학자들은 공의회 주교들이 라너의 신학보다 한참 보수적이라고 평가한다. 주교들은 라너의 종교신학이 하느님께서 예수를 통해 보여 주신 가치를 위험에 빠뜨린다고 인식했기 때문이다. 이 해석에 따르면, 제2차 바티칸 공의회는 앞에서 본 프로테스탄트의 관점과 가깝다. 즉, 타종교에는 참된 계시가 있으므로 '진리를 비추는 빛들'이지만 단순한 '빛들'에 불과할 뿐, 하느님의 구원하시는 은총인 태양빛 자체는 될 수 없다.[16] 주교들은 타종교에 계시가 있다는 것은 인정하지만, 구원은 없다고 보았다. 또 다른 신학자들은 공의회 주교들이 라너에게 동의하긴 했으나, 무조건 동

---

16 제2차 바티칸 공의회가 타종교들을 구원의 길들로 부르길 거부했음을 지적한 최근 저서: Gavin D'Costa, *The Meeting of Religions and the Trinity* (Maryknoll, N.Y.: Orbis Books 2000) 101-9.

의한 것은 아니라고 본다. 주교들은 타종교들 안에 '진리', '성스러움', '은총', '하느님의 현존이 감추어져' 있다고 동의하며, 사람들을 신의 실재와 만나고 응답할 수 있게 해 준다고 보았다. 타종교에 하느님이 현존하신다고 본 것이다. '구원받는다는 것'이야말로 바로 이것이 아닌가? 이와 함께 공의회는 은총, 하느님의 자기 증여는 사회적 모습으로 나타난다는 가톨릭 교회의 확신을 강조한다: "인류 구원을 위한 하느님의 이러한 보편 계획은 오로지 인간 정신 안에서 거의 은밀하게 이루어지지도"(AG 3) 않는다. 즉, 하느님의 보편 계획은 여러 종교 안에서 사회적으로 이루어진다고 신학자들은 말한다.

피에로 로자노 주교는 '비그리스도교를 위한 바티칸 사무국'The Vatican Secretariat for Non-Christian Religions에서 수년 동안 일하면서 '제2차 바티칸 공의회가 밝힌 것'을 다음과 같이 요약한다: 구원은 "다양한 종교들이 보여 주고 체험하게 해 주는 표지들을 통해 사람들의 마음속에 도달하거나 도달할 수 있는" 것이다.[17] 늘 신중했던 라너는 비판에 대응할 여지를 마련해 두었다. "그 신학자가 제기한 본질적 문제는 (제2차 바티칸 공의회 때) 나왔다. … 그러나 비그리스도교의 신학적 특성은 아직 정의되지 않은 채 남아 있다."[18] 다른 말로, 주교들은 타종교들이 교회 밖 사람들의 삶에 성령의 바람을 전해 주는 통로임을 긍정도 부정도 하지 않았다. 그리고 주교들은 신중하게 이 문제에 답하는 것도 미루었다. 제2차 바티칸 공의회는 맨 처음부터 교황 요한 23세가 정의한 것처럼 사목을 위한 공의회였지, 교리

---

[17] Piero Rossano, "Christ's Lordship and Religious Pluralism in Roman Catholic Respective", in *Christ's Lordship and Religious Pluralism*, ed. Gerald H. Anderson and Thomas F. Stransky (Maryknoll, N.Y.: Orbis Books 1981) 102-3.

[18] Karl Rahner, "On the Importance of the Non-Christian Religions for Salvation", *Theological Investigations* (London: Darton, Longman and Todd 1984) 18:290.

를 위한 공의회가 아니었다. 제2차 바티칸 공의회는 '타종교와 그리스도교가 서로 이해하고 존중하며 대화하고 협력하길' 바랐다.[19] 신학적 논쟁의 칼날을 피하려면 이 사목적이고 인간적인 측면을 보아야 하겠다.

'복음을 받아들이기 위한 준비'

그러나 공의회는 라너가 그의 종교신학에서 마지막 단계로 다룬 것을 지적했다. "그들(타종교)이 지닌 좋은 것, 참된 것은 무엇이든지 다 교회는 복음의 준비"(*LG* 16)로 여긴다. 다시 한 번, 우리는 타종교에 대한 가톨릭 교회의 태도가 시소처럼 흔들리는 것을 본다. 제2차 바티칸 공의회는 타종교의 고유성과 체험의 진실함을 밝히기 위해 그들의 진리·은총·아름다움을 들어 높였다면, 하느님이 예수 안에 계시며 교회 안에서 끊임없이 일하신다는 독특성도 들어 높인다. 오직 "그분 안에서 모든 사람은 풍요로운 종교 생활을 발견한다. 하느님께서는 그리스도 안에서 모든 사람을 당신과 화해시키셨다(2코린 5,18-19 참조)"(*NA* 2), 타종교들은 그리스도 안에서만 완성될 수 있다. 그리스도인에게 이것은 교회를 뜻한다. 이처럼 타종교에 대한 칭송 외에, 제2차 바티칸 공의회 주교들은 '구원을 위해 교회가 필요하다'는 오랜 그리스도교의 후렴을 반복했다. 교회가 '구원을 완성시켜 준다'고 명시한 것이다. "그리스도의 가톨릭 교회를 통해서만, 모든 것을 끌어안으시는 구원의 의미와 구원 방법이 완성될 수 있다"(참조: *LG* 14; *UR* 3). 그리하여 주교들은 타종교 안에 있는 모든 선과 진리를, 저절로 북쪽을 가리키는 나침반 자침에 비유한다. 하느님의 영은 타종교 공동체들 안에도 현존하시며, 그리스도와 교회 안에서 완성을 '향해 나아가기' 때문이다.

---

19 Dupuis, *Toward a Christian Theology*, 158, 169-70.

그렇다면 타신앙인과 대화하는 진짜 목적은 무엇인가? 비록 그리스도인은 종교 대화에서 많은 것을 배우겠지만, 대화의 궁극적 성과는 타신앙인들이 교회 안에서 완성되고 참된 정체성을 찾는 것이다. 제2차 바티칸 공의회의 선교 활동에 대한 교령은 대화를 위한 요소들을 포용하고자 한다. "진지하고 끈기 있는 대화로 너그러우신 하느님께서 이민족들에게 얼마나 값진 보화를 나누어 주셨는지를 배워야 하며, 그리고 동시에 이 보화들을 복음의 빛으로 비추고 해방시켜 구원자이신 하느님의 지배 아래로 돌려 드리도록 힘써야 한다"(AG 11).

제2차 바티칸 공의회는 그리스도인의 타신앙관을 획기적으로 바꿨고, '참된' 이정표가 되길 바랐다. 그것은 분명 그리스도인에게 아주 새로운 길을 탐험하게 했지만, 복음의 핵심과 모든 이를 위한 하느님의 사랑을 보여 준 예수 그리스도의 특별함을 간과하지 않았다.

제2차 바티칸 공의회 이후에 가톨릭 교회 공동체의 평신도, 신학자, 사목자들은 계속 이 공의회가 제시한 타종교관을 더욱 심화하고 확장시키고 있다.

더 읽을 책

Beinert, Wolfgang. "Who Can Be Saved?" *Theology Digest* 38 (1991) 223-8, 303-8.

D'Costa, Gavin. "Karl Rahner's Anonymous Christian: A Reappraisal", *Modern Theology* 1 (1985) 131-48.

Dupuis, Jacques. *Toward a Christian Theology of Religious Pluralism*. Maryknoll, N.Y.: Orbis Books 1997. 그리스도교의 이웃 종교를 바라보는 역사적 태도: 84-129, 제2차 바티칸 공의회의 배경과 가르침: 130-70.

Fitzgerald, Michael. "Other Religions in the Catechism of the Catholic Church",

Pro Dialogo (Vatican) 85-6 (1994) 165-77.

International Theological Commission (Vatican). "Christianity and World Religions", *Origins* 14 (1997) 150-66.

LAMADRID, Lucas. "Anonymous of Analogous Christians? Rahner and von Balthasar on Naming the Non-Christian", *Modern Theology* 11 (1995) 363-84.

Nostra Aetate (Declaration on the Relationship of the Church to Non-Christian Religions), in *The Documents of Vatican II*. Ed. Walter M. Abbott. Piscataway, N.J.: America Press 1966.

PAWLIKOWSKI, John. "Vatican II's Theological About-face on the Jews: Not Yet Fully Recognized", *The Ecumenist* 37 (2000) 4-6.

Pontifical Council for Interreligious Dialogue. "The Attitude of the Church toward the Followers of Other Religions", *Bulletin Pro Dialogo* 19 (1984) 126-45.

RAHNER, Karl. "Christianity and the Non-Christian Religions", in *Theological Investigations*. Baltimore: Helicon Press 1966, 5:115-34.

———. "Jesus Christ in Non-Christian Religions", in *Theological Foundations: An Introduction to the Idea of Christianity*. New York: Crossroad 1978, 311-21.

RUOKANEN, Miikka. "Catholic Teaching on Non-Christian Religions at the Second Vatican Council", *International Bulletin of Missionary Research* 14 (1990) 56-61.

SCHMALZ, Mathew N. "Transcendental Reduction: Karl Rahner's Theory of Anonymous Christianity", *Vidyajyoti* 59 (1995) 741-52.

STINNETT, Timothy R. "Lonergan on Religious Pluralism", *The Thomist* 56 (1992) 97-116.

SULLIVAN, Francis A. *Salvation outside the Church? Tracing the History of the Catholic Response*. New York: Paulist Press 1992, 3-43, 141-81.

WONG, Joseph H. "Anonymous Christians: Karl Rahner's Pneuma-Christocentrism and an East-West Dialogue", *Theological Studies* 55 (1994) 609-37.

● ● ● 제5장

위대한 개방과 대화

사람들은 종교에 어떤 식으로든 변화가 온다면, 그것은 맨 밑바닥인 일반 대중에서 비롯하지 꼭대기인 교회 지도자와 제도에서 시작되지 않는다고들 말한다. 그러나 제2차 바티칸 공의회 이후 타종교에 대한 가톨릭 교회의 태도 변화는 그렇지 않다는 것을 증명해 준다. 확실히 제2차 바티칸 공의회는 타신앙인을 향한 가톨릭 신자들의 생각과 마음을 열어 놓았고, 각 지역교회에서 종교들끼리 대화하도록 독려했다. 한편 로마 가톨릭 교황청에서는 사목자를 향한 의견과 공식 문서를 통해 더 큰 자극과 새로운 사상을 불어넣어 주었다. 대화가 필요하다는 것을 강조한 주요 기구 중 하나는 1964년 교황 바오로 6세가 타종교에 대한 새로운 태도를 진지하게 다루고자 설립한 '비그리스도교를 위한 바티칸 사무국'The Vatican Secretariat for Non-Christian Religions이었다. 타신앙인들과 만나서 발견하고 경험한 바를 나눈 결과, 사무국은 변화가 절실함을 깨달았다. 1989년 사무국은 '종교 간 대화를 위한 바티칸 위원회'The Vatican Commission for Interreligious Dialogue로 바띈다. 부정적 명칭이던 '비그리스도인들'이 힌두교·불교·이슬람교 대화 상대자가 된 것이다.

제2차 바티칸 공의회 이후 타신앙인을 향한 개방을 계속 강력하게 주장한 이는 교황 요한 바오로 2세다. 흔히 바오로 6세를 '대화의 교황'이라 부르지만, 그는 '단 하나의 참된 종교는 그리스도교'라는 신념과, 그리스도 교회는 '하느님과 참되고 살아 있는 관계'만을 실현하면 된다는 신념을 떨쳐 버리지 못했다.[1] 그러나 요한 바오로 2세는 말과 행위로 이 신념을 넘어섰음을 보여 준다. 그는 끊임없이 타신앙인들을 찾아 나섰다. 1986년, 아시시에 타종교인을 모이게 하여 세계평화를 위해 함께 기도한 것에서, 병들고 기력이 쇠한 말년에 교황직을 수행할 때까지도, 무슬림과 유다인과 함께 대화하려고 팔레스타인과 이스라엘을 방문하여 과거 가톨릭 교회의 죄를 용서해 달라고 청하였다.

교황 요한 바오로 2세가 이런 대화 여정을 진행할 수 있었던 첫째 원동력은 성령에 대한 이해와 체험 때문이었을 것이다. 어떤 신학자는 성령에 힘입은 요한 바오로 2세의 '독자적 기여'가 가톨릭의 종교신학을 성숙시켰다고 본다.[2] 요한 바오로 2세는 세계종교들 안에 영적 보물이 들어 있고, 종교들 간에 수많은 차이점이 있다는 표면 아래 일치가 흐르며, 종교적 이웃들과 대화하는 것이 꼭 필요하고 희망을 가져다준다고 보는 근본적 이유를, 인류가 탐색하고 발굴한 종교성 안에 한 분 성령이 살아 계시고 활동하시기 때문이라고 생각했다. 이 성령은 그리스도가 오시기 전에도 돌아가신 후에도 현존하는 실체다. 교황은 그리스도인에게 이 성령은 경이

---

[1] *Ecclesiam Suam*, in *Acta Apostolicae Sedis* 56 (1964) 655; *Evangelii Nuntiandi* 53.

[2] Jacques Dupuis, *Toward a Christian Theology of Religious Pluralism* (Maryknoll, N.Y.: Orbis Books 1997) 173.

로 가득 찬 분이며 "불고 싶은 데로 분다"(요한 3,8)고 강조한다.[3] 많은 종교가 있지만 한 분 성령만이 그 모든 종교 안에 있는 열매를 찾아내신다.

세 단계 진전

요한 바오로 2세가 선포한 바티칸 공식 문서를 면밀히 살피면, 타종교에 대한 세 가지 관점이 드러난다. 이 세 관점은 제2차 바티칸 공의회가 열어 놓은 길을 따라 나아간다.

1. 종교들은 '구원의 길들'로 볼 수 있다. 바티칸은 이 관점을 가지고 제2차 바티칸 공의회가 타종교들을 은총의 참된 통로로 보았는지 안 보았는지 다루는 신학적 논쟁의 난관을 제거해 버린다. 교황은 선교에 관한 회칙 「교회의 선교 사명」 Redemptoris Missio (RM)을 시작으로 이 관점을 펼친다. 그는 성령이 인간 실존 조건의 '다양한 구조' 안에 있고 이 거룩한 숨결은 '개인뿐 아니고 사회와 역사와 문화와 종교에도' 도달한다(RM 28)고 말한다. 이 구원의 성령은 종교들 안에도 있다. 교황은 이 회칙에 하느님은 "여러 가지 종류와 정도의 차이를 가진 참여된 중재들"(RM 5)을 통해 사람들을 당신에게 돌려놓을 수 있다고 덧붙인다. 이 '중재들'은 그리스도와 다른 역할을 하며 종교들 안에서 발견된다.

교황은 타종교들이 구원의 은총을 전해 준다는 것을 더 분명히 밝히고자 회칙 「교회의 선교 사명」 다음으로 다른 바티칸 문헌을 발표한다. 그것은 「대화와 선포」 Dialogue and Proclamation (DP)로, 1991년 '종교 간 대화 위원회'와 '복음주의협회' Congregation for the Evangelization of Peoples가 함께 작성

---

[3] *Redemptoris Hominis* (1979) 11. 요한 바오로 2세의 성령에 관한 회칙 *Dominum et Vivificantem* (1986).

한 것이다. 가톨릭 교회 측 대표자들은 타종교에 대해 유례없는 사항을 지적했다. '당신의 말씀을 통해 실제로 현존하시는 하느님'과 '성령의 보편적 현존'이 타종교인뿐 아니라 타종교 안에서 발견된다고 분명히 밝혔다. 따라서 "그들의 종교 전통 안에 있는 선한 것을 성실히 실천하면 … 타종교인은 하느님의 초대에 적극 응하는 것이고 구원을 받아들이는 것이다"라고 선언한다. 「대화와 선포」는 세계종교들이 "신의 구원 질서 안에서 신의 뜻에 따라 그 역할을" 다한다고 밝힌다(DP 29, 17). '신적 질서에 긍정적으로 응답한다'는 신학적 언어는 타종교들 안에서, 타종교들을 통해 사람들이 진정 하느님을 발견하고 하느님과 이어져 있다고 말한다. 더 분명히, 1996년 바티칸 국제신학위원회The official Vatican International Theological Commission는 타종교가 '구원의 기능'을 가지고 있으며 따라서 '타신앙인의 구원을 돕는 방편'이 될 수 있다고 보았다.[4]

이 첫 단계에서 교회는 타종교에 '진리와 선'만이 아니라 성령의 구원이 현존한다고 가르친다.

2. 교회는 대화적이어야 한다. 타종교들이 구원의 길들이라는 첫 주장은 매우 중요하지만 신학적 논증이 더 필요하다. 두 번째 단계는 그리스도인이 그리스도인이 되는 길을 지적한다. 가톨릭 교회 지도자들은 신자들에게 타신앙인과 대화하라는 새 지침을 제시하고 있다. 그리스도인이 되려면 타종교인과 대화하는 방도를 찾아야 한다. 가톨릭 교회가 보편적이 되려면 대화하는 교회여야 한다.

제2차 바티칸 공의회는 이미 대화를 제안한 바 있다. 그러나 그것은 '권고'로서, 본질적인 부분들을 해결하고 나서 고려할 사항이었다. 그러나 최

---

[4] International Theological Commission, "Christianity and the World Religions" (1997) 84, 87, *Origins: CNS Documentary Series*, 1997.8.14.

근 나온 두 문서 「교회의 선교 사명」과 「대화와 선포」는 대화를 중시한다. 이 변화를 '대화'와 '선포'라는 두 단어 안에 구체화시켜 놓았다. 이제 가톨릭 교회는 대화하고 선포하는 두 행위가 '교회의 선교 사명'을 수행하는 본질적 요소라고 말한다. '선교 사명'이라는 단어는 그리스도교의 존재 이유이며 세상 안에서 이루어야 할 '목적'을 대신한다. 선교는 대화와 선포가 원래 하나임을 밝혀 준다. 그리스도인은 사람들에게 하느님의 기쁜 소식을 전해 주고 "인간이 그 소식 안에서 변하며 새롭게 되도록"(DP 8) 해야 하기 때문이다(교회의 진정한 목적은 복음을 받아들인 교회에 모여 교회 공동체만을 열렬히 지켜 내는 데 있지 않고, 복음을 가지고 교회 밖으로 나가 세상을 변화시키는 데 있다. 그리스도인이 자기 교회 안으로만 모이는 한, 교회는 세상에 뿌리내리지 못하고 겉돌 뿐이다).

따라서 이 두 문서는 선교 사명을 수행하고 교회 목적을 성취하기 위한 길을 제시한다. 그리스도인은 선포할 뿐 아니라 대화해야 한다.[5] 이것은 진정 새로운 것이다. 선포와 대화는 교회가 행할 선교의 '구성 요소이자 참 모습'이다(DP 2; RM 55). "둘 중 하나만 선택하고 다른 것을 무시하거나 부정하는 경우가 있어선 안 되며"(DP 6) "둘은 본디 연결되어 있고, 교체할 수 없는 것이다"(DP 77). 선포를 교회가 행하는 '유일한' 선교로 여겼던 가톨릭 신자들은 이 새 관점을 수용해야 할 것이다(DP 8). 다른 말로, 말만 하고 듣지 않는 그리스도인은 좋은 그리스도인이 아니다.

이 새 가르침은 교황과 바티칸 성성들이 대화를 어떻게 사용했는지 자세히 살필 때 더 큰 자극을 준다. 대화는 일상의 담소가 아니며 청중을 개종시키기 위한 교활한 사탕발림도 아니다.

---

[5] 여기서는 「대화와 선포」에 나온 포괄적 진술을 주로 다루지만, 교회의 본질인 선교에 대화를 포함시켜야 한다는 주장은 이미 1984년 '비그리스도교를 위한 바티칸 사무국'이 「타종교를 향한 교회의 태도」에서 가장 처음 선포한 내용이다.

- 대화는 "서로 이해하고 서로 돕는 길이요 도구"(RM 55; DP 9)다. 교황이 서로 돕는다고 말한 것에 주목하라. 양쪽 모두 서로 배우고 얻는 것이 있다
- 대화로 양쪽은 '의심받고', '정화되며', 철저하게 '도전받는다'(DP 32, 49; RM 56). 다른 말로 하면 존재 위기에 처한다. 대화는 수다 떠는 것이 아니다.
- 타신앙인과 대화하면서 도전받고 의심받는 그리스도인은 '대화 상대자로 인해 스스로 변화될' 준비가 되어 있어야 한다.
- 「대화와 선포」는 더 놀랄 만한 단계로 안내한다. 그 변화는 회개로 데려갈 수 있다. 그리스도인은 그것에 대비해야 한다. 그렇다면 어떤 종류의 회개란 말인가? '모든 것을 하느님께 향하는 깊은 회개'다. 더 나아가 "회개 과정 중에, 자아를 타인에게 향하도록 이전의 영적 상태나 종교를 떠나기로 결심할 수도 있다"(DP 41). 불자가 그리스도인이 될 뿐 아니라 그리스도인이 불자가 될 가능성을 다룬다.

이것이 이 둘째 단계에서 말하는 대화의 의미다. 대화 상대자들은 허심탄회하게 말하고 허심탄회하게 듣는다(그리스도인이 반드시 기억할 일이다).

3. **교회는 하느님 나라를 위해 봉사한다.** 바티칸이 제시하는 가톨릭 교회의 세 번째 타종교 접근 방식은 다소 간접적이다. 인류를 다스리는 하느님 교회의 역할을 말하기 때문이다. 교회 역할을 어떻게 이해해야 하는가는 이미 살펴보았다. 가톨릭 교회는 구원이 교회 밖에 있다고 공식적으로 가르치면서도, 계속 교회가 구원을 위해 '필요하다'고 말한다. 그것은 교회 가르침이 하느님의 다스림과 교회를 동일하다고 보기 때문이다. 성서학자들은 예수가 하느님의 '다스림', 하느님 '나라'를 자기 사명이자 사람들에

게 전해 줄 가르침을 담은 주요 상징이나 핵심으로 이해했다고 지적한다. 하느님의 '다스림'이나 하느님 '나라'는 이 세상이 점차 이루어야 할 역사 과정이다. 예수는 사람들이 하느님의 메시지를 진지하게 받아들일 때 서로 어우러진 사회를 건설할 수 있다고 보았다. 사람들이 이웃을 자신처럼 사랑함으로써 진정 하느님을 사랑하는 곳에서, 하느님의 다스림은 실현된다. 20세기 후반 50년간 가톨릭 신학은 이 하느님의 다스림이 교회 안에서만 이루어진다고 가르쳤고 하느님의 다스림을 교회와 동일시했다. 그리고 교회란 '로마 가톨릭' 교회를 가리켰다(제2차 바티칸 공의회에 가서야 가톨릭 교회는 프로테스탄트 교회를 참된 교회로 인정한다).

제2차 바티칸 공의회는 변화를 일으키기 시작했다. 많은 공의회 문헌에서, 주교들은 하느님의 다스림과 교회를 구별한다. 그 둘을 단순히 동일시할 수 없다고 지적했고, '은총'이 교회 울타리 밖에서도 작용한다고 선언하였다. 이것은 교회 가르침, 즉 하느님이 예수에게 고유하게 맡기신 사명의 목적과 목표가 타종교를 통해서도 실현된다는 선언이리라.

가톨릭 교회의 공식 가르침은 더 나아간다. 하느님의 다스림이 교회보다 크다는 것뿐 아니라, 이 다스림이 교회보다 더 중요하다고 인정한다. 예수의 교회는 예수가 선포하고 봉사한 하느님 나라의 종이 되기 위한 수단이다. "사실상 교회는 하느님 나라에 봉사한다"(RM 20). 교회의 사명은 "우리 주님과 그리스도의 나라에 봉사하도록 성장하는 데 있다"(DP 35, 59). 교황은 선언한다. "교회는 교회 자신의 목적이 아니고, 하느님 나라의 싹이요 표지요 도구로서 하느님 나라를 지향하고 있다"(RM 18). 교회의 첫째가는 주요 목적은 하느님의 다스림을 촉진하는 것이지 교회 자신을 드높이는 것이 아니다. 교황이 선포한 대로, 교회는 하느님의 다스림의 '표지'이며 성사다. 하느님의 다스림은 더 넓은 데까지 미친다. 그분의 다스림은 다른 곳에서 다른 모습을 취하며 다른 표지들로 발견된다.

필요한 균형

최근 가톨릭 교회의 종교신학을 '보편축'과 '특수축' 사이의 균형을 놓고 살펴보면, 하느님의 사랑이라는 보편축이 과거 그 어느 때보다 높이 올라가 있다. 과거 그 어떤 그리스도 교회도 이토록 분명하고 공식적으로 타종교들이 지닌 긍정적 가치와 대화 필요성을 인정했던 적이 없다. 그러나 가톨릭 신학은 여기에 머물지 않는다. 타종교의 가치와 대화에 대한 긍정적 평가를 나자렛 예수 안에서 체험하고 믿는 하느님과 균형 잡으려고 한다. 하느님이 타종교들 안에서 행하신 것을 하느님이 예수 안에서 펼치신 것과 연관지어 보는 것이다. 이 균형이 가톨릭 공식 선언들의 특성을 이룬다. 다시 세 부분으로 요약해 보자.

1. 예수는 모든 인류의 유일한 구원자다. 적절한 균형은 예수와 그의 역할에 대한 적절한 이해를 통해 이루어질 수 있다. 교황과 바티칸 성성은 칼 라너 신학과 아울러, 수세기 동안 그리스도인의 신앙에 뿌리내려 온 신학을 되풀이한다.

- 하느님의 구원하는 사랑이 우주에 가득 차 있다면, 그 통로는 예수, 오직 예수일 뿐이다. "그리스도께서 만민의 유일한 구세주요, 그분 홀로 하느님을 계시하고 하느님께로 만민을 인도할 수 있는 분이십니다. … 예수 그리스도에게서만 구원을 얻을 수 있기 때문입니다. … 그 안에서 그리고 오직 그 안에서만 우리는 소외와 의심에서 자유로워집니다"(*RM* 5).

- 따라서 예수는 (라너의 '최종 근거'와 유사한) '역사의 중심이요 목적'(*RM* 6; *DP* 22, 28)이며, '원죄 이후 … 창조자와 피조물 간의 피괴된 관계'를 '화해'시키거나 치유하는 분이다.[6]
- 이 역할과 아울러, 예수는 하느님이 인간에게 보여 주고자 하신 것을 충만히 보여 주었다. "예수는 아버지와 그분의 구원 계획을 온전히 드러내셨다. … 그는 당신 자신도 충만히 보여 주셨다. … 그는 만민을 위한 하느님 사랑의 신비를 결정적으로 밝혀 준다."[7]
- 따라서 이미 보았듯이, 교황이 하느님 사랑과 은총의 다른 '중재자'나 도구에 대해 말하더라도 이들은 "그리스도의 중재에서 힘을 얻을 뿐, 결코 그와 병행하거나 그것을 보완할 수는 없는 것이다"(*RM* 5). '한 분 중재자' 예수는 "다른 대종교 창시자들과는 분명 구별된다."[8]

2. 대화는 한계를 지녀야 한다. 가톨릭 교회의 놀랄 만큼 개방적인 대화는 예수의 고유한 역할에 비중을 두지 않으면 안 된다. 바티칸이 선포와 대화를 선교 사명의 본질 요소로 선언하여 많은 선교사를 혼란에 빠뜨렸지만, 결국에는 선포가 대화를 능가하는 '영속적 우위'를 차지한다. 선포야말로 '고유한 선교 활동'(*RM* 44, 34)을 하게 해 주기 때문이다. 따라서 선포와 대화가 모두 필요하지만, '동일한 비중을 차지하는 것'은 아니다. 대화는 항상 '선포를 지향하기' 때문이다(*DP* 77, 75). 더 분명히 말해서, "교회가 구원의 정상적 방법이요 교회만이 구원 방법을 온전히 가지고 있다는 확신을 가지고 대화를 추진하고 수행해야 한다"(*RM* 55; *DP* 19, 22, 58). 이 확신을 가

---

6 1999년 11월, 교황의 사도적 권고 *Ecclesia in Asia* 11.

7 같은 책, 13-4 이하.

8 같은 책, 2.

지고 그리스도인이 타신앙인과 나눌 대화는 '선포를 지향할' 뿐 아니라 회개를 지향해야 한다. 비록 바티칸 문헌은 쌍방에서 회개가 일어날 수 있다고 인정하지만, 요한 바오로 2세는 그리스도인이 새로운 그리스도교 공동체를 이룰 때 회개를 경험할 수 있고, 그 회개는 세례로 이끈다고 분명히 말한다. 교황은 이것이야말로 '선교 활동의 중심이요 결정적 목표'(RM 47-9)라고 단언한다.

3. 하느님의 다스림과 교회는 구별되지만 분리된 것은 아니다. 「교회의 선교 사명」에서 교황은 그리스도인이 하느님 나라와 교회 사이의 차이를 너무 강조하고 대화와 선교를 너무 '하느님 나라 중심'으로만 이해하는 것을 경고한다. 그렇게 하면 교회가 가지는 중요한 의미와 역할을 놓칠 우려가 있기 때문이다. 교황은 하느님의 다스림이 교회보다 더 크고 중요하다는 사실을 놓고, 이 둘이 구분되기는 하지만 분리된 것은 아니라고 균형을 잡아 준다. "하느님 나라는 그리스도와 교회에서 분리할 수 없는 것이다"(RM 18). "하느님 나라는 교회와 분리할 수 없다. 이 둘은 모두 예수의 인격 및 사명과 분리되지 않기 때문이다"(DP 34). 따라서 교회는 항상 하느님 나라에 봉사하며, 이 봉사는 이 세상에 하느님 나라를 실현하는 데 필요할 뿐 아니라 하느님 나라에 봉사하는 다른 모든 가능성들 가운데 고유하다. 예수도 없고 교회도 없다면, 하느님의 사랑과 정의의 다스림으로 이 세상을 바꾸려는 우리의 바람은 사상누각에 불과할 뿐이다. 물론 하느님의 다스림은 교회 울타리 너머로 펼쳐지지만, 교회 밖에 있는 것은 "미완성된 실체이므로, 교회 안에 현존하는 그리스도의 나라와 연결됨으로써 완성되어야 한다"(DP 35).

마지막 진술은 가톨릭의 타종교관을 왜 완성 모델로 보는지 분명히 설명한다. 칼 라너, 제2차 바티칸 공의회, 교황 요한 바오로 2세는 모두 타신앙인과 그리스도인 간의 개방적 상호 대화 관계를 놓고 예상치 못한 혁신적이고 획기적인 선언을 했다. 그들 모두 타종교 안에 성령이 충만하게 현존하신다고 인정한다. 그러나 그들은 하느님이 예수 그리스도 안에서 특별하고 고유한 모습으로 일하신다고 믿기에 타종교를 부정하거나 제외시키지는 않지만, 타종교의 풍요로움에 덧붙일 것이 있다고 보았다. 이 덧붙임으로 완성에 도달할 것이다. "그리스도는 모든 세계종교들이 갈망하는 것을 완성했고, 그러므로 그분 홀로 최종적인 성취를 이루었다"(RM 6).

최근 들어 많은 가톨릭 신학자가 타종교에 대한 그리스도교의 영향력을 넓히고자 라너와 바티칸이 열어 놓은 길을 따른다. 이 신학자들은 대개 완성이라는 말을 피하고 대화나 증언 — 신앙고백 — 이나 관계라는 말을 선호한다. 몇몇 신학자를 살펴보자.

대화하기

과거 전통 생활 방식을 무시하지 않은 채, 현대 가톨릭이 타종교들에 접근하는 방식은 대개 '성령으로 향하기'다. 가빈 드코스타 Gavin D'Costa와 자끄 드퓌 Jacques Dupuis, S.J.가 대표적 신학자다.[9] 두 사람은 요한 바오로 2세를 따르고 성령이 자기 신학의 출발점이자 핵심이며, 그리스도인은 성령과 동반할 때 타종교인에게 더 잘 개방할 수 있고 복음에도 더 충실해질 수 있음을 증명하려고 애쓴다.

---

9 타종교에 접근하는 핵심으로 성령을 말하는 다른 가톨릭 신학자의 글은 Michael Barnes, *Christian Identity and Religious Pluralism* (Nashville: Abingdon 1989) 135-59. Joseph DiNoia, "Christian Universalism: The Nonexclusive Particularity of Salvation in Christ", *Either/Or: The Gospel of Neopaganism*, ed. Carl E. Braaten and Robert W. Jenson (Grand Rapids, Mich.: Eerdmans 1993) 37-48.

성령으로 향하기: 가빈 드코스타

인도인 부모에게서 태어나 케냐에서 자라고 영국에서 수학한 후 현재까지 영국에 머물며 가르치고 있는 가빈 드코스타는 자신의 범문화적 감수성을 신학 작업에 끌어들인다. 그는 타종교를 다루면서 두 가지 관심 사항에 주목한다. 그리스도교 다원주의자들이 종교들의 동일성을 주장하며 빠지는 오류 경계하기와, 그리스도교 전통 교리의 풍요롭고 대화적인 잠재성 말하기가 그것이다. 드코스타는 다원주의자들이 그리스도교와 타종교 모두를 잘못 다루고 있다고 지적한다. 모든 종교를 인정하려는 그들의 작업은 모든 종교를 평준화시켜 버린다. 그들은 종교들이 가지는 참된 차이를 놓치고, 그리스도교의 특수성도 짚어 내지 못한다(이에 대한 비판은 3부 '관계 모델'에서 더 자세히 살필 것이다). 드코스타는 다원주의자들이 여러 종교와 여러 문화가 교차하는 삶의 참모습을 놓치고 있다고 말한다. 우리는 결코 우리 자신의 문화와 종교적 껍질을 벗겨 낼 수 없다. 우리는 항상 자신의 고유한 관점에서 '다른 것'을 본다. 우리는 고유한 이미지를 가지고 있기 때문에, 그리스도인으로서 힌두인의 망원경을 통해 보려고 할 때조차, 그리스도교 망원경으로 보던 식으로 보게 된다(모든 지식이 문화라는 조건에 매인다는 이 주장은 4부 '수용 모델'의 기본 사항이다).

드코스타는 불가피한 일을 흔쾌히 처리하고자 한다. 우리가 항상 그리스도교 망원경을 통해 타종교를 바라보고 있다면, 그 망원경은 더 잘 볼 수 있게 재조정해야 하고, 드코스타는 자신이 그렇게 하고 싶어 한다. 그는 삼위일체에 초점을 맞춰 망원경을 재조정하려고 한다. 그는 그리스도인이 유다인이나 무슬림처럼 단일신론자가 아니라, 삼위일체 하느님을 믿는다고 강조한다. 그리스도인은 이 세상과 다양한 방식으로 관계 맺는 신을 체험한다. 신 자체 안에 다양성이 들어 있기 때문이다. 이 다양한 관계를 밝히기 위해 다양한 상징을 사용한다.

- 어버이(아버지)로 표현되는 신은 만물을 창조한 만물의 원천이다.
- 신의 육화인 말씀이나 자녀(아들)는 하느님의 진리를 드러내고 하느님의 능력을 보여 준다. 특별히 나자렛 예수 안에 하느님 말씀과 아들이 육화했다.
- 성령은 하느님의 숨결로서, 하느님의 자녀인 예수의 메시지를 전해 주고 모든 피조물에게 하느님의 생명력을 퍼뜨리고 있다.

드코스타는 하느님과 연관된 이 세 번째 양식, 곧 성령이야말로 그리스도인이 타종교를 바라보고 함께 대화할 때 사용할 망원경 렌즈라고 주장한다. 성령을 통해 타종교를 보는 그리스도인은 오직 창조자 어버이Creator-Parent나 구원 말씀Savior-Word이 일하시는 것만을 신의 역사라고 볼 수 없고, 성령이 타종교들 안에 부어졌음을 알게 된다.[10]

성령에 관한 이 특별한 교리로 그리스도인은 하느님의 보편성이 모든 문화와 종교에 들어 있다고 믿는다. 드코스타는 그리스도인이 성령을 믿을 때 놀라고 도전받을 각오를 해야 한다고 경고한다. 그리스도인은 '성령의 열매'를 미리 알 수 없고, 타문화 안에서 자라는 종교적 나무의 성장을 볼 뿐이다. 성령 교리로 그리스도인은 타종교에서 하느님의 진리를 쉽게 발견하겠지만, 그 진리가 어떤 것이라고 미리 정해 놓을 수는 없다.

그러나 이 특성은 은혜이기도 하다. 타종교에 성령이 현존함을 믿을 때 타종교를 존경할 뿐 아니라 이들에게 귀 기울이고 배우려 할 것이기 때문

---

10 드코스타의 삼위일체/성령에 기초한 종교신학의 요점은, 그의 책 *The Meeting of Religions and The Trinity* (Maryknoll, N.Y.: Orbis Books 2000) 4장을 보라.

이다. 여기서 드코스타는 바티칸의 가르침인, 그리스도 교회는 대화하는 교회여야 한다는 점을 강조한다. 그는, 타종교에 귀 기울이지 않는 교회는 진정 교회라 할 수 없다고까지 말한다. "교회는 성령의 판단 아래 놓여 있다. 성령이 세계종교들 안에서 일하시는 한, 세계종교들은 그리스도인의 신앙에 지극히 중요하다. … (타종교들 안에 성령이 계시다)는 증언을 귀담아듣지 않을 때, 그리스도인은 스스로 그리스도인으로서 부름받은 것을 포기하고, 하느님께 태만한 것이다."[11] 이것은 마치 혼인한 부부에게 건네는 말과 같다. 상대에게 충실하기 위해서는 다른 이들과 친구로 지내는 것이 필요하기 때문이다. 그리스도인이 타종교인과 관계 맺는 까닭은 타종교 둘레에서 일하시는 성령에 호기심을 품을 수 있기 때문만이 아니다. 드코스타는 타종교들이 그리스도교를 도와주는 데 필요하다고 강조한다. 사욕을 채우고자 종교를 이용하는 '이데올로기'와 타인을 속이는 수단으로 종교를 악용하는 '왜곡'을 방지하기 위해 필요한 것이다.

성령에 기초하여 타종교에 다가가는 드코스타는, 그리스도인에게 '완성'이라는 단어를 주의 깊게 사용하라고 덧붙인다. "역사적으로 완성은 단 하나의 유일한 방향으로 진행하는 것이 아니다."[12] 사실 타종교와 대화하면서 그리스도교 "교회는 진정한 변화, 도전, 의심에 모든 것을 열어 놓게 된다".[13] 따라서 신학자들이 '완성'을 말한다면, 드코스타는 상호 완성Mutual Fulfillment을 선호한다. 여기서 그는 바티칸을 따르는 데 머물지 않고 그

---

[11] Gavin D'Costa, "Christ, the Trinity, and Religious Plurality", in *Christian Uniqueness Reconsidered: The Myth of a Pluralistic Theology of Religions*, ed. G. D'Costa (Maryknoll, N.Y.: Orbis Books 1990) 23. D'Costa, *The Meeting*, 114.

[12] Gavin D'Costa, "Revelation and Revelations: The Role and Value of Different Religious Traditions", *Pro Dialogo* 85-6 (1994) 161.

[13] D'Costa, *The Meeting*, 134.

단계를 넘어선다.

그러나 드코스타는 삼위일체 종교신학을 주장하면서 그리스도인이 세 '위격'의 깊은 상호 관계를 믿는다고 보기 때문에, 타신앙인에게 성령을 중시하라고 요청한다. 이 자유롭고 경이로 가득 찬 성령은 완전한 자유를 허락지 않는다. 성령은 본성상 그리스도의 말씀과 연관되며, 이 관련성은 항상 일정한 틀을 제시한다. 또한 성령이 타종교 언어로 말씀하신다는 의미는 그 말씀이 예수 안에서 하신 말씀과 공명을 이룰 때 온전히 밝혀진다. 드코스타는 성령의 보편적 현존이 예수의 특수한 가르침과 어떻게 균형을 이루는지 다음과 같이 말한다. "하느님 신비의 풍요로움은 성령이 밝혀 주고 그리스도와 일치하며 그리스도의 가르침을 따를 때 알 수 있고 식별된다. … 예수는 하느님의 규범적 표준이며, 성령이 관통하는 역사 안에서 하느님의 자기 계시는 계속되고 있다."[14] 성령의 계시는 계속될 것이며, 예수 안에 계신 하느님 말씀과 '일치'함으로써 '알 수 있다'. 하느님 말씀은 성령으로 말미암은 다른 모든 말씀의 '규범'이기 때문이다. 이 말은, 성령이 범위상으로는 분명 예수를 넘어서지만, 내용상으로는 예수를 넘어설 수 없다는 뜻이다. 드코스타 역시 이 점을 말한다. "예수가 계시한 것을 제외한 채 성령이 독자적으로 계시한 것은 없다."[15]

성령의 보편적 활동이 예수 안의 특수한 하느님 말씀과 관련된다는 드코스타의 설명에 긴장이 있다고 어떤 학자는 지적한다. 드코스타는 그 긴장을 그리스도인이 피해 갈 수 없다고 말한다.

---

14 D'Costa, "Christ, the Trinity, and Religious Plurality", 23.

15 D'Costa, *The Meeting*, 122. 드코스타는 여기서 바레트(C.K. Barrett)를 인용한다. 그밖에도 드코스타는 타종교 안에서 성령의 활동은 예수 그리스도로부터 동떨어진 채 "타종교에서 독자적인 정당성을 가질 수 없다"고 말한다(*The Meeting*, 113).

완성을 넘어서: 자끄 드퓌

자끄 드퓌는 이런 긴장을 드코스타와는 다르게 합리적으로 다룬다. 예수회 소속 벨기에 사제인 드퓌는 인생의 상당 기간을 인도에서 보냈고, 세계 여러 타종교를 탐구한 현대 가톨릭 신학자들 가운데 존경받는 한 사람이다. 인도에서 행한 탐구와 실제 대화를 통해 그는 현대 종교신학에 긴장이 많이 내포되어 있다고 느꼈다. 드퓌는 이 긴장들이 완전 모순으로 보였다. 그는 그리스도인이 타신앙을 완성시켜 준다는 접근 방식에 문제가 있다고 보았다. 완성 모델은, 다른 길들에 아무리 많은 '진리와 선'이 있다고 해도 그 길들은 모두 그리스도교라는 하나의 목표로 향한다고 주장한다. 또, 그 길들은 다른 것을 준비해 주는 역할을 한다고 말한다. 드퓌는 이 태도가 세 가지 불행한 결과를 낳는다고 판단한다. 첫째, 이 태도는 타종교들 안에서 일하시는 하느님을 가둬 버리고 만다. 타종교들이 지닌 특정 진리와 선이 교회 안에서만 완성될 수 있다고 주장하기 때문이다. 둘째, 이 태도는 교회가 하느님보다 더 중요하고 그리스도와 하느님 나라에 대한 비전보다도 더 중요하다고 보게 만든다. 셋째, 이 태도는 참된 대화를 가로막는다. 대화가 요청하는 놀이를 허용하지 않기 때문이다. 하느님이 당신 손으로 힌두교나 불교나 이슬람교를 아무리 아름답게 해 놓으신다고 해도 항상 그리스도교에 승리의 카드를 쥐어 주신다고 주장하는 한, 그 놀이는 진지하게 이루어질 수 없다. 그리하여 드퓌는 독창적이면서도 많은 동의를 이끌어 낸 저서 『그리스도교 종교다원신학을 향하여』*Toward a Christian Theology of Religious Pluralism*에서 완성 신학이라는 관점을 넘어 신의 자유권을 인정하는 가운데 대화를 이끌어 내고자 했다.

드퓌는 책머리에 자신의 고민을 분명히 밝힌 다음 그리스도교 종교 다원주의, 곧 "미래를 위해 그리스도교 가르침이 지녀야 할 신뢰성"[16]을 세우고자 노력한다. 그리스도인이 보편성과 특수성의 균형 있는 관계를 유지하지 못하는 한, 사람들은 그리스도교에서 이성적이고 감성적인 가치를 찾아내지 못할 것이라고 드퓌는 말한다. 그는 종교신학이 참된 대화를 북돋워 줄 '신뢰할 만한' 것이며 타종교를 존중하고 그 가치를 인정해 줄 것이라고 본다. 그리고 종교신학이 이런 역할을 할 때, 그리스도인은 타종교를 그리스도교라는 목표, 종착점을 위한 '디딤돌', '싹' 혹은 '예비 단계'로만 보는 완성 모델을 뛰어넘어 나아갈 것이다(204, 388).[17] 드퓌가 신뢰할 만하다고 여기는 유일한 신학은 여러 신앙인이 대화로 참된 보완을 이루는 신학이다. 그는 "이 '상보성'complementarity을 그리스도교 진리가 미완성된 진리들에게 '완성을 가져다준다'는 일방적 완성 이론으로 이해해선 안 된다"(326)고 강조한다. 드코스타를 이어받아 더 전개시키는 드퓌는 종교신학이 말로만이 아니라 진정으로 '상호 보완', '상호 충족과 변화'(326)를 이끌어 내길 바란다. 그리하여 최종 결론은 내쪽으로 상대를 개종시키는 것이 아니라 '하느님을 향해 둘 다 깊은 회심을 하는 것'이다(383).

드퓌는 완성 모델의 한계를 벗어나 참된 대화의 종교신학으로 이끄는 성령을 연구 토대로 삼는다. 드퓌는 성령에 기초한 성령론적 종교신학을 전개한다.[18] 이 측면에서 그는 교황 및 여러 신학자와 동행한다. 성령이 그리스도가 태어나기 전이나 돌아가신 후에도 역사 안에, 특히 종교 공동체

---

16 Jacques Dupuis, "'The Truth Will Make You Free': The Theology of Religious Pluralism Revisited", *Louvain Studies* 24 (1999) 261.

17 본문의 인용문은 드퓌의 『그리스도교 신학을 향하여』(*Toward a Christian Theology*)에서 주로 따왔으므로, 인용쪽을 달겠다.

18 드퓌의 종교신학은 성령을 중요하게 다루지만, 동시에 예수라는 인간성 안에 현존하는 말씀의 육화를 뛰어넘어 하느님 말씀이신 삼위의 두 번째 위격이 역사 속에서 계속 일하신다는 것도 중시한다. 드퓌 『그리스도교 신학을 향하여』 220-3.

들 안에 살아 계시고 활동하신다고 믿기 때문이다. 그러나 드퓌는 다른 신학자들이 말하지 않는 것을 덧붙인다. 타종교 안에 현존하는 성령은 예수라는 하느님 말씀 안에서 발견하는 성령과 다르다고 지적한다. 이 차이는 서로 모순된 것이 아니고 진짜 다른 것이다. 따라서 타문화와 종교들 안에 성령이 현존한다고 인정하는 것은 하느님이 예수를 통해 말씀하신 것 이상을 사람들에게 말씀하신다는 뜻이다. 이 점에서 드퓌는 1장에서 다룬 에드워드 스힐레벡스에 동의한다. "인간과 관계 맺으시는 하느님의 전체 역사 안에는 더 풍요로운 신의 진리와 은총이 자리하고, 이것은 그리스도교 전통에도 유익함을 준다"(388).

이 결론이 너무 지나치다고 여기는 가톨릭 신자도 있을 것이다. 고전적 삼위일체 신학을 믿는 그리스도인은 삼위의 세 위격이 서로 분명 다르고 hypostatic distinctions(본질적 차이), 한 위격이 다른 위격으로 옮겨가거나 종속될 수 없다고 믿는다. 예수 안의 하느님 말씀과 타종교 안에서 활동하는 하느님의 영 사이에 '참된 차이와 다원성'이 있는 한, 종교들은 그리스도인이 들어 본 적 없는 '다르고' '새로운' 것을 주리라고 기대할 수 있으며, 그리스도교도 타종교인에게 마찬가지(206, 197-8)라고 드퓌는 말한다. 따라서 그리스도인은 '진리의 독점자'가 아니다(382).

드퓌는 새로운 분야로 한발 더 나아간다. 성령이 종교들 안에 현존하신다는 것에 기초하여, 이 다른 길들이 하느님이 인간과 함께하는 성취에 '끊임없는 역할'을 다하고 '특별한 의미'를 지닌다는 것을 인식해야 한다고 말한다(211). 하느님은 모든 사람에게 그리스도 교회 안에서 완성을 발견하게 해 놓지 않으셨다. 다원성은 세상의 존재 방식과, 하느님이 의도하신 존재 방식을 밝혀 준다(201). 이 대담한 발언에서 드퓌는 더 나아간다. 그리스도인이 타종교들과 진지한 대화를 계속하는 한, 타종교에 관한 그리스도교

신학을 불분명하게 만들어 온 오랜 '교회 중심주의'를 뛰어넘어 나아간다고 말한다. 그는 타종교들의 가치를 깎아내리고 무시하기 위해 그리스도교에서 사용해 온 '과장된 교회론'을 경고한다. 드퓌는 솔직대담하게도 가톨릭이 비판받기 꺼려 온 입장을 지적한다. "「교회의 선교 사명」의 편협한 교회론적 관점은 유감이 아닐 수 없다"(371)고 말이다.

이렇게 드퓌는 '교회 중심성'을 문제 삼는 한편, 그리스도 중심에서 타종교를 보아야 한다고 말한다. 하느님과 하느님의 다스림이 그리스도인 삶의 중심인 한, 그 중심으로 안내하는 이는 예수 그리스도다(191). 이것이 드퓌가 신중하게 균형 잡고자 한 새로운 신학의 핵심이다. 그는 그리스도 중심주의가 교회 중심주의처럼 그리스도교를 부풀리고 타종교들을 무시하게 만든다고 인정한다. 그럼에도 그는 대화를 통해 예수 그리스도를 더 잘 이해시키고자 한다.

드퓌는 "그리스도교 신앙은 예수 그리스도의 고유한 본질을 말하지 않고는 성립될 수 없다"(304)고 말한다. 여기서 '고유한 본질'constitutive uniqueness이란 오직 예수만이 '모든 사람을 하느님께 가도록 열어 주는 길'이라는 뜻을 담고 있다(387). 이것이야말로 태초부터 그리스도인 몸에 있는 뼈의 골수라고 드퓌는 말한다(286, 295, 350). 예수 홀로 모든 사람을 신에게 가도록 문을 열어 주는 까닭은, 우리가 모두 하느님 자녀지만 예수만이 하느님의 유일한 아들이기 때문이다. 그의 '인격적 정체성'은 바로 하느님 말씀, 하느님의 아들, 곧 삼위의 두 번째 위격이라는 점에 있다(155, 296-7). 따라서 그리스도인은 하느님이 충만한 계시를 보여 주신 예수 안에서 믿어야 한다.

다른 한편, 드퓌는 이 그리스도교 교리의 핵심을 받아들이고 이해하는 것이 타종교들을 깎아내리고 그들과의 참된 대화를 가로막는 것은 아니라고 생각한다. 이 사실에 대한 그의 예리한 구분은 세심한 주의를 요구한다. 예수를 통해 드러난 하느님 진리의 '충만함'은 '양적 차원'이 아닌 '질적 차원'에서 헤아려야 한다. 그 의미인즉슨 "이 충만함은 확장도, 모든 것의 포용도 아닌 농도를 가리킨다. … 그것은 신적 신비를 아우르지도 아우를 수도 없다"(382). 드퓌는, 예수를 통해 '진리의 충만함'을 이해하는 것은 (양적 차원의) 전체 그림을 보려는 것이 아니라, 우리가 가진 그림에서 (질적 차원의) 핵심을 짚어 내어, 그 모든 것이 무엇을 가리키는지, 또 무엇을 더 보탤 것인지 이해하는 것이라고 말한다. 그것은 전체와 부분이 지닌 충만함이기보다 핵심의 충만함이요 농도의 충만함이다.

따라서 드퓌는 예수를 통한 하느님 진리의 충만함이 '관계적'relative이라는 점을 받아들이고, 더 긍정적 의미의 '상호성'relational을 선호한다. 하느님이 인간에게 알려 주고 싶어 하시는 당신의 충만함은 예수 안에 집약되어 있다. 그러나 그 그림을 파고들어 가면 그리스도인은 예수 안에 있는 것과 타종교들 안에서 일하시는 성령의 관계를 보게 된다. 진실로 그리스도인은 타종교인과 대화하지 않고는 하느님이 그리스도 안에서 밝히신 메시지의 충만함을 알 수 없다.

이같이 그리스도의 고유성이 지닌 상호적 이해를 통해, 드퓌는 타종교인과 대화하면서 그리스도인이 개방할 수 있다고 주장한다. 예수가 타종교와 세상을 깎아내리지도 위험에 빠뜨리지도 않은 것처럼 말이다. 드퓌는 친숙한 그리스도교 언어로 다음과 같이 말한다: 예수는 여러 종교 지도자들 가운데서 "인류와 맺은 하느님의 가장 깊고 가장 결정적인 계약"으로서 있다(388); "예수 그리스도, 하느님 아들의 육화가 보여 준 유일성을 능가하거나 동일한 계시는 그리스도가 태어나기 전에도 돌아가신 후에도 있을 수 없다"(249-50, 318, 204).

하느님이 예수를 통해 말씀하신 것과 성령을 통해 말씀하신 것 사이의 관계에서, 드퓌는 어느 하나가 다른 하나에 종속되지 않는다고 경고하면서도 '성령이 아닌, 그리스도가 하느님에게 가는 중심'이라고 밝힌다. 하느님이 타종교에 성령을 통해 말씀하신 것을 그리스도의 '관점으로' 이해한다 해도 그것은 그리스도를 대신하지 못한다(197). 한편 드퓌가 대화 목표로 본 상호 충족과 변화를 통해, 그리스도인은 타종교에서 그리스도교에 없는 '신적 신비의 다른 차원'을 발견할 것이다. 그리고 타종교인과 대화하면서 그리스도교 계시의 충만함보다 '더 깊은 계시'를 볼 것이다(382-3, 388).

드퓌는 그리스도인이 타종교들을 그리스도교로 나아가는 '디딤돌'로 여기는 태도에서 벗어나길 바라면서도, 예수 그리스도가 중심이며 하느님이 인간과 맺는 모든 관계의 최종 목표라고 말한다. 그가 사용하는 언어는 완성 모델의 경향을 띠고 있다. 예를 들어 그는 타종교가 "신적 신비의 미완성된 '얼굴들'이며 … '하느님의 인간 얼굴인 예수' 안에서 완성된다"(279)고 표현한다. 타종교들은 "예수 그리스도 사건으로 최고점에 이른 단일한 구원 역사를 구성하는 길들이다"(303). 타종교의 '완성'이나 '최고점'은 역사의 마지막 때에 그리스도 안에서 일어날 것이고, 에페소서 1장 10절에 따라 모든 종교를 포함하여 만물은 머리이자 가슴이신 예수 안에서 정체성을 찾고 완전해질 것이다(389). 그 안에서 종교들은 고유한 가치와 정체성을 유지하며, 그리스도교와 동행한다.

이상으로 드퓌가 주장한 새로운 그리스도교 종교신학을 살펴보았다. 그의 신학은 여전히 정교Orthodoxy의 범위 안에 머물러 있다. 그는 가톨릭 교회 공식 가르침인 완성 모델을 벗어나 예수 중심에서 그리스도교 교리를 전개한다. 다음은 드퓌의 길을 따르는 다른 가톨릭 신학자들을 보면서 그 길을 더 편하고 안내하기 좋게 다듬어 보겠다.

다른 가톨릭 신학자들의 관점

드퓌를 따르는 다른 가톨릭 신학자들은, 하느님께서 주관하신 전체 역사의 중심에 예수 그리스도를 놓지 않는 그리스도인은 더 이상 그리스도인이라 할 수 없다고 생각한다. "예수 그리스도가 결정적 중요성을 가진다는 신념을 부정하면, 그리스도교 신앙은 무너지고 만다."[19] 그들은 그리스도인이 수세기를 거치면서 이 신앙의 핵심에 집중해 왔다고 말한다. 예수는 그들 삶 한가운데 자리 잡고 있다. 예수가 하느님 계획의 중심에 있기 때문이다. 그의 이름은 "모든 이름 위에 뛰어난 이름"(필리 2,9)이다. 그는 너무나 특별하기 때문에 다른 이들과 같은 수준에 놓으면 그리스도인은 당황하거나 불쾌감을 느낀다. 많은 가톨릭 신학자와 성직자가 예수를 여러 많은 구원자 가운데 하나로 보는 것을 무시하는 까닭은 사목적이고 인간적인 이유 때문이다. 한스 큉은, 그런 말로 그리스도인의 기분을 상하게 하는 것은 '그리스도교 신앙 공동체와 결별하는 위험을' 자초하는 것이라고 말한다.[20]

신학자들은 그리스도에 대한 인격적 체험을 가리키는 하나의 핵심 단어를 '결정적'이라고 지적한다. 그리스도인은 그리스도 체험에 매혹되었고 변했으며 절망을 끊게 되었다고 느껴 왔다. 그들은 하나의 입장 안에 자기 삶을 세우고 이 세상을 더 잘 사랑하며 사는 곳으로 만드는 꿈을 추구할 수 있었다. 그리스도인은 예수 안에서 하느님이 마지막 말씀과 참된 세상을 마련해 놓으셨다고 인식했다. 수많은 전쟁이 발발하고, 무수한 관계가

---

[19] Monika Hellwig, "Christology in the Wider Ecumenism", in *Christian Uniqueness Reconsidered: The Myth of Pluralistic Theology of Religions*, ed. G. D'Costa (Maryknoll, N.Y.: Orbis Books 1990) 109.

[20] Hans Küng, *Global Responsibility: In Search of a New World Ethic* (N.Y.: Crossroad 1991) 101.

깨지고, 증오가 난무하며, 아픈 과거가 짓누르더라도, 그리스도의 삶과 그가 남겨 준 성령 안에서 우리는 희망을 가질 수 있고 설어갈 수 있다.[21] 이런 면에서 모니카 헬비그는, 수세기 동안 예수의 신성성을 부정한 그리스도인은 많지만, '예수가 결정적 차이를 지닌 구원자임을 부정한 이는 없다'고 지적한다.[22]

또 다른 가톨릭 신학자들은 예수가 지닌 '결정성'이나 '최종성'이 예수가 바라본 세계관을 추구하고 세상에 뿌리박힌 악에 맞서기 위해 필요하다고 말한다. 악의 세력에 예수 이름으로 맞서기 위해, 세상이 악의 길로 빠질 때 하느님 나라의 가치를 굳건히 세우기 위해, 점점 더 그리고 최후에 '선한 사람'이 되기 위해, 우리는 예수가 많은 선택 사항 중 하나가 아닌 그 이상임을 알아야 한다고 신학자들은 주장한다. 우리는 하느님이 마련해 주신 것, 하느님이 가장 중시하는 것을 받아들였음을 알 필요가 있다. 예수는 하느님의 마지막 말씀이기 때문이다. 한스 큉은, 이 말씀만이 우리를 확고부동하게 만들 수 있다고 말한다.[23]

그러나 그 '결정적 차이'를 알려 주고 참된 확신을 주려면, 예수를 통한 하느님 말씀은 유일무이singular해야 한다고 신학자들은 말한다. 하느님이 '마지막 말씀'을 수없이 하셨다는 것은 그 말씀 전체를 의심하게 만든다. 마지막 말씀은 전적 투신을 결심하게 하고, 끝까지 투신하게 한다. 우리는 이것을 그 누구도 의심하거나 한계 지을 수 없는 진리라고 생각한다. 하느님의 진리를 위해 죽겠다고 결심하여 사형집행인 앞에 서는 것은, 인간이

---

21 Edward Schillebeeckx, *The Church: The Human Story of God* (N.Y.: Crossroad 1990) 26-7.

22 Hellig, "Christology in the Wider Ecumenism", 109.

23 Küng, *Global Responsibility*, 94-101.

해결 가능하거나 타당한 진리가 여럿이라는 지적과는 전혀 다른 진리를 하느님이 주셨다고 믿을 때만 가능하다. 칼 요셉 쿠셸은 다음과 같이 말한다. "그리스도 말고 그리스도와 대등한 다른 하느님의 육화나 계시가 있다면, 하느님은 끝끝내 오리무중 불가해한 수수께끼로 남는다."[24] 이 말은 라너가, 자연적 인간은 충만하고 결정적인 모습으로 드러난 진리와 선을 요구한다는 주장과 '절대적 구원자'를 떠오르게 한다. 물론 절대성은 유일무이성을 불러낸다.

그러나 신학자들이 그리스도인에게, 그리스도인을 위해 한 말은 너무 멀리 가 버렸다. 이 말들은 그리스도인이 타신앙인에게 그리스도에 관해 말할 때 꼭 필요한 내용이 아니다. 사실, 쿠셸은 그리스도인이 그리스도에 대한 자신의 신앙을 '배타성을 뺀 궁극성과 우월성을 뺀 온전성'을 가지고 중언할 수 있고 증언해야 한다고 주장한다.[25] 어떻게? 예수는 하느님이 주신 '궁극적이고 결정적인' 선물이라고 주장하면서다. 여기서 예수가 누구인지 분명히 알 수 있다. 하느님은 사랑이시고, 우리는 하느님을 알고 있으며, 우리가 사랑할 때 하느님과 하나가 된다는 것을 안다. 그러나 사랑한다는 것은, 예수가 우리에게 보여 주신 것처럼 자신을 내주는 것이고 자신을 비우는 것이다. 이것이 바오로가 하느님이 그리스도 안에서 당신 자신을 비우셨다(케노시스)고 말한 이유다(필리 2,6-8). 그리고 이것 때문에 그리스도인은 예수가 사랑 안에서 자기를 비우는 방식으로 하느님의 충만하고 최종적인 자기 전달을 하신다고 말한다. 여기에 역설이 있다. 예수는 자기 비움을 통해 자기 충만함을, 섬김을 통해 고유함을, 겸손을 통해 빼어남을

---

24 Karl-Josef Kuschel, "Christologie und interreligiöser Dialog: Die Einzigartigkeit Christi im Gespräch mit den Weltreligionen", *Stimmen der Zeit* 209 (1991) 398-9.

25 같은 책, 401, 396.

밝히셨고, 그리스도인은 그분을 따르려고 노력한다. 따라서 그리스도교가 타종교들을 '완성시켜 준다'면, 그것은 자기를 비우는 사랑의 말씀을 통해서이고, 타종교를 존중하고 환영하며 그들에게 배울 때다.

모니카 헬비그Monika Hellwig는 그리스도인이 사랑, 자기 비움으로 타종교에 예수를 선포할 수 있는 구체적 방법을 제안한다. 그녀는 그것을 '친숙한 놀이'friendly wager라 부른다. 그것은 '예수가 존재와 운명이 지닌 신비의 핵심에 자리 잡고 있다'는 것을 보증하려는 놀이다. 다른 말로 하면, 그리스도인은 예수 안에서 하느님이 참으로 고유한 것을 행하고 주었으며, 그것은 개인적 삶과 사회적 삶 안에 섞여 있고 세상을 변화시킬 수 있는 어떤 것이다. 그리스도인이 타종교인에게 자기 확신을 제시할 때는 성사가 말해 주는 것을 가지고 설득하지도, 마음으로 느끼거나 공동체를 통해 느낀 것을 가지고 설득하지도 않는다. 오히려 그들은 '예수의 행적과 예수가 사람들에게 주었고 지금도 주고 있는 영향'을 가지고 호소한다. 예수의 가르침과 삶을 주의 깊게 바라보라. 그리고, 사람들이 그를 진지하게 받아들이고 그 가르침대로 살 때 일어나는 일을 유심히 응시하라. 헬비그는 자신이 이것을 왜 '훌륭한 견해'라고 생각하고, 다른 이들도 그렇게 보아야 하는지 다음과 같이 요약한다.

> 그리스도인처럼 우리는 예수 그리스도 안에서, 예수 그리스도를 통해서 이기주의 · 교만 · 차별 · 배타성에서 해방시켜 주는 뚜렷한 인물을 만나 볼 수 있다. 왜냐하면 그는 추종자들을 성장시켰기 때문이다. 그에게 개방할 때 사람들은 충만한 삶, 희망, 공동체, 행복을 향해 성장한다는 것을 지금까지 쌓아 온 경험으로 안다.

헬비그는 '상반된 의견을 말하는 모든 이에게 이 친숙한 놀이'를 제안한 후 '다른 구원자의 현실적이고 잠재적인 역할도 인정한다'.[26]

이것은 타종교인에게도 그리스도인에게도 도전장을 내민다. 이것은 훌륭한 놀이지만, 예수와 그의 가르침에 따라 잘살 수 있는 방법에 의존하고 있다.

아시아의 낯선 주장들

대화를 강조하는 신학자들을 살펴본 다음은, 가톨릭 공동체가 요청하고 질문하는 것에 귀 기울이는 신학자들 차례다. 아시아주교연합회the Federation of Asian Bishops' Conferences (FABC) 공식 선언과 1999년 4월 로마에서 열린 아시아주교시노드 예비 모임이 제기한 아시아 교회 입장이 그것이다.[27] 대화를 촉진하려는 노력과, 바티칸과 주류 가톨릭 신학자들을 넘어서는 입장을 살펴볼 수 있다.

1970년 아시아주교연합회에서 첫 모임을 가진 아시아 주교들은 아시아 교회들이 대화의 교회여야 한다고 명시했다. "우리는 아시아에 있는 다른 위대한 종교들에 속한 형제자매들과 개방적이고 성실하며 지속적인 대화를 할 것이라고 맹세한다. 그리하여 우리는 자신을 영적으로 풍요롭게 하는 방법과 인류 전체의 발전이라는 공통 과제를 위해 더 효과적으로 협력하는 방법을 서로서로 배워 나갈 것이다."[28] 1999년 시노드를 위한 예비

---

26 Hellwig, "Christology in the Wider Ecumenism", 111-6.

27 아시아주교연합회 주요 문서는 Gaudencia B. Rosales and C.G. Arévalo, eds., *For All the Peoples of Asia: Federation of Asian Bishops' Conferences Documents from 1970 to 1991*, vol.1 (Maryknoll, N.Y.: Orbis Books 1992), Franz-Josef Eilers, ed., *For All the Peoples of Asia: Federation of Asian Bishops' Conferences Documents from 1992 to 1996*, vol.2 (Maryknoll, N.Y.: Orbis Books 1997).

문서에서 인도 주교들은 더 분명하고 강력한 발언을 한다. "대화는 교회에서 실천해야 할 많은 행위 중 한 가지 행위라고 보아선 안 된다. 대화는 모든 참된 지역교회를 이루게 해 주는 주요 요소다. … 제2차 바티칸 공의회 이후, 교회가 된다는 것은 대화의 신앙 공동체가 된다는 뜻이다."[29] 아시아 종교들과 대화하기를 가로막는 것은 아시아 교회들이 숨 쉴 공기를 차단하는 것이다.

이처럼 대화 필요성을 강조한 아시아 주교들은 반복해서 가톨릭 교회가 '하느님 나라를 중심'에 두어야 한다고 주장한다. 교회의 온전한 목적은 통제나 지배가 아니라 하느님 나라에 봉사하는 것이기 때문이다.[30] 따라서 개종은 대화의 주 관심이 아니다. "성실하고 참된 대화의 목적은 타종교인을 개종시키는 것이 아니다. 개종은 하느님의 내적 부르심과 개인의 자유의사에만 의존하기 때문이다. … 타종교인을 내 종교 전통으로 '개종'시키려는 대화는 허위와 거짓으로 차 있다. 그 대화는 조화의 길이 아니다."[31] 아시아 주교들이 제시하는 대화는 신앙인들이 모인 '인간 기초 공동체'basic human communities에서 가장 잘 이루어질 수 있다. 그러나 여기서 '신앙'은 그리스도교만이 아닌 타종교를 포함한다. 이처럼 여러 종교 공동체를 한데 모으고 대화하게 하는 것은 모든 이의 복지에 관심을 기울일 때다. 그리스도교로 타종교인을 개종시키는 것이 아닌, 모든 이의 복지가 아시아인의 대화 주제다.[32]

---

28 Sebastian Painadath, "Theological Perspectives of the FABC on Interreligious Dialogue", *Jeevadhara* 27 (1997) 272.

29 *National Catholic Reporter*, 1998.4.10., 16.

30 Rosales & Arévalo, *For All the Peoples of Asia*, 1:252.

31 같은 책, 120, Painadath, "Theological Perspectives", 280-2.

그렇다면 아시아 교회는 대화의 개방성과 예수의 유일성을 어떻게 조화시키고 있는가? 주교들은 자신들이 그리스도교 전통과 교황 요한 바오로 2세가 선포한 교회의 선교, 곧 예수 그리스도가 세상의 구원자임을 밝히는 선교 사명을 얼마나 신실하고 흔쾌히 받아들이는지부터 밝힌다. 아시아 그리스도교 공동체에게 이 교회의 선교 사명은 당연한 것이다. 그러나 불자 친구들, 힌두교와 이슬람교 친구들에게 그 당연함을 설명하는 것은, 바티칸 주교들이나 신학자들에 비할 때 여간 고민거리가 아니다. 아시아 주교들은 예수가 하나이며 유일한 구원자라는 전통 교리를 아시아에 적용시키지 않는다. 왜? 그 교리는 아시아의 수많은 종교 공동체 사이에서 증오를 만들어 내기 때문이다. 일본 주교는 "우리가 만일 '예수 그리스도는 단 하나의 유일한 구원자'라는 주장을 너무 강조하면, 타종교인과 대화도 일상생활도 연대도 불가능해진다"고 말한다. 스리랑카 주교는 "예수와 교회만이 구원을 가져다준다는 유일성 주장은 끊임없이 문제를 일으켜 왔고 진정한 대화를 가로막아 왔다"[33]고 주장한다. "여러 다양한 종교 단체들이 자기 진리의 절대성을 주장할 때마다 피비린내 나는 침략과 억지 개종, 처참한 종교 분열이 뒤따랐다."[34]

아시아 주교들은, 어떻게 하면 유럽 교회나 아메리카 교회와 달리 예수에 대해 이해하고 말할 수 있는지 묻는다. 그 대답은 쉽지 않다. 그들은 "극동 아시아 전통에서는 분리보다 창조적 조화의 길을 모색해 왔다"고 말

---

[32] 추기경 Julius Darmaatmadja, "A New Way of Being Church in Asia" *Vidyajyoti* 63 (1999) 887-91.

[33] 이 인용문과 다음 문제의 진술은 시노드를 위한 예비 모임에 참여한 주교들에게 바티칸이 보낸 "lineamenta"(제안)에 대한 아시아 주교들의 답변에서 발췌한 것이다. 바티칸의 제안과 아울러 이 진술들은 *The East Asian Pastoral Review* 35, no.1 (1998)에 실려 있다.

[34] Rosales & Arévalo, *For All the Peoples of Asia*, 1:300.

한다. 진리를 '이것 아니면 저것'이기보다 '둘 다'라고 보기 때문이다. 다른 종교를 배척하거나 흡수하기보다 타종교와 관계 맺고 포용하는 것을 중시했던 것이다. 예수가 유일하다면, 다른 종교 지도자들도 유일하다고 보는 식이다. 아시아 주교들은 예수의 자기를 비우는 사랑, 타인에 대한 철저한 섬김을 중시한다. 예수는 지배하길 거부하고 자신을 '주변부화'de-centers하고 자기 비움의 정수를 보여 주었다. 이것은 타종교인에게 마음을 열고 포용성을 가지게 한다.

한편 자기를 비운 종이라고 예수의 정체성을 밝힌 아시아 주교들은 예수가 특히 가난한 이들의 종임을 강조한다. 예수가 보여 준 이웃 사랑에는 과연 모든 이가 포함되지만, 주변부로 밀려나서 가난으로 고통 받는 이웃에게 각별히 마음을 쏟으셨다. 이들에 대한 대화야말로 아시아 주교들이 특별하고 한결같이 요청하는 대화이자, 해방과 실천을 위한 대화다. 그들은 가난한 이들을 위한 상호 관심이 아시아의 종교 간 대화에 공통 주제이며 더 깊고 가치 있는 대화를 가져다줄 수 있다고 믿는다. 이 대화는 '각 종교 안에 있는 창조적 힘과 구원의 힘을 발견'하게 해 주고 '각 종교가 가진 해방과 일치를 위한 잠재력을 밝혀 줄 것이다'.[35]

그런 의미에서 인도네시아 추기경 율리우스 다르마트마드자Julius Darmaatmadja는 아시아주교시노드 후에 교황에게 다음과 같이 말한다. "아시아인은 예수를 '하느님의 하나이며 유일한 아들이자 구원자'라고 말하기보다 '지혜의 스승, 치유자, 해방자, 가난한 이에게 자비로운 친구, 착한 사마리아인'이라고 말하길 좋아한다."[36] 이 호칭은 다른 이의 특별성을 부정하지 않고도 예수의 정체성을 밝히며, 서로 배우고 협력하게 해 준다.

---

35 같은 책, 1:315, 300.

36 Darmaatmadja, "A New Way of Being Church in Asia", 889.

더 읽을 책

AMATO, A. "The Unique Mediation of Christ as Lord and Saviour", *Pro Dialogo* 85-6 (1994) 15-39.

CARR, Ann. "Merton's East-West Reflections", *Horizons* 21 (1994) 239-52.

CLOONEY, Francis X. "The Study of Non-Christian Religions in the Post Vatican II Roman Catholic Church", *Journal of Ecumenical Studies* 28 (1991) 482-94.

D'COSTA, Gavin. *The Meeting of Religions and the Trinity*. Maryknoll, N.Y.: Orbis Books 2000, 99-142.

——. "Revelation and Revelations: Discerning God in Other Religons: Beyond a Static Valuation", *Modern Theology* 10 (1994) 165-83.

DUPUIS, Jacques, *Toward a Christian Theology of Religious Pluralism*. Maryknoll, N.Y.: Orbis Books 1997, 170-201 (For post-Vatican II developments).

——. "'The Truth Will Make You Free': The Theology of Religious Pluralism Revisited", *Louvain Studies* 24 (1999) 211-63.

FABC Theological Advisory Commission of the Federation of Asian Bishops' Conference. "Seven Theses on Interreligious Dialogue: An Essay in Pastoral Theological Reflection", *International Bulletin of Missionary Research* 13 (1989) 108-11.

JOHN PAUL II. *Ecclesia in Asia* (apostolic exhortation 1999).

——. *Redemptoris Missio: An Encyclical Letter on the Permanent Validity of the Church's Missionary Mandate* (1990). Available with commentary in William R. Burrows, ed., *Redemption and Dialogue* (Maryknoll, N.Y.: Orbis Books 1993) 3-55.

KING, Ursula. "Teilhard's Reflections on Eastern Religions Revisited", *Zygon* 30 (1995) 47-72.

KNITTER, Paul F. "Catholics and Other Religions: Bridging the Gap between Dialogue and Theology", *Louvain Studies* 24 (1999) 319-54.

KÜNG, Hans. "Christ, Our Light, and World Religions", *Theology Digest* 42 (1995) 215-9.

―――. "No peace in the World without Peace among Religions", *World Faiths Insight* (February 1989) 3-22.

LANE, Dermot A. "Vatican II, Christology, and the World Religions", *Louvain Studies* 24 (1999) 147-70.

LEFEBURE, Leo D. "Christianity and Religons of the World", *Chicago Studies* 33 (1994) 258-70.

PAINADATH, Sebastian. "Theological Perspectives of the FABC on Interreligous Dialogue", *Jeevadhara* 27 (1997) 272-88.

PHAN, Peter C. "Are There 'Saviors' for Other Peoples? A Discussion of the Problem of the Universal Significance and Uniqueness of Jesus the Christ", in *Christianity and the Wider Ecumenism*. Ed. Peter C. Phan. New York: Paragon House 1990, 163-80.

Pontifical Council for Inter-religious Dialogue and the Congregation for the Evangelization of Peoples. *Dialogue and Proclamation: Reflections and Orientations on Interreligious Dialogue and the Proclamation of the Gospel of Jesus Christ* (1991). Available with commentary in William R. Burrows, ed., *Redemption and Dialogue* (Maryknoll, N.Y.: Orbis Books 1993) 93-118.

● ● ● 제6장

완성 모델의 주장과 문제점

이제 완성 모델을 되돌아보고 몇 가지 평가를 해 보고자 한다. 로마 가톨릭 교회가 제시하는 이 길이 과연 모든 그리스도인을 잘 안내해 줄 표지판을 구비하고 있는가? 이 모델이 가리키는 새로운 방향들은 1장에서 살펴본 종교 다원주의의 도전에 직면한 모든 그리스도 교회를 도와줄 수 있을까? 또한 완성 모델에 몇 가지 비판적 질문도 제기해 볼 것이다. 이 모델은 스스로 정한 목표로 가고 있는가? 이 모델은 예수의 특수한 역할과 하느님의 보편적 사랑 간의 균형을 유지하고 있는가? 이 모델은 합당한 방식으로 새로운 방향을 따라가고 있는가?[1]

---

[1] 이 질문들을 제기할 때 기억해야 할 것은 로마 가톨릭 교회의 관점, 공의회와 교황들의 가르침은 단순히 신학적 입장이 아니라는 점이다. 그들은 설명이 필요한 진리를 설명을 삭제한 채 주장한다.

주장

종교들 안에 진리와 은총이 있다

그리스도인은 하느님께서 모든 이를 사랑하신다고 증언하면서 타종교들 안에 진리뿐 아니라 은총과, (대체 모델이 인정한) 계시와 (완성 모델이 인정한) 구원의 길이 있다고 인식하게 된다. 가톨릭 신학은 타종교들이 '구원의 길들이며 하느님의 구원과 사랑의 통로'라고 결론짓는 데 머뭇거리며 두려워하기까지 한다. 가톨릭 신학자들 말대로, 그리스도교 역사가 늘 '교리 발전'을 꾀해 왔다면, 이 결론은 분명 새로운 발전을 열어 놓았다. 또한 이 결론은 그리스도교 교리 역사상 계속될 주요 내용이다.

하느님의 영이 (가톨릭 교회의 주장과 달리) '교회 밖' 사람들과 (프로테스탄트 교회의 주장과 달리) '선포된 말씀 밖' 사람들에게도 다가갈 수 있음을 무시한다면, 그리스도인은 '사후'死後 선택을 제외하고는 모든 이를 품으시는 하느님의 사랑을 '허락'할 길이 없다. 더 나아가 신의 영이 타종교 안에서 숨 쉴 수 있다는 것을 인식할 수 없다면, 그리스도인은 성령이 예수 안에서 당신 모습을 보여 주시고, 예수가 언제나 성령을 드러내 보여 주셨다는 것도 받아들이지 못할 것이다. 성령은 다른 사람을 통해, 이야기와 몸짓과 음악과 춤을 통해, 타종교들을 통해 다가오시기 때문이다.

따라서 그리스도인은 완성 모델을 따르고 그리스도교 종교신학의 핵심에 성령을 놓아야 할 것이다. 이럴 때, 완성 모델은 물론 대체 모델이 균형을 잡을 것이다. 우리의 '타락한 본성'과 악과 이기주의를 등한시하면, 크나큰 파괴가 빚어질 것이다. 그러나 이 타락 안에서 하느님의 영이 숨 쉬고, 우리 본성은 안내를 받으며, 라너 말대로 타락한 만큼 '본성은 은총을 입었다'. 이 성령의 은총이 존재하고 도움을 준다는 것을 무시하면 악의 실체를 무시할 때보다 더 큰 타격을 입을 것이다. 그리스도교는 첫 아담이 우리를 타락시켰지만 두 번째 아담이 우리를 더욱더 드높였다고 이야기해 준다.

종교개혁 정신을 보존하고 있는 대체 모델은 종교가 지닌 위험성과 더불어, 체계화된 종교가 맹목적 숭배를 체계화시킨다고 경고한다. 가톨릭 교회는 모든 종교에 악뿐 아니라 중요한 것들이 조화를 이루고 있다고 말한다. 성령은 종교 형식들을 사용한다. 사람들이 그것을 필요로 하기 때문이다. 비록 성령은 마음속에서 신비스런 친교를 통해 다가오지만, 공동체와 공동체에서 나누는 이야기·의례·상징들을 통해 인식된다. 성령은 그리스도교 공동체에서 사용하는 말과 성사를 통해 오듯이, 다른 종교 공동체들의 교리와 의례를 통해서도 온다.

그리스도인이 타종교 공동체들 안에서 성령의 진리와 은총을 만나길 기대한다면 그들은 타종교 정원에서 자라는 성령의 열매들도 볼 수 있을 것이다. 그러나 대체 모델 지지자들은 힌두인·불자·무슬림의 삶에서 자라고 있는 거룩함·자비·평화를 놓치고 있는 듯하다. 그들 눈에 이 긍정적 가치들은, 예수 안에서만 찾아낼 수 있는 '인간적 업적'이다. 완성 모델 지지자들은 성령이 예수보다 앞서며 불고 싶은 곳으로 분다는 것을 허락지 않는 신학의 독선에서 대체 모델이 나오지 않았는지 문제를 제기한다.

대화는 그리스도인 삶의 본질이다

가톨릭 교회는 최근 '대화 의무'를 인식하게 되었다. 현대 세계에서 예수의 충실한 제자가 되려면, 그리스도인은 타신앙인과 대화해야 한다. 그리고 이 대화는 상호 소통을 지향하는 듯하다. 요한 바오로 2세는 교회 선교의 본질적 요소가 그리스도인이 세상과 관계 맺는 방식에 있다고 말했다.

명백하고 긴급한 두 가지 이유는 왜 그리스도인 모두가 진지하게 대화해야 하는지 알려 준다.

- 세상은 대화를 요구한다. 1장에서 본 대로 세상은 종교들이 빚어낸 폭력으로 신음하고 있으며 종교 공동체들의 노력 없이는 치유될 수 없다. 한스 큉의 말을 기억할 필요가 있다. "종교 간 평화 없이는 국가 간 평화도 없다. 종교 간 대화 없이는 종교 간 평화도 없다."
- 이웃을 자신처럼 사랑하라는 그리스도교의 근본 가르침을 수행하기 위해서, 그리스도인 역시 대화가 필요하다. 사랑은 단지 타인에게 '선행'을 베푸는 것만이 아니라, 그들을 존중하고 인정하며 그들 말에 귀 기울이고 그들한테서 배울 준비를 하라고 요구한다. 다른 이를 사랑하기 위해 우리는 적어도 그들에게 주길 바라는 만큼 그들한테서 받을 준비를 해야 한다. '선행을 베푸는 것'이 상호 존중을 가져오지 못한다면, 그 사랑은 가식에 가득 찬 것이다. 그것은 더 이상 사랑이라고 할 수 없다. 사랑은 서로 주고받고, 서로 가르치고 배우며, 서로 말하고 듣는 상호 관계를 요청한다. 그리고 대화는 이 모든 것을 포함한다. '네 이웃을 사랑하라'는 '네 이웃과 대화하라'는 뜻이다.

모든 종교에는 양보할 수 없는 부분이 있다

2부에서는 그리스도의 특수성과 하느님 사랑의 보편성 간 균형이 조금 정신없이 흔들렸다. 신학자들과 교황은 타종교 안에 진리와 선이 있다고 말할 때마다 예수가 그 모든 것의 원천이며 표준이라고 못 박으면서 균형을 잡는다. 이것이 균형을 잡는 것인지 혼란을 초래하는 것인지는 더 다루어 봐야 할 문제다. 그러나 그리스도인이 무엇을 말하든 예수에게로 가서

점검해 보고 조율해야 한다는 사실은 그리스도교뿐 아니라 타종교들에게도 시사하는 바가 있다. 모든 종교에는 양보할 수 없는 것이 있다. 이 중요한 교훈을 기억할 때, 모든 그리스도인은 타종교인과 더 깊은 대화를 나누게 될 것이다.

모든 종교인이 마음속 가장 깊이 간직하고 있는 특정 신념이나 가치나 교리들은 대화 자리에 쉽게 꺼내 놓을 수 없는 것들이며 꺼내려 해서도 안 된다. 머리로는 모든 것을 도마 위에 올려놓으려고 해도, 마음으로는 어떤 것을 특별히 보호해야 하고 건드려선 안 된다는 것을 안다. 이것은 종교적 인간의 정체성을 이루는 신념이나 투신에 관한 부분이다. 이 부분을 문제 삼는 것은 그 사람 자신과 그의 바람(희망)을 의심하는 것이다. 자기 자신에게 정직한 사람이라면 이것을 의심할 수 없다.

그리스도인에게 양보할 수 없는 부분은 예수 그리스도에 대한 것이다. 예수에 관한 그리스도인의 세 가지 신념은 그 이유를 말해 준다.

- 예수 안에서 하느님은 매우 특별한 일을 행하셨고, 그 일은 어디서도 아직 완성되지 않았으며 완성되지 않을 것이다.
- 이 특별한 일을 놓고 볼 때, 예수는 타종교 인물들과 많은 점에서 공통되지만, 끝내 바꿀 수 없는 차이를 지니고 있다. 이 차이는 예수의 고유성을 지켜 줄 것이다.
- 하느님이 예수 안에서 행하신 이 특별한 일은 그리스도인만이 아니라 모든 이를 위해 중요하고도 중요하다.

예수에 대한 이 양보할 수 없는 확신을 가지고 완성 모델을 따르는 그리스도인은 예수에게서 얻지 못한, 그러나 타종교에 있는 하느님과 인간에 관한 진리들에 개방한다. 그렇지만 여전히 그들은 예수에게서 배운 것과 모순된 것에는 동의할 수 없다. 성령은 예수가 말해 준 것보다 더 많은 것을 말해 주지만, 결코 예수와 상반될 수는 없다.

문제점

완성 모델은 진정 대화를 허용하는가?

　의심할 바 없이 2부에서 다룬 신학자와 교회 지도자들은 타종교인과 대화하길 원한다. 그러나 그들이 한치 거짓 없이 대화할 수 있는가는 따져 봐야 할 일이다. 놀랍게도 요한 바오로 2세와 바티칸 공식 문서는 그리스도인에게 대화를 권하면서, '풍요로워지고' '도전받으며' '변하고' '회개'까지도 가능하리라고 선언한다. 드코스타와 드퓌는 대화 안에서 '상호 완성'을 이루어야 한다고 의욕적으로 주장한다. 그러나 그들이 계속 강조하는 예수는 이 원대한 의도를 깎아 놓는다. 그리스도인이 예수 안에 하느님의 충만하고 최종적이며 완성된 말씀이 있다고 확신하면서 어떻게 풍요로워지고 도전받으며 회개한단 말인가? 드퓌는 예수의 충만성이 '상호' 충만성이며 '양이 아닌 질적 차원의' 충만성이라고 주장하면서도, 예수가 모든 사람을 온전하게 해 주고 모든 사람이 알아야 할 단 하나의 구원을 가져다주는 하나이며 유일한 구원자라고 선언할 때, 앞의 주장은 말장난처럼 들린다. 드퓌와 다른 신학자들이 주장한 '성령 중심' 접근은 결국 예수가 말한 것과 *진짜* 다른 어떤 것도 성령의 말이라고 인정하지 않는 듯하다. 드코스타와 드퓌는 "성령이 아닌 그리스도가 하느님께 가는 길의 중심에 있다"[2]고 반복해서 주장한다. 이 말은 곧 그리스도인이 타종교 안에 있는 성령한테서 배운 것은 무엇이건 근본적으로 예수 안에서 이미 알고 있는 것을 통해서만 해명하고 심화시킬 수 있다는 뜻이다. 자신의 의도와 달리 드퓌는 결국 예수 안의 말씀에 성령을 종속시키는 것이 아닌가?

따라서 제2차 바티칸 공의회가 선언한 완성 모델보다 한발 더 나아가려던 가톨릭 신학자들의 노력은 상당 부분 제자리걸음을 하고 있다. 쌍방향 대화를 허락하지 않기 때문이다. 그리스도인은 대화에서 자신이 하느님의 '결정적 진리를 가지고 있어서 코끼리와 쥐가 대화하는 꼴'이라고 확신하고 있다.[3]

이것은 완성 모델을 따르는 그리스도인이 반드시 코끼리처럼 행동한다거나, 타신앙인을 쥐처럼 취급한다는 말은 아니다. 진정한 상호 소통을 바라는 많은 가톨릭 신자들은 대화를 개종의 미끼로 사용하지 않는다. 그리고 지역 본당이나 공동체의 평신도 그리스도인은 대화의 참된 묘미를 체험하고 있다. 그들은 이전에 알지 못했던 것들을 배우고 있다. 그들은 불자나 타신앙인과 이야기 나누며 변화하는 그리스도인이다. 이런 점에서 대화신학은 완성 모델을 실현하고 있다. 대화 실천은 교도권이 공식적으로 가르치는 신학 너머로 나아가고 있다. 어떤 이는 가톨릭 교회가 그들이 실천하는 것을 설교하고 있지 않다고 지적한다.

투신은 확신을 요구하는가?

개인적으로든 민족 공동체든, 인간은 라너 말처럼 '절대적 구원자'인 한 분 하느님, 하나의 분명한 확신, 단 하나의 최종 말씀, 하나의 궁극적 목표

---

2 Jacques Dupuis, *Toward a Christian Theology of Religious Pluralism* (Maryknoll, N.Y.: Orbis Books 1997) 197.

3 Henri Maurier, "The Christian Theology of the Non-Christian Religions", *Lumen Vitae* 21 (1976) 59, 66, 69, 70.

를 필요로 하며, 그럴 때 개인의 삶과 인간 역사의 문제들과 길들의 미로에서 우리 길을 찾을 수 있다. 하나의 특정 진리가 다른 진리들로 흘러 들어간다면, 우리는 자신이 옳고 성스럽다고 생각한 것에 진심으로 투신할 수 없고 그것을 위해 살고 죽을 수도 없다. 이 주장은 두 가지 질문을 제기한다. 과연 그런 '절대 규범'이나 '최종 진리'가 필요한가? 그리고 그런 것이 가능하기나 한 것인가?

오늘날 탈근대적 사고방식이 정당한 것이라면, 그런 '절대 규범'이나 '최종 진리'란 성립할 수 없다. 모든 진리는 역사상 조건 지어진 것이거나 사회 안에서 생겨난 것이므로 한계를 가지기 때문이다. 현대신학자들은 이 사고방식을 예수에게까지 적용시킨다. 신적인 것이 역사 안에서 특정 인간으로 육화했다는 것은, 신이 스스로를 한계 지었다는 뜻이다. 육화는 한계를 의미한다. 바오로 사도는 이것을 '비움'(케노시스)이라고 불렀다. 드퓌는 예수가 하느님의 계시를 충만히 전해 주었으나, 그것은 '상대적' 충만성이라고 말하면서 이 표현을 놓고 고심했다. 하나의 목표를 가리키는 최종 진리나 최고 진리가 필요하다는 주장은 결국 우리를 실망시킬 것인가? 우리가 그 진리를 발견하지 못하거나 그런 생각을 고집하여 위험천만한 망상에 붙들리면서 말이다.

다른 질문으로 나아가 보자. 절대 규범이나 최종 진리는 절대적 투신이나 최종적 투신을 위해 필요한 것인가? 나는 탁월한 최종 진리를 알아야만 그것에 온전히 매달리고 그것을 위해 죽을 수 있는가? 그렇지는 않아 보인다. 우리 마음의 움직임을 깊이 응시해 보면, 우리는 유일한 진리나 최종 진리가 아닌 참된 진리에 확신을 가지고 투신한다. 내가 내 아내에게 헌신하는 까닭은 그녀가 고유함을 지닌 내 아내이기 때문이지 다른 여자가 없다거나 다른 여자와는 혼인할 수 없어서가 아니다.

우리가 어떤 것을 진정 옳고 참되다고 판단하거나 느낄 때, 그것은 우리를 사로잡는다. 그리고 그 지배력은, 다른 진리들이 다른 사람들을 같은 강도로 사로잡았다는 사실을 알거나, 혹은 미래에 다른 진리가 우리를 사로잡을 것이라는 것을 안다고 해도 약해지지 않는다. 우리는 이 다른 진리들이 우리가 현재 투신한 진리와 모순되지 않을 것이라고 믿는다. 종교적 투신은 하느님이 우리를 그리스도 안에서 진정 부르셨다는 확신을 필요로 하지만, 이것은 온 인류를 향한 하느님의 유일한 부르심은 아니다.

예수는 어떻게 구원하는가?

완성 모델을 살펴보면서 그리스도인의 대화를 위한 노력을 보았다. 그러나 문제는 그리스도인이 대화 끝에 하느님의 보편적 사랑보다 예수의 특수성을 더 앞세운다는 데 있다. 그리스도교 종교신학이 직면한 도전은 예수의 특수성을 어떻게 이해하는가에 있다. 예수의 구원을 어떻게 이해해야 하는가, 또 예수는 어떻게 하느님 현존의 평화와 힘을 사람들에게 채워 주고 삶을 변화시켜 주는가?

우리는 3부에서 이렇게 물을 것이다: 교회와 신학자들은 예수(와 교회)를 성사로 충분히 이해하고 있는가? 라너는 예수가 갈라진 것을 이어 준 것이 아니라, 이미 주어졌으나 아직 명백히 드러나지 않은 것을 밝혀 주었다고 이해했다. 이런 의미에서 예수는 우리를 하느님과 연결시켜 주는 다리를 세우지 않았다. 오히려 그는 자신의 메시지와 인격을 통해 우리가 이미 하느님과 연결되어 있음을 보여 준다. 성사는 이미 거기 있는 것을 현실에 끌어내 놓지만, 우리는 성사의 힘 없이는 볼 수도 느낄 수도 없다.

예수의 구원 방법에 관한 이 두 견해의 차이, 즉 갈라진 것을 이어 준 것인가, 현존하던 것을 드러내 준 것인가는 종교신학에서 중요한 논점의 차이로 나타난다. 예수가 이미 주어진 하느님 사랑을 드러내고 상징하며 표현해 준다고 이해하며 체험하는 것은 다른 성사들을 인정하고 요구하는 듯 보인다. 하느님의 영 안에 있는 다양한 시대의 다양한 문화들은 수많은 성사들을 보여 준다.

예수에 대한 이 같은 성사적 이해가 신약성경의 증언에 충실한 것인지, 그리고 이 성사적 이해가 그리스도인의 삶을 지켜 줄 수 있고 참된 대화로 이끌어 줄 것인지는 중요한 물음이다. 앞으로 이것들을 살펴볼 것이다.

III 관계 모델

많은
참된
종교가
대화에
초대받았다

● ● ● 제7장

철학적 다리

북미에 사는 수백만 그리스도인에게, 그리스도교만이 참된 종교가 아니라는 말은 진정 '복음'으로 들릴 것이다. 많은 그리스도인은 (대체 모델이 주장하는) 배타주의와 (완성 모델이 주장하는) 절대주의에서 막 벗어나는 시기에 살고 있다.[1] 신약성서학자이며 주류 그리스도교 공동체 구성원이자 진보적 사목자로 자처하는 마르쿠스 보그의 이 말은 관계 모델의 길을 알려 준다. 관계 모델에 공감하는 그리스도인은 앞선 두 모델에 제기한 질문들에도 공감할 것이다. 그들은 타종교들이 결국 그리스도교로 대체되거나 그리스도교에 의해 완성될 것이라고 보는 전통신학의 망원경이, 타종교는 물론 예수의 복음도 제대로 보지 못한다고 생각한다. 이들은 대체 모델과 완성 모델에서 벗어나고 있다. 또한 이들은 그리스도가 유일한 구원자이며 최종 말씀이라고 주장하면서 그리스도와 그리스도교의 '절대성'을

---

[1] Marcus Borg, "Jesus and Buddhism: A Christian View", *Buddhist-Christian Studies* 19 (1999) 96.

강조하는 데서 좀 더 '겸손해지는' 길을 찾고 있다. 이 길은 관계 모델을 따르는 그리스도인과 신학자들이 구체화시키려는 길이다.[2]

그러므로 이 장에서는 앞에서와 다르게 시소가 움직일 것이다. 완성 모델이 예수의 특수성 쪽으로 더 많이 기울어졌다면, 관계 모델은 타종교 안에 하느님의 보편적 사랑이 현존하신다는 쪽으로 더 많이 기울어진다. 두 모델은 모두 균형을 찾으려 한다. 어떤 모델이 더 균형을 잡고 있는지 살펴보겠다.

세 가지 질문

관계 모델을 살펴보기 앞서, 짚고 넘어가야 할 것이 있다. 관계 모델은 세 가지 질문에 답을 하고자 한다. 이 질문은 관계 모델이 지녀야 할 추진력과 방향을 알려 준다.

1. 어떻게 하면 그리스도인은 타종교인과 더 참된 대화를 할 수 있을까? 관계 모델을 철저히 다루기 위해 우리는 이 모델이 타종교와 참된 대화를 나누는 것에 가장 깊은 관심을 가진다는 점을 알아 두어야 한다. 이 모델을 따르는 그리스도인에게 이 관심사는 예수를 따르고 그분의 복음에 충실하려는 관심만큼이나 심오하고도 근본적인 것이다. 두 관심사는 서로를 떠받쳐 준다. 이들에게 타종교인과 대화하지 않고 예수를 따르는 것은 상상할 수 없는 일이며, 그 반대도 마찬가지다. 이들에게 타종교와의 대화는 필요불가결한 것이며 윤리적으로 절박한 사안이다. 1부에서 살펴본 수많은 이유 때문이다. 또 한편 이들에게 대화는 이웃 사랑의 본질적 부분이며

---

[2] Wesley J. Wildman, *Fidelity with Plausibility: Modest Christologies in the Twentieth Century* (Albany: State University of New York Press 1998).

꼭 필요한 요소다. 앞에서 보았듯이 상대에게 귀 기울이고 존중하며 배우려는 자세를 취하지 않는 것은 그들을 진정 사랑하는 것이 아니다. 대화란 그런 것이다.

따라서 이들은 유장한 종교 전통들에서 다양성이 아니라 잠재적 대화 상대자들을 본다. 이들은 타종교들이 지닌 다양성과 고유성만이 아니라 종교 간의 대화를 촉진하고자 한다. 이런 까닭에 다원주의 모델Pluralist Model 대신 관계 모델이라고 부르길 선호한다. 이 모델은 상호 관계를 성립시켜 주는 관계와 대화가 쌍방에서 이루어지고 양쪽이 서로서로 말하고 들으며, 상대에게서 배우고 변화할 여지를 열어 둔다. 관계 모델에서 상호 대화를 위협하는 것은 경계하는 것이다.

2. 우리는 어떻게 하면 대화를 위해 일정한 대화 자리를 찾아낼 수 있을까? 이 질문은 첫 번째 질문에 필연적으로 따라붙는다. '대화 자리'라는 명사와 '일정한'이라는 형용사는 이 질문이 찾는 답을 이해하는 열쇠다. 제2차 바티칸 공의회는 '일정한'이란 '평등한 관계에서' 대화할 때라고 밝혔다. 대화 참가자 가운데 어느 한쪽이 다른 쪽보다 능력이 뛰어나다거나 심판자나 조정자와 '특별한 관계'에 있는 한, 이 교류는 공정한 것이 될 수 없다. 그러므로 관계 모델 지지자들은 종교들이 '거의 동등하다'고 전제한다.[3] 이 말은 모든 종교가 똑같다거나 모든 면이 동일하다는 뜻이 아니다. 이 말은 모든 종교가 나름의 특유한 가치를 지닌 동시에 말하고 듣는 '평등한 권리'가 있다는 뜻이다.

따라서, 하나의 종교가 다른 모든 종교를 '능가한다'거나 '절대적'이라거

---

3 Langdon Gilkey, "Plurality and Its Theological Implications", in *The Myth of Christian Uniqueness: Toward a Pluralistic Theology of Religions*, ed John Kick and Paul F. Knitter (Maryknoll, N.Y.: Orbis Books 1987) 37-50.

나 '최종적'인 것으로서, (특히 하느님이 허락한) 우월성을 지녔다고 주장하는 사람들은 이 모델을 피하고 불편해한다.

이와 함께 참된 대화를 가능하게 해 줄 '대화 자리'가 필요하다. 이를 위해 관계 모델 지지자는 쉽게 섞일 것 같지 않은 두 요소를 섞고 싶어 한다. ① 종교들의 참된 다양성과 차이를 보존하려고 한다. 차이가 없다면 어떻게 대화가 가능하겠는가? 그리하여 관계 모델은 모든 종교가 본질적으로 같다거나 동일한 것을 말하고 있다는 식으로 쉽게 생각하지 않는다. ② 그러나 동시에, 종교들이 공통으로 가지고 있는 어떤 것이 일단 대화를 가능하게 한다고 본다. 이를테면 모든 종교가 축구 경기를 한다는 얘기다. 한 종교는 '농구' 경기를 하고 다른 종교는 '야구' 경기를 한다면, 그들은 서로 함께 경기를 할 수가 없다. 종교들은 명백히 다른 차이를 교차하는 공통된 무언가를 가지고 있다. 앞으로 보겠지만 이 '무언가'는 쉽게 결론짓거나 표현할 수 없는 것이다.

3. 어떻게 하면 대화를 지속시켜 줄 예수의 고유성을 명확히 이해할 수 있을까? 이 질문 역시 앞의 질문과 바로 이어지는 것이다. 타종교인들이 그리스도교와 대화할 만한 여지가 없다고 생각하는 이유 중 한 가지는 예수에 관한 그리스도인의 주장에 있다. 그리스도인이 대화하면서, 예수만이 모든 인류의 유일한 구세주이고, 그를 통한 하느님 말씀이 모든 이를 위한 하느님의 최종 말씀이라고 주장하는 한, 주고받을 만한 대화거리는 사라지고 경기는 그리스도교 승리로 끝난다. 더 나아가, 타종교들이 나름의 훌륭한 목표를 이루었다고 해도 마지막은 그리스도 지지자만이 우승할 수 있다. 이 말은 그리스도인이 타종교인과 놀이를 통해 많은 것을 배웠다고 해도, 아무 잃을 것이 없으니 전혀 걱정할 필요도 없다는 뜻이다. 그리스도인은 정말로 중요한 것은 아무것도 배울 수 없을 테니 말이다. 다른

말로 하면, 모든 이를 위해 하느님은 당신 사랑과 구원의 은총을 깔때기를 통해 단 하나의 형상인 예수 그리스도와 단 하나의 종교인 그리스도교 안에 모아 놓았기에, 참여자들이 서로에게서 많은 것을 배울 수 있다는 종교 간 관계 모델이란 불가능하다는 뜻이다.

따라서, 관계 모델은 마치 그리스도인이 타종교들을 이해하기 위해 선택한 방법처럼 보인다. 그리스도인은 그리스도와 교회에 대한 전통적 이해는 장애가 되는 교리이니 던져 버리고 타종교인과 참된 대화를 하는 윤리적 의무를 수행하는 것이 관계 모델이라고 정의 내린다. 이것은 잘못되었다. 다시 검토하고 다시 바라보아야 한다. 그리스도인은 자신이 타종교에서 새롭게 경험한 것을 통해 성경을 다시 읽고, 자신이 예수에게 깊이 투신한 만큼 예수가 자신을 타종교에 개방시켜 줄 수 있다고, 새롭게 예수를 이해하는 길을 찾아야 할 것이다. 그리스도인은 예수의 고유성을 흐려 놓고 싶어 하지 않는 동시에 하느님이 타종교에 부여한 고유성도 흐려 놓고 싶어 하지 않는다. 우리는 이로 말미암은 다양한 제안을 탐구하고 숙고할 것이다. 다시 한 번, 여러 신학자가 시소의 균형을 잡고자 애쓰고 있다.

관계 모델은 그리스도교를 비롯한 타종교들이 대화할 때 필요한 것과 삼가야 할 것을 밝힌다. 어떤 학자들은 모든 종교가 어느 한 부분이나 일정 부분에서 가장 뛰어나다고 본다. 그렇지만 대화에 참여한 타종교들이, 각기 자기가 마지막에 다른 모든 종교를 누르고 승리하도록 하느님이 뽑았다는 주장과 확신은 문제를 일으킬 것이다. 그들이 그런 문제를 알아차리든, 그 문제에 어떻게 대처하든 그것은 그리스도인의 과제가 아니다. 이 책은 그리스도인 사이에서 그리스도인을 위한 연구를 한다.

그리고 이 관계 모델에 대한 그리스도인 간의 논의는 미래를 바라보고 포용하게 해 줄 것이다. 몇십 년 전만 해도 관계 모델 주창자들은 교회 지도자와 신학자들 가운데 소수에 불과했다. 그러나 지난 세기말 발간된 가톨릭 신학 안내서는 다음과 같은 놀랄 만한 내용을 첨가시켰다. "다원주의적(관계적) 입장은 다양한 종교들이 있다는 경험적 사실에 가장 개방적이고 적절한 신학적 설명을 제시해 준다. 이 입장은 그리스도교 신학이 선택의 주체라는 포괄주의(완성 모델)를 대체하고 있다."[4]

어떤 이는 그리스도교가 여전히 '선택'하는 주체라고 확신하면서 이 말에 동의하지 않을지 모르겠다.

그리스도인이 종교 다원주의의 도전과 씨름하는 것을 방해하는 폭풍의 핵에 관계 모델이 있다고 보이므로, 다른 모델들보다 그 내용과 비판을 더 자세히 살펴보아야 할 것이다. 폭풍을 뚫고 나가려면, 가능한 한 많은 자료가 필요하기 때문이다.

세 개의 다리

관계 모델 주창자들은 자신의 입장이 '루비콘 강을 건넜다'고 표현하며, 그리스도인을 새 가능성과 새 불확실성의 세계로 초대한다고 말한다. 이 말은 자부심 강한 신학자들에게 토론의 장으로 나오라고 제안한다. 이 모델은 (그리스도인에게 기존 것을 포기하라고 요구하며) 전혀 새로운 것을 제시하지는 않지만, (철저하게 다시 바꾸길 요청하며) 진정 새로운 어떤 것을 탐구한다. 그리스도인을 안내하는 이 다양한 길을 구별하고 검토하기

---

[4] Wolfgang Beinert and Francis Schüssler Fiorenza, *Handbook of Catholic Theology* (New York: Crossroad 1995) 95. 이 책이 나오기 얼마 전, 칼 브라텐(Carl Braaten)은 종교다원신학이 "각 대학과 신학교의 종교학과에 쉽게 퍼지고 있으며, 진보적인 주요 교파 신학교를 재빠르게 잠식하고 있다"며 애석해했다["The Triune God: The Source and Model of Christina Unity and Mission", *Missiology* 18 (1990) 419].

위해, 관계 모델로 건너가게 해 주는 세 개의 다르면서도 보완적인 다리를 살펴보겠다.

1. 철학적·역사적 다리. 이 다리는 모든 종교의 역사적 산물들과 철학적 상상력이라는 두 기둥이 떠받치고 있다. 그리고 그 배후와 그 안에 하나의 신적 실재가 있다고 확신한다.
2. 종교적·신비적 다리. 이 다리는 많은 종교인이 지지하는, 신성은 어느 한 종교를 넘어서 모든 종교인이 체험하는 신비 안에 현존하고 있다는 주장이 떠받치고 있다.
3. 윤리적·실천적 다리. 이 다리의 구성물 역시 대다수 종교들 안에서 발견된다. 인간과 지구 생명체에 필요한 것들과 고통을 안겨 주는 것들은 모든 전통에 속한 사람들의 공통 관심사이기 때문이다. 이 고통은 모든 종교 공동체에 문제를 던져 주며, 함께하는 효과적인 대화를 통해 깨우침을 줄 것이다.

이 다리를 차례로 살펴보는 동안, 한 신학자의 안내를 받고 다른 동행자들의 주장도 고찰할 것이다. 이런 점에서 관계 모델은 다른 모델들보다 더 보편성을 띤다. 대체 모델은 주로 개신교 복음주의의 주장이고 완성 모델은 가톨릭 교회의 주장이기 때문이다. 또한 관계 모델의 세 개 다리는 같은 목적지로 가는 다른 길들이라는 것도 기억해야겠다. 이 다리들은 다양한 상황에서 여러 차례 교차하여 지나가도록 허용한다. 여행에 어떤 짐을 가지고 갈지, 어떤 문화에서 어떤 사람을 만날지에 따라 자연스럽게 다른 다리를 건널 수 있을 것이다.

철학적·역사적 다리

힉은 이 다리를 맨 처음 건넌 현대 그리스도인 신학자 가운데 한 사람으로, 다른 이들에게도 건너오라고 격려한다. 그는 영국인이지만 미국에 오래 머물렀으며, 자신이 체험한 영적이고 지적인 독특한 여행을 많은 그리스도인에게 알려 주었다. 영국의 제도화된 그리스도교에서 '겹겹이 둘러싼 지루함'을 체험했던 힉은 다른 것, 역동적이고 호감이 가는 제자직분discipleship을 찾아내었다. 그는 자신을 '강한 복음주의와 진정한 근본주의 그리스도인'으로 감전시키고 변모시킨 '영적 회심'을 체험하였다. 그는 개인적으로 예수가 자신의 '살아 계신 주님이자 구원자이며', '육화한 하느님의 아들이고', 전 인류의 구원자라고 느꼈다. 힉은 다시 태어났고 장로교회 목사가 되기로 결심했다. 그러나 종교학을 탐구하려는 열망과 여러 종교가 공존하던 고향 버밍엄에서 만나 함께 작업한 이들과 그들 신앙으로 말미암아, 힉은 '명백한 계시인 다원성'에 마음이 흔들린다. 그의 복음주의적 정착이 뒤흔들린 것이다. 그는 또 한 번의 회심을 겪었고, 이 회심은 예수에 대한 깊은 투신이 아닌 예수와 그리스도교와 종교 일반에 대한 신학에서 일어났다.

1970년대 초에 그는 그리스도교의 '코페르니쿠스적 전환'이라고 할 이론을 세운다. 이것은 이후 여러 대학교와 교회 담장 안 한가운데에서 발전하고 전파되었다.[5] 철학자요 신학자인 힉은 조심스럽고 정중하면서도 정밀하게 자기 신학을 전개한다. 그는 수많은 도시에서 좋은 친구들을 사귀었다.

---

5 John Hick, *God Has Many Names* (London: Macmillan 1980) 1-5.

새로운 종교 지도

힉은 '코페르니쿠스적 전환'과 '신앙이 세상에 펼쳐 놓는 새 지도'가 필요하다는 것을 증명하려고 과거를 끊임없이 돌아보고 있다. 그러나 그는 교회들이 이 증명과 실제 맞닥뜨리는 것을 두려워하고 있다고 생각한다. 그리스도교 종교신학은 대체에서 완성까지, '이교도'에서 '익명의 그리스도인'까지, 교회 밖에 구원 없다에서 몇 개 종교에는 구원 있다까지, 타종교들 안에는 어둠만 있다는 선언에서 '빛의 서광'이 비친다는 발언까지 나아갔다. 그러면서 힉은 타종교 안에 하느님이 현존하신다는 증명을 바라보라고 그리스도인을 재촉한다. 그는 타종교들을 '익명의 그리스도교'나 '복음을 준비하는 것'이라고 보는 신학적 노력도 '좋은 시도들'이라고 생각한다. 타종교를 그리스도 안에서 완성을 이루도록 이끌어 주는 '구원의 길들'이라고 본 라너의 주장을 힉은 "더는 수용할 수 없는 낡은 관점과 새 관점 사이의 심리학적 다리가 건설되고 있다"며 긍정한다. 그리고 "언젠가 우리는 이 다리를 벗어나 다른 길로 접어들 것이다"라고 덧붙인다.[6]

그 후 1973년에 힉은 다른 길에 접어들어 신학의 '코페르니쿠스적 전환'을 제안한다. 그것은 우주에 관한 코페르니쿠스 모델을 반영한다.

> (그것은) 타신앙 세계와 그 세계 안에 내 종교가 자리 잡고 있다는 개념을 철저히 변화시키는 것을 말한다. … (그것은) 그리스도교 중심이나 예수 중심에서 벗어나 하느님 중심으로 타신앙을 바라보라는 패러다임의 전환을 요구한다. 그때 우리는 하나의 신적 실재를 향한 인간의 다른 응답들, 곧 다른 역사와 문화적 환경에서 형

---

[6] John Hick, "Whatever Path Men Choose", in *Christianity and Other Religions*, ed. John Hick and Brian Hebblethwaite (Philadelphia: Fortress Press 1980) 180-1.

성되어 다른 이해를 보여 주는 위대한 세계종교들과 만난다.[7]

인류에게 종교의 중심은 더 이상 교회나 예수가 아니라 하느님이라는 힉의 생각은 그리스도인의 태도와 의식에 혁명을 불러온다. 나중에 가해진 비판으로 그는 자신의 이론을 다듬었고 더 이상 '하느님'이나 상징을 핵심이라고 말하지 않는다. 하느님이라는 형상은 흔히 '그리스도교 안에서 만들어진' 것이며 불교 같은 종교들은 하느님이나 신적 실재라는 말을 사용하지 않는다는 것을 알게 된 힉은, '실재'the Real나 '참실재'really Real라는 용어를 사용한다. 그는 하나의 이름이 아닌 하나의 목표를 바라본 것이고, 중심에 무엇이 있다는 것을 가리키기 위해서가 아니라 하나의 중심이 있다는 것을 지적하려고 이 용어를 택한다. 비록 인간은 그것을 명확하고 완전히 알 수 없겠지만 말이다.

실재는 하나지만 문화적 표현은 다채롭다

그런데 힉은 어떻게 모든 종교가 하나의 중심, 원천, 목표를 향한다고 확신할 수 있었던가? 적어도 철학자로서는 그럴 수 없었다. 그는 자신의 혁명적 관점을 하나의 가설로 제시했기 때문이다. 이것은 인류 종교사 자료를 볼 때 사리에 맞는 최상의 주장이다. 철학자 힉은 신적 존재의 현존과 신앙의 필요성을 입증할 수는 없지만, 우주의 원천과 핵심에 자리 잡고 있는 신적 실재가 행복과 건강한 삶을 가져다준다는 확신들에 대해선 말할 수 있다고 주장한다(일부 주장이 힉의 종교철학서에 나온다).[8] 지금, 누가 이런

---

7 John Hick, *God and Universe of Faiths* (New York: St. Martin's Press 1973) 131. 힉은 이후 자신의 다원주의적 관점을 *An Interpretation of Religion: Human Responses to the Transcendent* (New Haven: Yale University Press 1989)에서 더 정교하게 제시하였다.

의도에서 종교를 선택한다면, 동일한 신적 실재(기억하라, 이름 짓는 것이 아닌 목표를 향하는 데 주안점이 있다는 것을)가 다른 모든 종교의 핵심을 이룬다는 가설을 더 잘 수용하게 된다. 그 이유는 이렇다. 무엇보다도 먼저, 이 가설은 종교들 간의 의사소통과 협력이라는 실천적 목적을 북돋워 준다. 만일 종교들에 공통 원천이나 목표가 없다면, 종교들은 각기 다른 말을 하고 다른 곳으로 갈 것이다. 아니면 각자 다른 놀이를 할 것이다. 한 경기 규칙은 다른 경기에는 적용되지 않고, 한 종교의 관심사는 다른 종교들의 관심사와 전혀 다를 것이다. 의사소통이 이루어지지 않는 것은 고사하고 아예 시도도 하지 못할 것이다. 이 상태에서는 창조적인 식별을 한다고 해도 독창성도 식별력도 이야기 나누지 못할 것이다.

이 현실적 이유 말고도, 힉은 종교사를 연구하면서 본질적 이유를 찾아낸다. 기축 시기(기원전 800~서기 200) 이후, 그는 일련의 공통 사건이 벌어졌음을 간파했다. 그것은 그 시기 동안 거의 대다수 종교 전통이 형성되기 시작했다는 사실이다. 이렇게든 저렇게든 그 종교들은 모두 이 세상에 사는 인간 조건을 개선시키려고 노력했고, 삶의 방향을 자기중심에서 타자중심과 실재 중심으로 옮기거나 '회개'하게 만들어 더 나은 삶을 살게 하려 했다. 사람들은 각기 다른 정신세계에서 다른 의례와 교리를 믿지만 각 종교의 '성인들'이나 '깨달은 이들'은 서로 상당히 유사하다. 그들은 스스로 평화에 깊이 잠긴 동시에 다른 이와 함께 평화롭게 살고자 노력했기 때문이다. 철학자 힉은 이처럼 공통 윤리라는 열매를 맺는 아주 다른 나무들은 뿌리가 거의 같다고 결론 내린다.

더 나아가, 힉은 모든 종교 전통 안에 '오래 전부터 널리 전파'된 한 가지

---

8 참조: John Hick, *The Philosophy of Religion*, 4th ed. (Englewood Cliffs, N.J.: Prentice Hall 1990); *An Interpretation of Religion*, 210-30.

특성을 발견하고는 이를 철학적으로 표현한다. 모든 종교는 '인간 체험과 이해를 넘어선 무한한 깊이를 지닌 신성Godhead과 인간이 유한하게 체험한 신성 사이를' 구분한다. 달리 말하면, 모든 종교는 그들이 체험한 신성이나 실재가 항상 체험 이상임을 안다. 이 '이상'이야말로 모든 종교를 발전시키는 힘이라고 힉은 가정한다.[9]

종교사 안에서 자기가 발견한 것을 더 명확하게 밝히려고, 힉은 우리 정신이 무언가를 '인식'하기 위해 어떻게 작용하는지 철학자 임마누엘 칸트를 통해 고찰한다. 칸트에 따르면, 우리는 하나의 모습이 즉각 거울에 비치는 식으로, 모든 것을 직접 체험하지 않는다. 오히려 우리 정신 구조에 부어진 모든 감각 자료는 정신 구조의 틀이 받아들여 걸러 낸다. 그리고 우리 정신 구조는 우리가 살고 있는 시간과 장소, 사회와 문화의 영향을 많이 받는다. 여기에 착안하여 힉은 모든 체험이 '~로서 체험된 것'이라고 말한다. 우리는 결코 대상 자체 — 물 자체das Ding an sich — 를 즉각 정확히 포착해 내지 못한다. 오히려 우리가 인식했다고 주장한 것은 그 대상에 대한 하나의 이미지이며, 이 이미지는 인식 작용을 하는 정신이 형상화해 낸 것이다. 철학적으로 말하면, 우리는 항상 사물의 현상phenomenon, 즉 사물이 보이는 방식과 우리 정신이 그 사물을 다루는 방식에서 나온 이미지를 인식한다. 우리는 결코 진정 완전히 물 자체noumenon를 인식할 수 없다.

힉은 모든 종교 배후에 실재가 있다는 자신의 가설에 이것을 적용하여, 종교인들이 체험한 실재는 그들의 특정한 역사 · 사회 · 심리적 범주 안에서만 인식한 것뿐이라고 말한다. 그들은 결코 직접, 바로 옆에서 실재와 접할 수 없다. 그들은 실재의 '현상'을 인식하는 것이지 실재 자체를 포착

---

9 John Hick, *Problems of Religious Pluralism* (London: Macmillan 1985) 28-45; Hick, *An Interpretation of Religion*, 343-59.

할 수 없다. 힉은 칸트의 명성에 힘입어 이렇게 주장한 것이 아니다. 힉은 자신이 모든 종교에서 찾아낸 것을 칸트가 더 분명하게 밝혀 준다고 생각한다. 신성Divine은 신비한 그만큼 실재하며, 종교들은 신성이 참되다는 것을 알고 선포하지만, 이 진리는 인식한 것을 무한히 넘어선다. 따라서 인간이 믿는 많은 종교는 "궁극적인 신적 실재와 관계 맺은 다양한 방식의 체험과 상상과 삶으로 구성되어 있다. 그러나 궁극적인 신적 실재는 모든 다양성을 초월한다".[10]

  힉은 종교라는 그림 조각들이 항상 상징, 신화, 은유들로 칠해져 있다고 말한다. 그 그림 주제는 언제나 신비한 실재이므로, 우리에게 영향을 줄 수 없거나 우리가 영향을 받았더라도 그에 대해 말할 수 없다. 우리가 확정된 개념과 정의로 실재에 대해 말할 수 있다는 주장은 우리가 우리 몸을 빠져나오고 우리의 인식 방식을 집어치워 버릴 수 있다는 주장만큼이나 어리석은 생각이다. 이것은 신적 실재와 직접 바로 옆에서 얼굴과 얼굴을 맞대고 만난다는 주장이기 때문이다. 철학자들은 (우리가 천사가 아닌 한) 이것은 불가능하다고 말한다. 종교들은 이것을 신성모독이라고 할 것이다. 따라서 신적 실재에 대한 모든 체험이 인간의 모든 체험처럼 '~로 체험되는 것'인 한, 상징과 은유는 '~로서의 사물' 배후에 있는 여백을 채워 주고, 신성을 아버지 · 어머니 · 성령 · 불 · 길(道) · 힘으로 체험한다. 이렇게 종교들이 사용하는 모든 상징과 이야기와 신화들은 신성에 관한 참된 어떤 것을 말해 줄 때 의미를 지닌다. 그러나 힉은 그것들이 결국 실제에 대한 것보다 우리 자신에 대해 더 많이 말해 준다고 주장한다. 신의 영이 진정 어떤 존재인가보다는 우리가 신에게서 어떤 위로를 받고 신과 함께

---

10 Hick, *An Interpretation of Religion*, 14, 235-36.

어떻게 삶을 풀어 나가는가에 대해서 더 많이 말해 준다는 것이다. 다른 말로, 상징들은 신을 정의하기보다 신을 가리킨다.

힉은, 실재가 하나로 상징화된다 할지라도 사람들이 지각하고 표현해 온 상징들은 무수하다고 말한다. 신성 자체는 하나One divine noumen지만, 종교적 현상들은 많다. 그것도 아주 많다. 인간이 신적 실재의 현존을 표현해 온 방식이 자유자재하고 무진장하며, 각기 다른 표현들을 담고 있는 종교적 상징들이 빚어낸 인간 문화가 다양하기 때문이다. 다원성은 많은 종교와 상징들이 각기 다르고 모순될 수조차 있다고 본다. 예를 들어, 실재는 인격적 형태인 아버지나 어머니, 시바나 크리슈나로 상징화되는 동시에 비인격적 형태인 공空이나 도道나 힘으로도 상징화된다. 인간을 바라볼 때도, 어떤 종교는 인간 자아가 영원을 그리워하며 살아간다고 보고, 다른 전통은 인간이 실재라는 바다에서 자기를 궁극적으로 잃을 때 참자아를 발견하는 에너지에 합류한다고 이해한다. 힉은 이 같은 극적 차이에 놀랄 필요도 혼란스러워할 필요도 없다고 말한다. 인간의 사고가 만들어 낸 이 놀라운 모순은 실재의 풍요로움을 더 심도 있게 탐색해 보라는 초대다. 우리 인간과 실재 자체의 이 진실 때문에, 우리는 실재를 사랑 넘치는 아버지요 말로 표현할 수 없는 힘으로 체험할 수 있고, 우리 자신을 영원을 경험한 인간이요 아주 큰 그림 안에서 자기가 사라진 조각그림으로 체험할 수 있다.

우리가 그 깊이를 헤아린다면, 이 모순들은 이율배반이라기보다는 보완적이며 배타적이지 않다. 이 점을 확신한 힉은 때로 모순되어 보이는 종교적 상징과 신념들의 차이가 모든 종교의 종착점에 가서는 다르지 않을 것이라고 지적한다. 종교들은 실재나 인류의 궁극적 종말에 대해 인격적 상징이나 비인격적 상징을 사용하면서 자기중심에서 타자 중심으로 삶의 방향을 바꾸라고 각성시키고 안내한다. 실재를 아버지라고 믿는 그리스도교의 성자聖子와 실재를 공空이라고 믿는 불교의 깨달은 자(覺者)는 모두 평화로움에 감싸여 타인에 대한 연민을 가지고 소박하게 살 수 있다. 윤리적 유사함은 교리적 차이가 그다지 중요하지 않다고 말해 준다.

상대주의라는 미끄러운 비탈길 피해 가기

다양한 종교 전통들 안이나 그 배후에 단 하나의 실재만 있다고 한다면, 종교들은 서로 명백히 다르더라도 모두 똑같은 가치에만 매달린다는 말인가? 종교들은 각자 다른 도구를 사용함에도 동일한 일을 하고 있는가? 더 친숙한 예를 들어, 종교들은 하나의 산꼭대기를 각자 다른 길로 올라가고 있는 것인가? 어떤 길을 선택하건 마침내는 그 꼭대기에 도달한단 뜻인가? 관계 모델 주창자들 대다수는 아니라고 답한다. 그들은 관계 모델이 빠지기 쉬운 위험을 주시하고 있다. 따라서 각자 다른 종교적 길이 하나의 산꼭대기를 향한다고 보는 이들은 '상대주의라는 미끄러운 비탈길'로 미끄러지지 않도록 특별한 주의가 필요하다. 상대주의는 차이들을 무시하는 어두운 계곡이며, 종교적 교리와 실천들이 지닌 가치를 충분히 살펴보지 않는다. 상대주의자는 모든 종교가 얼마나 다르고 불가사이한가는 전혀 염두에 두지 않고 올라가자고 재촉한다. 그들은 마침내 정상을 밟을 것이다. 어떤 길을 가고 있는지 살필 생각은 않고 무작정 걷기만 한다!

그러나 힉과 동료 학자들은 철학적 다리에 서서 각 종교의 차이를 헤아려 본다. 모든 종교가 산 정상으로 오를 필요는 없다. 이것은 종교사 연구자들이 입증하는 사실이다. 아무도 종교가 개인과 사회와 세계에 엄청난 재앙을 불러왔다는 것을 부인할 수 없을 것이다. 종교라는 이름으로 종교인은 심리적 상처를 입혔고, 종교 단체는 착취를 일삼으며 전쟁을 벌였다.

인간이 범한 가장 끔찍한 죄를 '하느님이 원하신다'는 이유로, '하느님은 우리 편이다'라는 이유로, '하느님이 나를 통해 말씀하신다'는 이유로 자행해 왔다. 어느 한 신학자의 말처럼, 과거 역사는 물론 오늘날도 여전히 종교들은 참을 수 없는 수많은 사건을 벌이고 있다. 십자군 전쟁, 민족 차별, 고문, 마녀사냥, 성기 절단clitoridectomy 같은 것들을.¹¹ 간단히 말해서, 종교에 좋은 것이 많다면, 나쁜 것 또한 많다. 우리는 그 차이를 말할 수 있어야 한다. 또 우리는 위로 향하는 종교적 길들과 아래로 내려가거나 굽이에서 사라진 종교적 길들을 구별할 줄도 알아야 한다.

힉은 이것을 직시한다. 그는 "적어도 기축 시기 이후 모든 종교인, 종교적 실천, 종교적 교리는 동일한 가치를 가지고 있지 않다"고 주장한다.¹² 그렇다면 다음 질문이 즉각 제기된다. 우리는 어떤 가치를 기준으로 차이들을 밝힐 수 있는가? 다양한 종교들에 대해, 또 종교 간 대화에서 옳고 그름, 좋고 나쁨을 평가하는 기준은 무엇인가? 각자 다른 교리와 실천을 말하는 종교들이 모두 자아에서 타자로, 나에서 우리로 인간 마음을 바꾸어 놓는 것을 목표라고 한다면, 종교의 가치를 결정하는 잣대는 아주 확실하다. 그 종교는 '타인을 위해 자신을 희생'하도록 북돋워 주는가? 그 종교는 '자기중심을 포기하고 실재에게 자기를 내주거나 실재 안에서 자기를 버리도록' 도와주는가? 따라서 한 종교의 가치나 진리를 평가하기 위해, 우리는 그 종교가 얼마만큼이나 '무한히 더 나은 인간 존엄성을 위해 자기중심성에서 실재 중심성으로 전환하도록' 이끌어 주는가 따져 보아야 한다.¹³ 힉을 비롯한 많은 신학자가 이것을 따른다. 이 안내표는 상대주의와 그 위

---

11 Gilkey, "Plurality and Its Theological Implications", 44-6.

12 Hick, *An Interpretation of Religion*, 89, 299.

13 같은 책, 325.

태로운 기준들을 피하게 해 주므로, 종교들은 교리나 경험보다 윤리로 판단할 수 있다. 우리는 종교의 열매를 통해 종교들을 알게 될 것이다.

그러나 힉은 우리가 종교들을 완전히 알 수는 없을 것이라고 경고한다. 이 윤리적 표준을 가지고 종교의 특정 교리·실천·운동을 평가할 수는 있겠지만, 결코 '위대한 세계종교들 전체'를 판단할 수는 없다. 종교들의 교리 체계와 역사를 살펴보면, 너무나 다양하고 복잡하며 굽이굽이 흐르기 때문이다. 그 누구도 그리스도교와 불교가 말해 주는 윤리적 열매를 비교하는 데 필요한 모든 자료를 모으거나 완전한 그림을 제시할 수 없다. 그러므로 우리가 여전히 산 중턱을 오르면서 다투고, 산 정상에 올라 모든 것을 바라보지 않는 한, 전체 종교 세계에서 하나의 종교적 길이 다른 길보다 우월하다고 말할 수 없다. 우리는 그리스도교가 실재 전부를 보여 준다고 말할 수 없고, 힌두교나 불교보다 더 조화로운 삶을 살게 해 준다고도 말할 수 없다. 어떤 한 종교가 다른 모든 종교를 능가한다는 사실은 여행을 마쳤을 때, 정상에 올랐을 때, 역사의 막이 내려질 때에만 알 수 있다. 철학자 힉은 무신론자와 신앙인들 간의 논쟁은 그들이 각자 죽거나 역사 '종말'에만 해결될 것이라고 주장한다. 한 종교가 다른 종교들보다 뛰어나다는 문제의 진실도 마찬가지다. 사는 동안 우리를 고민하게 했던 것들은 끝날에야 알 수 있을 것이다. 그러므로 지금 우리는 걸어갈 뿐이다, 다른 길들과 함께 걸어가고 서로 도와주면서.

예수에 대해 무슨 말을 할 것인가?

이 역사적·철학적 다리를 옹호하는 이들은, 많은 그리스도인이 이 다리로 가기 어려워할 것임을 짐작하고 있다. 대체 모델과 완성 모델에서 살펴본 것처럼, 그리스도인은 예수만이 하느님과 인간 사이의 유일한 통로이며, 하느님의 단 하나뿐인 아들이고 유일한 구세주라고 믿기 때문이다. 힉과 동료들은 이들에게 신약성서학과 그리스도인의 구체적 체험을 토대로 예수 모습을 보여 주어 도움을 주고 싶어 한다. 그럴 때 다른 종교 지도자들을 깔보지 않고도 예수의 탁월한 위상을 확신할 수 있기 때문이다.

힉은 그리스도인에게 예수에 대한 전통적인 말을 포기하라고 요청하지 않는다. 그는 다만 그리스도인이 자기가 사용하는 언어의 특성을 이해하길 바란다. 그 언어는 고정된 사실을 알려 주고 명시하기 위한 과학적 언어가 아니다. 오히려 그 언어는 상징과 은유를 사용한 시적 언어다. 이 시적 언어는 객관적인 어떤 것을 표현하기보다는 감각이나 직관을 통해 다가오는 것, 말이 표현하는 것 너머에서 느껴지는 어떤 것을 표현하고자 한다. 이것은 신약성경과 역사를 아우르며 예수가 사용했던 그 언어다. 메시아, 구세주, 하느님 말씀, 사람의 아들, 선한 목자, 특히 하느님의 아들은 시적 언어다. 초기 그리스도인은 예수의 모든 말과 처신을 철저히 조사한 후 합리적 결론을 내린 것이 아니라 예수 안에서 예수를 통해 체험했던 것을 표현하려고 애쓰면서 앞의 모든 언어와 이미지를 예수에게 적용시켰다. 그들은 예수가 그들 삶에 어떤 영향을 미쳤는가 말하고 싶어 했다. 그들은 머리로 결론 내린 것이 아니라 마음에서 일어난 사건을 표현했다. 그래서 그들은 철학이나 과학 언어가 아닌 시적 언어를 사용했다.

그리고 그들은 이 언어가 상징과 은유와 이미지와 동행하며, 그들을 길들여 온 유다교와 그리스 로마 문화 안에 있음을 찾아내었다. 초창기부터 사용한 것은 아니지만 핵심 상징들 중 하나는, 예수의 첫 번째 추종자들이 육화에 적용한 언어, 즉 예수는 하느님 말씀의 육화요 하느님의 아들이라는 언어다. 이 언어가 어디서 왔고 무엇을 뜻하는가 밝히기 위해, 힉은 예수 자신은 결코 이 말을 하지 않았다는 성서학자들의 일반적 상식을 지적한다. 예수는 결코 자신을 하느님의 아들이라고 부르지 않았다. 이 말은 예수가 살고 죽은 후까지 그와 함께 한 체험에 사로잡힌 초기 그리스도인이 그에게 부여한 칭호다. 이 남자가 하느님의 현존과 힘을 자기네 삶 안에 채워 주었고 아직도 채워 주고 있다는 의미를 담아, '하느님의 아들'이라는 이미지를 사용했다. 이 칭호는 하느님과 아주 가까이 있고 하느님이 택한 사람을 가리키기 위해 유다 전통에서 자주 사용하던 것이었다. 이 칭호는 특별함을 가리키고 있지, 배타성을 뜻하지 않는다.

그러나 초기 교회 공동체가 그리스 로마 세계에 깊이 연루되자, 하느님의 아들이라는 이미지는 육화와 더불어 유일신 개념에 묶인다. 힉은 이를 충분히 이해할 만하다고 말한다. "인간 생명 안에 구체화된 신성 개념은 고대 세계에 널리 퍼져 있었고, 이 문화적 상황에서 예수의 신격화는 그리 놀랄 만한 일이 아니다."[14] 그러므로 요한 복음은 아름다우면서도 매우 그리스적인 예수 모습, 즉 인간 안에서 육신을 취한 하느님 말씀이라는 예수를 빚어낸다. 육화 이미지도 담고 있는 요한 복음은 신약성경 가운데 가장 늦게 쓰인 책에 속한다. 예수가 육화한 하느님의 아들이라는 은유는 그리스도교 역사 한가운데 자리를 잡아 계속되고 있다. 힉은 이 육화와 하느님의 아들에 관한 시적 이미지가 초기 교회 공의회들을 거치면서 그리스 철학의 주춧돌이 되었다고 말한다. 이 이미지들은 고정되고 단단해져서 '본성', '위격', '실체'라는 철학적 언어와 함께 굳어져 갔다. 신약성경의 시는 "산문으로 딱딱해지고 은유적인 하느님의 아들son of God은 형이상학적인 하느님의 아들God the Son, 성부와 본질이 같고 삼위일체 신격에 포함된 성자로 자동 조절되었다". 물론 이 철학적 산문에서 하느님의 아들son of God

---

[14] John Hick, "Jesus and the World Religions", *The Myth of God Incarnate*, ed. John Hick (London: SCM 1977) 174.

이라는 것은 하느님의 유일한 아들the only Son of God이라는 뜻이다.

힉은 이 변천을 예수의 실제 모습에서 멀어지게 만든 잘못으로 보지 말라고 한다. 오히려 초기 그리스도교 공동체가 예수 체험을 '절대 언어로' 표현하려고 한 것은 자연스러운 일이었다. 예수를 성부와 동일 본질인 하느님의 아들로 이해하는 것은 그리스 로마 그리스도인이 '자기네 문화에서 하느님을 만났던 한 인물인 예수의 중요성을 효과적으로 표현한 방식'이었다. 그러나 그것은 당대엔 효과적이고 아무 문제 없는 표현 방식이었으나 지금은 그렇지 않다고 힉은 말한다. 오늘날 육화와 '하느님의 아들' 칭호를 문자 그대로 고지식하게 이해하는 것은 설명할 수 없는 철학적 문제를 던져 줄 뿐 아니라(451년 칼케돈 공의회에서 선포한, 한 위격 안에 두 본성이 존재한다는 것을 어떻게 설명할 것인가?), 예수에 대한 '하나이며 유일한'이라는 언어를 발생시켜, 타종교인과의 대화를 가로막고 그들을 불쾌하게 만든다.

그리하여 힉은 예수를 하느님의 아들로 믿는 교리와 육화 교리를 치워 버릴 것이 아니라 시이며 상징이고 은유로 받아들이라고 제안한다. 이것은 그리스도교의 핵심 신조를 문자 그대로가 아니라 진지하게 이해하라는 뜻을 담고 있다. 이것은 힉이 제안한 '코페르니쿠스적 전환'의 또 다른 선동적이고 논쟁을 촉발하는 측면이다. 그리스도교의 예수 교리를 문자주의로 보지 말라고 권하기 때문이다. 마치 교회가 과거 창조 교리의 문자주의를 뛰어넘었듯이 말이다. "그리스도교는 신학적 근본주의와 육화에 대한 문자주의 해석에서 빠져나올 것이다. 마치 성서적 근본주의에서 빠져나왔던 것처럼."[15] 많은 그리스도인이 더는 문자 그대로 하느님이 6일 동안 세상을 창조하셨다고 믿지 않듯이, 하느님은 문자 그대로 단 하나의 유일한

---

15 같은 책, 183-4.

아들만을 둔 문자 그대로의 한 분 아버지라고 믿지 않게 될 것이다.

그렇다면 그리스도인이 문자 그대로 '하느님의 아들' 이미지를 믿지 않고, 하나의 상징으로 진지하게 이해한다는 말은 무슨 뜻인가? 무엇보다 먼저, '예수는 하느님의 아들'이라는 진술을 예수에 대한 말이기보다는 우리 자신 — 혹은 초기 그리스도인 — 에 대한 진술로 본다는 뜻이다. 상징과 시는 우리에게 '경험적·형이상학적' 내용을 주는 것이 아니라 어떤 태도와 느낌과 확신과 응답을 표현하거나 자극한다. 따라서 초기 그리스도인이 예수를 하느님의 아들이라 부르기 시작하고 그 후 계속 그렇게 불렀을 때, 그것은 하느님이나 예수가 그렇게 하라고 그들에게 알려 주었기 때문이 아니라 하느님이 그들에게 다가와 말하신다고 느꼈고, 예수를 통해 영감을 받았기 때문이다. 그들은 예수를 만난 것이 하느님을 만난 것이었다고 깨달았다. 하느님은 예수를 통해 그들 삶 안으로 들어오셨고, 이 둘을 구별하기는 어려운 일이었다. 이것을 어떻게 말할 것인가? 예수가 자기 삶에 영향을 미쳤고 다른 이들에게도 똑같이 그럴 수 있다는 것을 어떻게 전할 것인가? 유다인은 항상 하느님의 아들에 대해 말했다. 그리스인은 '신적 인간'을 믿었다. 바로 예수야말로 탁월하게 그렇다. 그는 신이고 하느님의 아들이었다.

힉은 '하느님의 육화'와 '하느님의 아들'이라는 은유적 언어를 가지고 예수보다 그리스도인을 더 강조하면서도, 예수에 대하여 매우 참된 것도 말해 준다. 예수를 하느님의 아들로 보는 상징적 언어가 현대인에게 주는 의미를 밝히면서, 힉은 4~5세기에 열린 공의회 이후 교회를 지배해 온 로고스 그리스도론이나 육화 그리스도론보다 신약성경에 나오는 성령Spirit/inspirational 그리스도론에 더 관심을 기울이라고 제안한다. 성령 그리스도론 안에서 예수는, 하느님이 문자 그대로 하늘에서 내려오셔서 문자 그대로 예수의 어머니를 수태케 했기 때문에 신성한 것이 아니다. 예수는 모든 사람 안에 계신 성령을 충만히 받아들였고 성령에게 온전히 응답했기 때문에 신성한 것이다. 성령 그리스도론은 마리아 이야기를 거룩한 성령에 의한 임신이라고 상징적으로 이해한다. 성령이 예수가 존재한 첫 순간부터 예수와 통합되어 현존했다고 말이다.

이처럼 예수가 성령으로 충만했다고 이해할 때, 예수는 신적 본성이라는 추상적 철학 개념으로 포착되지 않고 하느님의 사랑이라는 역동적 실재로 파악된다. 여기서 신성은 예수를 구성하는 실체나 요소가 아니다. 오히려 신성은 모든 사람을 끌어안고 서로 품으라고 부르는 사랑의 행위로 이해할 수 있다. 예수는 성령에 온전히 응답했기 때문에, 이 세상 안에서 사랑을 펼쳐 보인 하느님의 사랑이 되었다. 힉은 하느님 사랑과 예수 사랑 사이를 '수치화'하려는 데서 훌쩍 넘어선다. "예수의 사랑은 하느님의 사랑을 대표하지 않는다. 예수의 사랑은 유한한 형태의 사랑이다. 예수의 사랑은 영원한 신의 사랑이 인간의 몸을 취한 것이다."[16] 그리스도인은 이것을 깨닫고 있었다. 예수 살아생전에 함께 어울리며 체험한 것을 통해, 예수가 죽고 난 후 팔레스타인 길가에서, 성경책 갈피에서 만나고, 아침 식사 때 빵을 떼면서도 계속 만난다. 이때 그리스도인은 바로 하느님의 사랑이 그들을 감싸며 다른 이를 사랑하도록 격려한다고 느낀다.

이 점에서 예수가 신성을 지녔고 놀라운 일을 했다고 선포하게 된다. 그렇지만 이것은 다른 종교적 인물들도 놀라운 일을 했다는 주장을 배제하지 않는다. 그리스도교 전통과 체험을 가지고 그리스도인은 예수야말로 하느님의 사랑을 보여 주고 밝혔다고 말할 수 있지만, 예수만이 완전하게

---

[16] Hick, *God and the Universe of Faiths*, 148-58.

하느님의 사랑을 보여 주었다고 말하기는 어려울 것이다. 철학자 힉은 "신의 사랑이 다른 누구보다 예수의 삶 안에 완전히 육화했을 수 있다"고 주장한다. 그러나 이 가능성은 예수와 다른 종교적 인물에 대한 '역사적 정보를 토대로 해서만' 주장할 수 있다. 우리는 확실한 사실을 증명할 만큼 충분한 사료를 모을 수 없다. 따라서 '~만'이라거나 '완전히'라는 말을 사용하지 말고, 그리스도인은 "하느님의 은총과 사랑이 예수의 사랑 안에서 강력하게 드러났으며, 오늘도 이것을 깨달을 수 있다"[17]고 말하는 것이 타당하겠다.

예수의 고유성에 대한 힉의 이해 방식은 정확한 라틴어로 요약할 수 있다. 그리스도인은 예수가 '온전한 하느님'totus Deus (wholly God)이라고 계속 타종교인에게 말할 수 있고 말해야 한다. 그러나 예수를 '하느님 전체'totum Dei (the whole of God)라고 말해서는 안 되며 말할 수도 없다. 예수의 전 생애, 예수의 말과 처신에 하느님의 영이 부어져 있었고, 예수는 하느님의 영을 드러내었다. 그러나 하느님 영의 존재와 일하심을 예수나 특정 인물로 한정할 수는 없다. 이것은 철학적 진술이 아니다. 많은 신약성서학자들은 예수가 자신을 어떻게 생각하고 있었는지 밝혀 준다. "역사상 위계적 그리스도론들과 달리, 예수는 복음서들과 새로운 성경 서간들에 서술된 것처럼, '하느님 중의 하느님'all the God of God으로 자신을 보길 원치 않았다."[18] 이 말은 타종교 지도자나 인물들 역시 '온전한 하느님'[19]일 수 있음을 허용한다.

---

[17] John Hick, "Evil and Incarnation", *Incarnation and Myth: The Debate Continued*, ed. Michael Goulder (Grand Rapids, Mich.: Eerdmans 1979) 83-4.

[18] Douglas John Hall, *Why Christian? For Those on the Edge of Faith* (Minneapolis: Fortress/Augsburg 1998) 33.

[19] Hick, *God and the Universe of Faiths*, 159.

타종교를 이해하기 위한 힉의 철학적 다리가 너무 좁다거나 그리스도인에서 별 설득력이 없다고 여긴다면, 다음에 살펴볼 다리들은 더 넓고 합리적일 것이다.

더 읽을 책

APCZYNSKI, John V. "John Hick's Theocentrism: Revolutionary or Implicitly Exclusivist?", *Modern Theology* 8 (1992) 39-52.

COBB, John B., Jr. "Beyond 'Pluralism'", in *Christian Uniqueness Reconsidered: The Myth of Pluralistic Theology of Religions*. Ed. Gavin D'Costa. Maryknoll, N.Y.: Orbis Books 1990, 81-95.

D'COSTA, Gavin. "The New Missionary: John Hick and Religious Plurality", *International Bulletin of Missionary Research* 15 (1991) 66-70.

———. "Whose Objectivity? Which Neutrality? The Doomed Quest for a Neutral Vantage Point to Judge Religions", *Religious Studies* 29 (1993) 79-96.

DUFFY, Stephen J. "The Stranger within Our Gates: Interreligious Dialogue and the Normativeness of Jesus", in *The Myriad Christ: Plurality and the Quest for Unity in Contemporary Christology*. Ed. T. Merrigan and J. Haers. Leuven: Leuven University Press 2000, 3-20.

FREDERICKS, James L. *Faith among Faiths: Christian Theology and Non-Christian Religions*. New York: Paulist Press 1999, 37-54; see also 79-118.

GILKEY, Langdon. "Plurality and Its Theological Implications", in *The Myth of Christian Uniqueness: Toward a Pluralistic Theology of Religions*. Ed. John Hick and Paul F. Knitter. Maryknoll, N.Y.: Orbis Books 1987, 37-50.

GILLIS, Chester. "Radical Christologies? An Analysis of the Christologies of John Hick and Paul Knitter", in *The Myriad Christ: Plurality and the Quest for Unity in Contemporary Christology*. Ed. T. Merrigan and J. Haers. Leuven University Press 2000, 521-34.

HEIM, S. Mark. *Salvations: Truth and Difference in Religions*. Maryknoll, N.Y.: Orbis Books 1995, ch. 1.

HICK, John. *A Christian Theology of Religions: The Rainbow of Faiths*. Louisville: Westminster/John Knox Press 1995, ch. 4-6.

——. *An Interpretation of Religion: Human Responses to the Transcendent*. New Haven: Yale University Press 1989, 21-55, 233-51, 299-361.

——. "A Religious Understanding of Religion: A Model of the Relationship between Traditions", in *Inter-religious Models and Criteria*. Ed. J. Kellenberger. New York: St. Martin's Press 1993, 21-36.

——. "Straightening the Record: Some Responses to Critics", *Modern Theology* 6 (1990) 187-96.

INSOLE, Christopher J. "Why John Hick Cannot, and Should Not, Stay out of the Jam Pot", *Religious Studies* 36 (2000) 25-33.

KAUFMAN, Gordon D. "Religious Diversity, Historical Consciousness, and Christian Theology", in *The Myth of Christian Uniqueness: Toward a Pluralistic Theology of Religions*. Ed. John Hick and Paul Knitter. Maryknoll, N.Y.: Orbis Books 1987, 3-15.

MERRIGAN, Terrence. "The Historical Jesus and the Pluralist Theology of Religions", in *The Myriad Christ: Plurality and the Quest for Unity in Contemporary Christology*. Ed. T. Merrigan and J. Haers. Leuven University Press 2000, 61-82.

——. "Religious Knowledge in the Pluralist Theology of Religions", *Theological Studies* 58 (1997) 686-707.

MIN, Anselm K. "Christology and Theology of Religions: John Hick and Karl Rahner", *Louvain Studies* 11 (1986) 3-21.

NETLAND, Harold A. "Professor Hick on Religious Pluralism", *Religious Studies* 22 (1986) 249-62.

OGDEN, Schubert M. "Problems in the Case for a Pluralistic Theology of Religions", *Journal of Religions* 68 (1988) 493-507.

RACE, Alan. *Interfaith Encounter: The Twin Tracks of Theology and Dialogue*. London: SCM 2001, 65-123.

SCHILLEBEECKX, Edward. *The Church: The Human Story of God*. New York: Crossroad 1990, 1-14, 144-86.

Twiss, Sumner B. "The Philosophy of Religious Pluralism: A Critical Appraisal of Hick and His Critics", *Journal of Religion* 70 (1990) 533-67.

Wildman, Wesley J. "Pinning Down the Crisis in Contemporary Christology", *Dialog* 37 (1998) 15-21.

제8장

신비적 다리와 예언적 다리

종교적·신비적 다리

흔히 종교적·신비적 다리와 철학적·역사적 다리는 애초에 다른 것을 다루므로 주요한 차이가 있다고들 말한다. 인간에서 시작하는 철학자와 역사학자는 어떤 종교도 신성에 대한 가장 완전한 최종 진리를 선언할 수 없다고 주장한다. 인간의 모든 지식은 특정 역사에 매이고 특정 사회에서 만들어진, 그러니까 한정된 것이기 때문이다. 한편 종교적·신비적 접근 방식을 취하는 이들은 신에서 출발하고, 모든 종교인에게서 나타난다고 생각되는 것을 강조한다. 그것은 모든 종교의 정수에 이르면 느끼고 표현할 수 있는, 인간이나 인간 공동체를 무한히 넘어서는 어떤 것이다. 철학자들은 어떤 종교도 완전한 최종 진리를 전해 줄 수 없다고 보고 모든 종교 가르침이 유한하다고 보는 반면, 신비가들은 전달된 메시지가 무한하다고 강조한다.

그러나 두 다리의 상당한 차이는 그리 중요치 않다. 종교적·신비적 다리를 걷는 그리스도인에게 정말 중요한 것은 신적 존재가 (누구나 인정하듯) 무한하다는 점이 아니라, 많은 타종교 안에서 동일한 신적 신비나 신적 실재를 체험한다는 사실이다. 중요한 신비적 체험이 종교 전통들 안에서 고동치고 있고, 시간의 흐름 속에서 계속되고 있다. 그리고 이 중요한 신비적 체험은 모든 종교 안에서 이루어진다. 각 종교인과 종교 공동체는 각자 다른 자기네 '사회적' 안테나를 통해 이 실재의 소리를 듣고, 종교들은 모순과도 같은 '각기 다른 각성 체험'mind-boggling differences을 말한다. 이 다리를 건너는 여행자들은 신앙 공동체들 사이의 놀랄 만한 차이를 등한시할 수 없다. 그러나 이 차이에도 불구하고, 하느님을 인격으로 보거나 초인격으로 보는 것과 심지어 하느님을 무無로 보는 것 사이의 긴장에도 불구하고, 종교 다원주의를 이해하고자 신비적 길을 택한 이들은 이 차이들이 다른 종교의 우물에 물을 채워 주는 더 깊은 신적 원천을 풍요롭게 만들어 준다고 확신한다.

그들은 어떻게 이것을 알까? 모순된 차이들 앞에서 도망치는 것 같은 이 주장을 그들은 무엇에 근거하여 하고 있는 것인가? 신비가들은 철학적 논증과 역사적 증거를 가지고 종교들 간의 놀라운 유사성과 놀라운 차이점을 지적하면서도, 여전히 모든 종교 안에 신비적 중심이 있는 중요한 이유는 신비적 체험 때문이라고 말한다. 우리는 신비적 체험을 했을 때 그 신비적 체험을 안다. 한 신학자는 다음과 같이 말한다. "(종교들 사이에는) 분명 일치점이 있다. 이 일치점은 신비적 차원에서만 포착할 수 있다."[1] 이 차원은 깊은 곳에 내려가 있다. 이 신비적 다리를 옹호하는 이들은, 우리가 믿는 특정 종교를 통해 더 깊은 종교체험을 할 수 있고, 우리가 체험한 것은 우리 종교 안에 가두어 둘 수 없음을 더 잘 알게 되며, 타종교들 안에

---

[1] Felix Wilfred, "Some Tentative Reflections on the Language of Christian Uniqueness", *Vidyajyoti* 57 (1993) 666.

서도 동일한 신비를 깨달을 수 있으리라고 더 열린 자세로 민감하게 감지한다. 우리 자신의 종교 속으로 더 깊이 침잠하는 그만큼, 모든 종교를 풍요롭게 해 주는 하나의 지하수가 있음을 더 잘 알게 될 것이다.

이 다리를 건너게 해 주는 안내자는 대개 아시아인이지 싶다. 이 다리는 신비가들을 위해 신비가들이 세웠고, 신비주의의 꽃은 서양 종교보다는 동양 종교의 토양에서 더 풍부하게 피어났다. 따라서 이 다리를 건널 수 있도록 도와줄 그리스도교 신학자들은 아시아에 살거나 아시아 종교 문화의 영향을 받은 스탠리 사마르타Stanley Samartha, 마이클 아말라도스Michael Amaladoss, 세바스티안 파이나다스Sebastian Painadath, 펠릭스 윌프레드Felix Wilfred, 프랜시스 드사Francis D'Sa, 세이치 야기Seiichi Yagi. 그리고 동양에서 많은 것을 배운 유명한 서양인 토마스 머튼Thomas Merton이 있다.[2] 그러나 여기서는 20세기에 종교 간 대화를 위해 애쓴 저명하고 박식한 레이몬 파니카를 살펴보겠다.

---

[2] Michael Amaladoss, *Making All Things New: Dialogue, Pluralism, and Evangelization in Asia* (Maryknoll, N.Y.: Orbis Books 1990); Amaladoss, "The Mystery of Christ and Other Religions: An Indian Perspective", *Vidyajyoti* 63 (1999) 327-38; Francis X. D'Sa, "The Interreligious Dialogue of the Future: Exploration into the Cosmotheandric Nature of Dialogue", *Vidyajyoti* 61 (1997) 693-707; D'Sa, "The Universe of Faith and the Pluriverse of Belief: Are All Religions Talking about the Same Thing?" *Dialogue and Alliance 11* (1997) 88-116; Sebastian Painadath, "Spiritual Dynamics of Dialogue", *Vidyajyoti* 60 (1996) 813-24; Stanley J. Samartha, *One Christ, Many Religions: Toward a Revised Christology* (Maryknoll, N.Y.: Orbis Books 1991); Felix Wilfred, "Towards a Better Understanding of Asian Theology", *Vidyajyoti* 62 (1998) 890-915; Seiichi Yagi, "What Can Claim Absoluteness? The Uniqueness of Jesus and the Universality of the Self", *Journal of Asian and Asian American Theology 1* (1996) 28-42; Yagi, "'I' in the Words of Jesus", in *The Myth of Christian Uniqueness: Toward a Pluralistic Theology of Religions*, ed John Hick and Paul F. Knitter (Maryknoll, N.Y.: Orbis Books 1987) 117-34.

신-인간-우주의 일치

레이몬 파니카는 오랜 세월 다양한 세계를 왕래하며 교류를 맺어 왔다. 스페인(카달란) 가톨릭계 어머니와 인도 힌두계 아버지를 둔 그는 아메리카에 있는 대학교와 인도에 있는 대학교를 오가며 학문을 닦았다. 그는 후에 이렇게 말했다. "나는 그리스도인으로 '남아 있으면서' 힌두인인 '나 자신을 발견했다'. 그리고 그리스도인이라는 것을 포기하지 않은 채 불자로 '돌아와 있다'." 그는 놀랄 만큼 폭넓은 종교 간 탐구를 해 왔다. 박사 학위를 받은 화학 · 철학 · 신학을 12개 언어로 말하고 최소 66개 언어로 집필했으며, 30개 이상의 저술과 300개 논문을 출판하였다. 이 모든 그의 연구와 비교 교의학은 자신이 직접 수행한 개인적이고 신비적인 체험과, 다양한 종교 전통들에서 확인하고 배운 것에 뿌리내리고 있다. 사제 수품을 받고 '가톨릭 신앙을 실천하는' 그는 매일 요가와 명상을 수행하고 있다. 그는 여러 학문을 통해서뿐 아니라 침묵에서 비롯되는 것도 숙고하고 말한다.

그가 신비적 체험을 통해 찾아낸 것은 모든 종교의 풍부한 다양성과 깊은 일치에서 나온 어떤 것이다. 그는 이것을 '종교가 가진 근본 진실'이라고 부른다. 이 진실은 "교리에 있지 않고 도처에 현존하며 모든 종교 안에 들어 있다".[3] 이것은 체험, 그것도 한순간의 체험을 통해서만 알 수 있으며, 이 세상과 우리 자신에 대해 참된 것을 말해 준다. 이 체험은 우리를 하나로 연결되어 일치하고 있는 존재의 부분으로 빨려 들어가게 해 준다. 이 체험을 통해 우리는 신적 존재나 초월적 신비하고만 하나가 되는 것이 아니다. 이 신비를 간직한 체험은 우주 내재적인 바로 여기, 유한한 이 세

---

[3] Raimon Panikkar, "The Category of Growth in Comparative Religion: A Critical-Self-Examination", *Harvard Theological Review* 66 (1973) 115, 131: Panikkar, *The Intrareligious Dialogue* (New York: Paulist 1978) 2-23.

상에 속하게 해 준다. 파니카는 이 신비가 사람들 및 이 세상과 하나를 이룬 존재 자체로 체험된다고 말한다. 따라서 신비적 체험을 하게 해 주고 이 체험이 무엇인지 밝혀 주는 세 구성 요소는 신적 존재, 인간, 이 세상이다. 이 세 구성 요소는 서로 관계 맺고 있기에, 서로에게서 자기 존재를 보고, 이 관계를 떠나서는 존재할 수 없다. 분명 신적 존재는 인간과 전혀 다르고, 인간도 세상과는 다르다. 파니카는 하나가 다른 하나에 환원된다고 말하지 않는다. 그렇지만 불과 산소가 서로 기대고 있듯이, 그들은 서로에게 존재를 주는 관계에 있다.

파니카는 신비적 체험을 '우주신인적cosmotheandric 체험'이라 부르고 모든 것은 '우주신인적 실재'[4]로 존재한다고 말한다. 그리스어로 코스모스cosmos는 세상, 테오스theos는 신, 아네르aner는 인간이라는 뜻이다. "여느 현실적 사실이 그렇듯이 우리는 이 셋이 실재를 구성하는 바꿀 수 없는 차원에 있다고 말하길 더 좋아한다."[5] 신비가들은, 똑같은 말이든 다른 어떤 말이든 사용하지 않으면서도, 신적 존재가 인간과 물질 사이에서 숨 쉰다는 것을 안다. 인간은 신적 존재가 우리 안에 존재하고 지구가 우리를 구성한다는 것을 깨닫지 못하는 한, 우리가 누구인지 모른다. 또 지구의 신성함과 지구가 우리와 하나를 이루고 있다는 것을 감지할 수 없다면, 우리는 지구를 제대로 이해하지도 보듬어 내지도 못할 것이다. 그러므로 신·인간·물질 간 상호 관계성은 단순히 주어진 고정된 실체가 아니다. 그것은 살아 있고 성장하며 변하고, 인간이 신적 존재와 지구를 어떻게 바라보고

---

4 범우주적인 신·인 양성적 실재라는 번역도 있다(폴 니터 『오직 예수 이름으로만?』 변선환 역, 한국신학연구소 1987, 251; 이찬수·유정원 『종교신학의 이해』 분도출판사 1996, 175, 각주 5 참조 — 역자 주).

5 Raimon Panikkar, *The Cosmotheandric Experience: Emerging Religious Consciousness* (Maryknoll, N.Y.: Orbis Books 1993) ix.

응답하느냐에 달려 있다. 신과 인간의 관계에 초점을 맞춘 파니카는 다음과 같은 철학시詩를 말해 준다.

> 인간과 하느님은 둘도 아니고 하나도 아니다. … 하느님과 인간 — 세상을 포함 — 의 두 실재가 있는 것도 아니요, 하느님이나 인간 둘 중 하나가 있는 것도 아니다. … 하느님과 인간은 실재를 이루고 역사의 전개와 끊임없는 창조를 위해 긴밀하고도 본질적인 협력을 한다. … 하느님, 인간, 세상은 하나의 독특한 모험 안에서 연대하며, 참된 실재를 이루어 낸다. … 우주신인론cosmotheandrism은 인간과 세상의 무한성 및 하느님의 유한성이라는 역설 안에서 성립한다.[6]

따라서 이 우주신인적 체험과 실체는 이 세상의 다양한 종교적 흐름 안에 자리 잡고 있으며 이 흐름 안에서 이해할 수 있다. 우주신인적 체험과 실체는 신과 사람을 비롯한 모든 피조물과 일치감을 경험한 이들의 신비적 체험을 구성하며, 더 깊고 자기를 내주는 관계 안에서 살도록 부른다. 이런 의미에서 파니카는 이 체험이 '역사의 전개와 끊임없는 창조'에 기여한다고 말하였다. 신비가들은 파니카의 이 확신을 어느 정도 알 것이다. 그리고 엄청나게 다양한 종교들이 더 깊은 차원에서 일치한다는 점도 알 것이다. 그들은 자기 종교의 가치를 아는 동시에 자기 종교에서 해방되기도 할 것이다. 파니카는 "가톨릭을 벗어난 이, 마르크스주의를 벗어난 이, 불교를 벗어난 이는 있어도, 신비가가 아닌 이는 알지 못한다"고 말했다.[7]

---

6 Raimon Panikkar, *The Trinity and the Religious Experience of Man* (Maryknoll, N.Y.: Orbis Books 1973) 74-5.

하나와 많음

파니카는, 종교들을 일치시켜 주는 '종교적 진실'이 하나라면, 이 일치는 하나인 그만큼 많다고 주장한다. 다원주의 신학자들 가운데서도 파니카는 가장 단호한 다원주의자에 속한다. 그는 많은 다원주의자들이 종교들 사이에서 하나의 공통된 대화거리를 끄집어내길 좋아하고 종교들 안에 어떤 공통점이나 일치점이 있는지에 관심을 모은다고 생각한다. 종교들이 얼마나 다양하고 그 다양성이 영원히 지속될 것이라는 것은 잊어버리고서 말이다. 그래서 파니카는 ('실재'나 신적 실재같이) 한 가지 공통된 이름으로 모든 종교를 아우르려고 하는 존 힉 같은 다원주의자를 점잖게 나무란다. 파니카는 종교들을 균등하게 만들 수 있는 공통된 이름표는 없다고 본다.[8] 파니카는 힉 같은 다원주의자가 진정 종교 다원주의를 확신한다면, 다원성을 벗어날 수 없을 것이라고 말한다. 종교들은 각기 다른 여러 그림 퍼즐들의 조각들과 같다. 따라서 각 종교인과 함께하지 않으면 정확한 그림을 맞추거나 완성할 수 없다. 이런 측면에서 파니카는 탈근대주의 언어를 사용한다. "우리는 종교 전통들이 엄청 다르다는 것을 받아들여야만 한다."[9] 이 말은 한 종교로 다른 종교를 헤아릴 수 없으며, 모든 종교를 공통된 자로 잴 수 없다는 뜻이다. 종교 세계 안에 일치가 있다면, 그것은 다원성이라는 울타리에 둘러싸여 보호받고 있다는 점일 것이다. 우리는 다원성 없는 일치를 찾을 수 없다. 왜 그런가?

파니카는 종교들 안에 있는 '신비'는 '그 자체'로, 인간과 이 세상을 뺀

---

[7] Raimon Panikkar, *The Unknown Christ of Hinduism* (Maryknoll, N.Y.: Orbis Books 1981) 22.

[8] Raimon Panikkar, "God of Life, Idols of Death", *Monastic Studies* 7 (1986) 105.

[9] 앞의 글, 109.

채로 존재하지 못한다고 말한다. 신비는 다양한 인간성과 다양한 세상 안에 현존한다. 파니카는 산꼭대기는 하나라는 익숙한 사례를 비틀어 경각심을 불러일으키고 심사숙고하게 식별하도록 돕는다.

> 이것은 단순히 정상에 오르는 여러 다른 길이 있다는 말이 아니다. 오르는 길이 모두 사라진다면 정상 자체는 무의미하기 때문이다. 분명 산꼭대기는 산비탈 끝에 있다. … 이 실재(궁극적 신비)는 여러 이름들을 능가하는 하나의 실재이기에 많은 이름을 가지는 것이 아니다. 이 실재는 많은 이름으로 불리며 각 이름은 하나의 새로운 측면을 보여 준다.[10]

다른 말로, 하느님 혹은 신적 실재 자체는 종교들이 다양한 그만큼 다양하다. 이것이 파니카가 주장하는 바다. 신적 실재는 다양성 안에서 기뻐하며 다양성을 포함하고 다양성 안에 존재한다. 신비가는 이것을 감지한다. 신적 실재가 하나라는 생각은 신의 자유를 빼앗는 것이고 신을 상자에 가두는 것이다. "사람들이 말하는 살아 있는 하느님은 고통을 느끼고 고함을 지르고 노래하고 춤춘다. 그는 한 이름을 가지고 있지 않다. 그리스도인이 그리스도를 통해 체험한 '하느님'은 힌두인이 크리슈나를 통해 체험한 하느님과 같지 않다. 하느님은 고유한 분이므로, 비교할 수 없다."[11]

하느님이나 종교가 말을 걸 때는, 마음대로 불고 예상할 수도 없는 성령이 언제나 이성Reason이나 말씀Logos보다 한발 먼저 다가온다고 파니카는 말한다. 우리는 결코 성령이 향하는 곳을 우리 틀 안에 가둘 수 없을 것이

---

[10] Panikkar, *The Unknown Christ*, 24, 19.
[11] Panikkar, "God of Life", 110.

다. 분명 하느님은 합리성과 정확성과 일치성을 포괄하지만, 이성은 항상 아무 각본이나 계획 없이 '자기 마음대로 숨 쉬고 움직이는' 성령의 안내를 받는다. 파니카는 이 때문에 종교의 다양성이 종교의 일치보다 늘 우선한다고 주장한다. 그러므로 (이 책처럼?) 너무 정리가 잘된 '종교신학들'은 경계할지어다. "(종교의 다양성이나 신적 실재의 다양성을 말하는) 다원주의는 보편 체계를 가질 수 없다. 다원주의 체계는 어떤 면에서 모순이다. 서로 비교할 수 없는 궁극 체계는 소통이 불가능하다. 이 비교 불가능성은 악이 아니라 실재가 드러나는 방식이다."[12] 궁극 체계가 없는 한 궁극 종교도 없다. 모든 종교는 "종교를 대표하는 자리를 독점하고 있다는 어떤 억지 주장도 해서는 안 된다".[13] 다원성은 궁극성으로 빨려 들어갈 수 없다. 다양함은 결코 하나로 모아지지 않을 것이다.

관계의 풍요로움

그러나 여기서 멈추는 것은 파니카의 종교에 관한 신비적 관점을 모두 살펴본 것이 아니다. 그는 신비가로서 여러 종교를 통해 비쳐진 신적 존재의 다양한 모습을 반겼지만, 신적 영혼은 그 찬란한 각 종교의 다양함이 서로를 소외시키고 무시하도록 놔두지 않는다고 신비적 통찰을 통해 알려 준다. 신적 영혼은 다양한 모습으로 드러나지만 하나다. 아주 다른 종교들 사이에서 파니카는 역설적이게도 하나의 종교적 사실 또한 인식한다. 그

---

[12] Raimon Panikkar, "The Jordan, the Tiber, and the Ganges: Three Kairological Moments of Christic Self-Consciousness", in *The Myth of Christian Uniqueness: Toward a Pluralistic Theology of Religions*, ed. John Hick and Paul F. Knitter (Maryknoll, N.Y.: Orbis Books 1987) 110.

[13] Raimon Panikkar, "Have 'Religions' the Monopoly on Religion?" *Journal of Ecumenical Studies* 11 (1974) 517.

는 세계종교들이 어마어마하게 다양하다는 것을 본다(파니카에게 다양성이란 흩뿌려져 서로 이어지지 않은 무수함을 일컫는다). 그러나 그는 이 무수함 안에 하나의 영혼이 산다고 믿으며 이 많고도 다양한 것 사이를 연결시키고 관계 맺어 주는 것이 있다고 믿는다. 그리하여 다양성 안에 일치가 있을 수 있다. 이런 점에서 파니카는 종교들 사이의 '평화로운 공존'은 종교들의 참모습을 충분히 설명하지 못한다고 말한다. 오히려 그는 다양한 종교 공동체들에서 '관계의 풍요로움'을 보고, 이 풍요는 각 종교가 자기 안으로 더 깊이 들어가도록 도와줄 것이라고 전망한다. 관계에서 모두는 자기 정체성을 찾고 확장시킬 것이다.

이것이 파니카가 대화를 바라보는 입장이다. 그는 대화를 초세기 그리스 교부들이 말하던 '함께 춤추는'*perichoresis* 삼위일체와 비교한다. 삼위일체 하느님의 세 위격이 아주 다른 가운데 서로를 넘나들며 함께 춤추는 것과 마찬가지로, 세계종교 전통들은 함께 대화하면서 춤추는 가운데 다름과 어우러짐 안에서 성장할 수 있다. 역설적이게도, 종교적 체험의 엄청난 다양함은 서로 만나고 배우는 기회가 된다.

이러한 일이 어떻게 일어날지는 그도 알 수 없다. 그러나 그는 차이를 말하는 대화로 성취할 수 있는 우주적 신뢰를 모든 종교인에게 환기시키고자 한다. 이 신뢰는 종교인들의 신비적 체험과, 모든 종교에 들어 있는 하나의 종교적 사실을 통해 자라난다. 이 신뢰는 모든 종교의 차이가 궁극적으로는 불협화음이 아닌 조화를 만들어 낸다고 확신하게 해 준다. 그러나 이것은 마지막 화음 안에 모든 차이를 사라지게 하여 각 정체성을 없애는 완벽한 하나의 조화가 아니다. 파니카는 신비적 이미지를 사용하여 이 대화가 '불협화음의 조화'를 낳는다고 말한다. 종교들은 더 거대한 연결 고리와 깊은 일체감을 발견할 수 있겠으나, 이 일치는 항상 어지러운 미완성으로 남을 것이다. 이 조화는 아름답겠지만 불협화음일 것이다. 종교 간 대화는 본질적으로 그리고 다행히도 일종의 미완성 교향곡이다.[14]

그런 대화를 가능케 하기 위해, 그리고 많은 것 안에 하나가 있으면서도 이 하나는 항상 많은 것으로 남아 있다는 것을 느끼기 위해, 종교인들은 체험과 신앙과 신비를 진솔하게 나누어야 한다. 공부는 필수적이며, 서로의 언어를 배우고 각 종교 경전을 깊이 파고드는 것도 중요하다. 그러나 우리의 모든 공부와 대화를 안내하는 신비가의 조명 불빛이 없다면, 차이들을 연결하는 생명과 빛을 보지 못할 것이다. 따라서, 파니카는 타종교 문 안으로 들어가기 위해 자신의 신앙 체험을 문간에 남겨 두어야 한다고 주장하는 이들을 단호히 비판한다. 반대로 우리의 종교체험이야말로 우리 이웃을 알게 해 주고 배우게 도와줄 것이다. 이것만이 타종교인끼리 '귀 기울이게' 해 줄 수 있다. 내 체험을 가지고 타종교와 만나는 대화만이 우리의 체험과 종교적 이해를 변화시켜 줄 수 있다.[15]

예수에 대한 말

종교신학의 모든 다리가 관계에 의존하듯이, 신비적·종교적 다리도 그리스도인의 예수 이해를 재조정하라고 요청한다. 파니카와 다른 아시아 신학자들은 이 재조정의 필요성을 말한다. 지난 역사와 특히 제국주의 시대 동안 많은 그리스도인은 예수를 '부족 신', 다른 모든 신을 정복하고 복종시키는 신으로 만들어 왔다. 파니카는 이 신관이 현대의 도전에 직면했

---

[14] Raimon Panikkar, "The Invisible Harmony: A Universal Theory of Religion or a Cosmic Confidence in Reality?" in *Toward a Universal Theology of Religion*, ed. Leonard Swidler (Maryknoll, N.Y.: Orbis Books 1987) 145.

[15] Panikkar, *The Unknown Christ*, 58-61.

다고 말한다. "그리스도교 안에서 더 많은 것을 포착하리라거나 유일한 신비만이 그 방법을 알려 주리라는 가정 없이, 삼천년기를 맞은 그리스도인은 어디서나 그리스도의 재현으로 말미암아 부족 그리스도론을 극복할 채비를 갖추었다."[16] 여기서 파니카는 '그리스도의 재현', '참된 보편 그리스도론'을 말한다. 이것은 타종교의 유일자를 인정하거나 특권을 부여하지 않은 채, (그리스도의 재현은 그리스도의 나타남이므로) 그리스도가 모든 종교를 비춘다는 말이다. 파니카와 인도 출신 예수회 사제 아말라도스는 이 그리스도 이해가 예수에 관한 전통적 신념을 정화시키고 부활시키는 동시에 독단성을 벗어 버리게 하리라고 확신한다.

이렇게 정화된 그리스도론은 파니카와 아말라도스가 이해한 '그리스도'다. 그들은 그리스도가 요한 복음 이면에 흐르는 이미지와 같고, 교회 교부들이 창조적으로 사용했던 말씀, 로고스와 동일하다고 파악한다. 그리스도인은 하느님 말씀이 예수 그리스도 안에서 드러났다고 믿기에, 파니카는 '그리스도'와 '말씀'을 맞교환한다. 그러면서 그는 '그리스도'라는 용어를 모든 신비가가 아는 보편적 실재, 곧 신적 존재와 인간과 우주 사이의 경이롭고 표현 불가능한 일치를 가리키는 말처럼 사용한다. "그리스도는 인간, 신, 우주라는 전체 실재의 살아 있는 상징이다."[17] 더 정확히 말하면 그리스도는 신적 존재가 인간과 우주와 연결되어 있다는 역동적 그물과 통일된 흐름을 상징한다. 종교적 · 신비적 체험을 할 때, 사람들은 무언가가 그들을 자신에게서 빼내어 신비에 다가가게 해 주는 동시에 다른 사람들 및 세상과 연결시킨다고 느낀다. 그들은 그리스도교에서 말하는 '그리스도'를 체험하는 것이다.

---

16 Panikkar, "The Invisible Harmony", 122.

17 Panikkar, *The Unknown Christ*, 27.

그렇다면 이 보편적 그리스도와 특수한 예수의 관계는 어떠한가? 어떤 이는 이 질문이 모든 종교신학에 도전장을 내미는 주요 신학적 문제라고 말한다. 파니카는 이 응답을 놓고 고군분투하였다. 1964년 처음 펴낸 책 『힌두교의 알려지지 않은 그리스도』The Unknown Christ of Hinduism에서 그는, 그리스도와 '마리아의 아들 예수' 사이의 '동일성을 받아들이라고 정통 그리스도교 신앙이 요구했다'고 지적한다. 그리스도교야말로 '그리스도가 온전히 드러나고 모든 종교의 끝이자 절정'이라는 주장이다.[18] 그러나 같은 책 1981년판과 다른 글에서 그는 논조뿐 아니라 입장을 바꾼다. "내가 그리스도라는 이름을 가지고 유한한 것과 무한한 것 사이를 연결시키려 할 때는, 그리스도를 나자렛 예수와 동일하게 보지 않는다." 파니카가 이 진술로 지적하려는 것은 다음과 같다. "비록 그리스도인이 '예수는 그리스도'라고 믿더라도, 이 말은 '그리스도는 예수'와 동일하지 않다."[19] 아말라도스도 다음과 같이 말했다. "예수는 그리스도다. 그러나 그리스도는 예수를 넘어선다. 그리스도의 신비는 하느님을 보여 준 역사상 다른 모든 표현을 포괄한다. … 우리는 그리스도를 독점할 수 없다. 우리는 그리스도를 소유하지 못한다."[20] 한마디로, 그리스도인은 예수를 그리스도라고 줄기차게 선언할 수 있고 선언해야 한다. 그러나 그리스도인은 다른 이들에게나 자신에게 그리스도를 예수라고 말할 수는 없다. 이것은 예수만이 아니라 다른 인물에게도 마찬가지다.

한편 파니카와 아시아 신학자들은 예수를 증언하고 싶어 한다. 그들이

---

[18] Raimon Panikkar, *The Unknown Christ of Hinduism* (London: Darton, Longman and Todd 1964) 24; *The Trinity*, 55.

[19] Panikkar, *The Unknown Christ* (1981) 14, 27; *The Trinity*, 53.

[20] Michael Amaladoss, "The Pluralism of Religions and the Significance of Christ", *Vidyajyoti* 53 (1989) 412[401-20]; Amaladoss, "The Mystery of Christ", 335, 337.

예수를 증언하지 못할 것이라는 생각은 그들을 오해하는 것이다. 이 문제를 다룰 때 파니카는 복음주의 그리스도인이 기뻐할 말을 사용한다. "대화를 잘하기 위해서, 예수의 중요성을 축소시켜 버리거나 예수가 주님이시라는 그리스도교 핵심 교리를 덮어 버려선 안 된다." 그가 이렇게 말한 것은 (그리스도나 로고스같이) 보편적인 것은 (예수같이) 구체적이고 특정한 사람이나 대상을 통해서만 우리와 닿고, 신적 존재는 특수한 존재들 안에 현존한다고 믿기 때문이다. 그가 제시한 산꼭대기 이미지를 떠올리면, 여러 길들은 산 위로 올라가게 할 뿐 아니라 산을 이루고 있다. 산길 가운데 하나를 잃으면, 그 길이 보여 주는 산을 잃는 것이다. 예수라는 특정 존재를 등한시하면 신과 멀어진다.[21]

같은 말을 붓다에게도 적용할 수 있다. 파니카는 '그리스도'라는 이름을 '뛰어난 이름'Supername이라고 부른다. 바오로 사도가 "모든 이름 위에 뛰어난 이름"(필리 2,9)이라고 한 것처럼, 그 이름은 많은 이름을 담을 수 있고 담아내야 하기 때문이다. 파니카는 '그리스도'라는 이름이 '라마, 크리슈나, 이스바라, 푸루샤, 타타가타' 같은 여러 역사적 이름을 통칭할 수 있다고 주장한다. 이 이름들을 부정하거나 깎아내리는 것은 신의 어느 한 특성을 잃는 것이다. 그래서 파니카는 다음과 같이 예수의 고유성을 증명하는 동시에 타종교들과 그들이 제시하는 종교적 인물을 증명한다. "예수는 우주신론적 원리에 합당한 이름들 가운데 한 이름이다. 이 이름은 다른 많은 특정 이름이 참된 종교성을 지녔다고 인정하는 동시에 나자렛 예수라는 역사적 인물에게서 참된 종교성이 나타났다고 밝혀 준다."[22]

그러나 신이 모든 피조물을 아우르듯이 그리스도라는 이름이 다른 많은

---

[21] Raimon Panikkar, "Christianity and World Religions", in *Christianity* (Patiala, India: Punjabi University Press 1969) 114.

이름을 아우른다면, 신약성경 독자들은 왜 그토록 예수에 대한 배타적 진술에 집착하는 것일까? 왜 다른 이름은 없고 예수만이 유일한 하느님의 아들이요 구세주라고 목청을 높이는 것인가? 이 배타적 주장은 대체 모델이 특히 강조한다. 파니카와 같은 입장에 선 신학자들은 다음과 같은 간단한 역질문으로 대답을 대신한다. 배타적 주장은 과연 무슨 내용을 담고 있는가? 이 주장은 그리스도인이 흔히 생각하는 내용을 말하지 않는다. 이 신학자들은 배타적 주장이 예수에 대한 신학적이고 교리적인 설명이 아니라고 말한다. 초기 그리스도인이 '하나이며 유일한'이라는 말을 사용했을 때, 이 말은 논리를 따져서 한 말이 아니라 예수가 지닌 당대의 의미를 철학적으로 밝힌 것이다. 그들은 가슴속 고백을 한 셈이며, 예수에 대한 느낌과, 그들에게 예수가 어떤 의미를 지니는지를 표현했다. 그들은 '고백' 언어를 사용했던 것이다. 그들은 예수를 향해 가슴에서 우러나오는 것을 고백했다. 이것을 사랑 언어라고 보면 좋겠다. 즉, 우리 삶을 변화시켜 주고 그 변화를 실천하며 살게 해 준 사람에 대한 언어였다. "당신은 나에게 단 하나뿐인 사람입니다. 당신 같은 사람은 그 어디에도 없답니다."

이 사랑 언어는 인격적 관계를 맺고 있고, 이 관계에 대해 말할 때 사용한다. 사랑 언어는 관계 안에서 의미를 지닌다. 예를 들어, 한 남자가 자기 부인에게 '당신은 세상에서 가장 아름다운 여인이야. 세상에 당신 같은 여자가 또 있을까?'라고 한 말은 한 치 의혹 없는 진실이다. 그러나 다음 날 법정에 그를 출두시켜, 판사가 그의 손을 성경 위에 놓게 하고 정말로 세상에서 그의 아내가 가장 아름답고 이 세상에 그와 결혼할 수 있는 다른 여성은 없다고 맹세하라고 한다면, 그는 맹세할 수 없을 것이다. 왜? 판사

---

22 Panikkar, *The Trinity*, 53-4; *The Unknown Chrsit*, 27, 48; "Christianity and World Religions", 101.

는 사랑 언어와는 다른 종류의 과학 언어와 법 언어를 사용하고 있기 때문이다. 사랑 언어로는 맞지만 철학이나 교리 언어로는 틀린 언어가 있는 법이다. 우리는 언어를 이해해야 하고, 상황에 따라 고백/사랑 언어와 신학/과학 언어를 골라서 써야 한다.

신약성경에 나오는 하나이며 유일한 사랑 언어와 배우자를 향한 하나이며 유일한 사랑 언어 사이의 차이는 하나의 공동체였던 초기 그리스도인이 다른 공동체를 향해 말했다는 데서 드러난다. 초기 그리스도인은 예수가 다른 공동체도 변화시켜 줄 것이며 그래서 그들의 '하나이며 유일한' 분이 될 것이라고 선언했다. 파니카와 동료 신학자들은 신약성경이 예수에 대해 말한 '하나이며 유일한'이라는 고백/사랑 언어를 중시하면서도, 이 언어를 타종교인을 배척하거나 경시하는 과학 언어로 볼 때 신약성경이 전하는 예수를 곡해하는 것이라고 주장한다. 예수를 '하느님의 외아들'이라고 선포한 것은 예수를 긍정하기 위해서지, 붓다를 부정하기 위해서가 아니었다.[23]

파니카와 동료 신학자들은 이 '보편 그리스도론'이 서구의 많은 그리스도인에게 새롭게 들리고 충격을 안겨 줄지도 모른다고 생각한다. 한편 유명한 아시아 신학자 펠릭스 윌프레드는 아시아 그리스도인들이라면 이 보편 그리스도론을 자연스럽게 받아들일 것이라고 본다.[24] 충격을 주든 새로운 영감을 주든, 이 '보편 그리스도론'은 여전히 전통에 충실할 뿐 타종교들 안에서 새롭게 체험되는 성령에는 별로 눈을 돌리지 않는다고 파니카와 동료 신학자들은 말한다. 이 주장은 많은 논란을 불러일으키고 있다.

---

[23] Paul F. Knitter, *Jesus and the Other Names: Christian Mission and Global Responsibility* (Maryknoll, N.Y.: Orbis Books 1996) 68-70.

[24] Wilfred, "Some Tentative Reflections".

윤리적·실천적 다리

타종교와 관계 맺기 위해 윤리적·실천적 다리를 건너려는 그리스도인은 다른 다리를 건너는 이들과 좋은 관계에 있다. 이들 역시 모든 종교사는 특수하며 모든 종교 중심에 있는 신비는 끝없는 다양성으로 충만하다고 본다. 그러나 그들은 종교 간 대화를 위한 다른 접근 방식을 선호한다. 이 방식이 더 절박하고 희망차다고 보기 때문이다. 현대 세계에 만연한 고통과 위기 상황에서 종교는 할 일이 있고, 함께 이 일을 나누어야 한다. 이 일을 헤쳐 나가면서 종교들은 서로를 더 잘 알게 될 것이다. 윤리적 문제에 윤리적 책임을 다하려는 이 다리는 종교 간의 새로운 소통을 지탱시켜 줄 기둥이다. 따라서 이 입장은 오늘날 위기에 놓인 지구와 후손을 위한 전 지구적 책임감을 중시하면서, 종교들이 자기 자신과 서로를 이해하는 새로운 기회를 가져야 한다고 제안한다. 전 지구에 책임감을 가지고 하는 대화와 실천은 어떤 것인지 살펴보겠다.

그들의 열매를 보고 그들을 알 것이다

윤리적·실천적 다리를 건너는 이들은 과거 그리스도인이 타종교인에 대해 가졌던 태도를 평가하고 '그 열매를 보고 그들을 알아 가는' 새로운 태도를 세워 나간다. 어떤 종교신학이나 그리스도론이 그리스도인을 자랑스럽게 하느님의 사랑과 정의로 안내하지 못한다면, 그것은 무언가 잘못된 신학이다. 그리스도인은 타종교인에게 성경이 말하고 과거 공의회가 선포한 것을 가르쳐 줄 때만이 아니라, 타종교인을 대하는 태도를 통해서도 중요한 것을 줄 수 있다. 교리나 신념들은 그리스도 교회와 학교에서 허용하기 이전의 윤리적 문제를 다룬다. 따라서 어떤 신조나 신학은, 성경과 과거 전통을 토대로 하는 동시에 예수님이 가르쳐 주신 계명 중의 계명인 이웃 사랑을 실천하도록 안내할 때 '정교'正敎가 된다. 어떤 종교신학이 타신앙인을 포용하지 못하게 할 때, 그 신학은 아무리 성경에 충실한 듯 보여도 무언가 심각하게 잘못된 것이다.

관계를 존중하는 종교신학을 추구하는 그리스도인은 과거 신학들이 내세운 윤리 항목에 매달리지 않는다. 타종교를 그리스도교로 대체해야 한다는 신학과 그리스도교가 타종교들을 완성시켜 준다는 신학은 '비그리스도교'인과 문화를 깔보거나 심지어 착취하려 든다. 유럽과 아메리카 식민지에서 살았던 그리스도인이 그 대표다. 이들은 문화적 우월감에 휩싸여 '확실한 운명'이 있다고 떠벌리거나, 다른 종교 신념들을 무시하며 마귀들렸다고 심판했다. 또 그리스도가 인류를 구원할 하나뿐인 구세주이기 때문에 그리스도교야말로 모든 민족의 확실한 운명이라는 종교적 확신에 사로잡혀 경제적 착취를 자행하고 합법화했다. 인도계 예수회 신학자 사무엘 라얀Samuel Rayan은 인도뿐 아니라 아메리카 토착민, 아프리카인, 필리핀인들이 제기한 질문을 지적한다. "제국주의자들의 선교는 그리스도를 종교계의 새 정복자인 줄리어스 시저로 만들었다. … (식민지에 사는) 우리는 서구인이 이해한 그리스도의 고유성과 권위, 서구의 세계 정복 사이에 흐르는 속셈을 알고 싶다."[25] 이 질문은 많은 그리스도인과 신학자들의 폐부를 찌른다. 그리스도인은 유다인 학살이 벌어지고 난 20세기 후반에 유다인과 대화하면서 더 호된 질책을 받았다. 유다인들은 독일 나치 정권과 전체 유럽 역사에서 불거졌던 반유다주의 불꽃이, 예수를 메시아로 본 그리스도인의 확신에서 피어올랐다고 지적했다. 예수를 메시아로 받아들

---

[25] S. Rayan, "Religions, Salvation, Mission", in *Christian Mission and Interreligious Dialogue*, ed. Paul Mojzes & Leonard Swidler (Maryknoll, N.Y.: Orbis Books 1990) 134.

이지 않은 유다인은 하늘나라 심판대에서 벌받을 것이고 이 세상 법정에서도 벌받아야 한다고 믿었기 때문이다. 가톨릭 신학자인 로즈마리 레드포드 류터Rosemary Radford Ruether는 자신의 저서에서 그리스도교 신학에 대해 다음과 같이 말한다. "신학을 살펴보면, 반유다주의는 다른 한편에서 그리스도론을 발전시켰다. 예수를 그리스도라고 본 그리스도인의 주장 맞은편에는 반유다주의가 자리 잡고 있다."[26] 예수가 유다교와 다른 모든 종교를 대체하거나 완성시켜 준다고 이해하는 사람들은 예수를 알지 못하고 과거로 퇴행하는 것이며 '옛' 성경과 태도를 고수하는 것이다.

그리스도가 유일한 구세주라고 주장하면서 타문화와 타종교를 착취하고 명예훼손한 것이 그리스도라는 이름을 오해하고 오용한 데서 발생했음을 알면서도, 여전히 서구 그리스도인은 너무나 자주 이 교리를 오용하고 있다. 따라서 타종교에 윤리적으로 접근하려는 이들은, 예수가 유일한 구세주이고 그리스도교가 모든 종교를 완성시켜 준다는 확신을 다시 점검해야 한다고 주장한다. 이 말은 이 확신을 간단히 내던져 버리라는 뜻이 아니라, 핵심 의미는 보존하면서도 독이 되는 표현은 바꿔서 재해석하라는 것이다. 목욕물이 더러우면, 아이를 통에서 빼내고 물을 버려야 하지 않겠는가! 관계 모델이 하려는 것이 바로 이 일이다.

공통 문제는 공통 기반이다

앞에서 본 다른 다리와 같이 윤리적 · 실천적 다리는 세계종교들이 공통으로 가진 것을 찾아내고자 한다. 그러나 이 다리를 건너려는 신학자들은 다양한 종교인들 모두가 공유하는 체험이나 그들을 발전시켜 주는 하나의

---

[26] Rosemary Radford Ruether, *To Change the World: Christology and Cultural Criticism* (New York: Crossroad 1981) 31.

원천을 찾아내려고 하는 대신, 모든 종교인이 처한 상황을 보려고 한다. 이들은 이 땅의 모든 종교 공동체가 무언가에 직면해 있다고 말한다. 이것은 부정할 수 없는 것이며, 힉이 말한 '참실재'나 파니카가 말한 '하나의 종교 사실'보다도 더 구체적이고 중요하며 공통된 것이다. 모든 종교에 영향을 주는 이 보편적 실재는 고통이라고 말할 수 있겠다.

우리가 사는 세상에는 어마어마한 고통이 있다. 과거보다 덜하다고 해도, 우리는 고통을 더 많이 목격하며, 이 고통은 더 위협적이고 더 충격적이다. 이렇게 현대인을 괴롭히는 고통은 아주 다르고 다양하면서도 서로 연관된 것이다.

- 가난. 우리는 매년 국가별 통계 보고를 통해 전 세계 인구의 1/4에서 1/5에 해당하는 수많은 이가 자녀들에게 먹을 것을 주지 못하고 집도 없으며 아파도 치료받지 못한다는 사실을 늘 접한다. 가난으로 수많은 이가 인간 이하의 삶을 연명하고 있다.
- 희생. 이 고통은 그저 가난해서 당하는 것이 아니라 제3자들이 조장하는 데서 온다. 사리사욕을 채우려고 빼앗고 억누를 때 받는 상처는 굶주림이 주는 고통보다 더 심하다. 전문가들은 가난한 사람들이 그토록 많아선 안 된다고 말한다. 땅은 '충분히 골고루 나눌 만큼' 풍족하다. 그러나 경제·정치·군사력 독점자들이 이 풍족함을 나누지 못하게 만든다.
- 폭력. 가난은 이미 자체로 폭력이고 희생을 만들어 낸다. 가난은 배우자끼리, 여러 사회계급과 인종 단체들끼리 신체적 폭력을 일으키게 한다. 공산주의 붕괴 후 '새 질서'가 확립되고, 자본주의로 인해 경제성장이 이루어졌어도, 폭력은 끊임없이 지구를 괴롭히고 있다.

무수한 이들을 비탄에 빠뜨리고 극소수가 부를 차지하는 무기 생산과 국제적 거래가 계속 증가하고 있다. 게다가 지구를 파괴할 핵무기의 위험을 경고하면서도 이를 지닌 국가는 점점 늘어나고 있다.

- 가부장제. 여성의 빈곤, 가정 폭력, 늘어나는 성 매매, 전쟁 무기로 이용되는 강간에 관한 통계를 보면, 여성은 불평등한 고통의 짐을 지고 있다. 남성이 여성을 지배하는 가부장제는 오늘날 많은 비판을 받고 있지만 여전히 엄존하고 있다. 전 세계적으로 국가 간 차이는 있지만, 여성은 열등한 존재로 취급받는다. 그리고 이 열등함은 존중받지 않아도 무방하고 무가치하다는 식으로 생각하게 만든다.

인간의 고통 외에도 지구와 지구에 깃든 생명체들이 고통을 당하고 있다. 점증하는 인구, 특히 제1세계 사람들은 자신의 필요와 생활 방식을 충족시키고 유지하기 위해 지구를 갉아먹으면서, 모든 생명체의 고향인 이 행성의 생명 생성·유지 능력을 파괴시키고 있다. 이것은 모두를 위협하는 고통이다. 가난한 이들의 고통은 타지역 사람들에게 멀게 느껴질 수 있지만, 오존층 파괴나 지구 온난화는 전 세계에 골고루 악영향을 미친다. 그리고 이것은 인간에 머물지 않고 지구에 거주하는 모든 종에 미치며, 지구 생태계가 전멸할지도 모른다는 우려를 낳고 있다.

이 파괴력은 모든 종교를 넘나든다. 신앙에 공통 실체가 있다거나 세계 모든 종교 전통에 공통된 신비 체험이 있다는 것을 의심하는 탈근대주의자라도 모든 종교인이 힘을 모아 해결해야 할 공통된 고통 체험이 있음을 의심하기는 어려울 것이다. 이 체험은 모든 사람에게 경각심을 불러일으키고 도전해 온다. 어떤 종교가 전 세계인이 겪는 고통을 나 몰라라 등 돌린다면 그 종교는 세상과 무관한 종교가 될 것이라고, 실천적 다리를 강조하는 이들은 말한다. 종교가 고통을 외면하고 다른 말만 하는 것은 본궤도를 벗어나는 것이며 사람들의 관심에서 멀어지는 일이다.

인간의 고통이 모든 종교가 고려해야 할 공통 체험인 한, 점점 더 위기와 위험에 처한 지구는 모든 생명을 떠받쳐 줄 공통 기반을 찾아야 하고 그 공통 기반 위에 서야 할 것이다. '아주 다른' 종교들을 이어 주는 길이 없다고 주장하는 탈근대주의자에게 그리스도인은 이 윤리적 다리를 걸어가면서 '여기 지구가 있잖아요!'라고 대답한다. 아주 다른 수많은 종교가 있다면, 무시무시한 위협을 받고 있는 아름다운 지구도 있다. 각 종교인은 지구의 기원과 생태계를 달리 이해하지만, 모두가 지구에서 살고 지구가 더 파괴될까 봐 두려워하며 막으려 한다. 지구라는 공통 기반은 모든 종교인에게 공통 문제를 제시한다. 지구를 중심에 놓는 영성과 대화를 추구한 토마스 베리는 "지구의 온전함에 대한 관심은 전 세계 국가(와 종교)들을 서로 교류하는 국가(와 종교) 간 공동체로 만들게 한다"[27]고 말한다.

세계의 다양한 종교 공동체들은 지구 윤리가 필요하다는 공통된 윤리적 과제 앞에 함께 모인다. 철학자와 미래학자뿐 아니라 정치 과학자와 정치가들은, 인간과 생태계의 고통과 위기를 해결하기 위해 전 세계 모든 국가가 과거 어느 때보다 협력해야 함을 인식하기 시작했다. 그러나 이렇게 함께 대처하려면 협의와 협력을 위한 공통된 윤리적 기초가 필요하다. 지구 윤리는 불변하는 계율이 아니다. 오히려, 인간은 존엄하며 지구는 온전한 생명체이므로, 우리 모두를 일치시켜 주는 공동체에서 책임을 다하며 정의와 공감을 중시하는 윤리적 가치에 합의해야 하겠다. 그러나 각 나라 사람들이 합의와 지구 윤리를 이끌어 내는 것은 모든 종교인의 협력 없이는

---

27 Thomas Berry, *The Dream of the Earth* (San Francisco: Sierra Club Books 1988) 218.

상당히 어려울 것이다. 종교 간 지구 윤리를 세우기 위해 종교 대화가 필요하다고 인식한 세계종교회의는 1993년과 1999년에 그 대응책을 제시하였다. 그러나 대화를 위한 윤리적 다리가 세워지는 그만큼 갈등도 커지고 있다.

가난과 정의와 생태학에 대한 윤리적 관심이 (고위층이든 풀뿌리 민중이든) 전 세계인의 종교 간 대화 주제가 되고 있다는 사실은 윤리 문제를 특정 종교의 짐으로 여기는 이들에게 좋은 답을 줄 것이다. 가난과 오존층 파괴 같은 '전 세계적 문제'에 모든 종교가 주목하는 것은 아니라고 논박하는 이라도, 모든 세계종교의 수많은 신앙인이 진정 이 문제에 관심을 가지고 있음을 인정할 것이다. 그리고 이 관심은 각 종교 교리와 덕목들과 영감에서 비롯된다. 더 나아가 고통당하고 있는 이들의 체험담에서 자극을 받은 이들은 같은 자극을 받은 타종교인과 만나 대화하게 된다. 이때 종교 윤리를 놓고 깊은 대화가 이루어진다. 이 점에서 모든 종교는 전 세계인의 복지, 곧 이 세상의 발전에 관심을 가지고 있다. '구원', '깨달음', 해탈이 가리키는 영적 삶과 사후 삶은 현세 삶과는 다르겠지만 영향을 미친다.[28] 최소한 그렇다고 생각된다.

실천 후의 대화가 더 좋은 대화다

종교 관계 신학을 위해 실천적 다리를 건너는 그리스도인은 인간과 생태계가 처한 고통에 대처하려면 지구 윤리가 필요하다고 본다. 그리고 그들은 이 윤리가 여러 종교인을 더 의미 깊고 유익한 대화로 안내해 줄 것이라고 본다. 윤리 문제를 다루는 대화는 더 효과적인 종교 대화를 가능하

---

[28] Paul F. Knitter, *One Earth Many Religions: Multifaith Dialogue and Global Responsibility* (Maryknoll, N.Y.: Orbis Books 1995) 6장 참조.

게 해 줄 것이다. 종교인들이 생태계와 인간의 고통을 해결하기 위해 협력한다면, 그들은 자기네 종교체험과 교리에 관해 함께 더 잘 대화할 수 있을 것이다. 따라서 실천 후에 하는 대화는 더 좋은 대화가 될 것이다.

아말라도스는 실천에 바탕을 둔 대화가 인도에서 어떤 효과를 거두었는지 본인 체험을 말한다.[29] 그는 인도에 있는 수많은 여러 종교 공동체인 힌두교, 이슬람교, 그리스도교 공동체들이 자주 충돌하면서도 고통당하는 이들과 최하층민들을 위해서는 자기 종교 공동체를 뛰어넘어 함께 모인다는 것을 발견했다. 그들은 이러한 공감과 응답을 통해 인간이자 종교인으로 연대감을 키운다. '일치는 해방을 실천하는 데 뿌리를 두고 있다.' 그들은 자신들이 직면한 불가촉천민의 악조건, 종교 간 분쟁, 부패 정부에 대한 문제를 말하고, 자기 종교의 영적 뿌리가 요청하는 것에 반응하면서 각자 무언가를 깨닫는다. 그들은 자기 전통이 불의와 탐욕이 불러온 상황을 평등과 포용으로 바꾸도록 투쟁하는 데 필요한 '영감, 예언, 도전, 희망'으로 무장하게 해 준다는 것을 깨닫는다. 투쟁을 위한 용기와 힘과 통찰력을 제시해 주는 종교에는 고유한 영적 깊이와 종교적 핵심과 신비적 체험이 있다. 체험을 공유하는 곳에서는 영적 깊이도 공유된다.

아말라도스는 실천적·윤리적 대화 참여자라면 더러운 것에 손을 대야 한다고 말한다. 대화가 어떤 물리적 환경과 사회경제적 환경에서 이루어지고, 대화 참여자는 어떤 사회계급에 있는가가 주요 문제로 거론되고 있다. "이것은 종교 대화가 전문가한테서 벗어나 해방과 자아 성취를 위해 함께 투쟁하는 가난한 이들을 위한 것이어야 한다는 뜻이다. 종교 대화는

---

[29] 여기서 다룬 논의와 인용은 마이클 아말로도스의 "Liberation as an Interreligious Project", in *Leave the Temple: Indian Paths to Human Liberation*, ed. Felix Wilfred (Maryknoll, N.Y.: Orbis Books 1992) 158-74에서 따왔다.

이론을 다루기보다는 공통된 행동 방식과 상징을 다루어야 한다. 그것은 삶과 투쟁에 관한 대화다." 대화 참여자는 학자와 성인과 종교 지도자로만 그쳐선 안 된다. 자신을 제물로 바치고, 희생자와 파괴된 지구와 연대하여 이들을 위해 투쟁 한복판에 서는 가운데 하나의 외침이 되어야 한다. 이 외침은 갖가지 고통 상황을 분석할 뿐 아니라 온 천하에 드러내고 해결하기 위해 종교들의 가르침을 적용하는 데 필요하다. 학자들과 종교 지도자들은 이 희생자들에게 귀 기울이고 배워야 한다.

이처럼 고통을 다루는 종교의 윤리적 만남과 협력은 희생자들의 고통과 투쟁에 더 가까이 다가가게 한다. 희생자들은 대화를 하도록 환기시키며, 진짜 문제가 무엇인지 다시 보게 하고 투신하게 만든다. 고통을 나누는 대화는 종교인들을 한데 모으고, 굶주리는 아이들을 먹이고, 지참금을 낼 수 없는 신부들을 불태우지 못하게 막고, 살인을 일삼는 종교 단체들 사이에 평화를 가져오고, 오염된 강을 되살리는 데 힘쓴다. 이 대화는 '우리가 이겨야 한다'고 강조하지 않는다. 더 이상 내 종교가 다른 종교를 완성시켜 준다는 신념, 내 신 관념이 다른 관념들보다 우수하다는 신념, 내 '구세주'가 다른 구세주보다 우월하다는 신념, 문제에 대한 내 해결책이 다른 것들보다 효과적이라는 신념에 사로잡히지 않는다. 중요한 것은 사람들을 실제로 돕고, 먹을 것·교육·의약품을 제공하며 폭력과 전쟁을 피하고, 이 세상을 구하고 보호하는 것이다. 그 어떤 진리와 하느님과 구원자라도 이 목표를 실현하도록 도와줄 수 있게 모두가 귀 기울이고 배워야 하겠다.

타종교에 대한 윤리적 접근과 이해는 상대주의라는 위태로운 고갯길을 피해 잘 안내해 줄 것이다. 지구를 책임지려는 종교 대화에 참석한 그리스도인은 여러 타종교 교리와 실천을 참과 거짓, 선과 악, 좋고 나쁨으로 판단하는 잣대를, 하나이며 유일한 하느님을 믿고 예수를 구세주로 인정하느냐가 아니라, 어떤 교리와 실천이 얼마나 이 세상에 더 큰 평화와 정의와 일치를 줄 수 있느냐에 둔다. 이것이 종교의 진리와 선을 가늠하는 가장 유익한 기준이다.

이들은 이 기준으로 가난하고 억압받는 이들을 돕고 이 세상을 더 나은 세상으로 만들려고 한다. 각 종교 교리나 실천이 올바른지를 결정하는 종교 지도자들은 희생자들과 고통 받는 이들의 입장을 특히 중시해야 한다. 한 종교 교리가 세상을 변혁시키고 해방시킬 수 있는가를 놓고 전문가들 사이에 이견이 있을 때, 해방을 위해 투신한 이들은 조정자 역할을 할 수 있다. 자신의 체험과 증언을 전문가들의 여러 견해 사이에 놓아 보라. 그리스도교 신학을 전개하고 대화를 나눌 때, 가난하고 희생당한 이들의 목소리는 '특별히 주목해야 할 목소리'다. 이 목소리는 종교 지도자들이 깨닫지 못하는 것을 일깨워 줄 수 있다.

아말라도스는 전 지구에 책임감을 가지는 윤리적 대화를 제안한다. 인간 고통과 생태계 위기에 관한 구체적 문제를 놓고 대화할 때, 이 고통의 원인을 분석하고 해결하려고 각 종교의 임무를 찾을 때, 그 대화는 대화에만 머물지 않는다. '정의를 위해 연대하려는' 종교인들은 '신앙을 공유'하고 싶어 하고 심지어는 '신앙에 몰입하려는' 자신을 발견할 것이다. 따라서 대화는 종교 대화가 되게 마련이다. 인간의 권리를 보호하고, 황폐해진 땅을 회복시키며, 악을 떨쳐 내고, 생태계를 위협하는 산업 행위를 멈추도록 투쟁하려면 여러 신앙 공동체는 손을 잡아야 할 것이다. 함께 일하고 함께 권력에 맞서며 함께 고생하고 함께 감옥에 갇힐 그들은 '신비'라는 심원한 차원에서 서로 이어져 있음을 느낄 것이다. 그들은 자신에게 영감을 주고 안내해 주며 굳건히 버티게 해 주는 신앙을 가지고 투쟁하면서 동료와 친구를 맞이하고 싶어 할 것이다. 그들은 함께 기도하거나 침묵 속에서 명상하며 함께 앉아 있고 싶어 할지도 모른다. 서로 격려하고 다양한 종교적 영감을 침묵과 기도 가운데 공유하고 싶어서 말이다.

또한 이렇게 정의와 복지를 위해 투쟁하는 이들은 종교적인 것을 나누면서 타종교 친구의 말을 '듣는 새 귀'를 발견할 것이다. 사람들의 신비적 연대는 더 쉽고 효과적으로 종교 간 공감대를 나누게 하는 윤리적 실천을 가져온다. 부패한 정부 정책에 반대하는 불자와 연대한 그리스도인은, 그 불자 친구가 해탈과 '무아' 체험이 어떻게 인간 고통에 대항하게 했는지 말할 때 더 잘 귀 기울이고 이해하게 될 것이다. 또 그 불자는 그리스도인 친구가 예수와 예수의 하느님 나라가 어떻게 그녀를 이끄는지 설명할 때 더 잘 이해할 수 있을 것이다. 이 윤리적 접근은 함께 행동하는 아주 다양한 종교인들을 함께 기도하고 함께 나눌 수 있도록 도와줄 것이다.

이렇게 윤리를 나누는 대화로, 아시아 종교들은 '기초 인간 공동체'를 만들기 시작했다. 그들이 함께 일하고 찾아낸 것은 1970~1980년대 라틴아메리카에서 발전시킨 그리스도교 기초 공동체와 유사하다. 이 그리스도교 공동체는 가난과 불의를 극복하기 위해, 작은 공동체가 함께 복음서를 연구하는 데서 시작했고 마침내 종교적 쇄신을 체험했다. 가난한 이들의 귀로 하느님 말씀을 들으면서, 그들은 이전에 들어 보지 못한 것을 들었고 자기 신앙 공동체를 새롭게 이해했다. 아시아 종교인들도 이와 비슷하게 함께 모여 새 신앙 공동체를 이루고 있다. 인간의 고통과 생태계 위기를 극복하고자 함께 행동하는 이들은 자신의 체험을 통해, 이전과는 전혀 다르게 자기 경전을 이해하고 다른 종교 교리의 가치를 이해할 수 있게 되었다. 그들은 새 종교가 아닌 종교들의 새 공동체로 태어나고 있다. 그들은 인류의 관심사를 공유하고 협력하면서 더 깊은 종교적 이해와 배움을 키워 간다.

해방자 예수

관계 모델로 안내하는 이 다리들의 기둥을 세울 때 가장 까다롭고 어려운 관문은 예수의 역할을 어떻게 보는가다. 타종교의 보편성을 깎아내리지 않고 어떻게 그리스도교 가르침인 예수의 보편성을 주장할 것인가? 앞에서 철학적 다리는 예수에 관한 모든 말이 상징이라고 강조했고, 예수를 성령이 충만한 분이라고 강조했다. 한편 신비적 다리는 모든 종교에 보편적 그리스도가 있고, 특수한 예수는 주요 본질을 지닌 한 가지 표현이라고 보았다. 실천적·윤리적 다리는 현대 신약성서학의 관점에서 예수를 바라본다.

어떤 이는 이 접근이 모래 위에 건물을 세우는 것과 같다고 경고한다. '현대 신약성서학'의 주장이 늘 명쾌하진 않기 때문이다. 이 말은 옳다. 역사의 예수에 관한 학자들의 논쟁은 실망스럽게도 중구난방이고 모순되기까지 하다. 그리고 예수에 관한 분명한 공통 해석은 얼마 되지 않는다. 그중 예수 가르침의 핵심이자 예수가 가리킨 '최고 상징'은 하느님의 다스림이다. 예수가 중요하게 설교한 주제는 하느님의 다스림을 선포하고 전파하라는 것이었다. 예수는 시종일관 이것을 밀고 나갔다. 한 학자는 "예수의 모든 말과 처신은 처음부터 끝까지 하느님이 이 세상을 다스리시도록 자신을 내드리는 것이었다. 예수의 사명과 임무는 하느님 나라의 도래였다"고 말한다.[30] 마르코 복음 첫머리에 예수는 다음과 같이 '복음'을 선포했다. "때가 차서 하느님의 나라가 가까이 왔다"(마르 1,15).

그렇다면 예수는 이 '최고 상징'으로 무엇을 가리켰는가? 신학자들은 보완적이면서도 각기 다른 주장을 한다. 그들은 하느님 나라가 핵심 은유이

---

[30] Dermot Lane, *Christ at the Centre: Selected Issues in Christology* (New York: Paulist 1991) 11.

기 때문에 그 의미를 완전히 알아낼 수 없지만, 예수를 따르게 하는 힘은 시대를 거듭할수록 더 커질 것이라고 말한다. 주목할 것은 하느님의 다스림에 대해 모든 신학자가 동의하는 한 가지다. 그것은 예수가 제자들에게 가르쳐 주고 그리스도인이 매일 바쳐 온 기도에 나온다. "하느님의 나라가 오시며 하느님의 뜻이 하늘에서와 같이 땅에서도 이루어지소서." 예수는 하느님의 다스림이 이 땅, 이 세상 안에서 펼쳐지길 바랐고 기대했으며 이를 위해 자기 생명까지 바쳤다.[31] 분명 하느님의 다스림은 현세를 넘어서면서도 현세 삶에 영향을 미치고 변화를 준다. 또 하느님의 다스림은 자비롭고 정의롭기 때문에 사람들 간에, 또 하느님이 창조하신 모든 것에 사랑과 정의를 실천하는 문화 · 사회 · 정치를 실현하는 데 있다. 20세기에 가장 큰 신학적 업적을 남긴 신학자 중 에드워드 스힐레벡스는 역사의 예수를 연구하고 다음과 같이 하느님의 다스림을 밝혔다.

> 하느님 나라는 구원의 하느님이 현존하신다는 것을 모든 이가 적극 받아들이고 긍정하는 데 있다. 하느님의 구원은 우선 사람들 사이에 정의롭고 평화로운 관계를 세우고, 질병과 불의와 억압을 없애며, 이미 죽었거나 죽어 가고 있는 모든 생명을 되살리는 구체적 모습 속에 있다.[32]

---

[31] 이것은 예수가 살아생전, 혹은 죽은 직후 세상의 종말을 예상했다는 당대 유행하던 관점과는 상반된 견해다. 마르쿠스 보그(Marcus J. Borg)는 "예수가 세상의 종말을 예상했다고 보는 공통된 의견은 이제 없다. 신학자들 대다수는 더 이상 예수가 그 시대에 세상의 종말을 예상했다고 생각하지 않는다"[*Jesus: A New Vision* (San Francisco: HarperSanFrancisco 1987) 14].

[32] Edward Schillebeeckx, *The Church: The Human Story of God* (New York: Crossroad 1990) 111-2.

하느님의 다스림이 예수 설교의 핵심이라면, 이 상징이 예수에 관해 말해 주는 것은 무엇인가? 윤리적 대화 지지자는 예수를 해방자라 부르길 좋아한다. 예수가 각 사람과 이 세상을 해방시키고 변혁시켰다고 보는 것이다. 그러나 이것은 현대의 해석이다. 성경을 보면 '해방자'는 예언자였다. 예수의 자리는 유다 예언자들의 계보와 역사에서 찾아야 한다. 예언자들은 희생자의 고통에 조응했고, 사랑과 정의의 하느님께 자기 신앙을 솔직하게 고백하고 힘써 실천한 유다인이었다. 많은 이의 고통에 응답한 예언자들은 고통 받는 이들을 위해 스스로 고통을 감내했고, 권력자의 횡포로 '제거'당하곤 했다. 수많은 명칭 가운데서 제자들과 사람들이 예수에게 부여했고 예수 본인도 받아들인 것 중 가장 오래되고 유일한 것은 바로 예언자다. 이것은 철두철미 유다교 명칭이다. 그리스도인이 너무 자주 까먹는 것은, 예수가 태어날 때부터 죽을 때까지 유다인이었다는 사실이다.

한편 신약성경의 예수에 대한 시각을 균형 잡으려 윤리를 중시하는 종교신학자들은, 이 명칭에 형용사를 덧붙여 예수가 '성령이 충만한' 예언자였다고 주장한다. 예언자 예수는 해방자요 사회 실천가였다. 해방을 위한 그의 투신은 성령을 깊이 믿은 체험에서 비롯했고, 그는 하느님이 모든 이의 아빠 아버지라고 확신했다. 이 믿음이 예수의 예언자적 희망과 용기를 북돋워 주었다. 이 믿음은 갈등에 흔들리던 저녁마다 은신처에서 평화를 되찾게 해 주던 원천이었다. 그의 영이 하느님의 영과 더 공명하면 할수록, 그는 가난하고 고통 받는 이들에게 더 가까이 다가갔다. 또 그가 가난하고 고통 받는 이들 가까이로 가면 갈수록, 그의 영은 하느님의 영과 더 공명했다.

따라서 윤리적 · 실천적 접근으로 타종교와 대화하려는 그리스도인에게 예수는 신비적 · 예언자적 해방자다. 그렇다고 예수에 대한 다른 명칭인 하느님의 아들, 메시아, 하느님 말씀, 구세주를 부정하거나 배제할 필요는 없다. 예수를 성령이 충만한 예언자로 보는 것이 다른 이미지를 떠오르게 하지 않는다면, 예수의 본질적인 면모를 상실할 것이다. 예수가 사회적 예언자였다는 말이 타신앙인에게 예수의 신성을 이해시키고 밝혀 주지 못한다면, 이 예수관은 불완전하고 위험천만한 것이다. 그 위험은 그를 다른 신들과 비슷하다고 보는 데 있지 않고, 다른 신들을 누르고 공경과 찬미를 받는 유일한 신으로 보는 데 있다.

그리스도인은 예수에 대한 이 윤리적·예언자적 이해로 타종교를 더 잘 보고 더 쉽게 관계 맺을 수 있을 것이다. 또 그리스도인을 예수에게 더 잘 안내해 줄 것이다.

- 성령이 충만한 예언자 예수의 삶과 그가 맺은 관계들은 하느님의 다스림으로 모아진다. 그는 교회 중심이 아니었다. 그의 첫 관심사는 자신이 펼치는 운동이나 공동체에 동참자를 끌어 모으는 것이 아니었다. 오히려 사람들 마음을 돌려 사회를 변혁시키는 것이었다.
- 예수는 자기중심, 예수 중심이 아니었다. 예수 설교의 궁극적 목표는 남들에게 자신이나 타인의 권위를 각인시키는 것이 아니었다. 자신이 펼치는 운동을 통해 사람들의 생활 방식을 쇄신하는 것이었다.
- 엘살바도르의 해방신학자 존 소브리노에 따르면, 예수는 하느님 중심도 아니었다. 예수에게 영을 가득 채우고 불사르게 하신 하느님은 당신 나라, 사랑과 정의로 새 세상을 세우시려는 하느님이었다. 예수는 하느님 나라 없이 '하느님 홀로' 존재한다고 말하지 않았다. 그것은 잘못된 하느님, 헛되고 위험한 우상을 뜻했다(물론 하느님 없는 나라는 예수에게 추진력 없는 목표다).

- 따라서 예수는 하느님 나라 중심이었다고 보는 것이 가장 타당하다. 모든 것은 여기에 모인다. 하느님의 뜻에 맞는 새 세상을 이루면, 모든 것은 생명을 얻고 풍요해질 것이다. 예수가 이끈 공동체와 쇄신 운동, 예수 제자들의 믿음과 추종, 하느님이 모든 이의 아빠라는 예수의 선포는 모두 하느님 나라를 확장시키고 성장시키려는 예수 가르침 — 교회, 그리스도, 하느님 — 의 핵심이다.[33]

이렇게 타종교에 윤리적·실천적 접근을 하는 이들은 다음과 같이 결론 내린다. 예수가 하느님 나라 중심이라면, 그리스도교 종교신학도 하느님 나라 중심이어야 한다. 이 초점은 우선 사항인 동시에 타종교인과 그리스도인의 만남을 북돋워 줄 것이다. 타종교인과 만나려는 그리스도인에게 이 초점은 (배타주의처럼) 타종교인을 그리스도교로 강요하여 데려오지 않고, (포괄주의처럼) 타종교 가르침과 실천 안에 교회 안에서 완성될 '숨겨진' '익명의' 그리스도가 있다고 보지도 않으며, (관계 모델의 철학적·신비적 다리처럼) 모든 종교를 관통하는 '실재'나 '신비한 원천'을 찾는 데 관심을 두지도 않는다. 오히려 해방자 예수를 따르는 그리스도인은 종교 대화와 종교신학을 전개하면서 가장 먼저 타종교 공동체들이 그리스도교에서 말하는 하느님 나라를 어떻게 어디서 실현하려고 노력하는지 물을 것이다. 타종교들은 인간의 고통과 불의가 만연한 세상을 어떻게 자비롭고 평화로운 세상으로 바꾸고자 애쓰는가?

타종교 공동체 안에서 윤리적 성과와 '하느님 나라의 표지'를 볼 때, 그

---

33 Jon Sobrino, *Spirituality of Liberation: Toward a Political Holiness* (Maryknoll, N.Y.: Orbis Books 1988) 82-4; Sobrino, *Jesus the Liberator: An Historical-Theological Reading of Jesus of Nazareth* (Maryknoll, N.Y.: Orbis Books 1994) 69; Sobrino, *Christ the Liberator: A View from the Victims* (Maryknoll, N.Y.: Orbis Books 2001).

리스도인은 타종교인과 '함께' 의미 깊은 대화가 가능함을 확인할 수 있겠다. 가난한 이들의 처지를 돌보고 사람들 사이에 평등과 정의와 사랑을 심으려고 노력하는 타종교인을 만날 때, 그리스도인은 그 공동체들 안에 이미 '하느님'·'성령'·'은총'이 일하고 계심을 알게 될 것이다. 윤리-실천을 다루는 대화로 그리스도인은 타종교인이 '익명의 그리스도인'이 아니라, 이 세상에 하느님 나라를 세우는 '참된 동역자'임을 확인할 수 있다.

예수의 고유성 다시 보기

이 관점은 새로운 종교신학의 윤리적·실천적 다리가 안내해 주는 특별한 면이다. 여기서 그리스도인은 타종교의 풍요로움을 발견할 뿐 아니라 그리스도교만의 풍요로움을 재발견할 수 있다. 관계 모델이 자주 비판받는, 예수의 고유성이 타종교들 안에서 사라져 버리고 말 것이라는 염려에 명답을 얻을 것이다. 이 관점에 따르면 예수는 해방자였다. '고유성'을 어떤 특성이나 구별로 이해할 때, 그리스도인은 나자렛 예수가 타종교와 그 종교 지도자들이 가르쳐 주지 않은 것을 행위로 보여 주었다고 설명할 수 있다. 스리랑카 예수회 소속 알로이시우스 피어리스는 대화를 위해 윤리적 다리를 건넌 첫 주자일 것이다.

아시아 종교와 대화하면서 예수를 다룬 피어리스는 자신의 체험을 바탕으로 예수의 메시지와 하느님 체험에 관한 어떤 것을 주장한다. 이것 없이는 예수를 만나기도 선포하기도 어렵다. 피어리스는 이것이 '타종교 경전에 없고', 특히 아시아 경전에 없다고 주장한다. 이것은 '하느님과 가난한 이들 사이의 굳건한 계약'을 실천하고 선포한 예수 안에 있다. 유다 예언자들의 메시지를 강렬하게 환기시키고, 십자가 죽음으로 보여 준 "예수는 야훼(하느님)와 세상의 비천한 자들 사이의 계약이다."[34] 예수가 자신의 신비한 체험, 영으로 가득 찬 체험을 통해 알고 느낀 하느님은, 희생당하고 착취당하며 아무 힘 없는 이에게 각별한 관심과 사랑을 보이시는 하느님이다. 이 말은 하느님이 억압자를 포함한 다른 이들은 사랑하지 않는다는 뜻이 아니다. 하느님은 자식을 돌보는 어버이처럼, 피해 입고 고통당하는 이들을 더 각별한 자녀로 여기시는 분이다.

따라서 예수가 선포한 하느님을 알고 받아들이기 위해, 우리는 자기 탐욕을 이기고 가난을 선택해야 할 뿐 아니라 가난으로 내몰린 이들 편에 서야 한다. 신앙인으로 자처하는 이들이 지구를 착취하는 데서 벗어나 피폐해진 지구에 주목하지 않는다면, 중요한 신앙 체험을 잃고 만다. 피어리스는 이 점에서 "하느님이 맺은 가난한 이들과의 계약 너머에 구원은 없다"는 가톨릭의 오래된 금언을 강조한다. 그는 더 극적으로 "하느님이 맺은 가난한 이들과의 계약 이외에, 어디에도 구원은 없다"고 제안한다.[35]

그리스도인은 예수 안에서 육화하신 하느님의 고유성을 확인한다. 그러나 피어리스는 육화, 즉 신이 인간이 되신 것은 단 한 번 일어난 놀라운 사건이 아니라고 말한다. "하느님이 창조하신 모든 것은 선하다. 모든 창조물은 하느님의 몸이기 때문이다. 하느님은 인간이 되어 천해지신 것이 아니다. 하느님은 자기 비하하지 않고 꽃이 되실 수 있는 분이다." 예수에게 일어난 정말 충격적인 사건은 전능하고 초월적인 하느님이 '포악한 인간의 종'으로 육화하셨다는 것이다. 하느님은 단지 인간이 되신 것이 아니었다. 하느님은 가난하고 희생당하며 억압받는 인간이 되셨다. 정말이지 놀랍고

◂34 Aloysius Pieris, *Fire and Water: Basic Issues in Asian Buddhism and Christianity* (Maryknoll, N.Y.: Orbis Books 1996) 150-1; Pieris, *God's Reign for God's Poor: A Return to the Jesus Formula* (Sri Lanka: Tulana Research Centre 1998) 4장.

35 Aloysius Pieris, "Christ beyond Dogma: Doing Christology in the Context of the Religions and the Poor", *Louvain Studies* 25 (2000) 220.

수치스럽기까지 한 일이 아닌가. 예수 안에서 하느님은 인간의 선과 아름다움뿐 아니라 사람들이 잊고 있거나 무시하는 것을 보여 주신다. "인간은 아름답다. 하느님의 마지막 창조물이며 사랑의 열매이기 때문이다. 그러나 인간의 노예 근성은 추하다. 그것은 탐욕이 불러오는 죄의 열매이기 때문이다."³⁶ 예수는 노예 근성의 추함과 억압 속에서 하느님을 발견하고 새로운 삶과 투신으로 부르는 소리를 들을 수 있다고 우리에게 알려 준다.

따라서 그리스도인은 그리스도교가 가진 고유한 것을 가지고 타종교인과 대화한다. 타종교에서 많은 것을 배우는 것 외에도 그리스도인은 타종교에 없는 보물을 깨달을 것이다. 하느님을 체험하고 깨달음을 얻고 궁극자와 하나가 되는 것은 세상에서 억압받는 것들에 관심을 가지는 것이기도 함을 깨달을 것이다. 그리스도인이 타종교인과 대화하고 협력할 때 이 점에 주목하지 않는다면, 그리스도교만이 가진 특성을 빼 버리는 것이다. 이것은 예수가 보여 준 고유함을 '믿지 않는' 것이다.

한편, 피어리스는 예수에 대해 강의하면서 겪은 체험을 통해, 과거 그리스도인이 했듯이 예수의 고유성을 강요하는 식으로 다가가면 타종교인과 교류할 수 없을 것이라고 덧붙인다. 예수가 유일한 구세주요 유일한 하느님의 아들이기 때문에 고유하다는 주장을 타종교인은 거만한 제국주의적 태도로 받아들였다. 그러나 예수가 희생자들을 향한 하느님의 특별한 사랑과 돌봄을 고유하게 보여 주었다고 피어리스가 말하자, 그의 불자 친구나 힌두인 친구는 '복음'을 받아들였다. "그들은 불교의 어떤 것도 포기하지 않고 예수의 고유성을 받아들인다. 그들은 이 그리스도론에 심취했고, 현대사회의 종교인으로서 지녀야 할 책임을 깨달았다."³⁷ 중요한 것을 포

---

36 Aloysius Pieris, "Whither New Evangelism?" *Pacifica* 6 (1993) 333.

기함 없이 '더 깊이 다가가고' 변화한다는 것은 참된 대화에서 일어날 수 있는 놀라운 사실이다.

더 읽을 책

A<small>LEAZ</small>, K.P. "Paul F. Knitter's Proposal for a Relational Uniqueness of Jesus", *Vidyajyoti* 63 (1999) 491-503.

A<small>MALADOSS</small>, Michael. "The Mystery of Christ and Other Religions: An Indian Perspective", *Vidyajyoti* 63 (1999) 327-38.

———. "Who Do You Say That I Am? Speaking of Jesus in India Today", *East Asian Pastoral Review* 34 (1997) 211-24.

F<small>ORTE</small>, Bruno. "Jesus of Nazareth, History of God, God of History: Trinitarian Christology in a Pluralistic Age", in *The Myriad Christ: Plurality and the Quest for Unity in Contemporary Christology*. Ed. T. Merrigan and J. Haers. Leuven Leuven University Press 2000, 99-120.

H<small>AIGHT</small>, Roger. *Jesus the Symbol of God*. Maryknoll, N.Y.: Orbis Books 1999, ch. 14.

J<small>ANTZEN</small>, Grace M. "Can There Be a Mystical Core of Religion?" *Theology Today* 47 (1990) 59-72.

J<small>ENSEN</small>, David H. *In the Company of Others: A Dialogical Christology*. Cleveland: Pilgrim Press 2001, ch. 1, 2, 5.

K<small>AROKARAM</small>, Anto. "Raymond Panikkar's Theology of Religions: A Critique", *Vidyajyoti* 58 (1994) 663-72.

M<small>OLNAR</small>, Paul D. "Some Dogmatic Consequences of Paul F. Knitter's Unitarian Theocentrism", *The Thomist* 55 (1991) 449-96.

O'L<small>EARY</small>, Joseph S. *Religious Pluralism and Christian Faith*. Edinburgh: University of Edinburgh Press 1996, ch. 7.

◂37 알로이시우스 피어리스가 필립 기브스(Philipp Gibbs, SVD)에게 보낸 편지. 피어리스는 대화에서 예수의 고유성에 대한 이런 이해를 말하지 않았다고 밝힌다. 불자와 힌두인과 나눈 대화에서 그는 이 이해가 예수와 그의 메시지와는 다소 거리가 있음을 깨달았다.

PANIKKAR, Raimon. "The Crux of Christian Ecumenism: Can University and Chosenness Be Held Simultaneously?" *Journal of Ecumenical Studies* 26 (1989) 82-99.

——. "The Dialogical Dialogue", in *The World Religious Traditions: Current Perspectives in Religious Studies*. Ed. Frank Whaling. Philadelphia: Westminster Press 1984, 201-21.

——. "The Jordan, the Tiber, and the Ganges: Three Kairological Moments of Christic Self-Consciousness", in *The Myth of Christian Uniqueness: Toward a Pluralistic Theology of Religions*. Ed. John Hick and Paul F. Knitter. Maryknoll, N.Y.: Orbis Books 1987, 89-116.

PIERIS, Aloysius. "Christ beyond Dogma: Doing Christology in the Context of the Religions and the Poor", *Louvain Studies* 25 (2000) 187-231.

——. "Interreligious Dialogue and Theology of Religions: An Asian Paradigm", *Horizons* 20 (1993) 106-14.

SAMARTHA, Stanley J. "The Cross and the Rainbow: Christ in a Multireligious Culture", in *The Myth of Christian Uniqueness: Toward a Pluralistic Theology of Religions*. Ed. John Hick and Paul F. Knitter. Maryknoll, N.Y.: Orbis Books 1987, 69-88.

SMITH, Wilfred Cantwell. "Idolatry: In Comparative", in *The Myth of Christian Uniqueness: Toward a Pluralistic Theology of Religions*. Ed. John Hick and Paul F. Knitter. Maryknoll, N.Y.: Orbis Books 1987, 53-66.

TEASDALE, Wayne. "The Interspiritual Age: Practical Mysticism for the Third Millennium", *Journal of Ecumenical Studies* 34 (1997) 74-91.

WILFRED, Felix. "Some Tentative Reflections on the Language of Christian Uniqueness", *Vidyajyoti* 57 (1993) 652-72.

WOLZ-GOTTWALD, Eckard. "Mysticism and Ecumenism: On the Question of Religious Identity in the Religious Dialogue", *Journal of Ecumenical Studies* 32 (1995) 25-34.

YAGI, Seiichi. "'I' in the Words of Jesus", in *The Myth of Christian Uniqueness: Toward a Pluralistic Theology of Religions*. Ed. John Hick and Paul F. Knitter. Maryknoll, N.Y.: Orbis Books 1987, 117-34.

● ● ● 제9장

관계 모델의 주장과 문제점

주장

관계 모델의 새로운 제안 가운데 가장 혁신적이고 논쟁을 야기하는 것은 예수관이다. 관계 모델을 위한 다리들은 예수 이미지를 다루면서 끝을 맺는다. 이 이미지들 때문에 어떤 그리스도인은 새로운 눈을 뜨겠지만 다른 그리스도인은 혼란에 빠진다. 따라서 예수에 초점을 맞추고 다양한 예수관이 공통으로 지적하는 것과 반론들을 살펴보면서 각 예수관을 적절히 평가해 볼 것이다.

새로운 답변이 필요하다

예수가 제자들에게 "사람들이 나를 누구라고 하느냐?"(마르 8,27)라고 하신 질문은 오늘날 새로운 답변을 요청한다. 이 답변은 그리스도교 공동체의 굳건한 예수 신앙을 담은 새로운 질문들을 창의적으로 듣는 데서 나올 것이다. 그리스도인은 정말 새로운 것을 필요로 한다. 대체 모델을 주장하는 보수적 그리스도인과 완성 모델을 강조하는 그리스도인조차, 타종교인을 존중하고 사랑하며 대화해야 할 필요성과 예수가 하나이며 유일한 하느님의 아들이요 구세주라는 그리스도교의 전통적 주장 사이에서 갈등하고 있다. 타종교 안에 은총의 분명한 표지가 있음을 체험한 그리스도인과 예수만이 구원의 원천이라는 예수 신앙을 주장하는 이들 사이에는 팽팽한 긴장이 감돈다.

관계 모델 지지자들은 예수만이 하느님의 구원을 열어 주는 원천이며 이 세상에 하느님의 뜻을 전해 주는 최종 말씀이라는 주장을 재검토하게 만든다. 이것은 하느님이 그리스도인에게 내민 도전이다. 하느님의 영이 타종교 안에서 말씀하신다는 도전과 예수가 하나이며 유일한 구세주인가라는 질문은, 그리스도인과 비그리스도인이 함께 그리스도교의 신뢰성을 따지는 문제이기까지 하다. 그리하여 어떤 이는 "그것은 현대 그리스도론이 처한 위기를 진창에 빠뜨리는 처사다. 육화나 예수의 자의식에 대한 논쟁은 중요한 것이 아니다"[1]라고 말한다. 또 다른 이는 "타종교인의 말을 더 많이 들으면 들을수록, 하느님이 그리스도를 통해서만 완전하고 결정적으로 계시되었다는 주장을 재검토할 필요를 절감한다. 그리스도인은 자기 종교 안에 구세주가 있다고 확신하는 타종교인과 만나고 관계 맺는 지평에서 이 문제를 보아야 한다"[2]고 지적한다.

그러나 이들 주장은 새로운 것이 아니다. 역사를 훑어보면, 특히 초기 교회 그리스도인의 예수 이해, 곧 그의 인격과 처신에 대한 이해에는 다소 극심한 변화가 있었다. 마지막 예언자로부터 주님까지, 또 새 모세로부터

---

[1] Wesley J. Wildman, "Pinning Down the Crisis in Contemporary Christology", *Dialog* 37 (1998) 20.

[2] Joseph O'Leary, *Religious Pluralism and Christian Truth* (Edinburgh: University of Edinburgh Press 1996) 205, 207.

하느님의 외아들까지 예수 이미지의 변화는 초기 그리스도교 공동체에 커다란 화두였다. 항상 '많은 그리스도론들', 많은 그리스도 이해가 있었고, 똑같은 믿음의 씨앗은 다른 문화적 토양에서 자라면서 다른 꽃을 피워 냈다. (고난받는 종으로 예수를 바라본 마르코 같은) 초기 신약성경의 이해가 '온건한' 편이라면, (로고스요 하느님의 외아들로 예수를 바라본 요한 같은) 후기 이해는 배타적인 편이다. 그러나 이 말은 초기 이해가 후기 이해에 밀려났다는 뜻은 아니다.

이 때문에 어떤 신학자들은 첫 그리스도교 공동체가 '온건한' 예수관에 더 먼저 주목했으므로, 현대는 이 예수관에 주목해야 한다고 제안한다. 이 신학자들은, 그리스도인이 맨 처음부터 예수를 '하나이며 유일한' 분으로 이해한 '절대론자'가 아니었다고 말한다. '어느 곳, 어느 때, 어느 누구도 처음부터 절대론적 그리스도론absolutist Christology을 믿었던 것은 아니다.' 첫 공동체에게, 예수는 다른 모든 구원자를 지워 버리게 한 하나이며 유일한 구세주인가라는 질문은 '전혀 문제도 이야깃거리도 아니'었다. '절대적' 혹은 배타적 예수 이해는 '3세기 중엽에 등장했고 5세기까지는 별다른 영향을 미치지 않았다'.[3]

예수가 하느님 나라 운동을 맨 처음 시작할 때부터 하나이며 유일함을 주장했든 안 했든, 오늘날 많은 그리스도인은 전통적인 성경의 예수 이미지를 '하느님의 외아들'이나 '유일한 중재자'로 보지 않고 다르게 이해하며

---

[3] Wesley J. Wildman, *Fidelity with Plausibility: Modest Christoligies in the Twentieth Century* (Albany: State University of New York Press 1998) 267, 153-4. 와일드맨은 "그리스도교 전통은 절대론적 그리스도교와 달리 오래되고 성경에 기초한 그리스도론적 대안을 제시한다. 이 대안은 개념상 더 명쾌하고, 역사에 더 책임지려 하며, 전통적 신념에 더 충실하고, 윤리적 생명력도 더 많이 가지고 있다"고 말했다. 예수만이 하느님의 하나이고 유일한 말씀이라거나 최종 말씀이라는 주장을 비껴서 예수를 이해한 '과거 고전적 그리스도론 전통에는 무심코 지나쳐 버린 주요 내용이' 많이 있다(171).

해석한다. 어떤 이는 '하나이며 유일한'이 다른 모든 것을 부정하는 것이 아니라, 예수의 의미를 드러내는 사랑의 언어라고 본다. 또 어떤 그리스도인은 '하나이며 유일한'이라는 언어는 예수의 특별함을 지적한다고 이해한다. 하느님은 다른 이들 — 예를 들어 하느님이 각별히 관심을 가지는 피해자들 — 보다 예수 안에서 더 강하고 인상적으로 드러났다고 말이다. 이 이해는 붓다가 다른 보편적 진리들에 비해 하나이며 유일한 존재임을 주장하게도 해 준다. 그는 다른 신비가들보다 더 명쾌한 진리 — 예를 들어, 모든 것이 서로 연결되어 있다는 연기설 — 를 밝혔기 때문이다. 따라서 역설적이게도, 여러 종교 안에 많은 '하나이며 유일한 것들', 곧 신적 진리에 관한 많은 독특한 표현, 많은 특수 계시들이 있다. 이 모든 것은 각기 다르면서도, 서로 자극을 주고 바로잡아 준다. 이것이 많은 '하나이며 유일한 것들'의 대화를 채우는 내용이다.

예수의 고유성에 대한 이 재해석을 그리스도교 공동체가 받아들이든 거부하든, 이 재해석은 중요하다. 관계 모델은 예수를 하나이며 유일하고 최종적인 구세주요 계시자로 보는 전통적 그리스도교 언어의 재해석을 받아들이라고 그리스도인에게 제안한다. 이 재해석은 그리스도인이 종교 대화를 할 때 붓다, 크리슈나, 무함마드의 고유성을 깔보거나 무시하지 않고 예수의 고유성을 선언하는 새 길을 열어 줄 것이다. 이 길은 거저 발견되는 것이 아니다. 그리스도인은 이 길을 찾는 과제에서 도망칠 수 없다. 도망쳐 버린다면, 그리스도교는 갈라지고 많은 이가 신앙을 잃을 것이다.

예수는 성사다

예수 추종자들은 예수를 하느님의 정의를 실현하기 위한 희생 제물보다는 하느님 사랑의 성사로 이해했다. 관계 모델 지지자들은 이것을 받아들여 '새로운 답변'을 하고자 한다. 신학적 용어로 예수의 '구원 행위', 곧 예수가 인간의 생명을 취하여 인간을 하느님과 연결시킨 방식은 본질적 이유constitutive cause가 있기 때문이라기보다는 하느님 사랑을 보여 주려는 이유representative cause 때문이라고 이해하는 편이 더 낫다. 간단히 말해서, 예수는 어떤 것을 세운 것이 아니라 보여 주면서 사람들을 '구원으로 이끈다'. 예수는 인간의 속죄를 원하시는 하느님의 요구를 들어주고 하느님과 인간 사이에 다리를 다시 세운 것이 아니다. 오히려 예수는, 인간이 이기심과 편견으로 자아를 잃어버린다 해도 이미 하느님은 사랑으로 인간을 품고 힘을 주신다는 것을 드러내 보여 주고자 했다. 예수는 하느님과 인간 사이에 이미 존재하는 '다리'를 보여 주었다. 인간이 다리가 어디 있는지도 모르고, 있어도 믿지 않을지라도.

이것이 그리스도인, 특히 가톨릭 신자들이 성사를 이해해 온 방식, 즉 성사가 어떤 작용을 하고 왜 성사가 필요한지를 이해한 방식이다. '성사', 그리스도교 용어로 '상징'은 우리에게 무언가를 말해 주고 무언가를 느끼게 해 주는 강력한 힘을 지닌다. 이 무언가는 이미 존재하고 참된 것이지만 아직 우리 삶 안에서 활동하지 않는 것을 일컫는다. 내가 내 아내에게 한 송이 장미나 반지를 선물하는 것은 그녀를 향한 내 사랑을 창조해 내지는 못하지만, 내 사랑을 보여 주는 것이고 내 사랑은 사실이 된다. 내 사랑은 장미가 없어도 존재해 왔지만, 장미는 그 존재를 드러낸다. 이것은 예수를 하느님의 희생 제물, 다리를 세운 존재로 이해하는 것과는 다르다.[4]

예수를 성사로 이해하는 것은 그리스도교 교리에 새로운 하나를 더 얹어 놓는 것이 아니다. 이 이해는 언제나 있어 왔지만, 먼지에 덮여 잘 보이

---

4 Roger Haight, *Jesus the Symbol of God* (Maryknoll, N.Y.: Orbis Books 1999) 359, 417.

지 않았다. 그리스도인은 늘 예수를 성사로 이해해 왔다. 그리스도인은 예수가 삶을 변화시켜 줄 무언가를 구체적으로 보여 줄 수 있다고 여겨 왔기 때문이다. 예수의 구원 행위에 관한 이 성사적 이해는 신약성경 요한 복음서에 두드러지게 나타난다. 요한은 예수가 세상의 빛이며 하느님이 어떤 분인지를 보여 주고 느끼게 해 줄 수 있는 하느님 말씀이라고 강조한다. 이것은 신약성경에서 예수를 표현한 초기 이미지들 가운데 하나이기도 하다. 즉, 예수는 신적 지혜의 표현이자 어린아이다. 이 지혜는 창조의 맨 처음부터 온 세상 안에서 발견된다. 한편, 안셀무스Anselmus는 예수의 죽음을 '끝없는 범죄행위의 희생 제물'로 이해했다(대다수 교회는 이 이해를 따랐다). 또 아벨라르두스Abelardus는 예수의 구원 능력이 죄인인 온 인류를 위한 하느님의 한결같은 사랑을 드러냈다고 이해했다. 이 두 관점은 그리스도교 교리의 주류다. 관계 모델을 지지하는 그리스도인은 하느님의 보편적 사랑을 향해 가지만, 예수를 구세주요 성사로 이해하는 흐름에도 주목한다.

이를 통해, 예수 제자들은 예수의 참의미를 깊이 보존하는 동시에 하느님이 타전통들 안에서 하시는 말씀을 알아들을 것이다. 관계 모델 지지자들은, 종교 대화를 할 때 예수를 성사로 보는 것과 희생 제물로 보는 것이 아주 다른 길로 가게 만든다고 말한다. 만일 예수가 갚을 수 없는 빚을 갚아 주었거나 갈라진 틈을 메워 준 이라고 본다면, 이것은 (하느님과 인간의 올바른 관계라는) 구원의 기원을 단 한 번의 유일한 사건으로 이해하는 것이다. 한번 갚은 것은 또 지불할 필요가 없고, 메워 놓은 것은 다시 메울 필요가 없다. 그러나 예수가 하느님의 실재와 사랑을 강하게 드러내고 우리를 구원했다고 해석한다면, 우리는 사랑의 표현 방식들이 무수히 다르고 많다고 기대할 수 있을 것이다. 하느님 영의 보편적 사랑은 여러 다양한 인간 문화 안에서 다양한 계시를 통해 말을 건넨다. 성사로 이해된 구세주 예수는 다른 이들과 어울릴 수 있으나, 희생 제물로 이해된 구세주는 홀로 서 있어야 한다. 예수를 성사로 이해하는 것은 타종교 인물들을 예수와 동등하게 보진 않지만, 그리스도인에게 그 가능성에 열어 놓으라고 요청한다. 이것은 한발 크게 내디딘 것이다.

성령 그리스도론

관계 모델에서는 예수를 구원의 성사로 이해한다. 성령이 충만했던 예수는 하느님이 이미 주신 보편적 사랑을 인상 깊게 보여 주었다. 관계 모델 지지자 가운데 존 힉은 성령 그리스도론의 풍요로운 내용이 로고스 그리스도론의 비대함을 균형 잡아 올바른 통찰을 가능하게 해 주리라 보았다. 로고스 그리스도론에서는 예수의 신성을 하느님 말씀을 가지고 설명하거나, 삼위의 두 번째 위격이 예수의 인간성과 일치한다고 설명한다. 이 일치는 한 사람 안에 인간성과 신성이 두루 있고, 이 한 사람이 말씀이 되고 삼위의 두 번째 위격이 되었다고 이해했다.

이 같은 예수의 신성에 대한 이해는 요한 복음의 바탕이며, 공의회들을 개최한 초기 교회 주교와 신학자들이 그리스도교 교리를 그리스 문화와 철학 언어로 번역하면서 복잡해졌다. 이 예수관은 정밀하고 많은 내용을 담고 있으나, 현대인은 이해하기도 어렵고 삶과 연결시키기는 더더욱 어렵다. 또, 이 예수관은 예수의 인격성을 삼위의 두 번째 위격으로 대체하여 인간성을 경시한 경향이 있다. 칼 라너는 이 예수관이 '인간의 옷 속에서 빙빙 돌고 있는 하느님'을 생각하게 만든다고 지적한다. 더구나, 이 예수관에 의하면, 예수의 제자들은 예수를 따를 수가 없다(결국 그는 신이고 우리는 아니기 때문에). 또 타종교 인물을 그와 비교할 수도 없다(하느님 말씀의 육화는 단 한 번의 유일한 사건이기 때문에).

그러나 성령 그리스도론은 하느님 말씀의 육화로만 예수를 이해하는 데서 생기는 결함을 보완해 준다. 예수의 신성을 성령의 능력이 부어졌기 때문이라고 본다면, 그리스도인은 어째서 그가 신이자 인간이며 왜 그를 따르도록 부름받았는지 파악하기가 쉬워진다. 성령은 예수의 인간성을 대체하지 않으며, 사람 예수를 이끌어 주고 힘과 깨달음을 주었다. 그리스도교 전통을 보면 이 똑같은 성령은 온 세상에 두루 존재하며 모든 이에게 그 힘을 주려고 한다. 그리스도인은 예수가 독특하고 고유한 방식으로 성령을 구체화시킨다고 믿는다. 예수는 성령에 완전히 개방했고 따랐기 때문이다. 예수의 비전과 선택들은 성령으로 말미암은 것이다. 그는 모든 사람의 이상이며 본보기다.

성령 그리스도론은 타종교와 관계 맺는 그리스도인을 특별히 도와줄 수 있다. 성령 그리스도론 지지자 가운데 한 사람인, 로저 하이트Roger Haight는 다음과 같이 말한다.

> 성령 그리스도론은 인류에게 예수가 어떤 표준이 되는지, 어떤 도전을 해 오고 어떤 의미를 지니는지 설명해 준다. 하느님 영의 능력을 입은 예수가 전해 준 구원은 참되고 보편성을 지니며, 따라서 전 인류를 아우르는 표준이다. 다른 한편, 유다교와 그리스도교 성경이 증언한 것처럼, 성령이신 하느님은 예수의 역사적 출현과 무관하게, '맨 처음'부터 세상 사람을 구원하시고자 존재해 왔고 일하셨다. … 성령 그리스도론은 성령이 그리스도교 밖에서도 활동하신다고 이해하며, 하느님의 다른 중재자들에게 개방한다. 성령은 온 천지에 두루 퍼져 있고, 영이신 하느님이 역사상 단 한 번만 육화할 수 있다고 생각할 필요도 없다.[5]

하이트가 성령이 '예수의 역사적 출현과 무관하게' 온 세상에서 활동해 왔고 지금도 활동한다고 한 말은, 보편적인 성령과 특수한 예수의 본질적 관계를 부정한 것이 아니다. 단지 그는 예수와 무관한 타종교와 이 세상에 성령이 편재함을 말한 것이다. 성령은 예수를 부정할 수는 없으나, 예수를 뛰어넘을 수 있고, 적어도 예수와는 다르다. 아말라도스는 인도에서 한 자신의 체험을 이야기할 때마다, 이 점을 특별히 강조한다. 그는 성령 그리스도론을 전개하고 성령이 타종교 안에서 두루 구원을 펼치신다는 말을 하면서, 성령을 오직 그리스도의 성령일 뿐이라고 주장한다면(이 책 152-161쪽 참조), 제자리를 맴돌 뿐이라고 경고한다. 성령이 그리스도교 밖에서 활동하신다는 주장은 적어도 예수의 말과 행동이 '성령을 자기 아래 두었다'는 주장을 봉쇄한다.[6]

그리스도인은 성령이 예수를 벗어나 활동하며 예수와 모순될 수 있다고 상상하지 못한다. 이 말은 성령이 예수를 넘어설 수 없다거나 그리스도교에 말해 주지 않은 것을 타종교에 말해 주었다는 뜻이 아니다. 하이트는 관계 모델의 제안을 다음과 같이 요약한다. 형용사 '표준적'이 우리에게 말을 건네고 도전해 오는 진리라고 이해하면, 성령 그리스도론은 "예수 그리스도가 보편적 표준인 것처럼, 하느님의 다른 표현들 역시 그리스도인에게 보편적 표준이 될 수 있다" 혹은 "하느님의 구원을 알려 주는 다른 중재자들(다른 종교나 다른 종교적 표상들)은 예수 그리스도와 '동등하게' 존재하거나 존재할 수 있다"[7]고 말한다.

---

[5] 같은 책, 456.

[6] Michael Amaladoss, S.J., "Listen to the Spirit: 'THe Father is Greater Than I'" (John 14,28). *Vidyajyoti* 63 (1999) 689; Amaladoss, "The Pluralism of Religions and the Significance of Christ", *Vidyajyoti* 53 (1989) 413.

[7] Haight, *Jesus the Symbol*, 422, 399, 403.

관계 그리스도론

예수를 하느님의 사랑과 정의를 전해 주는 성령이 충만한 성사로 체험할 때, 그리스도인은 타종교 안에 성령이 현존함을 알 수 있을 것이고, 성령에게 귀 기울이고 성령에게 배우며 성령과 함께 대화하자고 타종교인에게 요청할 수 있을 것이다. 이렇게 관계 모델이 제시하는 예수의 모습은 참된 관계 그리스도론으로 나아간다. 예수는 제자들에게 이방인과 대화하라고 부르시기 때문이다. 존 캅John B. Cobb Jr.은 "그리스도는 다른 길들을 열어 주는 길이다"라고 말한다. 더글라스 존 홀Douglas John Hall은 말했다. "나는 예수를 멀리한 적이 있어서가 아니라 예수 때문에, 아무 의심 없이 유다인 무슬림 시크교인 인본주의자와 자멸적인 무신론자까지 모든 이에게 더욱 개방합니다."[8] 그리스도인이 예수를 하느님 말씀이라고 세상에 선포한다면, 이 말씀은 다른 하느님 말씀들과 대화할 때만 이해 가능함을 명심해야 할 것이다. 모든 말은 문장, 즉 다른 말들과의 관계에서 볼 때만 이해할 수 있듯이, 예수 안의 하느님 말씀은 인류와 만나시는 하느님의 모든 이야기 안에서만 이해할 수 있다.[9]

그러나 예수 안의 하느님 말씀이 '절대성'과 '최종성'을 지녔다고 믿는 그리스도인은 역설적이게도, 타종교 역시 이 절대성과 최종성을 '주장하고 있으며', 타종교인에게 겸손히 귀 기울이고 배울 때만 하느님 말씀을 얻게 된다. 그러므로, 예수 안에 '신성의 온갖 충만함이 몸이 되어 머물러 있'다고 자기 자신과 다른 이에게 선포할 수 있는 그리스도인은, 하느님의 충만

---

[8] John B. Cobb Jr., "Beyond Pluralism", *Christian Uniqueness Reconsidered: The Myth of a Pluralistic Theology of Religions*, ed. Gavin D'Costa (Maryknoll, N.Y.: Orbis Books 1990) 91; Douglas John Hall, *Why Christian? For Those on the Edge of Faith* (Minneapolis: Fortress/Augsburg, 1998) 34.

[9] O'Leary, *Religious Pluralism*, 244, 242, 253.

함을 자신뿐 아니라 타종교인 안에서 발견할 수 있다고 생각할 것이다. 그리스도인은 타종교인의 충만성과 관계 맺을 때만 자신의 충만성을 만나고 느끼며 살 수 있을 것이다. 이 역설을 분명히 이해하고 대화에 더 적극 참여한 그리스도인은, 예수 그리스도 안에 있는 하느님의 구원하시는 힘과 사랑의 충만함을 만난다. 그리고 이 충만함을 오직 예수 안에서만 발견한다고 주장할 수 없을 것이다.

관계 모델의 예수관을 더 인간적으로 표현한 것은 '오직'이 아닌 '진정'이다. 진정 하느님은 예수 안에 충만하고 최종적이며 보편적인 목표를 말씀하셨으나, 예수에게만 하신 것은 아니다. 따라서 이를 증언해야 하며, 이것이 대화의 주요 내용이다.

또한 이것은 토론의 주요 내용이기도 하다.

문제점

비열한 제국주의?

결론적으로 관계 모델은 그다지 관계 지향적이지 않다. 상호 관계를 강조하는 관계 모델 지지자들은 다양성을 무시하거나 침해하기까지 한다. 이들은 대화하고 함께하는 것에 치중한 나머지 서로 얼마나 다른가는 보질 않는다. 종교들로 이루어진 하나의 숲은 보지만, 나무 한 그루 한 그루는 놓쳐 버리거나 잘라 버리는 식이다. 즉, 대화를 활성화시키려는 이 그리스도인들이 본디 품었던 선한 의도와는 반대로 제국주의자처럼 타종교의 고귀하고 자기 헌신적인 가치를 악용한다. 관계 모델의 비열한 제국주의적 방식 두 가지는, 대화에 공통 기반이 필요하므로 이를 찾아내야 한다는 주장과 대화 규칙을 세우고 밝혀야 한다는 주장에 나타난다.

1. 관계 모델 지지자들은 대화에 공통 기반이 필요하다고 확신한다. 그들은 종교들이 너무나 다양해서 그들 사이에 어떠한 공통 기반도 존재하지 않는다는 생각을 도무지 인정하지 못한다. 윌리엄 플라처William Placher는 "관계 모델 주창자들은 종교들이 서로 다르고 갈등 관계에 있거나 하여, 어떤 특정 전통의 입장에 서지 않으면 종교들을 평가할 수 없다는 의견을 받아들이지 못한다"[10]고 비판한다. 이들이 찾고 있고 찾아낸 세계종교들은 사과와 오렌지이지, 다른 색깔의 사과들이 아니다. 관계 모델 지지자들은 이 세상의 수많은 '사물'이 비슷하기보다 무척 다양한 것처럼, 종교들도 그럴 것이라는 간단하고도 당연한 결론을 받아들이지 않는다. 특정한 공통 기반이나 일치 원리로 모든 것을 뭉뚱그리려는 시도는 다양성을 손상시킬 것이다. 다多를 아우르는 하나만이E pluribus unum 정당하다는 논리에 의해 다多는 하나 안에서 사라진다.

관계 모델을 더 비판해 보자. 만일 하나의 공통 기반이 다양한 종교들을 연결시켜 준다고 하더라도, 관계주의 신학자들은 '하나의 특정 전통에 서 있지 않고는' 그 공통 기반을 찾지도, 보지도, 평가하지도 못한다는 것을 망각한다. 다시 망원경 비유를 보자. 우리 모두는 우리가 이미 가지고 있는 문화적·종교적 망원경을 통해서 우리를 둘러싼 세상과 우리 안에 있는 신성을 바라보고 이해하려고 노력한다. 진리를 그 자체로 보는 것은 불가능하다. 우리는 모두 안경을 썼고, 안경을 통해서 본다. 그리고 안경을 통해 볼 뿐만 아니라, 본 것을 판단한다. 우리는 '세상을 바라보는 문화적 안경을' 벗어 버리고서는 제대로 '볼' 수 없다.

---

10 William Placher, *Unapologetic Theology: A Christian Voice in a Pluralistic Conversation* (Louisville: Westminster/John Knox Press 1989) 144; S. Mark Heim, *Salvations: Truth and Difference in Religion* (Maryknoll, N.Y.,: Orbis Books 1995) 103.

많은 관계 모델 지지자들은 이 점을 인식하지 못한다(아마 알고 싶어 하지도 않을 것이다). 예를 들어, 존 힉은 모든 체험은 '~로서 체험하는 것', 즉 문화적 망원경이나 종교적 망원경을 통해 보는 것이라고 말했지만, 모든 종교 안에 있는 '하나의 실재'에 관해 말할 때는 더 이상 '~로서 체험하는 것'이라고 보지 않는 듯하다. 힉은 '~로서 체험하는' 모든 다양한 방식을 초월하여, 모든 사람이 하나를 망원경 없이 체험했다고 보는 듯하다. 그러나 우리는 '초월'할 수 없다. 자신의 망원경을 벗어 버릴 수도, 한꺼번에 여러 개 망원경으로 볼 수도 없다. 그러므로 내가 망원경을 늘 써야 하고 한 번에 하나의 망원경만으로 보는 한, 나는 내 망원경을 통해 보편적 실재나 공통 기반을 보는 것이다. 곧 힉이 모든 것에 동일하게 적용된다고 주장한 기반이란 공통 기반이기보다는 특정 개인의 기반인 셈이다. 모든 신앙의 보편적 중심을 잡아내려 늘 애쓴다고 해도, 특정 개인은 한 신앙의 중심에 서 있을 뿐이다. 이 사실을 잊고, 특정 신앙의 중심이 아닌 보편 중심을 말하려는 것은 마구잡이로 특정 시각을 다른 모든 것에 적용하는 것이다.

흔히 관계 모델이나 다원주의적 입장은, 보편성이라는 이름 아래 특정 시각을 다른 모든 것에 적용시킨다는 비난을 듣는다. 지킬 박사가 하이드로 변하는 것처럼, 관계주의자는 제국주의자로 바뀐다. 관계 모델을 날카롭게 비판하는 이들 가운데 레슬리 뉴비긴은 "중심이 어디인지 따지지 않고 인간 일치를 꾀하는 모든 제안은 자신을 중심으로 삼는다는 것을 부정한다(즉, 특정 관점을 인정하지 않는다)"라고 대놓고 말한다. 마크 하임S. Mark Heim은, 모든 종교를 초월한 '하느님'을 자신이 아는 하느님으로 설명하지 못하는 이들은 자기 자신을 하느님으로 떠받들 것이라고 지적하면서, 뉴비긴에 동의한다.[11] 이 비판은 관계를 중시하는 그리스도인이 자기 식대로 타종교를 바라보고 보편적 주장을 하는 데서 벗어나, 모든 종교가 하느님한테서 받은 신적 계시에서 발생했다는 절대적 관점을 인식해야 한다고 말한다. 이것을 거절하거나 깨닫지 못하면, 자신이 '절대 진리'를 세우고 그것을 타종교에 강요하는 것이다.

  2. 둘째 제국주의적 방식은 순진하게 미소를 머금고 내 진리를 너의 진리라고 우기는 경우인데, 관계 모델의 대화방식이 그러하다. 관계 모델 지지자들은 대화에는 공통 기반뿐 아니라 공통 규칙이 있다고 믿는다. 그들은 올바른 정신을 갖춘 참신앙인이라면 이 규칙들을 '자연스럽게' 인정하고 받아들일 것이라고 생각한다. 어떤 그리스도인은 대화의 열혈당원들처럼 '대화 십계명'을 주장하면서 이것이 모든 것을 알려 주고 수용하게 할 것이라고 말한다. 대화 십계명에는 어느 누구도 제외시키지 마라, 모든 사람은 가르치려고 하는 만큼 배우려고 할 것이다, 모든 사람은 항상 더 배우는 것이 있음을 알게 될 것이다. 따라서 아무도 대화 자리에서는 절대적 주장, 결정적 주장, 배타적 주장은 하지 않을 것이다 등이 있다.[12] 이를 비판하는 이들은, 관계주의 신학자들이 주장하는 '규칙'이나 '십계명'이 그리스도교의 관점에서 벗어나 있음을 알아차리지 못하고 있다고 지적한다. 예를 들어 관계주의자들은 대화 자리에 모든 배타적 진리 주장이나 결정적 진리 주장을 제쳐 놓고 오라고 요구하지만, 이 요구가 많은 신앙인을 얼마나 불쾌하게 만드는지 알아차리지 못한다. 종교인은 대개 하느님이 그들에게 주었다고 생각하는 특정 진리에서 출발하며, 자기 종교의 진리

---

[11] Lesslie Newbigin, "Religion for the Marketplace", *Christian Uniqueness Reconsidered*, 139. S. Mark Heim, *Is Christ the Only Way? Christian Faith in a Pluralistic World* (Valley Forge, Pa.: Judson 1985) 144.

[12] Leonard Swidler, *After the Absolute: The Dialogical Future of Religious Reflection* (Minneapolis: Augsburg-Fortress 1990) 42-6; Paul F. Knitter, *No Other Name? A Critical Survey of Christian Attitudes toward the World Religions* (Maryknoll, N.Y.: Orbis Books 1985) 207-13.

는 다른 모든 진리보다 우월하거나 적어도 다른 모든 종교 진리가 넘어서야 할 장애물을 지니고 있다고 생각한다. 모든 종교에는 종교 간 토론을 위해 포기하고 제쳐 둘 수 없는 '경계'와 '요지부동의 측면'이 있다.[13]

윌리엄 플라처는 대화에서 배타적 관점을 빼 버리라고 하여 스스로 배타주의자가 되어 버린 신학자들에게 질문한다. 그들은 배타적 관점을 빼 버리라는 주장에 갇혀 스스로 타종교인 사이에 갇힌다. "나는 당신의 관점을 진지하게 받아들이려 한다. 그러나 만일 당신이 나처럼 '열지' 않고 '닫아' 버린다면, 나는 당신의 관점을 진지하게 받아들이지 않은 것이다." 그래서 관계주의 신학자들은 아무도 배타적이거나 절대적인 주장을 하려 들지 않아서 모든 이에게 열려 있는 대화를 선언한다. 그리고 나서 "복음주의적 그리스도인, 하시디즘을 따르는 유다인, 전통적 무슬림 같은 신앙인은 대화의 마땅한 참여자가 아니라고 판단해 버린다. 왜냐하면 그들은 대화 놀이가 제시한 규칙, 현대 서양의 학문 풍토에서 나온 이 규칙들을 받아들이려 하지 않기 때문이다".[14]

이상에서 관계 모델의 온화한 얼굴 뒤에 깊숙이 감춰진 제국주의적 속성을 보았다. 관계주의 그리스도인은 분명 타종교인을 그리스도교로 개종시키려는 선교사가 되려 하지는 않지만, 여전히 18세기 계몽주의가 강조한 '자기를 증명하는' 진리로 모든 종교를 개종시키려는 서구 문화 복음 전도사들이다. 관계 모델이 제시한 다리 세 개의 머릿돌은 모두 '유럽, 아니면 미국적'이며 '근대성'을 띠고 있다. 그 문화적 신념 체계는 임마누엘 칸트와 다른 계몽주의 사상가들이 '차가운 이성'과 '역사적 분석'이라는 칼날

---

13 J.A. DiNoia, "Pluralist Theology of Religions: Pluralistic or Non-Pluralistic?" *Christian Uniqueness Reconsidered*, 120-1.

14 Placher, *Unapologetic Theology*, 64, 146.

을 가지고 모든 종교를 종속시킨 데서 나온 것이다. (근본주의자와 복음주의자를 뺀) 서양 신학자들은 흔히 이 근대주의 신념 체계를 수용했다. 그러므로 이를 의식하지 못한 현대신학자들은 타종교들이 '참된' 대화를 원한다면 이 근대주의 신념 체계도 수용해야 한다고 요구한다.[15]

관계주의를 지지하는 선교사들이 모든 종교에 요구하는 서구 근대성의 진리란 무엇인가? 이것을 나열하는 것은 이 '현대사상가들'이 '자기를 증명하는 진리들'을 전혀 밝혀내지 못하고 신앙에 적용시키지도 못했음을 드러내는 것이 된다.

- 모든 종교는 무한성을 꾀하지만, 어느 종교도 그것을 완전히 끝까지 포착해 낼 수 없다.
- 모든 종교 언어는 상징적이고 신화적이다.
- 시간은 직선적이고 역사는 진보하고 있다.
- 참으로 실재하는 것은 모두 역사에 토대를 두어야 한다.
- 인간 개개인의 권리는 다른 모든 권리보다 중요하다.
- 민주주의는 다른 모든 체제보다 우선한다.
- '올바른 행위'(正行)는 '올바른 교리'(正言)에 앞선다.
- 모든 종교는 정의와, 인간/생태계의 복리를 도모해야 한다.

마지막 두 가지는 대화를 위한 윤리적 다리의 초석이자, 모든 종교를 서양이라는 울타리 안에 싸잡아 넣으려는 학자들의 전형적 수법으로 비판받는 항목이다. 마크 하임과 더불어 관계 모델의 위험성을 가장 강력하게 고발

---

15 Heim, *Salvations*, 103.

하는 가빈 드코스타는, 모든 종교가 새로운 입장에서 지구 윤리를 위해 일하라는 요청을 받고 있다고 말한다. "보편 윤리 규범은 형이상학과 종교에 우선한다. … 모든 사람은 자기 종교 공동체 구성에 앞서 윤리적 '명령'을 따라야 하고, 각 종교 공동체의 가치는 이 윤리 규범에 얼마나 응답할 수 있는가에 달려 있다."[16] 이 윤리 규범의 기준은 정의正義다. 그러나 관계주의와 다원주의의 위험성을 지적하는 또 다른 영국 철학자요 신학자인 존 밀뱅크John Milbank는 정의라는 개념이 유다-그리스도교 문화의 영향을 받은 것이고 이 개념을 사용한 종교 간 대화는 서구적이라고 지적한다. 여기서 묻지 않을 수 없다: "우리가 말하는 정의는 어떤 것인가?"[17] 불교 전통은 정의에 대한 관심도 정의에 대한 개념도 가지고 있지 않단 말인가?

관계 모델 핵심에 똬리 틀고 있는 제국주의는, 관계주의자들이 서양은 물론 다른 문화와 민족의 종교들에 복음의 잣대를 들이대면서 비판할 때 확연한 악몽으로 떠오른다. 복음이 세상을 지배하는 문화적 가치와 안목을 준다고 설교하는 관계주의자는 진지하게 동등한 대화를 꾀하지만 무의식적으로는 지배하려 한다. 관계 모델의 주장은 제1세계 국가들이 자기 자본을 가지고 회담에서 제시하는 주장과 너무도 흡사하다는 측면에서 가공할 지배 잠재력을 가지고 있다. 제1세계는 모든 국가에게 각자의 다양성을 가지고 세계시장에 참여하라고 요청한다. 모든 사람에게 평등한 이익을 남길 수 있는 평등한 기회를 약속하면서 말이다. 모든 문화에게 세련된 매체 — 특히 전 세계적 방송망 — 를 통해 의사소통의 전 지구적 통신망을

---

[16] Gavin D'Costa, The Meeting of Religions and the Trinity (Maryknoll, N.Y.: Orbis Books 2000) 30.

[17] John Milbank, "The End of Dialogue", in *Christian Uniqueness Reconsidered*, 174-91; Alasdair C. MacIntyre, *Whose Justice? Whose Rationality?* (Notre Dame, Ind.: Notre Dame University Press 1988).

사용하라고 손짓하여, 제1세계의 목청을 높이고 자기네 공적을 떠벌린다. 여기서 우리는 누가 세계 시장과 전 지구적 통신 매체를 조정하는지 물어야 한다. 누가 이 전 지구적 체계의 유연한 기능을 '보호'하는 군사력을 쥐고 있는지 질문하는 것은 더 중요하겠다. 도대체 누가 막대한 경제적 이득을 거머쥐는가?

관계 모델이 제안하는 새로운 대화는 쉽사리 '맥도날드화'할 수 있다. 캐네스 서린Kenneth Surin은 가장 강력한 비판자다. 그는 이 새로운 종교 대화 방식을 '빅맥'Big Mac에 비유한다. 이 음식은 이 세상의 모든 문화 안에 공통된 무언가가 있고, 모든 사람이 선택하여 맛있게 먹을 수 있으며 모든 이를 서로서로 연결시켜 주는 것이 있다고 호소한다. 서린은 '맥도날드 햄버거가 처음 등장한 보편적 음식'임을 인정하면서 즉각 "그러나 인도 뭄바이, 이집트 카이로, 한국 서울에서 온 사람들은 맥도날드 햄버거를 먹으면서 미국 생활 방식을 소비한다"고 덧붙인다.[18] 미국 생활 방식을 소비하면서 그들은 자기네 고유한 것을 잃고 한 나라의 우세한 경제적·문화적 지배 아래 종속되고 만다. 세계시장, 지구 윤리, 전 지구적 대화같이 보편성을 꾀하는 전략은 다양한 사람들 사이에서 평등한 관계를 찾으려고 하지만, 참여자들은 불평등한 역학 관계에 놓여 있기 때문에 그 관계는 불평등한 관계를 지속시키는 수단이 될 뿐이다.

사람들이나 단체가 그토록 대화를 열망하는 이유는 바로 여기 있다. 그들의 대화란 늘 이런 식이고 이렇게 대화를 조작할 수 있다.

> 기득권을 가진 단체들이 주로 사용하는 수단은 모든 이에게 도움

---

[18] Kenneth Surin, "A 'Politics of Speech'", in *Christian Uniqueness Reconsidered*, 201.

을 주고 협력하게 하는 언어를 가장하고 조화를 말한다는 것이다. 이들은 모든 참가자들 각자의 의견을 동등하게 받아들인다고 공적 대화를 통해 믿게 만들 수 있지만, 불평등한 권력관계에 치우쳐서 대화를 끌어간다.[19]

속담도 이런 점을 지적한다. "코끼리가 닭에게 '모든 사람은 각자 자신만을 위하지만 하느님은 모두를 위하신다'고 말한 후 함께 춤춘다." 한편에는 코끼리가 있고 다른 편엔 닭이 있는 경우, 한 분 하느님과 '하나의 실재'와 '사회정의'를 위해 평등한 춤을 춘다는 것은 불가능한 일이다. 따라서 관계 모델을 비판하는 이들은 국가와 종교들 사이의 불평등한 권력관계를 묻고 따지지 않은 채, 관계 모델이 제시하는 대화를 하려는 그리스도인에게 경고를 보낸다. 여러 민족과 문화 체계 속에 살면서 대화를 추진하려는 그리스도인은 다른 이들보다 더 강한 경제력과 군사력을 가지고 있어서, 관계를 껄끄럽게 만들고 도전을 묵살해 버리기 때문이다.

저열한 상대주의?

관계 모델의 제국주의적 속성 뒷면에는 상대주의가 도사리고 있다고 비판받는다. 관계 모델이 제안하는 새로운 대화를 가지고, 그리스도인은 서구 사상과 가치를 강요할 뿐 아니라 대화를 지루하게 만들어 버리고 싶어 한다! 관계 모델 지지자들은 종교들의 차이를 묵살하고 공통점이 있다는 데 주목하여 대화를 지겹게 만든다. 그들이 추구하는 공통 기반은 늪처럼 흐물흐물 움직이면서 모든 것을 빨아들이려고 한다. 이 공통 기반 중 상대

---

19 Raymond Williams, *Marxism and Literature* (New York: Oxford University Press 1977) 112.

주의는 무성하게 잘도 뻗어 간다. 상대주의자는 진리가 아주 폭넓고 다양하며 다르기 때문에 아무도 진리를 알 수 없다고 확신한다. 상대주의자는 고양이가 전부 회색으로 보이는 황혼에서 산다.

관계 모델의 세 가지 다리가 각기 말하는 공통 기반을 자세히 검토한 비판자들은, 이 공통 기반이 어떻게 모든 것을 빨아먹는 늪과 같은지 폭로한다. 모든 종교 안에 숨어 있다고 힉이 말한 '실재'는 형태가 없는 애매한 것이다. 그것은 인간이 상상해 낼 수 있는 온갖 신성과 하느님의 이미지일 뿐이다. 힉의 '신적 실체'는 모든 종교의 역사적 현상을 뛰어넘는 것으로, 인간이 접근할 수 없는 아주 초월적인 것이다. 결국 힉은 궁극적인 것을 인격적이고 비인격적으로 이해하려고, 혹은 이 세상은 객관적이며 실재는 우리 상상 속에서만 존재한다고 말하려고 '실재'를 제시한 셈이다. 힉이 제시한 실재와 동떨어진 신적 이미지나 세계는 진짜 없을까?

레이몬 파니카는 제국주의의 위험성은 잘 알지만, 상대주의의 덫에는 완전히 포박당해 있다. 파니카는 다多가 결코 하나에 종속될 수 없다고 주장하면서, 모든 종교에서 발견되는 신비는 산꼭대기와 그리로 오르는 모든 길에 있으며 많은 이름을 가진 '그리스도'는 세상의 다양한 종교에서 찾을 수 있다고 보았다. 그러나 그는 산꼭대기로 나지 않은 길이 있다거나 그리스도와 전혀 맞지 않는 종교적 이름이 있을 수 있다고는 말하지 않는다. 그는 아주 관대하게 모든 신비가 정당하다고 선언했지만 사기꾼을 가려내고 근절할 방법은 제시하지 못한다. 파니카와 그의 신비적 접근을 따르는 이들은 모든 신비가가 회색으로 보는 종교적 체험을 이해할 뿐이다.

상대주의의 비탈길에서 미끄러질 위험은 정의, 인간과 생태계의 참살이 well-being를 다루려고 윤리적 다리에 주목하는 비상대주의에도 도사리고 있다. 이 윤리적 접근은 '정의', '참살이', '전 지구적 책임감'과 같은 고상한 관심사들조차 불분명하고 보편적이지 않다는 점을 소홀히 취급한다. 그들은 자신이 특정 방식이나 특정 종교 안에서 이해하고 있음을 깨닫지 못하고 스스로 카멜레온처럼 수많은 빛깔과 목적을 아우를 수 있다고 성급하게 생각한다. 인간의 고통스런 현실조차 다양한 '종교적 안경'에 따라 다르게 해석하고 대처할 수 있는데, 하나의 안경으로만 보고 있다. 이렇게 윤리적 공통 기반에 따라 고통에 대한 관념과 관심을 해결하려는 이들은 얼마나 단순한가. 가빈 드코스타는 이렇게 결론짓는다: "인간의 복지를 증진시키는 (종교 간 대화에) 유익한 공통분모는, 각 전통이 '인간성'과 인간의 복리에 관해 설명할 때까지는 구체적이지 못하다. … '하느님 나라와 정의'라는 말(조차)도 그리스도인, 융 학파, 불자에게 지켜야 할 구체적 규범을 주지 못한다면 공허한 울림에 지나지 않는다."[20]

관계 모델 지지자들은 모두 이 모순에 빠지는 것 같다. 상대주의를 피하려면 공통 기반에 구체적이고 규범적인 것을 집어넣어야 한다. 그러나 그렇게 하는 순간 그들은 타종교에 자신의 규범을 강요하는 제국주의자가 되고 만다. 이것은 피할 수 없는 난관인가?

그렇다. 다음 장에서 우리는 관계 모델을 간단히 비판한 후 이 난관의 해결책을 살펴보겠다. 어떤 점에서 보면, 종교 대화 참여자는 항상 제국주의자이고, 이것은 좋은 현상임을 알게 될 것이다! 이 해결책은 놓치기 쉬운 근본적 사실, 즉 모든 대화 실천가는 자신의 고유한 종교체험과 교리를 가지고 다른 것들을 해석한다는 사실에 근거한다. 따라서 그들은 모두 자신의 관점을 다른 이에게 '강요'한다. 자기 종교의 안경을 쓰고 타종교인을

---

[20] Gavin D'Costa, "The Reign of God and a Trinitarian Ecclesiology: An Analysis of Soteriocentrism", in *Christian Mission and Interreligious Dialogue*, ed. Paul Mojzes and Leonard Swidler (Lewiston, N.Y.: Edwin Mellen Press 1990) 57, 59.

보기 때문이다. 대화 참여자들은 다른 사실도 기억해야 한다. 신앙은 모두 자기 종교를 진지하게 받아들이고 그것에 기대어 살고 있기 때문에, 그들이 말하는 확신과 신조는 우월하고 규범적이며 확고부동한 것이라고 믿는다. 이 확신과 규범을 가지고 그들은 자신의 믿음이 참인지 거짓인지, 올바른지 잘못된 것인지를 밝힌다. 이 확신은 늪이 아닌 튼튼한 바위다.

대화를 이렇게 이해하는 이들은 타종교인의 말에 귀 기울일 준비가 되어 있으며 자기 신앙을 솔직하게 고백한다. ① 자기 공동체의 고유성에 기초하여 자신의 종교체험과 확신을 말하는 모든 대화 참여자는 자신의 종교 전통과 경전에서 만난 하느님과 진리의 안내를 따른다. ② 이들은 자신이 하느님께 배운 것들이 참된 공통 기반과 최후의 말씀을 준비하게 해 줄 것이고, 전에는 체험도 상상도 못했던 새로운 일치 안으로 모든 종교를 데려다 줄 것이라고 믿는다. 이 대화를 통해 종교 간 차이가 공통 기반이나 중요한 신비적 핵심보다 더 중요하다는 것이 밝혀질 것이다. 개방적이고 솔직하며 공감을 자아내고 비폭력적으로 대화하는 그만큼 드러날 차이를 통하여, 우리는 다양한 종교 메시지들이 다른 모든 타종교에 고유성을 찾게 해 주고 가치도 밝혀 줄 것이라고 기대할 수 있다. 모든 종교가 똑같이 선하고 타당해서가 아니라, 종교 간 대화가 공정하고 솔직하게 진행되어야 하기 때문에 이러한 대화가 필요하다. 이로써 각 종교는 자기 종교의 핵심 가르침과 역사 속에서 깨달은 것을 증명할 수 있을 것이고, 대화 놀이에서 승리할 것이다.

이 대화는 대체 모델 지지자는 물론 완성 모델 지지자도 승인할 수 있는 것이다. 4부에서 우리는 이 대화를 포괄하면서도 앞선 모델들의 난점을 피할 수 있는 다른 모델을 살펴볼 것이다.

관계 모델의 주장은 과연 그리스도교적인가?

많은 그리스도인이 우려하는 관계 모델의 독특한 예수 그리스도 이미지에 대해 다루어 보자. 이 문제는 다음 세 가지 질문으로 나누어 생각해 볼 수 있다. 예수가 '진짜 유일하지 않다'는 새로운 관점, 즉 참된 구세주이지만 유일한 구세주는 아니라는 관점은 그리스도교 전통을 쇄신하기보다 포기하는 것이 아닐까? 이 관점은 그리스도교 영성을 떠받쳐 줄 수 있을까? 또 예언자 예수를 계속 따를 수 있게 도와주는가?

1. 이 관점은 전통을 저버리는가? 관계주의 신학자들은 신약성경의 '하나이며 유일한'이라는 언어를 '사랑의 언어'로 번역하면서, 예수는 자신을 '하나이며 유일한' 구세주로 보지 않았고, '외아들'이나 '유일한 중재자'라는 이미지는 진지하게 받아들여도 문자 그대로 해석해선 안 되는 상징이며, 오늘날은 예수를 하느님의 외아들보다는 하느님의 예언자로 이해하는 것이 더 낫다고 주장한다. 그러나 이 모든 '재해석'은 예수 제자들이 예수에 관해 늘 말했던 것은 물론 그 말을 통해 가리켰던 것과 충돌한다. 초기 그리스도인이 예수를 하느님의 외아들, 유일한 중재자, 성부께로 가는 오직 한 길, 모든 이름 가운데 가장 빼어난 이름이라고 부르며 기도한 '사랑의 언어'와 '상징들'은, 예수를 향한 사랑만을 표현한 것이 아니다. 또 예수가 그들에게 어떤 존재였는지를 밝히기 위한 표현만도 아니다. 더구나 예수가 하느님 나라를 위한 동역자였음을 밝히기 위해서만 사용한 표현도 아니다. 그들은 하느님과 인간이 관계 맺고 있다는 것을 믿게 해 준 특별하고 결정적이며 최종적인 존재가 바로 예수라고 평가했다. 그렇다, 그들은 예수를 평가했던 것이다! 그리고 이 평가는 그들이 상상할 수 있는 최상의 것이었다. 초기 그리스도인은 하느님이 역사와 타종교에 행하시는 모든 것은 예수 안에서 보여 주셨던 것에 근거하고 관련되며, 따라서 예수

가 판단 기준이라고 생각했다. 이것이 신약성경의 다양하고 다채로운 그리스도론을 통해 퍼져 나오는 끝없는 주제의 원천이다. 예수 이미지가 아무리 많고 다양하더라도, 모든 것은 '참됨'과 '유일함'을 전해 준다.[21]

그리고 그리스도인은 여러 종교가 공존하는 세상에서 예수를 '평가한' 그 모든 칭호에 '참됨과 유일함'이라는 내용을 담았다. 관계주의 그리스도인은 망각하는 것이 있는 듯하다. 오늘날 우리가 많은 신앙을 '바라보는 것'처럼 초기 그리스도인도 그래야 했다는 지적은 곧 그들이 '자기네 언어를 경계해야' 했다는 것인데, 이것은 역사적 맥락을 고려하지 않은 처사다. 초기 그리스도인은 타종교를 알고 있었지만 자기네 언어를 삼가지 않았다. 관계주의자들의 동료인 한 비판가는 "오늘날 지구촌 문밖으로 많은 타종교를 밀쳐 내지 않기 위해 그리스도교 복음을 선포하지 말라는 이들은 모순을 안고 있다. 새로운 점이 있다고 보는가? 고대는 현대보다 더 다양한 신앙이 있었다. 그리고 예수의 궁극성을 주장한 초기 그리스도인은 맨 처음부터 타신앙들과 정면으로 맞서야 했다"고 말한다. 다른 비판자는 "복음서의 배타적 주장은 처음부터 반문화적인 것이다. 이 주장을 그리스인은 바보스런 짓으로 보았고, 당대의 많은 헬레니즘계 그리스도인은 부끄러운 수치로 여겼다"고 지적한다.[22] 헬레니즘의 영향을 받은 현대 관계주의 그리스도인은 초세기 그리스도인이 대담하고 애정을 담아 선포한 것을 부끄러워하는 꼴이다.

---

21 Hans Küng, *Global Responsibility: In Search of a New World Ethic* (New York: Crossroad 1991) 99; Claude Geffre, "Christian Uniqueness and Interreligious Dialogue", *Christian Mission and Interreligious Dialogue*, ed. Paul Mojzes and Leonard Swidler (Lewiston, N.Y.: Edwin Mellen Press 1990) 67.

22 Michael Green, *Acts for Today: First-Century Christianity for Twentieth-Century Christians* (London: Hodder and Stoughton 1993) 38; Carl E. Braaten, "Hearing the Other: The Promise and Problem of Pluralism", *Currents in Theology and Mission* 24 (1997) 398.

예수의 고유성을 생략하거나 삭제하라는 관계주의의 새로운 해석은, 예수가 유일하다는 메시지가 아니라 그 메시지가 되고 메시지를 전해 준 인격person에서 종교 대화의 의미를 찾으라고 말한다. "그리스도인은 예수를 본보기로 한 메시지나 생활 방식을 선포하지 않았다. 그리스도인은 하느님의 구원 행위와 일치했던 한 인격을 선포한다. … 그리스도인이 주장한 궁극적 진리는 하나의 제안이 아니라 하나의 인격이다."[23] 관계주의 신학자들은 이 이유로 예수를 속죄양보다는 성사로 보는 것이 좋다고 제안하지만, 위험천만한 성향을 보여 준다. 관계주의는 그리스도교의 예수에 관한 메시지와 예수라는 인격을 동일시하기 때문에, 예수가 하느님 사랑의 진리와 정의의 요청을 상징하거나 '의미'하지 못한다고 본다. 그러나 예수는 하느님 사랑의 진리이다. 그는 이 진리를 만들어 낸다. 예수의 역사적 실존historical reality 없이는 이 진리가 존재하지 않으며, 예수 없이는 이 진리의 탁월한 온전함을 알 수 없다. 5장에서 교황 요한 바오로 2세가 예수한테서 그리스도를 분리하는 것을 경계한 이유가 바로 여기 있다. 그리스도인은 '예수는 그리스도다'라고 선언할 수 있는 한, '그리스도는 예수다'라는 선언도 할 수 있고 해야 한다. 예수 없이는 어떤 그리스도도 존재하지 않는다. 그리스도와 성령은 예수를 뛰어넘어 타종교들 안에서 일하시지만, 예수라는 근원점과 귀속점을 잃어버려선 안 된다.

이것은 전체 신학과 역사에도 적용된다. 교회 직무자와 종교 지도자들은 더 불편한 질문을 던진다. 좋은 푸딩을 먹어 보고 그 소비 성향을 시험해 보듯이, 모든 신학자가 좋은 신학이 무엇인지 시험해 본다면, 많은 예수관 가운데 새로운 한 가지는 평신도 그리스도인에게 큰 영향을 미치지

---

[23] Heim, *Is Christ the Only Way?* 54, 56; Paul Griffiths, "The Uniqueness of Christian Doctrine Defended", *Christian Uniqueness Reconsidered*, 170.

못할 것이라고 교회 지도자들은 두려워한다. 한마디로, 이 시각은 '너무 멀리 비껴가 버렸다'. 그리스도교 공동체의 동요와 긴장에 괘념치 않는 신학자인 한스 큉은 다음과 같이 고백한다. "계시와 구원을 전해 주는 타종교 인물들과 예수 그리스도를 동일시하기 위해서, 예수 그리스도가 전해 주고 신약성경이 말해 준 하느님에 관한 규범적이고 결정적인 말을 포기할 것을 그리스도인에게 기대하는" 신학자들은 "그리스도인에게 그리스도교 공동체와 결별할 위험이 있다"고 알려 주어야 한다.[24] 그리고 자기 신앙 공동체와 결별하려는 신학자는 자신의 신학 작업을 풍성하게 해 주고 안내해 주는 생명 줄을 잘라 버리는 것이다.

2. 새로운 예수관은 그리스도교 영성을 떠받쳐 줄 수 있는가? 앞선 진술에서 큉은 예수가 '신앙을 확신하게 해 주는' 하느님의 결정적 말씀임을 그리스도교 공동체가 믿고 있다고 주장한다. 이 새 예수관이 그리스도교의 수렴점 기능을 하지 못하는 까닭은, 이 예수관이 신약성경은 물론 교리서와 모순되어 보일 뿐만 아니라 예수를 향한 그리스도인의 마음과 공명하지 못하기 때문이다. 예수를 따르려고 결심한 사람의 정서를 탐색한다는 것은 민감하고도 위험한 시도다. 이 탐색을 위해 어떤 범주까지 다루어야 하는가? 받아들여야 할 메시지와, 예수를 따르려는 이에게 제시할 메시지는 무엇인가? 그리고 예수를 따르면 그 자신의 삶과 세상을 진정 변화시킬 수 있을까?

앞에서 다룬 관계주의 신학자들은, 예수를 따르기로 결심한 그리스도인은 예수가 하느님의 참된 말씀이라는 것을 알게 되었기 때문이지, 예수가 하느님의 유일한 말씀이라고 느꼈기 때문이 아니라고 주장한다. 이 주장

---

[24] Küng, *Global Responsibility*, 101.

이 맞을지도 모른다. 그러나 관계 모델을 비판하는 이들은 '참된'의 뜻을 더 해석해 보고 싶어 한다. 그리고 해석한 결과, 그리스도인은 예수를 단지 하느님의 참된 계시로만 여기는 것이 아니라 자신의 삶에 하느님의 참된 결정적 목소리를 전해 주었다고 느끼고 있음을 발견하였다. '결정적'이라는 말은 분명하고도 강력한 느낌을 드러내려는 추상적 표현이다. 예수를 체험한다는 것은 자신의 삶을 결정짓고 정의 내리라는 부름과 힘을 체험하는 것이며, 특정한 방식으로 행동하고 살아가라고 요구하는 것이다. 이 방식은 다른 태도나 세계관의 '한계를 밝히고 끊어 내는' 것이다. 예수는 반환점, 갈림길, 새로운 시작의 원천을 뜻한다. 신약성경 저자들은 그것을 회개라고 불렀다. 따라서 예수 안에서 들린 하느님 말씀은 많은 것을 끊어 버리면서도 더 많은 것에 개방하도록 그리스도인의 삶을 결정짓게 했다.

그리스도인이 자기 삶 안에 예수가 현존한다고 체험했을 때 느낀 또 다른 점은 예수가 자기들만을 위해서가 아니라 모든 사람을 위해 결정적인 존재라는 것이다. 예수가 참된 하느님 말씀이요 구원자임을 체험할 때도 똑같은 것을 느낀다. 결정적인 것은 자연히 보편적인 것으로 체험된다. 그리고 그 의미와 힘은 그리스도인 각자나 공동체뿐 아니라 모든 인간 공동체에 작용한다. 모니카 헬비그는 이 체험을 다음과 같이 말한다. 예수 추종자가 된다는 것은 예수가 '개개인은 물론 전체 인류 역사의 가능성을 결정적으로 변화시켜' 주고 '그 가능성을 통해 사람들이 더 온전한 삶, 희망, 공동체, 행복으로 나아가고' 있음을 감지한다는 것이다. 예수는 사람들에게 희망을 주었다. 이 놀라운 희망은, 그 모든 절망의 현실에도 불구하고, 이 세상이 눈에 보이는 것과는 전혀 다르게 변할 수 있다고 알려 준다. "완전한 구원이라는 그리스도인의 희망은 예수가 우리 역사에 부여한 결정적 변화와 직접 연결된다." 예수 안에서 그리스도인은 새로운 가능성이 열렸음을 느낀다. 그리고 이 가능성을 다른 데서는 찾지 못하고 있다.[25]

따라서 그리스도인은 예수 없이 하느님의 다스림을 온전히 실현해 낼 수 없다. 다른 많은 종교인과 종교 역시 이 전망을 가지고 일할 것이나 예수가 없다면 본질적인 무언가를 잃고 말 것이다. 그런 점에서 타종교의 타당성을 긍정하고 그리스도교가 가진 제국주의적 질병을 치료하려는 에드워드 스힐레벡스도 헬비그의 의견에 동의한다. "예수를 그리스도라고 믿는 것은, 하느님 나라에 다가가게 해 주고 인간 전체를 치유시켜 주는 영원하고 본질적인 의미가 예수 안에 있다고 깊이 확신하며 고백하는 것이다. … 따라서 그리스도인에게 예수는 하느님의 결정적인 계시다."[26]

그러므로 그리스도인이 예수를 하느님의 참된 말씀으로 체험할 때, 그들은 또한 예수를 하느님의 결정적인 말씀으로 체험한다. 관계 모델은 이것을 인식하지 못하고 있다.

3. 관계 모델은 그리스도인에게 예언자 예수를 따를 수 있게 하는가? 이 질문은 특별히 관계주의 그리스도인에게, 예수를 따르는 데 필요한 정력과 끈기 없이도 예수를 예언자이며 해방자라고 주장할 수 있는지 묻는다. 예언자요 해방자 예수를 본받는다는 것은 예수를 화나게 했던 상황들, 예를 들어 경제성장 한복판의 빈곤, 여성 폭력, 소년 군인들, 환경 파괴 등의 현실에 강력하고 분명한 태도로 맞서는 것을 뜻한다. 이 태도는 그런 행태를 묵인할 수 있는 '이 세상에서' 반문화적이고 다종교적으로 다른 주장을

---

[25] Monika Hellwig, "Re-emergence of the Human, Critical, Public Jesus", *Theological Studies* 50 (1989) 480; Hellwig, "Christology in the Wider Ecumenism", in *Christian Uniqueness Reconsidered*, 115.

[26] Edward Schillebeeckx, *The Church: The Human Story of God* (New York: Crossroad 1990) 121.

하는 것이다. 이 세상에는 절대악, 너무나 해롭고 너무나 잘못되어 있고 너무나 비인간적이어서 도저히 참아 낼 수 없는 악들이 있다. 예수가 말한 예언자적 복음을 진지하게 받아들이는 그리스도인은 이 세상의 악들을 부정할 뿐 아니라 저항해야 한다. 아무리 우리 문화가 그 악들을 승인하거나 허용하더라도, 또 어떤 종교가 그런 행위를 찬성한다 하더라도 말이다. 그 저항은 언제나 사랑을 담은 비폭력이어야 하지만 분명하고 확고해야 할 것이다.

이렇게 여러 정치와 경제 체계, 종교들로 이루어진 이 세상에는 '절대적 관용'이라 부르는 것이 있고, 이 관용은 절대적 저항과 짝을 이루어야 한다. 절대적 입장은 절대적 자리를 필요로 한다. 이 자리는 관계 모델에 대한 많은 비판을 마련하고 있다. 이 자리는 그리스도인에게, 굳세고 단호하게 악에 맞서라고 부르지만, 확고한 토대를 구비해 놓지는 않는다. 만일 하느님 나라의 진리를 다른 진리들의 빛 안에서 항상 확인하거나 바로잡아야 한다고 주장한다면, 그 주장이 절대악을 절대 부정하는 선포라고 어떻게 확신할 수 있을까?

이것은 20세기 그리스도교 공동체에 용감하게 예언했던 그레고리 바움 Gregory Baum이 관계 모델에 편들지 않았던 이유다. "종교 다원주의의 해방적 관점은 악의 세력을 과소평가한다."[27] 종교 간의 윤리적 대화를 오랫동안 지지해 온 한스 큉과 위르겐 몰트만은 관계 모델 지지자들에게 경고한다. 그들은 하느님이 많은 목소리로 말씀하셨다고 주장했지만, 국가사회주의(나치즘)에 맞서 강한 예언자적 입장을 고수하지 못했고 하느님이 독일인을 위해 말씀하셨다고 주장했기 때문이다. 모든 사람을 각성시키고 저

---

27 Gregory Baum, Introduction to Rosemary Radford Ruether, *Faith and Fratricide: The Theological Roots of Anti-Semitism* (New York: Seabury 1974) 15.

항하게 해 주는 확실한 지식과 영적 힘을 주는 초점이 없는 한, 악의 세력은 대중을 선동하여 이 세상을 더 나쁘게 만들 것이다. 이것은 모든 종교를 위협하며 모든 종교가 헤쳐 나가야 할 과제다. "아주 색다르고 가장 참되다는 주장을 하지 않고도 종교들이 각자 이 당면 과제를 처리할 수 있을지는 아직 해결하지 못한 문제다."[28] 전통적으로 그리스도교는 이 주장을 해 왔다. 그러나 관계주의는 이 주장을 파기하려는 듯하다.

하느님의 다스림은 모두를 위한 것이고, 모든 이는 하느님 나라에 기여할 수 있다. 그러나 전체 계획이나 전체를 살피는 건축가가 없다면 건축업자들은 종종 잘못을 저지를 것이다. 예수를 예언자요 해방자로 선포하는 한, 전체를 아우르는 건축가라고 보아야 할 것이다.

관계 모델에 대한 이 비판들이 타당하다는 시각은, 그렇다면 그리스도인에게 대체 모델이나 완성 모델로 돌아가라는 뜻인가? 또 다른 대안을 말하는 그리스도인을 다음 장에서 만나 보자.

---

[28] George Lindbeck, *The Nature of Doctrine: Religion and Theology in a Postliberal Age* (Philadelphia: Westminster Press 1984) 127.

IV 수용 모델

많은 참된 종교를 그대로 놔두라

●●● 제10장

아주 다른 것과 더불어 평화 만들기

여기서 살펴볼 수용 모델은 최근에 등장했다. 이 모델은 20세기 마지막 20년 동안 '시대의 자녀'로서, 또 그리스도교 종교신학의 다른 모델들이 지닌 부적절함에 맞서 생겨났다. 이 모델은 현대인이 자기 자신과 이 세상을 더 잘 이해하기 위해 타종교들에 접근하고, 앞선 신학들이 제 역할을 다하지 못한 측면을 면밀히 살핀다. 다른 신학들과 비교하여 이 모델은 또 한 번 시소의 보편성과 특수성 사이에서 균형을 잡아 보려 한다. 9장 끝 부분에 지적했듯이, 이전 종교신학 모델들은 (대체 모델과 완성 모델처럼) 한 종교의 특수성을 강조하면서 모든 타종교를 궁지로 몰아넣거나 (관계 모델처럼) 각 종교의 독특함과 참된 차이를 흐려 놓고 모든 종교의 보편성을 강조하는 식이었다. 앞으로 살펴볼 수용 모델은 이와 달리 균형을 더 잘 잡게 해 줄 것이다. 그리고 이 모델은 어느 한 종교의 우월성을 고집하거나 모든 종교의 공통분모를 찾지 않고, 모든 신앙의 참된 다원성을 받아들일 것이다. 한마디로 이 모델을 요약하면, 세계종교 전통들은 참으로 각자 다르고, 우리는 이 차이들을 받아들여야 한다는 것이다.

이것은 우리가 사는 탈근대 시대의 일반적 사고방식과 태도를 반영하는 메시지이기도 하다. 이 장에서는 '탈근대주의'나 '탈근대성'이라는 용어가 자주 나온다. 다른 모델들보다 이 모델은 이 용어의 올바른 의미를 보여줄 것이다. 탈근대주의를 개관하면서 시작해 보자.

우리가 사는 현대 세계의 탈근대적 맥락

탈근대주의자는 탈근대주의의 기본 사항이라고 '개관'할 만한 것은 없다고 말한다. 어떤 것을 객관적으로 개관할 수 없듯이 탈근대성을 객관적으로 개관할 수도 없다. 우리는 다른 모든 곳을 보기 위해 우리가 서 있는 곳을 새처럼 날아올라서 볼 수 없다. 우리는 항상 어떤 일정한 자리에서 다른 곳을 보게 마련이다. 우리는 특정 장소를 벗어나지 못한다.

이 사실을 '근대' 세계는 잊고 있는 듯하며, 이 망각은 근대 서양사상이 전개시켜 온 계몽주의 시대의 영향에 깊숙이 뿌리박고 있다. 이것 때문에 탈근대주의라는 명칭을 사용하게 되었다. 탈근대주의는 부정 논법을 전개하곤 한다. 탈근대성은 계몽운동의 교만한 낙관주의에 반발하여 나왔기 때문이다. 18세기에 등장한 계몽운동은 인간성의 무한한 진보를 가로막는 장벽을 돌파할 수 있다고 확신했다. 이 운동은 인간 정신에 덧씌워진 형식적 권위주의, 전통이나 교회의 권위들이 쌓아 온 장벽들을 깨부술 방법을 찾았다. 형식적 권위주의로 말미암은 장벽이나 편견을 제거할 수 있고, 아무 구속 없이 자유롭고 성실하게 진리를 추구하는 방법을 인간 이성이 갖출 수 있다면, 인간은 자유와 생기를 되찾아 인간 역사상 전무후무한 지성의 진보와 참살이를 성취할 수 있을 것이라고 계몽주의자들은 생각했고 이 생각대로 밀어붙였다. 그 결과 가공할 두 차례의 야만적 세계대전을 일으켰고, 아프리카와 아시아 '토착' 문화에 계몽주의를 강제 주입시켜 착취 식민주의를 발생시켰다.

탈근대주의자는 계몽운동과 근대 세계가 무익한 것을 낳았다고 잘라 말한다. 따라서 그들은 스스로 근대를 벗어 버리겠다고 선언한다. 그들은 근대성 다음에 올 운동을 꾀한다. 탈근대주의자는 자신이 찾는 것에 관해서는 분명히 말하지 않지만 방해 요소는 확실하게 밝힌다. 탈근대주의가 가장 경계하고 피하는 근대 세계의 특성은 다음과 같다:

이성의 능력을 지나치게 맹신함. 탈근대주의자는 이성이 확실하지도 순수하지도 실수를 만회시켜 주지도 않으며, 형식적 권위주의의 억압에서 해방시켜 주는 진리로 안내하지도 못한다고 경고한다. 왜냐하면 ① 이성 자체가 억압과 착취를 당할 수 있고, ② 다른 문화권에서는 다른 의미를 지닐 수 있기 때문이다.

경험적 자료에 매달리고 떠받듦. 근대인은 인간이 사실들을 수집할 수 있고 이 자료는 '사실에 지나지 않으며', 이성은 이 사실들을 분석하고 확인된 모든 것을 명료하게 해 준다고 생각한 듯하다. 탈근대주의자는 '그저 사실에 지나지 않는 것'이란 있을 수 없다고 주장한다. 사실은 항상 문화적 외투를 입고 다가온다.

신화적·신비적 세계관을 배척함. 계몽운동 이후 과학과 경험적 방법 및 철저한 논리는 사물의 존재 방식을 측정하는 최후의 심판자였다. 의심이 간다면, 생물학자와 물리학자와 화학자를 조사해 보라. 그들은 면밀한 과학 연구를 수행했다. 탈근대주의자는 과학의 이 규범적 권위주의를 의심한다. 그들은 세상이 어떻게 돌아가고 무엇이 존재하는지를 인식하는 다른 방식을 제안한다. 그 방식은 측정할 수도 일정한 형식을 부여할 수도 없는 신화와 신비적 체험 같은 것이다.

보편적 진리들을 추구함. 계몽운동 이후, 근대는 우리 현실에 관한 큰 그림을 얻기 위해 편협하고 지엽적인 시각의 한계를 뛰어넘고자 애썼다. 그들은 누구에게나 적용되고 모든 이가 인식할 만한 진리들과 이해를 원했고, 그래서 마침내 모든 이가 동의하고 함께 살아가길 원했다. 탈근대주의자는 이런 노력이 가당치 않고 위험천만하다고 경고한다. 각자 다른 문화에서 사는 사람들은 비슷하기보다 다르다. 차이여 만세! 차이가 번성하면 인간적이 될 것이다.

보편적 진리들은 위험하고 차이가 생명력을 가져다준다는, 차이에 관한 이 마지막 지적이야말로 탈근대적 태도의 핵심이다. 이것은 앞으로 살펴볼 다양한 수용 모델을 떠받쳐 주는 탈근대성의 기둥이다. 이 핵심은 *다원성이 우위에 있다는* 관용구로 요약할 수 있다. 원자, 분자, 식물, 동물, 사람, 심지어 진리에 대해 말할 때, 우리는 다원성을 벗어날 수 없다. '다多는 '일'一로 용해될 수 없다. 다양한 것들은 서로 연결되며 통합 관계를 맺지만 다양성이 사라지는 지점은 없다. 다원성은 언제나 다시 회복되고 다시 자란다. 다양성은 항상 일치보다 더 마지막 말이다. 다원성은 일치보다 앞서 있고 우리는 다양성에서 행복할 수 있다. 그렇지 않으면, 생명과 진화는 뭉개지고 말라비틀어질 것이다. 다양성을 없애면 생명력도 사라진다.

탈근대주의는 이것이야말로 진리의 참모습이라고 말한다. 진리는 항상 진리들이다. 진리는 항상 다른 모습을 취하고 다른 정체성을 띠며 하나가 아니라 많은 것을 가리킨다. '하나의 적대적' 진리가 있다고 하면, 우리는 결코 현실적 인간 조건 안에서 그것을 알 수 없을 것이다. 어떤 개인이나 문화가 다른 모든 것을 아울러서 하나로 통합시킬 것이라 생각한다면, 그것은 다른 이들을 억누르는 진리가 될 것이다. 그러므로 진리는 다양성의 지배를 받으며 ① 모든 이의 체험과 지식은 걸러진 것이고, ② 이 여과기는 다양하기 때문에, 진리는 단일하지 않고 여럿이다. 내 몸과 내 존재 기반 없이는 산을 오를 수 없는 것처럼, 세상을 바라보게 해 주고 존재 기반이 되는 문화적·역사적 여과기 없이는 진리를 식별할 수가 없다. 이 이유로 루드비히 볼츠만Ludwig Boltzmann은 많은 이들의 고정관념을 깨고 "우리는 순수 사실을 체험한다고 주장할 수 없다"고 선언할 수 있었다. 물리학자 닐스 보어Niels Bohr는 "모든 체험은 우리 관습의 틀 안에서 표현된다"고 밝혔다.[1] '관습의 틀'은 '여과기'와 같다.

탈근대주의자는 절대적 진리로 밝혀질 전체 그림이나 진리를 모든 이가 붙잡을 수 있고, 이 진리를 바라보고 상상함으로써 그 핵심을 찾아낼 수 있다고 강조해 온 것이 오히려 우리를 함정에 빠뜨렸다고 지적한다. 철학자 윌라드 반 오만 콰인Willard Van Orman Quine은 "어떤 물리학 이론들이 명확한가?"(면밀한 특수과학의 절대적 기초 진리들은 무엇인가?)라는 질문과 "오하이오 주에서 출발 지점은 어디인가?"를 비교한다. 그것이 철학적 세계관이든 과학적 체계든, 모든 '이론'에는 특정 출발점이 있게 마련이다. 그리고 출발점은 우리가 가려는 길을 따라서, 또 어디까지 갈 것인가에 따라서 정해질 것이다. 가장 유명한 탈근대주의 철학자 중 한 명인, 루드비히 비트겐슈타인Ludwig Wittgenstein은 "우리가 토대를 발견할 때는, 그것이 집을 떠받쳐 주고 있다고 판명되는 때다"라고 주장한다. 우리가 우리 집과 문화를 지탱해 주는 확실하고 절대적인 토대로 생각하는 것들은 그것이 우리 집과 문화의 한 부분이기 때문이다.[2] '보편적' 진리는 그것이 특수한 여과기

---

[1] William Placher, *Unapologetic Theology: A Christian Voice in a Pluralistic Conversation* (Louisville: Westminster/John Knox Press 1989) 28에서 인용.

[2] 같은 책, 41.

를 지녔기 때문에만 보편적이다. 따라서 특수성은 보편성으로 지워 버릴 수 없다.

또한 탈근대주의자는 이 특수한 여과기가 많을 뿐만 아니라 무척 다양하다고 주장하며 이성을 찬양한 근대 사상가들을 계속 경고한다. 근대주의는 이성을 모든 시대 모든 사람의 보편적 도구로 보고, 이것으로 진리의 공통된 집을 지을 수 있다고 생각했다. 그러나 탈근대라는 우리의 문화적 여과기는 다양한 문화마다 이성을 매우 다르게 이해한다고 알려 준다. 어떤 문화에서는 이성보다 상상력이나 느낌을 이 세상을 이해하는 첫째 방편으로 보고 더 높게 평가한다. 머리에서 끄집어낸 말보다 마음에서 우러나오는 말로 최종판단을 내리고, 이 마음을 개인적인 것이 아닌 정치적이고 '과학'적인 것이라고 본다. 여기서 우리는 탈근대주의자가 과학을 마지막 판단 기준으로 삼는 것을 왜 그토록 경계하는지 이해할 수 있다. 이것은 콰인이 지적한 대로, 과학 자체가 특정한 '출발점'과 여과기를 가졌을 뿐 아니라, 어떤 문화는 이 세상이 어디서 왔고 어떻게 살아야 하는가를 이해하는 데 과학에 별로 기대지 않기 때문이다. 어떤 문화의 고대 이야기는 허블 망원경보다 우주에 대해 더 많은 것을 말해 줄 수 있다. 이것은 하나의 여과기가 다른 것보다 더 낫다는 말이 아니다. 우리는 이런 질문을 하기 전에 각자의 (과학이나 신화적) 여과기를 가지고 있고 이 여과기는 아주 다르다는 것을 인정해야 한다.

이것은 수용 모델을 진지하게 여기는 신학자들의 탈근대적 의식을 이해하게 해 준다. 우리의 문화적·종교적 여과기들은 너무 다르고 독특해서 '비교할 수 없다'. 이것은 분명한 사실이다. 우리는 각자 고유한 문화적·종교적 안경을 쓰고 세상과 신적 존재를 바라보며, 이 안경은 역사가나 인류학자가 말하듯이 아주아주 다르며, 모든 이에게 맞는 안경을 만들어 낼 수 있는 사람은 없다. 따라서 하나의 특정 입장에서 다른 세계관을 판단할 수 없다. 우리는 하나의 특정 판단 규범을 가지고 다른 것들을 판단할 수 없다. 탈근대주의가 말하는 이 비교 불가능성은 "남을 심판하지 마라. 그래야 너희도 심판받지 않는다"(마태 7,1)라는 성경 말씀으로 이해할 수 있다. 여기서 탈근대주의는 예수를 자기 편으로 만든다. 예수는 누구도 다른 사람 마음속을 볼 수 없다고 이해했기 때문이다. 오직 하느님만이 그렇게 하실 수 있다. 오직 하느님만이 '새처럼 날아서 객관적 시선으로' 본다. 따라서 오직 하느님만이 판단하실 수 있다. 다른 문화를 판단하려는 것은 스스로 하느님이 되려는 것이다.

그래서 탈근대주의자는 보편적 진리 주장을 몹시 경계한다. '보편적 진리들'을 가리키는 말은 '거대 담론'metanarratives이다. 이것은 모든 문화를 뛰어넘고 모두에게 적용되는 큰 이야기supernarrative다. 그러므로 탈근대주의자는 거대 담론을 나쁜 말, 위험한 말로 본다. 하느님이 이 세상을 창조하셨다는 종교 진리든, 자본주의 같은 경제 체계든, 민주주의 같은 정치 질서든, 과학 같은 자연 탐구 방식이든, 어떤 말이든 '거대함'meta을 주장하거나 모든 이를 위한 진리라는 주장은 위험하다. 그 말은 항상 하나의 문화 여과기로 다른 문화를 걸러 내려 하고 하나의 문화로 다른 문화들을 억압하려 하기 때문에 위험하다. 탈근대주의자는 이 위험성을 알고 제거하려 하기 때문에 '해체주의자'라 불린다. 탈근대주의자는 거대 담론과 마주칠 때마다 그것을 해체하려 할 것이다. 탈근대주의자는 보편성을 주장하는 이야기들이 하나의 특정하고 제한적인 문화적 여과기로 걸러 낸 관점이라는 것을 직시하고 해부하려 한다. 그리하여 탈근대주의자는 이야기들이나 진리 주장들이 결코 보편적일 수 없고, 오히려 꽃들처럼 여러 고유한 토양에 뿌리내려 무수하게 피어난다고 말한다.

탈근대성에 대한 이 약술을 토대로, 이제 그리스도교 종교신학을 위한 수용 모델을 셋으로 나누어 탐구해 보겠다. 이 셋은 각자 다르지만 상당히 많이 연계되어 있다.

1. 탈자유주의적 기초. 기존 토대를 부수고 새 기초를 놓은 조지 린드벡George Lindbeck은 수용 모델을 시작했고 다른 신학자와 그리스도인의 폭넓은 호응을 얻었다.
2. 많은 종교 = 많은 구원. 린드벡보다 한발 더 나아간 이 입장은 많은 사람이 상상하는 것 이상으로 다양성을 강조한다. 주요 주창자는 마크 하임이다.
3. 비교신학. 이 모델은 린드벡과 하임의 탈자유주의적 기초 작업에 의존하진 않지만 거기에 동조한다. 이 입장은 그리스도인과 신학자들에게 그들의 철학적 관심과 신학적 관심을 옆에 놔두고 타종교를 연구하고 받아들이라고 제안한다.

이 세 가지 다른 주장에는 탈근대주의 관점이 스며들어 있다. 이 신학적 입장들은 여과의 불가피함과 보편성 주장들의 위험성을 전부 부정하고 경고하기보다는 긍정하고 있다. 수용 모델 지지자는 다양성이 지닌 아름다움과 가치와 가능성을 긍정적으로 강조한다. 다양성은 지배하지 않고 초대하며 생기를 북돋워 준다. 우리는 차이를 존중하는 신학자들을 만날 것이다. 그들은 차이가 유사성보다 더 흥미롭고 풍요로우며 생명을 준다고 말한다.

탈자유주의적 기초

처음으로 탈근대주의 입장을 명쾌하고 대담하게 신학에 대입시킨 그리스도교 신학자 가운데 한 사람은 조지 린드벡이다. 그는 1984년 『교리의 본성: 탈자유주의 시대의 종교와 신학』[3]이라는 책을 써서, 그리스도교 사상가들이 머무는 안락한 집의 기초를 뒤흔들어 놓았다. 어떤 이는 그 집에 불을 질렀다고 평했다. 예일 대학교에서 루터교 정통신학을 가르치고 그리스도교 교회일치 운동에 특별한 관심을 보였던 린드벡은 탈근대성 원리들이 그리스도교에 값진 깨우침을 줄 것이라고 보았다. 이 '불'을 가지고 그는 새로운 무언가를 위한 빈 토대를 비추었다. 이로써 그리스도인은 근대주의의 바람에 날려갔던 그리스도교의 고유한 정체성에 다시 집중하고 재천명하게 되었을 뿐 아니라, 타종교의 특성을 확인하고 인정하게 되었다. 린드벡은 그리스도교 전통을 개혁하려는 자극과 기회도 받아들였다. 그는 이 개혁운동을 탈자유주의 신학이라고 불렀다. '탈근대주의'의 휘몰이처럼, 탈자유주의 신학은 자유주의 신학 다음에 찾아왔는데, 계몽운동이 있고 난 이후 대다수 (비근본주의) 그리스도 교회를 뒤흔들어 놓았다. 그리고 자유주의의 월권을 시정하고자 한다. 린드벡은 종교 개념을 바꾸려고 '자유주의'와 '탈자유주의'를 구별한다.

종교: 체험보다 말이 앞선다

린드벡은 탈근대 의식을 가진 신학자와 철학자들이 종교를 세 가지 다른 방식으로 이해하는 것을 알게 되었다. 그들은 모두 언어와 종교의 연관

---

[3] George Lindbeck, *The Nature of Doctrine: Religion and Theology in a Postliberal Age* (Philadelphia: Westminster Press 1984).

성을 통해 종교를 이해한다. 이 세 가지 이해에는 앞에서 살펴본 종교신학 모델들이 감춰져 있다.

1. 린드벡은 먼저 종교에 대한 명제적·인식적 이해를 밝힌다. 여기서 종교는 명확하고 이해 가능한(따라서 '명제적인') 진술을 통해 하느님/신적 존재를 알아 가는(따라서 '인식적인') 것이다. 이 입장 배후에는 생각과 말로 포착할 수 있는 것만이 참되다는 전제가 숨어 있다. 이것은 인간이 모든 것을 알아 가는 '참으로 적절한' 이해 방식이다(철학 용어로는 '진리 충족 이론'adequation theory of truth). 인간 두뇌에 있는 개념과 인간이 보는 것 사이에는 균형 잡히고 정확한 접합 부분이 있다. 그리하여 개념을 말로 번역하고 진리를 내세운다. '보는 것이 아는 것이다.' 이 입장에 따르면, 참된 종교는 말과 교리를 제공한다. 올바른 개념과 말로 표현된 진리를 얻으면, 그 진리를 살아갈 수 있다. 하느님이 우리에게 성경을 주었다고 믿는 그리스도인은 이 방식으로 종교를 이해한다. 성경은 올바른 말을 담고 있다. 성경을 글자 그대로 신실하게 취하는 그리스도인은 올바른 길 위에 있는 것이다. 많은 그리스도인이 대체 모델과 명제적·인식적 진리 모델을 따르는 이유가 여기 있다.

린드벡은 이 관점이 지식을 얼마나 많이 결정짓고 걸러 내며, 우리는 얼마나 이 사실을 곧잘 잊는지 지적한다. 이 관점은 인간 언어로 신적 존재의 무한한 경이와 풍요를 포착할 수 있다고 생각하는 듯하다. 이것은 하느님을 우상화하려는 것과 다르지 않다.

2. 종교 이해는 주류 자유주의 그리스도 교회에 속한 신자의 태도와 신학자의 사상이 보여 준다. 린드벡은 이 이해를 체험적·표현적 종교 개념이라고 부른다. 이 입장을 따르는 이들은 바위, 나무, 심지어 사람들처럼 구체적이고 한정된 대상과 만날 때 '참으로 적절한' 이해가 가능하다고 본

다. 그러나 그 대상이 하느님이나 신적 존재일 때, 우리는 자신 속에서 체험하거나 느끼거나 감지함으로써 그 대상을 알게 된다. 먼저 체험을 하고 표현한다. 먼저 느낌이 오고 말한다. 먼저 내적 말이 생긴 후에 외적 말을 발설한다. 어떤 종교인은 신적 존재가 다가올 때 이 내적 체험을 한다. 즉, 성령이 우리에게 와서 소통하고 있다. (융처럼) 심리학적 접근을 선호하는 종교인은 모든 인간이 공통으로 지닌 원형 속에 숨은 무의식에 내적 체험이 이미 주입되어 있다고 본다. 이 잠자고 있는 원형, 주입된 감각들은 상징이나 말에 의해 각성되거나 움직인다. 그러나 나타나기 전에는 무의식 안에 있다.

이 체험적·표현적 관점은 신적 존재가 하나이고, 세계종교가 내적 체험을 가능하게 한다고 쉽게 결론짓는다. 언어와 표현은 다양하지만 그것들은 모두 동일한 종교체험에서 자라나고 목소리를 얻는 것이다. 완성주의자들, 교황 요한 바오로 2세와 칼 라너가 이 논리를 폈다. 그들은 모든 종교가 어떤 말을 하건 그 안에 그리스도의 현존이 숨어 있거나 익명으로 있다고 선언했다. 한편 모든 다양한 종교 언어 배후에 하나의 공통 체험이 있다는 주장은 관계 모델 지지자의 입장과 맞아떨어진다. 특히 '하나의 실재'를 말한 존 힉이나, 하나의 신비가 다른 모든 종교적 길을 구성하고 있다고 한 레이몬 파니카가 그렇다.

린드벡은 이들 입장이 인간의 체험과 지식 안에서 언어가 어떤 핵심적 역할을 하는가를 잊었거나 의식하지 못해서 길을 잃었다고 본다. 언어라는 여과기는 체험을 뒤따라가지 않는다. 오히려 언어가 체험보다 먼저 있다. 린드벡은 세 번째 종교 이해를 살펴보면서 자신의 탈자유주의적 관점을 말한다.

3. 종교관은 문화적·언어적 이해를 말한다. "종교는 삶과 사고 전체를

형성해 주는 일종의 문화적·언어적 틀이나 매개라고 볼 수 있다.[4] 이 진술은 다음과 같이 상호 연관된 주장을 한다.

- 생각한 다음에 말한다는 통념 대신 린드벡은 다른 입장을 제시한다. 오히려 그 반대로, 종교가 제시한 말과 이미지가 우리에게 종교적 사고와 확신을 가지게 만든다. 정녕코 말이 우리에게 생각을 가져다준다! 어느 누구도 생각 그 자체만을 할 수 없다. 생각이란 항상 어떤 이미지와 말을 걸치게 마련이다. 걸친 것이 없다면 생각도 없다. 종교 언어가 없다면 우리는 종교적 느낌을 가질 수 없다. 린드벡은 마음과 정신 속에 내적 언어를 가져다 놓으려면 먼저 종교가 제공한 '외적 언어'를 취해야 한다고 말한다.[5]
- 이 종교 언어는 우리의 종교체험을 통해 만들어지고 형성된 문화에서 온 것이다. 만들어지고 형성되었다는 점에 주목하라. 언어가 없다면 체험은 불가능하다. 그리고 체험이 주는 언어는 특수한 것이다. 이를 린드벡은 다음과 같이 말한다. "소통하는 상징체계들이 체험을 가능케 하는 선결 조건이다."[6]
- 따라서 우리가 누구인가라는 개인의 정체성은 진정 개인적인 것이 아니다. 우리는 태생적 유전을 물려받은 동시에 태어난 곳의 공동체와 종교관을 따른다. 우리의 종교적 정체성은 우리 개인의 선택과 결정으로 말미암은 것이 아니다. 우리의 선택은 우리가 속한 종교 가족이 준 것이고 정해 준 것이다. 린드벡은 "문화나 언어처럼 종교는 주

---

4 Lindbeck, *The Nature of Doctrine*, 33.

5 같은 책, 34.

6 같은 곳.

관성의 표현이기보다 개인의 주관성을 틀지어 주는 공동체적 현상이
다"라고 말한다.[7]

- 따라서 이 탈자유주의적 종교 이해는 '여과기'에 대해 더 말한다. 린
드벡과 지지자들은 이 세상을 보고 이해하기 위해 여과기나 안경이
필요하다고 말할 뿐 아니라 이 안경이 우리가 보는 것을 결정짓는다
고 주장한다. 안경은 우리가 보는 것의 의미를 확인할 뿐 아니라 그
의미를 만들어 낸다. 안경은 매개하는 것만이 아니라 창조한다. 린드
벡은 이 이유로, 종교 언어와 종교 이야기들은 우리가 사는 세상을
창조하고 있다고 지적한 예일 대학교 옛 동료인 한스 프라이Hans Frei
에 동의한다. 우리의 종교 언어들은 창세기의 하느님 말씀같이 우리
에게 종교적 세계를 전해 주고, 우리가 살아갈 수 있는 이 세상을 선
하고 편안하고 가치 있는 것으로 만들어 준다.

공통 토대란 없다

문화 언어와 종교 언어에 대한 이 이해는, 탈자유주의 그리스도인이 모
든 종교에 공통점이 있다는 말을 경계하는 까닭을 밝혀 준다. 참으로 그들
은 모든 종교에 '공통점'이라고는 전혀 없다고 말한다. 우리 언어가 우리
세상을 창조했고 우리 언어가 각기 다른 한, 우리 세상은 다를 것이고 공
통 토대란 없다. 린드벡은 "다른 입장과 달리, 문화적·언어적 접근은 아
무런 공통틀을 제시하지 않는다"고 분명히 말한다. 언어와 문화를 진지하
게 탐구하는 이라면, 각기 다른 모든 종교 안에 '단일한 유전적 체험이나
보편적 체험'이 있다고 상상할 수 없을 것이다. 이것은 세상의 각기 다른

---

7 같은 책, 33.

모든 언어가 단 하나의 유전적 언어를 말해 왔다는 상상에 비유할 수 있다. "우리는 일반적 언어를 말할 수 없듯이 일반적 종교도 말할 수 없다."[8]

린드벡은 모든 종교에 공통 체험이란 있을 수 없다는 부정 논법에서 각 종교는 다른 체험을 준다는 긍정 논법으로 나아간다.

> 모든 인간과 모든 종교는 하느님에 대해 공통된 내적 체험을 한다고 주장하지 않는다. 체험의 꼭지점이란 있을 수 없다. … 종교들이 환기시키고 만들어 내는 체험은 종교들이 표현하는 해석만큼이나 다양하다. 다양한 종교의 신앙인들은 동일한 체험을 다양하게 말하는 것이 아니라, 다양한 체험을 한다. 불교의 자비, 그리스도교의 사랑, 프랑스 혁명의 박애는 인간 의식, 정서, 태도, 감성 밑에 있는 단일한 토대를 다양하게 변형시킨 것이 아니다. 자아와 이웃과 우주를 향한, 철저하게 뿌리부터 다른 존재 방식이요 체험 방식들이다.[9]

린드벡은 탈근대 논리를 적용하여 다양한 체험이 비교 불가능하다고 말한다. 우리는 하나의 종교 언어를 다른 종교 언어로 번역하여 이해할 수 없다. 린드벡은 종교 간의 이 건널 수 없는 간격을, 종교 언어들은 "번역할 수 없다"는 말로 표현한다. 독일어는 영어로 정확하게 번역할 수 있을지라도, 탈자유주의 관점에 따르면 '불교'는 '그리스도교'로 번역할 수 없다.[10] 린드벡의 동료인 폴 그리피스는 "두 나라 언어는 구사할 수 있어도, 두 종

---

8 같은 책, 49, 23.   9 같은 책, 40.

10 George Lindbeck, "The Gospel's Uniqueness: Election and Untranslatability", *Modern Theology* 13 (1997) 423-50.

교를 믿는 것은 불가능하다"고 말한다.[11] 따라서 다양한 종교가 제시하는 동일한 말인 '사랑'이나 '하느님' 같은 말은 각 종교마다 전혀 다른 의미를 가질 것이다. 린드벡은 이 주장을 '경전이 지닌 맥락성'intratextuality으로 설명한다. 종교 언어와 종교체험들은 특정 종교 경전이나 언어 체계 안에서만 이해 가능하고 '참된 것'이다. 종교 언어들은 사용하는 경전 안에서만 이해할 수 있다. '자비'라는 말은 불교 경전 안에서만 의미를 지닐 뿐, 그리스도교 경전 안에서는 의미가 아주 달라진다.

그리하여 린드벡은 모든 종교가 '사랑'이나 '하느님'에 대해 말하는 것은 "모든 언어가 발설된다는 사실만큼이나 흥미 없고 진부하다"고 지적한다.[12] 한 종교가 '진심으로 말하는 것'을 다른 종교 언어로 번역하려는 노력을 번역가들은 소통이라고 생각하겠지만, 린드벡은 '수다를 떨고 있는 것' 뿐이라고 말한다. 그는 다른 예를 들어 설명한다. 한 종교의 언어를 다른 종교의 말이나 개념으로 번역하는 것은 수학 공식을 시에 적용하는 것과 같다. 수학 공식은 본디의 수학 연산 기능을 하지 못하고 시 안에서 '아주 다른 기능과 의미'를 띠게 될 것이다. 그리스도교의 '하느님'과 힌두교의 '하느님'은 전혀 다른 기능과 의미를 지닐 것이다.[13]

린드벡은 한 종교를 다른 종교로 번역하고 평가할 수 없는 또 다른 이유를 말한다. 그는 각 종교가 온갖 것, 즉 세상, 종교 자체, 모든 것의 원천을 이해한 결과들에서 '전체를 포괄하는 틀, 보편적 전망'을 제시한다고 말한다. 모든 것은 이 틀에 맞출 뿐, 다른 틀에는 맞출 수 없다. 그 틀은 종교의

---

[11] Paul J. Griffiths, "The Properly Christian Response to Religious Plurality", *Anglican Theological Review* 79 (1997) 11.

[12] Lindbeck, *The Nature of Doctrine*, 42.

[13] 같은 책, 49.

온전한 목적인 궁극적 의미를 밝혀 주고 모든 것을 설명해 주는 시각과 이 야기를 제시해 줄 것이다. 그런데 모든 것을 뿜어내는 전망을 제시하는 각 종교가 더 궁극적인 전망 안에 스며들 수 없다면, 어떤 종교도 다른 종교를 품을 수 없는 것이 된다. 어떤 종교도 다른 종교를 판단할 수 없다는 결론이다.

린드벡과 다른 탈자유주의 그리스도인들은 공통 토대란 존재하지 않고, 한 종교가 다른 종교를 이해하거나 판단하는 것은 불가능하다고 주장한다. 그들은 종교들 사이에 벽을 쌓는 것이 아닌, 신앙들 사이의 참된 차이들을 보존하고 존중하며 지키고 싶어 하기 때문이다. 탈자유주의 신학자는 다른 종교들이 침범할 수 없는 각 종교의 정체성과 고결함을 지키는 파수꾼에 비유할 수 있겠다.

대화: 좋은 이웃 되기

이 신학자들은 종교 대화를 허용할까? 수용 모델 지지자가 생각하는 종교 대화는 어떤 것인가? 분명 그들은 종교 간 대화를 좋게 생각한다. 그러나 그들은 대화의 유익함뿐 아니라 한계와 위험까지 알고자 한다.

린드벡과 수용 모델 지지자가 생각하는 종교 간 적절한 관계를 살펴보기 위해, '좋은 이웃 되기' 이미지를 사용할 수 있겠다. 종교들은 서로에게 좋은 이웃이 된다. 그러나 그러려면 종교들은 각자 '좋은 울타리는 좋은 이웃을 만든다'는 사실을 알 필요가 있다. 각 종교는 각자 뒤뜰을 가지고 있다. 모든 종교가 공유하는 '공통점들'이란 없다. 좋은 이웃이 되기 위해, 각 종교는 자기 뒤뜰을 깔끔하게 가꾸어야 한다. 다른 종교적 이웃과 서로 좋은 이웃이 되는 방법을 이야기하면서, 이웃과의 공통점을 찾으려고 그들의 뜰로 들어가는 것을 생략한 채 뒷담을 넘나들지 숙고해야겠다.

탈자유주의 신학자들은, 우리 종교와 같아 보이는 이웃 종교의 뒤뜰을 방황하는 것이 얼마나 그 이웃의 정체성을 침해하기 쉬운지 알기 때문에, 좋은 이웃 되기를 말한다. 그들은, 종교들의 뒤뜰에 한결같은 공통점이 있음을 염두에 두고 하는 대화가 고유성을 없앨 수 있다는 것도 안다. 린드벡의 탈자유주의적 관점에 동의하는 윌리엄 플라처에 의하면, 모든 종교에 적용될 수 있는 '공동 표준'을 찾거나 모든 종교의 뒤뜰에 '공통 체험'이 있다는 말은 '특정 철학이나 문화적 범주와 가정에 맞춰 복음을 잘라 없애 버리기' 십상이다. 모든 종교적 이웃과 공통된 메시지라고 생각하는 것에 그리스도교 메시지를 적용시키려 하면 쉽게 그리스도가 말해 준 고유한 차이점을 잃을 수 있다. 그리고 '신앙은 피할 도리 없이 왜곡된다'. 그것은 타종교들과 문화를 속이는 짓이기도 하다. 혼란하고 고통에 찬 이 세상은 그리스도인과 타신앙인이 조화를 이루고 있다는 발언이 아니라 불안해한다는 솔직한 표현과 대안을 요청한다. 플라처는 현실의 윤리 문제를 조금 과장하여 지적한다. "나치가 활개치는 세상에서는 바르트주의자가 되는 것을 용서하라." 가공할 악이 판치는 곳에서는 "잘못을 저지르고 있다"[14]고 강력하게 항의하는 칼 바르트 같은 그리스도인이 필요하기 때문이다.

종교들이 좋은 이웃이 되는 첫 단계는 담장을 부수고 종교적 공통점을 찾는 것이 아니라 참된 정체성을 찾고 한계를 밝혀 이웃에게 우리가 누구인지 보여 주는 것이다. '그리스도인의 자기 표현'의 첫 번째 순서는 타종교 안에서 '익명의 그리스도'나 신비적 핵심이나 하나의 실재를 찾는 것이 아니다. 그들이 우리를 어떻게 생각하고 어떤 반응을 보이며 어떤 유사성을 발견했건 간에, 이웃 종교들에게 우리가 누구인지 보여 주는 것이 좋은

---

14 Placher, *Unapologetic Theology*, 169, 160, 19-20.

이웃이 되는 기초 작업이다. 이를 위해 진심으로 복음을 실천할 때, 우리가 누구인지는 말이 아니라 삶에서 드러날 것이다.[15]

린드벡은 다른 이웃 종교에 다가가는 이 접근 방식이 대화를 위한 최고 토대가 될 것이라고 주장한다. 탈자유주의 수용 모델은, 모든 종교가 공통 핵심을 가졌거나 공통 목표를 추구한다고 광고하는 관계 모델처럼 대화에 열중하지 않는다. 수용 모델은 대화할 때 '공통 기반의 부재는 약점인 동시에 강점이기도 하다'고 말한다. 왜 그럴까? 탈자유주의 그리스도인은 모든 대화에서 핵심을 알게 되리라 기대하지 않기 때문이다. 따라서 그들은 각 종교가 얼마나 공통 핵심을 보여 주는가로 각 종교를 평가하지 않는다. 그들은 각 종교를 점검할 수 있다고 기대하지 않는다. 그들은 모든 종교가 '각기 다르고, 마음을 솔깃하게 만드는 (관계 모델이 말한) 공통된 체험을 들이대며 불평등하게 비교하지 않으면서도 각 종교가 동의하고 동의하지 않는 것을 바라볼 수 있다'고 생각한다. 우리가 먼저 아주 다르다는 것을 인정하고 대화를 시작한다면, 차이를 진지하게 받아들일 준비가 되어 있는 셈이다. 그리하여 린드벡은 수용 모델이 관계 모델처럼 대화에 '열광적이고 후끈한 동료애'를 만들지는 못하겠지만, "영향력 있는 신학을 발전시키고 종교 간 토론과 유익한 현실적 만남을 가져다줄 것이라고 본다".[16]

이렇게 종교 간의 차이를 전제하고 각 종교가 자기 정체성과 지향점을 분명하고 솔직하게 밝히면서 종교 대화를 시작할 경우, 대화는 어디로 나아갈까?

수용 모델 지지자는 이 첫 단계가 불가능하다고 느끼기 때문에, 다음 단계도 말하지 못한다. 각 종교가 타종교와 대화하는 이유를 생각하는 것이

---

[15] 같은 책, 19.

[16] Lindbeck, *The Nature of Doctrine*, 55.

그다음 단계라고 말할 수 있을 것이다. 그렇게 그들이 서로에게 귀 기울일 때 대화가 시작될 것이다. 그러나 대화를 위해 미리 결정된 규칙도, '대화를 위한 십계명'도, 사회정의나 생태계 보존 같은 필수 대화 항목도 없다. 종교인들이 존재하는 한 종교 간 대화와 관계는 존재할 것이다.

윌리엄 플라처는 대화를 '선한 본성과 자유주의가 섞인 것'이라고 본다. 우리는 우리가 가진 것으로 우리 앞에 있는 이들과 함께 최선을 추구한다. 그는 종교 대화 참여자를 브리콜라주 작업하는 프랑스인에 비유한다. 브리콜라주란 손에 닿는 온갖 도구와 재료를 가지고 여러 다른 상황에서 다른 방식으로 만드는 것을 말하는데, 이 작업은 언제나 새로운 작업이고 특정한 필요와 특수 상황에 맞게 행해진다.[17] 대화도 참여자들이 필요로 하고 관심을 가지는 것에 따라 진행될 것이다. 수용 모델 지지자는 종교 대화란 늘 특별한 목적을 위한 대화이며 '그날의 관심을' 반영한 대화로, 우리 모두에게 중요하고 흥미로운 특정 사건에 관해 이야기한다고 말한다.[18] 수용 모델 지지자는 대화란 종교들이 중시한 사건들을 '교환하는 이야기'라고 말한다. 아무 규칙도 필요 없다. 현명함과 진실만이 필요할 뿐이다.

이렇게 아무 구애 없이 각자의 관점을 가지고 대화할 때, 언제나 그런 것은 아니지만 참된 교류와 참된 배움과 참된 협력이 이루어질 수 있다. 그리고 이것이야말로 참된 다원주의적 대화일 것이다. 이때 참가자들은 각자 자신의 고유한 정체성을 말하고, 모두가 각자의 정체성과 차이를 존중하고 있다고 느낄 것이다. 더욱이 이 대화로 다른 이들은 자신과 전혀 다른 것을 말하며 자신의 고유한 '정체성'을 다르게 이해하여 자신의 뒤뜰

---

[17] Placher, *Unapologetic Theology*, 115-7, 67.

[18] 같은 책, 167-8; William Werpehowski, "Ad Hoc Apologetics" *Journal of Religion* 66 (1986) 282-301.

을 변화시킬 수 있을 것이다. 비트겐슈타인이 흔쾌히 인정했듯이 언어 놀이는 맞부딪칠 수 있다. 다른 종교 언어를 말하는 이들과 대화하려는 노력은 내 고유 언어를 왜곡시킬 수 있다. 또 다른 학자는 "우리는 우리의 고유한 체계 밖으로 나갈 수 없음에도 불구하고, 우리 체계 밖에 있는 것은 우리 체계를 손상시킬 만큼 충분히 우리를 강타할 수 있다"[19]고 말했다. 우리 한계를 말하는 노력을 통해, 우리 한계와 종교 체계가 우리를 밝혀 주는 동시에 완벽히 가두지 않는다는 것을 인식한다. 그러나 이것이 어떻게 일어나고 얼마나 큰 영향을 주는지는 대화 과정을 통해서만 알 수 있다.

변론을 위한 변론

그러나 종교 간 대화 놀이에 수용 모델을 적용하려는 이들 중에는 더 공격적 태도를 보이는 이가 있다. 폴 그리피스의 변론을 위한 변론이 그렇다.[20] 그리피스는 모든 종교적 관점이나 주장이 포용성을 지닌다는 린드벡의 의견에 동의한다. 이 포용성은 다른 것을 휩쓸어 버리거나 우월한 것이 아니라 다른 것을 포함하고 설명해 준다. 게다가 포용적인 종교는 모든 사람을 위한 중심이 될 것이다. 삶의 핵심이요, 가장 중요한 것에 집중시킬 것이다. 그리피스는 논리적으로 이 포용성과 중심성이 우리 자신과 공동체뿐 아니라 모든 이에게 적용되며, 타신앙인과 만나 대화할 때 자기 종교가 타종교를 능가한다는 주장을 하게 해 줄 것이라 논증한다. 그리피스는 모든 종교인이 직접 말하지는 않아도 마음 깊은 곳에서 자기 종교를 최고

---

[19] Rolston Holmes III, *Religious Inquiry - Participation and Detachment* (New York: Philosophical Library 1985) 244.

[20] Paul Griffiths, *An Apology for Apologetics: A Study in the Logic of Interreligious Dialogue* (Maryknoll, N.Y.: Orbis Books 1991).

로 생각한다고 솔직 담대하게 말한다. 그러므로 이런 신앙인이 자기 교리와 상반된 어떤 것을 주장하는 타신앙인과 만나면, 공손하고 존경심을 보이면서도 단호하고 분명하게 그가 틀렸다고 말할 것이다.[21]

그리피스는 이것이 종교와 종교 대화를 의미심장하고 유익하며 즐겁게 만든다고 주장한다. 우리는 종교들이 주장하는 절대성, 즉 포용성과 탁월성을 다루고 있다. "종교의 진리 주장에 절대성을 부여하면 각 종교의 핵심을 밝히는 데 소홀해지고, 타종교 진리 주장을 수용하기보다 무시하게 된다."[22] 이런 점에서 모든 종교 간 대화는 종교 간 변론인 셈이다. 그러나 이때 '변론'의 뜻은 '잘못을 시인함'이 아니라 우리가 주장하는 진리를 '변호'하거나 '공식화'한다는 의미다. 다른 말로 하면, 대화 참여자들은 각자 자신의 종교적 관점이 다른 모든 관점보다 더 '포용적인' 이유를 밝히려 한다. 우리는 그리피스와 이들이 틀렸다고 말할 수 없다. 종교인들은 상대방과 경쟁하여 거꾸러뜨리려고 변론을 택하는 것이 아니다. 오히려 변론은 윤리적 의무를 위한 것이다. 내가 포용적이고 구원을 주는 종교 진리를 믿는 것은 나만을 위해서가 아니다. 모두의 삶을 변혁시킬 수 있고 그래야 하기 때문에, 자신의 진리를 나누고 싶은 것이다. 또한 변론을 통해 논구하고 토론하고 대조하면서 자신의 진리가 얼마나 강력하고 경이로운지 보여 주려 한다.

모든 종교인이 변론에 참여하고 대화를 통해 다른 종교와의 차이와 탁월성을 밝힌다면, 자기 자신을 발견하고 더 단호하고 행복하게 진리의 길을 갈 것이다. 헤겔과 마르크스는 옳았다. 그들은 진리를 찾는 작업은 변증법적 반대 생각들('正과 反')을 충돌시켜서 분명하고 새로운 생각('合')을 하

---

21 Griffiths, "The Properly", 19.

22 Griffiths, *An Apology*, 3; 14-17.

는 것이라고 보았다. 만일 모든 이가 상대방의 좋은 점에 취해서 대결을 피한다면, 그들은 모두 예의 바름 안에서 썩어 버릴 것이다. 그리피스는 변론적 토론이야말로 거의 모든 과학 분야가 적용하는 방식이라고 지적한다. 이것은 여러 다른 가정을 제시하고 대조하고 토론하는 방식으로, 그들은 자기 동료가 틀렸다는 말을 거리낌 없이 하며 왜 틀렸는지도 꼭 덧붙인다. 이렇게 하여 과학은 진보한다. 그리피스는 자신이 참여한 종교 간 학문적 만남이나 세계교회협의회나 바티칸에서 개최한 대화는 그렇지 않았다고 지적한다. 이들 모임의 첫 번째 계율은 모두 서로를 좋게 평하고 차이점보다는 유사점, 다른 토대보다는 공통 토대를 강조하는 식이었다. 이런 대화는 사회적 만족감을 줄지는 몰라도 종교적으로는 비생산적이다. 그리고 "이런 대화는 좌절하고야 만다. 별 이익도 없이 많은 부정적 효과를 낳고 종교적 헌신의 본질과 의미를 철저히 오해하기 때문이다."[23] 따라서 그리피스는 '변론을 위한 변론'을 강조한다.

그러나 우리는 변론으로 이해된 대화의 논쟁적 특성을 과장해서는 안 된다. 대화 참여자들은 자신의 정체성을 단호하게 종교적으로 강조해야 한다. 연민과 공감과 공손함을 지녀야 한다. 타종교인과 대화하면서 우리는 자기 종교 교리와 상반되지 않고 오히려 도움을 줄 수 있는 타종교의 몰랐던 것을 배울 수 있다. 그리피스는 변론적 대화가 정신을 변혁시키며, 주고받는 대화를 통해 자기가 틀렸고 타종교인이 옳을 수 있는 가능성을 수용한다고 말한다. 이것이 실제 대화의 한 가지 유익함이다. 그렇지만 변론적 대화를 통해 상호 배움과 자기 교정을 이룬다 해도, 마지막 종이 울리면 한 종교만이 승리할 수 있다. 이런 점이 대화 참여자들에게 활기를

---

[23] Paul Griffiths, "Why We Need Interreligious Polemics", *First Things* 44 (1994) 32.

불어넣어 준다. 각 종교는 포용성을 주장하면서도 다른 모든 관점을 배척하거나 포괄하려는 입장을 가지고 있다. 따라서 "수많은 주장이 있지만 … 승자는 하나다. 참된 포용적 관점은 기껏해야 단일한 것을 정의한다. … 그러므로 모든 종교적·비종교적 세계관은 자기 자신이 아닌 오직 하나를 신봉하려 할 때 궁극적으로 계승될 것이다".[24] 따라서 변론을 펼치고, 신앙인 각자가 마음 깊이 확신하는 차이들을 자라게 하여 충돌시킬 때, 우리의 종교적 길은 하느님이 원하신 승리의 길이 될 것이다.

그리스도의 자리

우리가 살펴본 모델은 모두 예수의 역할을 묻는 것으로 모인다. 이 질문에 대한 수용 모델의 답변은 아주 명쾌하다. '그들의 입술을 읽어라.' 즉, 그리스도인이 예수에 대해 늘 말하고 써 온 것에 귀 기울이라. 이 모델의 기초와 출발점은 말이 첫 번째로 온다는 철학적·인류학적 주장에 있다. 먼저 말이 있고 생각이나 느낌이나 체험이 뒤따른다. 교리들은 이와 동행한다. 그래서 한 종교를 알려면 교리의 핵심을 보아야 한다. 그 핵심 언어들은 세세대대 이어져 온 체험들에 힘을 실어 끌어왔다. 그리스도교의 지배적인 중심 교리들 가운데 가장 오래되고 일관된 핵심 언어는 '오직 그리스도'solus Christus일 것이다. 그리스도교의 기원에서부터 오랜 역사적 여정 동안 간직해 온 말은 '예수 그리스도는 하느님의 외아들이고, 하느님만이 온 인류의 구원자다'이다.

따라서 그리스도인이 '오직 그리스도'라는 말을 아무 의심 없이 받아들이는 것은, 그들이 그리스도교 전통을 진지하게 받아들이려 하고 그 핵심

---

24 Lindbeck, "The Gospel's Uniqueness", 430.

언어를 진지하게 받아들이지 않으면 개인적 의견을 조작할 수 있기 때문이다. 그리스도인은 그리스도교의 '특수 언어'를 가지고서만 "존재 기반, 역사의 목표, 참된 인간성을 말할 수 있다"고 린드벡은 주장한다. 그 언어는 예수 그리스도에 대한 '성경 이야기' 안에 들어 있다. 그리스도 없이는 구원도 없다. 로마 가톨릭 신학자인 조셉 디노이아Joseph DiNoia는 "그리스도교 신앙의 근본적 신념이 뿌리내린 곳은 어디든 구원이 일어나고 삶의 참된 목표를 얻는다. 그것은 항상 예수 그리스도의 은총을 통해 온다"고 주장한다. 변론의 솔직함을 좋아하는 그리피스는 자신의 그리스도교적 정체성을 분명히 밝힌다. "인간은 그리스도 앞에 섰을 때만 능력을 얻고 받아들일 수 있다. 이 주장은 그리스도교의 굳건한 가치다. 이것을 포기하는 것은 라틴어 작가가 명사-동사 규칙을 포기하는 것과 같다." 그러므로 그리스도인이 '오직 그리스도'를 포기하거나 축소시킨다면, 명사와 동사가 맞지 않는 허튼소리를 지껄이는 것이다.[25]

그러나 완성 모델처럼 수용 모델의 오직 그리스도를 통해서만 구원받는다는 주장은, 그리스도인이 타종교를 무시하지 못하게 한다. 린드벡은 "오직 그리스도Christus solus를 지키는 것은 비그리스도인의 구원 가능성을 부정하는 것이 아니다"라고 밝힌다. 그와 디노이아는 그리스도가 구원으로 안내하고 하느님과 완전히 일치하는 유일한 통로이지만, 타종교들도 그 통로로 들어가도록 돕는 중요하고 놀라운 기능을 한다고 인정한다. 그들은 '그리스도교가 아직 모르고 있고 그리스도교를 아주 풍요롭게 해 줄 수 있는 중요한 진리와 실재들을' 제공해 줄 것이다. 그리스도교와 상당히 다

---

25 Lindbeck, *The Nature of Doctrine*, 61; Joseph A. DiNoia, *The Diversity of Religions: A Christian Perspective* (Washington, D.C.: The Catholic University Press of America 1992) 166; Griffiths, "The Properly", 21.

른 이 타전통들은 '하느님이 원하고 하느님이 인정한 다가올 왕국을 그려 보게' 해 준다. 또 "그리스도교와 아주 다른 그들의 고유하고 특수한 공헌은 완성을 준비시켜 줄 것이다. … (따라서) 그리스도교의 선교 과제는 유다인과 무슬림이 더 좋은 유다인과 무슬림이 되도록 돕고, 불자가 더 좋은 불자가 되도록 격려하는 것이다." 이렇게 하여 하느님이 '오직 그리스도 안에서' 계시하신 것을 다른 신앙도 각자 고유하게 표현할 것이다.[26]

타종교는 자신의 고유성도 잘 표현할 것이다. '오직 그리스도'를 인정하는 것이 타종교의 가치를 포기하는 것이 아니라고 보는 수용 모델은 타종교를 그리스도교의 안경을 통해 설명하고 해석하길 바라지 않는다. 그들은 완성 모델의 '익명의 그리스도인' 이론을 단호하게 뒤로 하고, 그리스도인이 예수 안에서 보는 태양의 일부분을 타종교 '진리의 빛줄기'에서도 본다고 주장한다. 그리스도만 들려주는 구원의 음악에 타종교가 '고유 역할'을 해낼 수 있다면, 그것은 타종교가 가진 내적 재능과 장점 때문이지, 그들을 이름 없는 그리스도인으로 만드는 그리스도의 신비한 감춰진 현존 때문이 아니다. 수용 모델을 지지하는 탈근대주의자는 자기의 거대 담론을 다른 이에게 강요하려 하지 않는다. 거대 담론은 터부로 남는다.

그러나 각 종교가 자기네 북치기만을 따라간다면, 어떻게 마지막 구원을 향해 행진할 수 있겠는가? 모든 구원이 '그리스도를 통해서만' 오는 한, 그들은 하느님 안에서 궁극적 완성을 이루기 위해 그리스도와 이어져야 하고 그리스도의 음악을 들어야만 한다. 이 장에서 살펴본 신학자들은 이 점에 동의한다. 그러나 그들은 모두 이것이 어떻게 일어날지 분명하게 말할 수 없다고 할 것이다. 디노이아는 토마스 아퀴나스와 로마 가톨릭 전통

---

[26] Lindbeck, *The Nature of Doctrine*, 54-56,61; Dinoia, *Diversity*, 75-82.

의 영향을 받아, 우리의 도덕적 선택은 '그릇된 종교' 안에서 이루어질 수 있으나 이를 통해 하느님이 우리에게 다가오고 구원하실 것이라고 인식한다. 토마스 아퀴나스와 로마 가톨릭은 양심을 충실히 따르는 것이 하느님의 영에 응답하는 길이라고 보았다. 그러나 디노이아는 비그리스도인의 구원에 대한 질문에 연옥에 관한 전통적 가톨릭 교리를 말한다. 완전하진 않지만 연옥 교리는 명쾌하고 적절하다. 연옥은 하느님 사랑의 완전함을 체험하지 못하고 죽은 사람이 마지막 준비를 하고 정화를 체험할 수 있는 장소다. 우리는 이 교리를 받아들일 수 있고 사후 과정이 있을 수 있다고 생각할 수 있다. 이 과정은 '죽음과 나란히 이어져 곧바로 이루어진다'. 이 안에서 타신앙인은 그리스도가 주는 은총과 연결되고 이 은총을 듣는다. 따라서 "연옥 교리는 비그리스도인이 삶에서 추구하는 다른 목표를 과소평가하지 않고도 그들의 구원에 대한 그리스도교 신학의 폭넓은 확신을 뒷받침해 준다."[27]

루터교인인 린드벡도 이와 유사한 종말론적 해결책 내지는 사후 해결책을 제시하지만, 연옥 개념을 사용하진 않는다. "마지막 죽음은 우리 시공간을 초월한 데 있다." 우리는 죽는 순간, 즉 '이 세상의 뿌리를 잃고 온갖 말과 이미지와 생각들을 벗어나 표현할 길 없는 초월로 들어가는 때' 모든 비그리스도인이 그리스도 안에서 '확실한 구원'을 받아들일 것이라고 희망할 수 있다. 이 구원의 힘은 명백할 것이므로 "두렵고 놀라운 종말과 삶의 극치를 아무도 알 수 없겠지만 신뢰와 희망을 가져야 한다".[28]

---

[27] DiNoia, *Diversity*, 104-7; DiNoia, "Varieties of Religious Aims: Beyond Exclusivism, Inclusivism, and Pluralism", in *Theology and Dialogue*, ed. B.D. Marshall (Notre Dame, Ind.: Notre Dame University Press 1990) 264-9.

[28] Lindbeck, *The Nature of Doctrine*, 58-9.

폴 그리피스는 모든 신학적 숙고는 숙고일 뿐이라고 말한다. 더 나아가 신학적 숙고들은 모두 '진실일 가능성이 적다'고 본다. 그는, 구원이 그리스도를 통해서만 온다 해도 하느님은 모든 사람을 사랑하고 구원하려 하신다고 즐겨 말한다. 이 두 핵심 교리를 동시에 따르는 것은 인간 이해를 벗어나는 것이다. "요약하면, 그리스도인은 종교적 이질성을 말한다. 첫째는 그리스도를 섬기지 않는 한 하느님이 원하시는 존재가 될 수 없고 구원받을 수도 없다는 점이다. 둘째는 그리스도인이든 타종교인이든 특정 개인이나 공동체가 구원받았는지 아닌지를 알 수 없다는 점이다."[29]

이렇게 수용 모델의 토대를 알아보았다. 수용 모델은 세계종교들이 참으로 다르므로 차이를 긍정하고 존중하며 배우는 데서 관계를 세울 수 있으리라고 주장한다. 다음 장에서는 더 나아가 차이를 위한 더 큰 방이 있다고 주장하는 이들을 살펴볼 것이다.

더 읽을 책

BENDLE, Mervyn Frederick. "The Postmetaphysics of Religious Difference", *Pacifica* 11 (1998) 1-26.

DINOIA, Joseph A. "Christian Universalism: The Nonexclusive Particularity of Salvation in Christ", in *Either/Or: The Gospel or Neopaganism*. Ed. Carl E. Braaten and Robert W. Jenson. Grand Rapids, Mich.: Eerdmans 1995, 37-48.

———. "The Church and Dialogue with Other Religions: A Plea for the Recognition of Difference", in *A Church for All Peoples: Missionary Issues in a World Church*. Ed. Eugene LaVerdiere. Collegeville, Minn.: Liturgical Press 1993, 75-88.

———. "Jesus and the World Religions", *First Things* 45 (1995) 24-8.

---

[29] Griffiths, "The Properly", 23-4.

——. "Varieties of Religious Aims: Beyond Exclusivism, Inclusivism, and Pluralism", in *Theology and Dialogue*. Ed. B.D. Marshall. Notre Dame, Ind.: Notre Dame University Press 1990, 249-74.

GRIFFITHS, Paul J. *An Apology for Apologetics: A Study in the Logic of Interreligious Dialogue*. Maryknoll, N.Y.: Orbis Books 1991, ch. 1 and 5.

——. "The Properly Christian Response to Religious Plurality", *Anglican Theological Review* 79 (1997) 3-26.

——. "Why We Need Interreligious Polemics", *First Things* 44 (1994) 31-7.

LINDBECK, George. "The Gospel's Uniqueness: Election and Untranslatability", *Modern Theology* 13 (1997) 423-50.

——. *The Nature of Doctrine: Religion and Theology in a Postliberal Age*. Philadelphia: Westminster Press 1984, 30-72.

LINTS, Richard. "The Postpositivist Choice: Tracy or Lindbeck?" *Journal of the American Academy of Religion* 56 (1993) 655-77.

MILLER, Ed L., and Stanley J. Grenz. *Fortress Introduction to Contemporary Theologies*. Chapter 13: "Theology in a Postliberal Age: George Lindbeck", Minneapolis: Fortress Press 1998, 200-16.

SLATER, Peter. "Lindbeck, Hick, and the Nature of Religious Truth", *Studies in Religion/Sciences Religieuses* 24 (1995) 59-76.

STELL, Stephen L. "Hermeneutics in Theology and the Theology of Hermeneutics: Beyond Lindbeck and Tracy", *Journal of the American Academy of Religion* 56 (1993) 679-703.

TRACY, David. "Lindbeck's New Program for Theology: A Reflection", *The Thomist* 49 (1985) 460-72.

WAINWRIGHT, Geoffrey, et al. *George Lindbeck's "The Nature of Doctrine"*, Entire issue of *Modern Theology* 4 no. 2 (1998).

WERPEHOWSKI, William. "Ad Hoc Apologetics", *Journal of Religion* 66 (1986) 282-301.

●●● 제11장

참된 차이가 참된 대화를 낳는다

많은 종교, 많은 구원

마크 하임은 마음에 둔 말을 하는 신학자다. 복음주의 그리스도교 안에서 성장한 그는 예수의 복음에 깊이 심취했으나, 남아시아에서 지내는 동안 아시아 종교들의 가르침을 공부한 후 그 심원한 힘을 느꼈고, 이로 말미암아 다른 길들이 지닌 선함과 가치에 매료되었다. 그의 말과 신학적 탐구를 보면, 예수와 복음에 가장 먼저 인격적인 헌신을 표하면서도 그리스도와 다른 모든 진리의 계시자들에게 똑같은 존경과 똑같은 권리를 부여하고자 한다. 말하자면, 그는 이 책에서 균형을 잡아 보려고 한 시소의 양편에 모두 앉아 있는 셈이다. 그는 이 균형을 가장 잘 잡게 해 주는 것이 수용 모델이라고 생각한다. 그러나 '수용' 자체는 한계를 지닌다.

종교들은 다른 수단들만 가진 것이 아니다. 각자 다른 목표로 가고 있다

마크 하임은 세계종교들 사이의 차이는 단지 표면상 차이나 언어 차이가 아니라고 말한다. 그 차이는 종교들의 정수, 그 궁극 목표와 '완성'들로 뻗어 있다. 린드벡과 동료들이 종교들은 각자 다른 언어를 가지고 있기 때문에 다른 것이라고 언어에서 시작하여 실재를 다루었다면, 하임은 그 반대로 종교들은 참으로 시작부터 다르기 때문에 다른 언어를 사용한다고 주장한다. 즉, 종교들은 다르다는 말만 하는 것이 아니라, 실제로 깊은 차원에서 영원히 다르다. 하임은 이 주장으로 관계 모델 지지자를 멈추게 하려 한다. "열반과 하느님 간의 일치는, 우리가 이것 아니면 저것만이 온 인류의 유일한 운명이라고 가정하는 한 서로 모순된다."[1] 관계주의는 불자가 말하는 깨달음의 비인격적 기쁨과 그리스도인이 말하는 사랑의 하느님이 일치하고 동일하다는 점을 보여 주려 애쓴다. 하임은 관계주의자의 어깨에 점잖게 손을 얹고 '그만두시오. 그들이 가는 대로 내버려 둬요. 불자와 그리스도인은 다르기 때문에, 불자가 말하는 깨달음과 그리스도인이 말하는 구원도 다른 거라오'라고 속삭인다. 그들은 두 개의 다른 목표, 두 개의 다른 '완성'을 추구하고, 두 개의 다른 실재를 말한다. 하임은 이 때문에 자신의 책 제목을 '구원들'이라고 붙였다. 앞선 모델 지지자들은 종잡기 어려운 질문인 '한 분 구세주에 대해 전혀 들어 본 적 없는 비그리스도인은 어떻게 구원받을 것인가?'를 놓고 부심해 왔다. 하임은 '구원'에 복수어미를 붙이는 것만으로 질문을 무용지물로 만드는 해답을 내놓는다. 세계의 다른 모든 종교는 종교가 아니라 종교들을 상상하며 추구한다. 그들은 모두 다른 운명들을 향해 가고 있으며, 거기에 도착하고 있다고 예상할 수 있다. 그러므로 '온 인류를 위한 유일한 운명'은 없다. 불자는 열반에 도달하고, 그리스도인은 하느님과 일치에 이른다. 그리고 둘 다 행복에 젖는다.

하임은 '운명'이라는 단어가 사후 중대사, 즉 종말론적 중대사를 가리킨

---

[1] S. Mark Heim, *Salvations: Truth and Difference in Religions* (Maryknoll, N.Y.: Orbis Books 1995) 149.

다고 말한다. 각 종교 공동체는 이 세상에서 각기 다른 목표를 주장하고 성취하는 것만이 아니다. 그가 말하는 '목표'는 '마지막' 목표다. '이 (목표들의) 다양성을 믿는 까닭은 종말론적 완성들을 인정하기 때문이다.' 이 세상의 다양한 목표들은 영원히 다양한 목표들로 지속될 것이다. 처음부터 지금까지 그래 왔고, '세상 영원히' 그럴 것이다. 종교들은 다른 것으로 남게 될 것이다. 그리고 사람은 죽은 후에도 아주 다른 방식으로 '행복'할 것이고 '완성'을 이룰 것이다. 하임의 제안을 그리스도교 용어로 '다른 하늘 나라들'이라고 불러야 할까? 그렇지 않다. 하임은 이 다른 완성들을 '설명'하고 '정리'할 수 있다고 믿는다. 또한 종교는 사후 완성이 무엇인지, 그것이 어떻게 다른 모습으로 실현될지 '가장 그럴듯하게 설명'하거나 미리 보여 줘 왔다. 그러나 우리는 그 순간을 모른다. 하임은 "종교적 목적들의 다양성과 현실성을 인정하는 한, 각 종교는 고유한 보편적 관점을 주장하고 있다"고 조언한다. 각 종교가 정말 다른 최종 목표들을 주장하는 한, 각 종교는 종교들의 차이를 이해하는 고유 관점을 제시해야 하겠다.[2]

그러나 각기 다른 최종 목적들이 있음을 인정하는 하임은 다양한 궁극적인 것들과 다른 하느님에 대해서도 말한다. 하느님의 내적 본성과 존재를 응시하려는 노력은 위험하고도 어렵다. 이를 위해 우리는 어디에 설 수 있는가? 하임은 철학자의 시각을 가지기 위한 세 가지 가능성을 든다.

1. 오직 하나의 궁극자만이 존재하며, 다른 모든 종교의 궁극자들을 배척하든지 포용한다. 이것은 종교신학의 대체 모델과 완성 모델의 입장을 반영한다.

---

2 같은 책, 215.

2. 오직 하나의 궁극자만이 존재하며, 다른 모든 종교적 목표와 목적들 안에 똑같이 현존한다. 이것은 관계 모델의 토대다.
3. 여러 궁극자가 존재한다. 이 가능성은 대다수 서구 철학자와 신학자들을 경악하게 한다. 그러나 이 경악은 새로운 통찰의 문을 열어 준다. 이 관점은 '궁극적인 것'이나 '가장 기본적인 것', 혹은 '초월적인 것'을 다룰 때, 단일성보다 다원성을 사용하는 것이 더 나을 때 제시된다. 이 마지막 대안은 수용 모델의 주장을 뒷받침해 준다.[3]

이 철학적 가능성들은 각 종교의 문화적·언어적 틀 안에서 평가해야 한다. 하임은 어느 한 모델이 제시한 궁극자를 모든 종교에 갖다 붙이고 싶어 하지 않는다. 그는 구원들을 발견하는 길에 관해 서술했다. 그는 그리스도인의 통념과 달리, 그리스도교 안에 수많은 궁극적 목표와 수많은 신적 궁극자가 있음을 알려 주는 자료들을 보여 주려고 애쓴다. 그가 쓴 『심원한 풍요로움』을 보라.[4]

종교의 차이는 하느님 안에 차이가 있기 때문이다

하임은 각기 다른 사람들이 각기 다른 최종 목표와 하늘나라를 향하고, 신적 존재나 하느님이 둘 이상 있다고 말한다. 그리스도인은 이 주장을 낯설, 명백한 이단으로 생각할 것이다. 교리문답에는 이런 주장이 없다. 하임은 "내 입장은 전통적 그리스도교 신학 틀에 쉽게 들어맞지 않는다. 신선하고 상상력 넘치는 사고가 필요하다"고 주장한다. 『심원한 풍요로움』

---

[3] 같은 책, 153-5.

[4] S. Mark Heim, *The Depth of Riches: A Trinitarian Theology of Religious Ends* (Grand Rapids: Eerdmans 2001).

에서 그는 신선하고 상상력 넘치면서도 조심스럽고 분명하게 자신의 신학적 사고를 전개한다. 그가 제안한 주제는 단순하고 파격적이다. 그리스도인은 하느님이 한 분일 뿐 아니라 많다고 믿으며, 종교들의 참된 차이는 이 많은 신성을 반영한다. 종교 다원성은 하느님 안의 다원성 때문이다.[5]

이 관점은 그리스도인이 삼위일체이신 하느님을 믿고 체험한다는 말을 입증한다. 예수 그리스도의 계시와 예수를 신으로 체험함으로써, 그리스도인은 신이 단지 하나의 실재가 아님을 느꼈고 이 느낌을 설명하려고 했다. 명쾌하진 않지만 신이 많다는 강한 깨달음, 즉 하느님은 세상과 수많은 관계를 맺으며 하느님 자신과도 무수한 관계를 맺는다는 의식이 있다.

하임은 자신이 단지 말이나 철학 개념을 가지고 놀지 않는다는 것을 보여 준다. 그는 그리스도인이 왜 하느님을 단수로도 복수로도 말했는지를 판독해 낸다. 하느님이 여럿이라고 선언하면서, 그리스도인은 '인간 본성'에 대한 예수의 가르침이 '신의 본성'에도 해당함을 인식하고 있었다(인간성의 진실함은 하느님께도 속하기 때문이다). 존재한다는 것은 관계 안에 존재하는 것이다. 우리는 단순히 존재하는 것이 아니라 더불어 존재해야 한다. 모든 하나every-one는 또 다른 하나an-other-one를 필요로 한다. 그리고 관계가 있는 곳에 사람들이 있다. 철학적으로, 인간 됨과 관계는 우리가 누구이고 하느님이 누구인지 밝혀 준다. 하임은 "하느님 안에서 존재함은 인간 됨보다 앞선 것이 아니다. … 인간과 친교보다 더 신적 존재의 근본적인 원천은 없다"고 말한다. '친교'는 다른 말로 관계다. 하임은 하느님에게 참된 것은 하느님이 창조한 세상에도 참된 것이라고 결론 내린다. 하느님이 삼위일체로, 즉 다양한 관계 공동체로 현존함을 인정하는 것은 모든 존재의 실

---

[5] 같은 책, 3부.

존과 삶이 관계로 말미암은 차이에서 생겨났음을 인정하는 것이다. '차이와 친교 없이는 존재도 없다.' 나는 관계를 맺고 있지 않는 한 살 수 없다. 그리고 나는 타자들, 많은 타자 없이는 관계를 맺을 수 없다.[6]

삼위일체라는 그림으로 하느님 안의 다양성을 말하는 하임은 다양한 종교들이 어떻게 그 그림과 필연적으로 맞아떨어지는지 보여 준다. 하느님 안에서 다양한 관계가 발생하는 것처럼, '하느님 안에서 다양한 여러 다른 관계가 생길 수' 있다. 우리는 (삼위의 세 신적 위격이 전혀 다른 것처럼) 하느님 안에서 피조물들이 맺는 관계와 성취도 다양하고 다를 것이라고 예상할 수 있다. 하느님은 당신 자신과 아주 다른 방식으로 관계 맺은 것처럼, 천지 만물과도 아주 다른 방식으로 관계 맺길 원하시며, 우리는 이 다른 관계 방식들이 세계종교들 안에 구체적으로 생생하게 들어 있다고 보아도 좋다.

하임은 개연성에서 필연성으로 진일보하여, 그리스도인이 하느님이 꾀하신 종교들의 차이를 믿지 않는다면 삼위일체도 믿을 수 없다고 주장한다. "삼위일체가 진실이라면 수많은 특정 종교 주장과 목표들 역시 진실이다. 그것들이 모두 거짓이라면, 그리스도교는 진실일 수 없다." 타종교들의 타당성을 부정하는 것은 그리스도교의 타당성을 부정하는 것이다! 하임은 많은 복음주의자가 지지하는 전통적 대체 모델에서 멀리 벗어난다. 그는 그리스도교 고유의 '보편성'에 대한 신앙고백이, 타종교 안에 '영원히 공존하는 진리들'이 있음을 인식하게 해 준다고 주장한다. "삼위일체는 타종교의 구체적 진리들이 요청하는 공간을 찾아 주는 지도다."[7]

그가 말한 '영원히 공존하는 진리들'에 주목해 보자. 하임은 다양한 종교

---

[6] Heim, *The Depth of Riches*, 175; 168-74.   [7] 같은 책, 167.

들이 이 세상에서 저 세상까지, 이 땅의 체험에서 하늘나라의 완성에 이르기까지 계속 아주 다른 구원과 완성을 찾아가는 길들이라고, 삼위일체 교리를 가지고 주장한다. 또한 그는 이 교리의 관점에서 그리스도인이 하나의 하늘나라에서 어떻게 다른 방식으로 존재할 수 있는지 밝히고 있다. 그는 인간 사후에 일어날 수 있는 세 가지 일반적 가능성을 제시한다.

1. 인간 사후 범주 가운데 가장 밑바닥에는 존재 상실의 가능성이 깔려 있다. 그것은 자유 선택의 결과다. 하임은 그것이 영원한 지옥의 고통이기보다는 허무주의에서 온다고 이해한다.
2. 반대편에는 그리스도인이 이해하는 구원인 '삼위일체 하느님과 참된 친교'가 있다. 이 친교는 한 분이면서도 수많은 인격적 하느님과 참된 인격적 관계를 맺는 것이다.
3. 이 둘 사이에 하임이 말하는 '두 번째 종교적 완성'이 있다. 신 안에서 행복과 완성에 이르는 다양한 방식의 종교적 길이 이 범주에 속한다. 이 길들은 그리스도교의 삼위일체적 친교와는 전혀 다르다.[8]

'두 번째'라는 단어로 하임은 결국 어느 하나가 다른 것보다 '더 낫다는' 구원의 순위를 매기는 것인가? 어떤 면에서 보면 그렇다. 그는 다양한 방식의 완성이 '똑같이 완전하다'고 말하면서도, 이 최종 목적들의 '위계'에 대해 말한다. 이것은 솔직한 표현이다. 그는 그리스도인으로서 말하고 있기 때문이다. "삼위일체 하느님과의 친교는 다른 완성들을 끌어안고, 궁극성

---

8 Heim, *Salvations*, 165. 하임은 『심원한 풍요로움』(*The Depth of Riches*)에서 상당히 복합적인 네 번째 범주를 덧붙여, 어떤 이는 내세에도 여전히 '피조물에 집착'하여 영생을 본능적 행복에 매달린다고 보았다(272-3).

에 더 잘 부합되며 더 포용적이기 때문에 더 좋다." 그러므로 "삼위일체 하느님과의 완전한 친교와 이보다 낮고 제한된 관계 사이에는 '위계'가 있다." 그러나 '낮다'는 것은 하느님에게 그렇다기보다 그리스도인이 보기에 그렇다고 하임은 덧붙인다. "하느님과 이루는 모든 관계 형태는 하느님에게 뿌리내리고 있는 동시에, 하느님의 본성과 공존하는 데 뿌리내리고 있다." 더욱이 그리스도인이 '낮게' 보는 타종교의 최종 행복은 그리스도인이 체험하는 것과는 다르다. "(그리스도교의) 구원과 비교할 때, 어떤 목표들은 하느님의 다양성이 보여 주는 그림을 지워 버리거나 결함을 껴안는다." 비교하지 않고 모든 목표가 그 나름대로 완성을 이룬다면 "아무것도 잃지 않을 것이고, 그 충만함 속에는 아무런 악도 없을 것이다".[9]

이것은 전통적 그리스도교 정신에 어긋나는 주장이다. 하늘나라에 타종교와 아주 다른 장소가 있다는 체험은 그리스도인의 인격적 삼위일체 하느님 체험보다 열등하다고 보기 때문이다. 그러나 타종교인은 전혀 그렇게 보지도 느끼지도 않는다. 하임은 이것이야말로 (과거 그리스도인이 이해해 온) 하느님이 원하시는 방식이라고 결론짓는다. 하느님은 인간의 자유를 진지하게 받아들이신다. 하느님은 인간이 선택한 다양한 목표들을 존중하고 인정하신다. 그 선택들은 하느님이 주시는 충만함을 다 담아내진 못하지만, 선택한 이들을 '충만'으로 향하게 한다. 하임은 하느님 사랑이 지닌 자유와 다원성을 깊이 있고 역설적으로 풀어낸다. "하느님의 뜻은 당신이 의도하지 않은 것까지 가능하게 만드는 것이다. … 그리고 … (타종교들이 정한) 이 선택들은 하느님과 깊은 관계를 맺게 함은 물론 하느님의 진실한 의도 안에 속해 있다. 인간이 하느님이 주신 모든 것보다 덜 선

---

[9] Heim, *Salvations*, 165; *The Depth of Riches*, 179, 264.

택할 때, 그것은 하느님의 바람을 선택하지 않은 것이 아니다. 이것은 하느님 섭리의 비범한 신비요 불가사이다."[10] 하임은 그리스도인에게 다원성을 품고 계시는 하느님의 신비를 자유롭게 끌어안으라고 요청한다.

많은 구원은 더 나은 대화로 안내한다

하임은 종교들의 참된 다원성에 대한 자신의 주장을 더 확장한다. 종교 차이를 피부색 차이처럼 지울 수 없다고 인식할 때, 우리는 관계주의 신학자들이 상상하는 것보다 더 풍요로운 대화를 만들어 낼 것이다. 관계 모델 지지자는 모든 종교인이 서로에게 귀 기울일 수 있으려면 자신의 절대적 주장을 포기할 필요가 있다고 교묘하게든지 노골적이든지 주장한다. 그러나 하임은 각 종교의 절대적 주장들이 대화의 자산이자 힘이 된다고 분명히 말한다. 관계주의자는 이 점을 깨닫거나 인식하지 못한다. 그들은 타종교인과 대화할 때마다 두 입장 중에서만 선택할 수 있다고 말한다. 그 하나는 타종교인에 동의하지 않고 타종교가 틀렸다고 선언하는 것이고, 다른 하나는 타종교인에 동의하고 협력하는 것이다. 관계주의 전통이 전해 준 동일한 보편적 궁극자의 어떤 모습을 타종교인이 반영한다고 보기 때문이다. 하임은 수용 모델의 관점에서 세 번째 입장을 제시한다. 타종교인은 우리가 동의할 수도 동의하지 않을 수도 없는 아주 다른 이들이라는 시각이다. 그들을 밀어낼 것인가 환영할 것인가는 쉽게 결정할 문제가 아니다. 우리는 아주 다른 사람과 만나고 다른 종교 진리가 '참되고 대안적임'을 알게 될 때, 새로운 무언가를 배우도록 자신을 열 수 있다.[11]

하임은 대화에 전념한다. 그는 수용 모델의 위험성과 그 비판에 대해 익

---

10 Heim, *The Depth of Riches*, 269, 256-69.

11 Heim, *Salvations*, 175-6, 195.

히 알고 있다. 수용 모델은 내 종교의 진리가 다른 종교에서는 거짓일 수 있다는 상대주의나, 우리는 결코 자기 종교 이외의 것은 볼 수 없다는 유아론唯我論으로 안내할 수 있다. 따라서 '축소할 수 없는 종교들의 다원성'에서 분명한 차이들을 받아들이는 동시에, 각기 다른 종교들은 서로 말 건네면서 배울 수 있고 배울 필요가 있다. 그렇다면 분명한 차이들이 어떻게 대화를 위한 차이가 될 수 있단 말인가? 분명한 차이를 감안한 대화 형태는 하임이 말한 '가치 선택적 다원주의'orientational pluralism로 이끈다.¹² 이 입장은 관계주의가 포착하지 못한 사실을 받아들인다. 각 종교는 자신의 문화적·언어적 가치 선택에 근거하여 세상을 바라볼 뿐 아니라 자신의 입장을 다른 어떤 입장보다 뛰어나다고 주장한다. 앞에서 린드벡과 그리피스는, 종교적인 것이란 다른 입장을 바로잡거나 포함한다고 생각되는 진리에 헌신하는 것이라고 주장했다. "우리는 특정 완성을 이뤄 주는 가장 포괄적이고 참된 종교, 최고로 참된 종교를 따른다고 확신한다." 그러므로 우리는 타종교와 만날 때마다 좋든 싫든 포괄주의자. "포괄주의를 뛰어넘는' 것은 불가능하고 비생산적인 시도다." '두 가지 다른 가치를 옹호할 수 있다 할지라도, 다른 두 가지를 한꺼번에 선택할 수는 없기 때문에' 불가능하고, '우리는 우리 진리에 몰두할 때만 진리를 따라갈 수 있기 때문에' 비생산적이다.¹³

이것은 완성 모델을 조금 고쳐 놓은 것 같다. 그러나 가치 선택적 다원주의는 그렇지 않다. 하임은 타종교들도 자신의 진리가 '최고'이며 포용적이라고 주장한다는 사실과 그 주장들이 타당하다는 것을 인식하고 있다.

---

12 하임은 철학자 니콜라스 레셔(Nicolas Rescher)의 *The Strife of Systems* (Pittsburgh: University of Pittsburgh Press 1985)를 인용한다.

13 Heim, *Salvations*, 137-38, 222, 227.

다른 문화적·종교적 맥락에서 보면 그들은 타당하다. 다른 많은 문화적 가치 선택이 타당하다고 받아들이는 한, 우리는 그들 주장이 최고라는 것도 타당하다고 받아들여야 한다. 여기서 우리는 우리 주장이 진실로 최고라고 주장하면서도 다른 유사한 주장들도 타당하다고 주장해야 하는 역설에 빠진다. 여기서 받아들인다는 것은 진지하게 생각하고, 그 주장들이 진리일 수 있음에 마음을 연다는 뜻이다. 이제 우리는 하임이 우리 것과 전혀 다른 것을 받아들일 수 있을 때만 타종교에 도전할 수 있다는 의미를 잘 파악할 수 있으리라.

우리는 다른 '최고' 진리 주장들의 타당성도 받아들일 수도 있다. 모든 종교인은 자신이 믿는 진리가 '보편성'과 '최고성'을 지니지만, '그 일부만 포착된다'는 것을 알고 이해할 수 있다. 자기 진리가 타종교적 관점을 포괄하거나 완성시킨다고 확신하면서도 '어둠침침한 거울을 통해서' 본다는 것도 인정한다. 그러므로 타종교인과 대화하여 좀 더 투명한 안경을 만들 가능성에 개방해야 한다. 하임은 타종교인과 대화하는 것을 우리 종교에 헌신하는 것만큼이나 중요시한다. 그는 "이 세상을 다르게 해석하는 이들의 차이에서 배워야 한다. … 여러 관점 사이에서 토론하는 것(대화하는 것)은 모든 이에게 활력을 불어넣어 준다"[14]고 말한다. 이렇게 모든 종교가 지닌 활력은 자기 안에서뿐만 아니라 밖에서 온다.

이 상호 교환은 대화의 두 주요 부분인 증언하기와 듣기를 독려할 것이다. 모든 종교 전통 안에 최고 진리가 있다는 신념이 고동치는 한, 그 핵심에는 자기 진리를 다른 이에게 말하려는 욕구뿐 아니라 자기 진리가 최고라는 확신이 자리 잡고 있다. 모든 종교는 특수한 모습으로 선교를 꾀한

---

14 같은 책, 143, 139.

다. 그들은 온 세상에 자신의 '복음'을 설교하고 싶어 한다. 하임은 선교를 모색하는 모든 종교가 다른 종교의 선교를 허용하고, 다른 선교사들이 우리 문을 두드릴 때 그들을 인정하고 받아들이는 한, 갈등이나 종교적 자만심이 날뛰지 않을 것이라고 주장한다. 하임은, 우리가 자신에게 하듯 다른 이를 인정하지 않으면 그들에게 선교할 수 없다고 분명히 말한다. "다른 이에게 선교하고 그들의 선교에 정중히 개방하는 것은 친밀한 관계를 가져온다. 첫 번째 가능성은 두 번째 가능성과 긴밀하게 얽혀 있다." 그는 타종교의 증언에 개방하는 의미를 말한다. 이 개방은 그리스도인에게 "지혜에 거만하기 전에 배우는 사람이 되라고 요구한다. 이 지혜는 타종교 전통과 참모습에 관한 역사적 지식뿐 아니라, 신을 향한 삶, 그리스도교에서 표현하지 않았거나 감춰졌던 진리들에까지 뻗어 있다".[15]

대화는 타종교들에 대한 새로운 지식을 알려 줄 뿐 아니라 자기 자신을 새롭게 변혁시킬 수 있다. 여기서 하임은 다른 종교도 변화할 수 있다고 보는가? 분명히 말하지는 않지만, 그는 한 종교 안으로 흘러드는 다른 많은 조류의 '변화무쌍한 흐름'이라는 이미지를 사용한다. 자기 전통 안에서 자란 사람이 타종교인과 대화하여 이루는 성장은 놀랍고 새로운 변화를 가져온다. 우리는 타종교인과 대화해야만 하느님과 최종적 구원에 대한 입장을 세울 것이다. 각 종교에는 '고유하고 특수한 종교적 목표'뿐 아니라 "사람들이 본질상 다른 진리를 성취하도록 '변화무쌍한 길'로 이끄는 방편들"도 있다. 우리는 자기 전통에 남아 있으면서도 종교 간 대화를 통해 '본질상 다르게' 될 수 있다. 이것은 대체 모델이나 완성 모델이 알려 준 것 이상을 말해 준다.[16]

---

[15] Heim, *The Depth of Riches*, 294-5; *Salvations*, 222.

[16] Heim, *Salvations*, 226-9.

수용 모델에 근거한 대화는 종교인의 '본질적 변화'보다 더 중요한, 고통에 찬 이 세상에 참된 사회적 변화와 윤리적 변화를 가져올 수 있을 것이다. 하임은 관계주의자가 강조한 대화의 윤리적·실천적 다리가 안내하는 전 지구적 책임감보다, 수용 모델이 전체 피조물의 참살이를 더 잘 성취할 수 있다고 본다. 그 까닭은 간단하고도 명쾌하다. 수용 모델은 사회의 참살이와 생태계의 참살이를 위해 더 많은 씨앗이 심어져 있다고 보기 때문이다. 관계 모델이 지닌 위험은 공통 토대라는 낡은 망상을 찾고 있다는 점이다. 그들은 모든 종교가 함께 어떤 '윤리적 공통점'을 가지고 전 지구적 책임감이나 정의를 꾀해야 한다고 지적한다. 그러나 공통된 출발점, 정의에 대한 공통 이해에는 문제가 도사리고 있다. 하임은 냉정하게 반박한다. "'정의'를 대화의 의무 주제로 만드는 것은 … 공정하지 못하다."

왜 그런가? 9장에서 보았듯이, '정의'라는 공통 토대에서 출발하는 것은 정의에 대한 특수한 이해에서 출발하는 것이다. "우리가 포괄적 대화를 진지하게 생각한다면, '정의'는 이미 배타적 틀임을 인정해야 한다." 하임은 왜 이런 경고를 하는가? 우리의 궁극적 목적들이 정말 다르다면, 이 땅에 사는 인간의 행복에 관한 이해 역시 다를 것이다. 따라서 정의에 대한 이해도 하나가 아니다. 언제나 많은 '정의'가 있을 것이다. 하임은 결실 있는 대화를 통해 인간의 참살이와 윤리를 찾아내려면, 각 종교가 정의와 참살이에 대한 자신의 고유한 관점을 '최고'라고 주장해야 한다고 조언한다. 이렇게 다른 여러 관점이 있으며, 정화와 수정을 거쳐야 하는 이 '최고 관점들'의 타당성을 인정해야 한다. '최고'는 단 하나가 아니기 때문에 '정의'도 단 하나가 아니다![17]

---

17 Heim, *Salvations*, 195-8, 205-8.

대화를 전혀 다른 '우월한' 관점들의 포용과 충돌로 이해하는 것은, 대화란 항상 '경쟁'하고 '변론'하게 마련이라는 사실을 상기시킨다. 각 종교는 타종교의 타당성을 인정하면서도 자기 관점이 더 우월하다는 것을 보여 주려 애쓸 것이다. 그러나 하임은 이 우월성 주장은 다른 모든 것을 지배하려는 다루기 어려운 것이 아니라, 모두가 좋은 관계를 맺을 수 있는 최고 방법을 가장 잘 보여 주는 방식이라고 이해한다. '종교 관계는 인간의 선택이 참으로 다양함을 인정하라고 도전하면서도, 특수한 종교들 사이에서 가장 통합된 관계를 찾으라고 도전한다.' 하임은 종교들의 뿌리깊은 차이에 관심을 가지는 만큼 미래의 종교 간 통합에도 주목한다. 미래의 통합에 관한 전망은 우리의 특수한 관점에서 올 것이라고 하임은 생각한다. 이 지점에서 종교들은 경쟁할 수 있다. "신앙들 사이에 피할 수 없는, 그렇지만 열매를 맺게 해 줄 '경쟁'은 타종교의 고유한 증언을 가장 적절히 설명할 혜안을 열어 줄 것이다. … 타전통의 가장 포용적이고 강력한 요소들을 놓고 경쟁하는 신앙은 더 풍요로워질 뿐 아니라 진리의 굳센 뿌리를 얻게 될 것이다." 이 경쟁의 최종 목표가 있다면, 그것은 서로 다른 종교들이 함께 상대방을 최고라고 부를 수 있게 되는 것이리라.[18]

그리스도의 자리

하임은 종교인들이 예수 그리스도라는 특별한 '가치 선택'을 통해 세상을 보게 될 것이라고 생각한다. 하임은 그리스도교의 삼위일체 교리를 종교신학의 기초와 설계도로 사용하면서도, 이 설계도는 '피할 도리 없이 그리스도 중심적'이라고 고백한다. 즉, 삼위일체가 기초라면, 그리스도인에

---

18 Heim, *Salvations*, 209, 176; *The Depth of Riches*, 128.

게 그 기초를 알려 주고 세워 준 것은 예수 그리스도다. 하임은 그리스도 중심성이 지닌 두 가지 내용을 말한다. 첫째, 그리스도를 통해서만 그리스도인은 삼위일체 하느님, 즉 하느님이 자신 안에서, 그리고 세상 모든 피조물과 본디부터 깊이 관계 맺으신다는 것을 체험하고 이해한다. 둘째, 그리스도는 하느님이 아주 인격적이고 관계 지향적인 까닭, 하느님이 관계를 통해 특수성과 다양성을 자라게 하시는 까닭을 그리스도인에게 분명히 밝혀 준다. 하느님과 피조물은 아주 다르기 때문에 하느님이 피조물과 맺는 관계와 계시는 정말 다양할 것이다.[19]

이 그리스도 중심주의는 대체 모델과 완성 모델의 그리스도 중심성과는 사뭇 다르다. 하임은 이를 통해 그리스도의 고유성과 함께 타종교 인물들의 고유성도 인정한다. 또 그리스도인이 예수를 향한 온전한 헌신과 타종교를 향한 온전한 개방 사이의 불안정한 시소를 균형 잡게 도와준다. 그리스도교의 고유성을 위해서는 예수 그리스도가 필요하고 유익하다. 하느님이 생명을 어루만지고 변화시키시며 구원하시는 방식은 일반적이지 않고 항상 특수하다. 따라서 그리스도인은 예수를 보편적 구원자라고 들어 높일 때, 붓다가 보편적 구원자라는 불교의 주장도 완전하고 타당하다고 인정하는 셈이다. '그리스도인에게 그리스도는 그리스도교의 특수한 증언을 위한 토대이자 타종교 특유의 완전함을 알려 주는 기초이기 때문에 결정적이고 보편적인 중요성을 지닌다.' 그리스도인이 온 마음과 온 정신으로 그리스도를 따르려면, 하느님이 허용하신 붓다나 무함마드나 크리슈나에게도 같은 마음과 정신으로 개방해야 한다. 그리스도는 하느님 사랑이 특수한 모습을 띤다고 말해 준다.[20]

---

[19] Heim, *The Depth of Riches*, 134.

[20] Heim, *Salvations*, 226.

그리스도가 다원성을 계시했다는 이해를 가지고, 하임은 관계 모델이 밝힌 그리스도론적 결론을 전개한다. '삼위일체 교리는 예수 그리스도가 하느님을 알기 위한 배타적이거나 완벽한 자료가 아니며, 하느님이 우리를 구원하시는 배타적이고 완벽한 법령도 아니라는 것을 가르쳐 준다.' 예수 그리스도는 완벽하고 배타적인 계시자나 구원자가 아니다!

여기서 하임은 모든 구원이 '오직 그리스도를 통해서만' 온다고 강조한 수용 모델의 린드벡과 다른 학자들을 뛰어넘어 나아간다. 하임은 다른 많은 문화적 · 언어적 체계가 있다는 사실을 인식하는 철학자로서만이 아니라, 계시와 구원을 주는 다른 체계들을 사용하시는 하느님과 삼위일체 교리를 믿는 그리스도인으로서 다원성의 가치를 인정한다. 더 나아가 하임은 이 다른 체계와 종교들은 '익명의 그리스도인'이고, 그들을 통해 그리스도가 구원을 알려 준다거나 그들의 마지막 운명은 그리스도 안에 새겨져 있다는 식의 은밀한 시도를 경계한다. 각 종교는 '그리스도교의 목표가 아니라 그 종교 고유의 목표를 달성해야 한다'. 하임은 예수가 그리스도인을 위한 구원의 본질적 원인constitutive cause이라고 말하면서도, 타신앙에서 아주 다른 구원의 아주 다른 중재자나 원인들을 발견할 수 있다고도 생각하는 듯하다.[21]

그러나 예수는 인격적인 삼위일체 하느님과, 모든 피조물을 위하시는 삼위일체의 인격적 친교를 가장 선명하고 가장 효과적으로 알려 준다. 그리스도인은 타종교인과 대화하면서 이것을 주장하며, 이것을 대화 성과로 기대한다. 여기서 하임은 신중하고 분명하게 말한다. "우리가 그리스도 안에서 (하느님이 계획하신) 일치를 이룰 것이라는 사실은 … 그리스도인이

---

[21] Heim, *The Depth of Riches*, 134, 269.

그 수렴점을 찾을 것이라는 뜻이다." 모든 종교인은 그리스도 안으로, 또 삼위일체 하느님과의 친교 안으로 수렴된다. 그러나 하임은 즉시 "그러나 결코 이것을 명령하는 것은 아니다"라고 덧붙인다. 완전한 수렴이나 개종은 이 세상에서든 저 세상에서든 일어나지 않을 것이다.[22]

하임은 내세를 다루면서, 하늘나라에는 많은 대저택이 있고, 정말 아주 다른 수많은 방식의 영원한 완성과 영원한 행복이 있을 수 있다고 인정한다. 그리스도교의 대저택이 있는 곳을 설명하면서, 하늘나라를 가로질러 뻗어 있는 많은 산의 이미지와 이야기를 들려준다. 하임은 그리스도교 산이 다른 것들보다 더 높지 않을 것이고 각 산은 거기 사는 종교인들을 충분히 만족시켜 줄 만큼 높을 것이라고 말한다. 그러나 그리스도교 산에 있는 사람은 하늘나라의 지평선을 이루는 다양한 봉우리들이 하느님을 따르는 다양한 삶은 물론, 하느님과 피조물들의 다양한 관계를 표현해 준다는 것을 이해할 수 있을 것이다. 그러므로 다른 산들이 그리스도교 산보다 낮지는 않겠으나, 그 산들이 모두 그리스도 안에서 충분히 나타난 하느님의 다원성을 보여 주고 구성하는 한 '모든 산의 정상은 그리스도교 산등성이와 연결되어 있을 것이다'. 여기 미흡하나마 타종교 인물들의 고유성을 인정하면서 그리스도의 고유성을 말하는 하임의 노력이 담겨 있다.[23]

비교신학

조지 린드벡과 마크 하임의 주장을 통해 수용 모델의 좌우명은, '차이여 만세!'라고 외치면서 차이를 번성시키는 것임을 알았다. 그렇다면, 이 모델

---

[22] 같은 책, 269.   [23] 같은 책, 277-90.

자체 안에서도 차이를 기대할 수 있겠다. '비교신학'도 그리스도와 그리스도교의 독특성을 손상시킴 없이 모든 종교의 독특성을 존중하는 것을 중시하지만, 린드벡이나 하임과는 완전히 다른 방식에 집중한다.

종교신학을 일시 중단하라!

비교신학은 그리스도교 전통 연구에 몰두했던 신학자들뿐 아니라 타종교 가르침과 타종교인과의 만남을 오랫동안 비교 연구해 온 로마 가톨릭 신학자들이 특히 관심을 기울인다. 대표자로 프랜시스 클루니Francis X. Clooney, S.J.가 있다. 그는 인도와 네팔에서 오랜 기간 예수회 수련을 하면서 힌두교의 공헌을 수집했으며, 오늘날 저명한 인도학요 혁신적인 그리스도교 신학자로 인정받고 있다. 또 제임스 프레드릭스James Fredericks는 일본에서 사제 수련 기간을 보낸 후 불교 가르침과 수행의 전문가가 되었다. 이 두 명은 수련과 체험을 통해 다양한 여정들을 어떻게 정의 내리면 좋을까 고민하게 되었다. 종교신학 발전을 위한 그들의 노력에 힘입어, 그리스도교 성경과 전통이 아닌 타종교 경전들과 가르침에서 시작하는 그리스도인에게는 어떤 일이 벌어질까? 다른 말로, 종교신학의 기초는 신학보다 대화를 통해 더 잘 나타날까? 대화를 평가하기 앞서서 대화해야 하는가? 두 신학자의 체험은 이 질문들에 긍정적인 답변을 준다.

클루니와 프레드릭스 같은 비교신학자는 우리가 살펴본 모든 모델의 전체 과정을 던져 버리고 싶어 한다. 그들은 다른 모든 신학자가 마치려던 곳에서 시작하려 한다. 린드벡과 하임이 주장한 수용 모델을 포함하여 모든 모델의 신학적 설계자들은 그리스도교 전통인 성경과 교회의 가르침을 가지고 시작했고 타종교인과의 참된 만남과 대화의 기초를 신학 전통에서 찾았다. 비교학자들은 거슬러 올라가는 작업을 하려 한다. 타종교와 대화하게 해 줄 것이라고 제시된 그리스도교 종교신학들은 대화의 물꼬가 아니다. 이것은 그들 생각에 지나지 않는다. 그리스도교 종교신학은 비교 종교신학이 되어야 한다.

이같이 대담한 제안을 한 동기는 다양했다. 첫째는 실용적인 권고 때문이다. '무언가 일어나지 않는다면, 그 일을 멈춰라.' 이것은 그리스도교 신학을 위한 현재 모델들을 고찰한 후에 (혹은 이 책 같은 종교신학책을 읽은 다음에) 이른 결론이다. 그들 중 아무도 어디로 가고 싶은지 밝히지 않는다. 그들은 자기가 주장하는 모델이 최고임을 알리고 주장하는 데 너무나 많은 시간을 보낸다. 그래서 비교신학자들은 '완전히 다른 어떤 것을 위한 시간이 되었다'고 말한다. 그리스도인은 그리스도교 전통과 신학이 주장하는 타종교관과 타종교의 그리스도교관을 잊거나 나 몰라라 했을 때 무슨 일이 벌어지는가 보아야 한다. 이방인에 대한 지레짐작이나 타인에게 듣는 소문은 실제 그들을 알게 되었을 때와 얼마나 천양지차인가? 더 나쁜 것은, 처음 만난 사람과 관계를 맺었을 때도 우리는 선입견의 잣대를 얼마나 자주 들이대는가?

클루니와 프레드릭스는 거대 담론과 종교신학을 연구하는 현대신학자들이, 다른 문화를 방문하지 않고서 적당히 정리해 버리는 관념론적 인류학자들과 비슷하다고 비교한다. 종교신학을 구성하는 자료들은 신학만이 아니라 종교들에서 뽑아내야 한다. 이것은 단순하지만 혁명적인 요구다. 신학은 그리스도인이 타종교를 탐구하고 이해하기 위한 현미경 같은 것이다. 타종교 연구와 타종교인과의 대화는 현미경 아래 자료를 모아 놓게 할 것이다. 우리의 안이한 신학적 관념을 벗어 버리고 낯선 땅을 실제로 찾아가 타종교 교리의 폭넓음을 접하지 않는 한, 우리의 이론과 신학은 허공을 떠돌고 우리의 신학적 테두리를 배회할 것이다. 더 나쁜 것은, 우리가 종교들이 아닌 우리 전통을 가지고 종교신학 연구를 시작하는 한, 타전통이 무엇을 행하고 말하는지 제대로 보지 못하게 될 것이라는 점이다. 우리는 정말 다른 것에 직면하면 똬리를 틀고, 타종교의 도전에 불안해한다. 우리는 타종교인이 본심을 드러내기 전에 교화시키려고 한다. 이것이 앞의 모델들에 대해 프레드릭스가 내린 최종 결론이다. "세 가지 종교신학 방법인 대체 모델, 완성 모델, 관계 모델은 타종교 전통들이 지닌 힘과 새로움을 거부하도록 그리스도인에게 예방주사를 놓는다."[24]

비교 종교신학자들이 내리는 결론은 이렇다. 그리스도인은 아직 그리스도교 신학의 현미경에 놓을 충분한 자료를 가진 적이 없었고 이 자료가 없으면 타종교 가르침을 보지 못하거나 묵살해 버리게 되므로, 타종교에 대한 우리의 신학 작업을 당분간 중단하고 타신앙인과 실제로 함께 대화하면서 배우도록 개방하자. 이것은 '오늘날 비그리스도교 종교들에 관한 완전히 체계적인 신학을 전개하기란 불가능하다'는 사실을 알려 준다. 그리스도교 종교신학의 여러 모델은 곤경에 처해 있는 듯하다. 그 모델들을 한 옆에 치워 놓고 타신앙을 실제로 연구함으로써 달리 도움 받을 곳을 찾아보자. 이것은 어려운 작업이다. "그리스도교 신학자들은 체계적 종교신학 수립을 포기하기 어려워하지만, 현재 우리 상황이 포기를 요구한다는 것만은 솔직히 받아들이자."[25]

'포기'라는 말은 다소 지나치게 들린다. 비교학자들은 동료 그리스도인

---

[24] James L. Fredericks, *Faith among Faiths: Christian Theology and Non-Christian Religions* (New York: Paulist Press 1999) 167; Francis X. Clooney, *Theology after Vedanta: An Experiment in Comparative Theology* (Albany: State University of New York Press 1993) 193-4.

[25] James, L. Fredericks, "A Universal Religious Experience? Comparative Theology as an Alternative to a Theology of Religions", *Horizons* 22 (1995) 83-4.

에게 대화를 위해 신학을 포기하라고 말하지 않는다. 오히려 그들은 대화를 선도하는 신학이 아니라 대화로부터 흘러나오는 신학을 원한다. 마이클 반즈Michael Barnes, S.J.는 비교학자들이 '대화를 위한 신학'이 아닌 '대화에 관한 신학'을 원한다고 말한다.[26] 비교신학은 비교에서 시작하여 신학 연구로 나아간다.

타종교와 비교하여 자기 자신 이해하기

그러나 비교신학의 계획과 제안을 단지 더 정교한 종교신학을 전개하는 것으로 본다면, 오해다. 비교신학 지지자는 비교신학이 신학 과제인 전체 그리스도교 전통을 더 효과적으로 해석할 것이라 생각한다. 사실 이것은 프레드릭스가 비교신학의 핵심이라고 밝힌 것이다. 그는 비교신학이 '타종교 가르침에 비추어 그리스도교 신학을 탐구하여 그 의미를 이해하려는 시도'라고 보았다. 더 분명히 말하면, '비교신학을 전개하는 목적은 그리스도교의 의미를 더 잘 이해하려는 데 있다'. 자아를 더 잘 이해하는 것은 타자를 더 잘 이해하는 데서 온다는 점에 주목하자.

이런 의도에서 비교신학자들은 그리스도교 종교신학의 모든 모델의 목적과 과정을 철저히 근본에서 다시 한 번 뒤집어엎는다. 린드벡과 하임을 포함한 여러 모델 지지자들은 종교 다원주의에 대한 우리의 새로운 체험이 모든 그리스도인에게 타종교를 새롭게 이해하도록 도전해 온다고 인정한다. 비교신학자들은 뒤바꿔서, 그토록 많은 종교와 이에 대한 우리의 새로운 자각은 그리스도인에게 그리스도교를 새롭게 이해하라고 요청하며 도전하고 있다고 주장한다. 비교학자들은 그리스도교 가르침에 따라 타종

---

26 Michael Barnes, "Theology of Religions in a Postmodern World", *The Month* 28 (1994) 270-4, 325-30.

교를 이해하던 과정보다 타종교에 입각하여 그리스도교 전통을 이해하려 한다면, 그리스도교의 신학 작업이 더 성공적이고 즐거울 것이라고 덧붙인다. 비교신학자들은 우리의 통념을 뒤집어, 타종교들은 단지 그리스도교 현미경 아래 놓아야 할 새로운 '자료'가 아니라, 우리가 새롭게 만들 현미경 부품이기도 하다고 말한다. 타종교들은 그리스도인이 그리스도교라는 '자료'를 보는 현미경이 될 수 있다.[27]

이것은 비교신학이 그리스도교 신학이라는 큰집에 속한 '여분의 방'이 아니라고 알려 준다. 비교학자들은 성서신학, 역사신학, 조직신학, 윤리신학이라는 전통적 방 이외에 지금 비교신학을 덧붙이자고 제안하는 것이 아니다. 오히려 타종교의 관점과 '비교'하거나 '대화'하는 것은 다른 모든 방을 살리는 길이다. 이런 점에서, 타종교는 그리스도교라는 집을 새로운 차원에서 탐구하게 해 주는 동료다. 우리는 우리 전통의 경전과 증언들을 가지고 우리끼리 대화하려고 노력하듯이, 타종교와도 끊임없이 대화하고 있다. 따라서 비교신학은 타종교와 대화하는 것이 진리로 가는 데 필요한 디딤돌이라는 통찰과 주장들을 진지하게 받아들이라고 요구한다. '나는 누구인가? 또 내 하느님은 누구인가?'라는 질문에 답하기 위해 우리는 '당신은 누구인가? 당신의 하느님은 누구/무엇인가?' 물어야 한다. 이것이 바로 비교신학자들이 추구하는 방식이다. 클루니에게 신학은 자기 종교의 경전과 상대 종교의 경전, 그의 경우 힌두교 경전과 대화하는 데 있다.[28]

클루니와 프레드릭스는 그리스도교 신학자들이 비교와 대화를 통해 신학을 연구할 때 무엇이 발생하는지 밝힌다. 클루니는 "나는 인도의 경전들과 만나기 전에 독서한 것에서는 아무것도 읽어 낼 수 없었음을 '배웠다'"

---

[27] Fredericks, *Faith among Faiths*, 139, 169.

[28] Clooney, *Theology after Vedanta*, 201-7.

고 고백한다. 그는 힌두교 경전들과 함께 성경을 읽기 시작한 이후에야 성경이 새로운 책으로 다가왔다고 말한다. 힌두교 경전들은 그가 전에 '볼' 수 없었던, 성경이 지닌 보물과 '새로운 의미들'을 발견하게 해 준 안경이었다. 그의 그리스도교 이해는 힌두교와 대화하면서 '폭넓어졌을' 뿐만 아니라 '변했다'. 프레드릭스도 타종교와 대화하고 비교하는 것이 어떻게 자신의 변화를 촉발시켰는지 인정한다(이 변화는 그의 대화 상대자인 불자나 힌두인에게서도 일어난다). 비교신학은 타종교인의 변화를 생각하기 전에 그리스도인의 변화를 먼저 탐구한다. 그리고 프레드릭스는 이 변화가 활기를 줄 수 있다고 주장한다. 그는 '비그리스도교 종교들의 통찰을 수용할 때' 자신의 '고유하고 소중한 교리들을 깊은 차원에서 새롭게' 만날 수 있었다고 고백한다.[29]

분명 현재 클루니와 프레드릭스 같은 학자들은 그들이 표현한 것보다 더 많은 것을 제시하고 꿈꾼다. 만일 그리스도교 신학이 비교신학이 된다면, 우리는 비교신학이 아직 유아기에 있음을 받아들여야 할 것이다. 그 과정은 이제 시작됐을 뿐이다. 이 아기가 자라면 학교, 대학교, 신학교의 신학 교육체계와 방식에 많은 변화를 줄 것이다. 신학자들은 그리스도교 전통을 배우는 노력만큼 타종교 하나쯤은 공부해야 할 것이다. '타종교들'은 종교교육 과정의 '선택'과목이 아니라 기초과목이자 '필수'과목이 될 것이다. 분명 우리는 이렇게 되기 위해 오랜 길을 걸어왔고, 꿈은 이루어지고 있다. 더 중요한 것은, 비교신학의 영향을 받은 그리스도인과 신학자들 가운데 꿈꾸는 사람이 늘어나고 있다는 점이다. 그들은 타전통과 '이야기'

---

[29] Francis X. Clooney, "Reading the World in Christ", *Christian Uniqueness Reconsidered: The Myth of a Pluralistic Theology of Religions*, ed. Gavin D'Costa (Maryknoll, N.Y.: Orbis Books 1990) 66, 70, 72; Fredericks, *Faith among Faiths*, 162, 178.

하듯 자기 전통과 '이야기'할 때, 자신의 영적 흐름과 신학적 정신 안에 차이가 주는 활기와 풍요로움이 생길 수 있다고 느낀다.

어떻게 해야 하는가?

'비교신학 방법'에 관한 책을 쓰면서, 클루니나 프레드릭스 같은 신학자들은 비교를 통해 어떻게 신학을 전개할지를 충분한 '주석'과 함께 보여 준다. 무엇보다 먼저, 그들은 겸손하게 조금만 나아가라고 권고한다. 궁극자, 인간의 본성, 역사의 목적 같은 광범위하고 추상적인 주제나 여러 세대를 거치면서 발전한 주제들을 가지고 힌두교와 그리스도교 전체를 총괄하여 비교하기보다, 비교신학자는 작은 단계를 즐겨 다룬다. 그들은 보통 특정 경전, 구체적 의례, 주요 교리, 특정 신학자들, 특정 상황이나 역사 시기를 비교하며 스스로 제한을 둔다. 그들은 명백하게 유사하거나 상반된다고 생각되는 그리스도교와 힌두교 가르침 가운데서 제한 범위를 찾고 알아챈다. 그러고는 이 특정 부분을 깊이 탐구한다. 이 제한 범위에서 그들은 이해의 깊이를 점점 더 확보해 갈 것이다. 구체적인 신조·규범·의식에 대해 탐구하면서, 그들은 두 전통의 정신과 열정을 더 폭넓게 통찰할 것이다. 타종교와의 대화 주제를 제한하는 것은, 그리스도교의 고유한 영성과 대화하는 데도 많은 영향을 준다.

그러나 타종교의 특정 부분을 그리스도교와 비교 탐구할 때, 비교신학자는 타전통의 일정 부분, 혹은 많은 부분이 어떠한 비교도 불가능할 만큼 상당히 다르거나 초점을 잡기도 어렵다는 것을 기억하고 있다. 비교신학자는 공손할 뿐 아니라 겸손해야 한다.[30]

---

[30] Fredericks, "A Universal Religious Experience?" 86.

비교 연구가 진행될 경우 숨막히는 진지함과 인간적 난관에 봉착한다. 많은 것이 흔들린다. 클루니와 프레드릭스는 비교신학이 종교 연구의 한 형태가 아닌 신학이라고 강조한다. 비교신학 연구 목적은 비교신학의 의의뿐 아니라 진리를 찾는 데 있다. 비교신학자는 이슬람교나 불교의 특정 교리가 지닌 의미들을 분명하고 정확하게 이해하려 할 뿐 아니라, 이 교리가 참된 것인가를 묻고 싶어 한다. 그 의미는 유익할 뿐 아니라 타당한가? 그 교리는 무슬림뿐 아니라 그리스도인을 위한 것인가? 비교신학자는 타종교한테서 학문적인 부분만이 아니라 자신의 삶에 생기와 통합을 전해주는 어떤 것을 배운다. 모든 신학이 내포하는 진실과, 신학과 종교 연구 사이의 차이는 비교신학의 진실을 담고 있기도 하다. 신앙은 신앙인의 마음과 공동체 안에서 흔들리고 있다.

클루니는 온 힘과 정성을 들여, 타종교에 인격적으로 다가가고 인간의 상상력에서 스며나오는 상징과 이야기가 담긴 세계를 탐구하는 매력 있고 활기 넘치는 과정을 비교신학자로서 체험하고 자기 종교로 되돌아올 때 일어나는 것에 대해 말한다. 그것은 우리 계획대로 진행하거나 열매 맺을 수 있는 일이 아니다. 그것은 시간을 필요로 하며, 노력과 끈질긴 확신을 필요로 할 것이다. 결실을 맺기 위한 성숙이 필요하다. 이 성숙을 통해, 그리스도인은 이 세상에 있는 다른 경전이나 다른 이야기가 자신의 고유한 세계로 되돌아와 자기 종교를 달리 보게 한다고 느끼기 시작했다. 그리스도인은 새로운 질문, 새로운 의식, 새로운 감성, 새로운 통찰을 가지고 되돌아와서, 자신의 오래된 보물들이 지닌 새로운 가치를 찾을 수 있다.[31]

그러나 우리는 이 비교신학 과정이 나뭇가지에 달린 사과가 익어 가듯

---

31 Clooney, *Theology after Vedanta*, 4-10, 33-5, 153.

이 항상 자연스럽고 부드럽게 진행되리라고 생각해선 안 된다. 나뭇가지, 혹 나무 전체는 사과가 익는 동안 자주 흔들릴 것이다. 클루니와 프레드릭스는 그리스도인이 자신의 그리스도교로 되돌아왔을 때 힌두교나 불교를 더 편안하게 느낄 경우 피할 수 없는 긴장이 생긴다고 지적한다. 이 긴장은 타종교에서 활기 넘치는 진리를 발견하고 자기 종교의 진리를 시험대에 올리는 종교들의 경쟁에서 온다. 이 진리들을 어떻게 함께 품어내야 하는가? 그들의 차이는 모순되는가 아니면 보완하는가? 보완한다면, 어떻게 화해할 수 있는가? 우리의 오랜 믿음과 실천에는 얼마나 많은 조정이나 변화가 필요한가? 다시 말하건대, 우리는 종교 연구가 아니라 신학을 다루고 있기 때문에, 비교학자가 주목하는 차이들은 이해뿐만이 아닌 헌신과 관련된다. 우리가 마주한 삶에 변화가 찾아올 수 있다.

따라서 프레드릭스는 비교신학을 전개하는 과정에 어느 정도 위기가 찾아오고, 이 위기는 타종교에 개방하고 변화를 예비할 때와 자신의 종교 안에서 깊이 쉬는 사이에 뿌리 틀고 있다. 우리는 행복하고 불편하지 않게 '설득당하고 있다고' 느낄 수 있다. 그는 이렇게 말한다: "비교신학자는 타종교의 설득에 흔들리는 신앙인이다. 이것은 비교신학자가 ① 타종교의 변혁적 힘에 설득당하기 쉽고, ② 그리스도교 전통에 충실하기 때문에 빚어지는 긴장에서 영향을 받는다는 뜻이다." 설득당하기 쉬움과 충실함은 비교신학에 생기와 열매를 가져다주는 긴장이며, 행복과 불안도 한데 안겨 준다. 그러나 그리스도교 비교학자들은 이 긴장을 품어내야 하고 품고자 한다. 그리스도에게 충실하기 위해 우리는 타종교의 설득에 귀 기울여야 한다.[32]

---

32 Fredericks, "A Universal Religious Experience?" 87; *Faith among Faiths*, 169ff; Clooney, *Theology after Vedanta*, 5.

우리는 비교 연구와 긴장 과정이 어떤 작용을 하고 어떤 결과를 약속하는지 분명하게 보여 주는 열매들을 포착하고 느껴야 한다. 이미 사례는 많고, 비교신학자 수와 저술이 늘어나는 만큼 열매도 늘고 있다. 클루니는 초기 저작인 『베단타 이후 신학』에서 글쓰기를 통해 독자와 이야기하고 함께 걸으며 비교신학을 설명한다. 클루니는 먼저 힌두교 경전인 『아드바이타 베단타』를 읽으면서 독자들을 조심조심 한 발짝씩 안내하고, 그 경전이 들려주는 진리를 보고 느낄 수 있게 해 준다. 그다음 독자들을 특정한 그리스도교 텍스트, 토마스 아퀴나스의 『신학대전』으로 되돌아오게 하여, 베단타에 비추어 이 고전적 그리스도교 사상가 안에서 새로운 문제, 새로운 통찰 그리고 정말 새로운 진리들을 발견하게 해 준다.

프레드릭스의 『신앙들 사이의 신앙』도 이와 동일한 과정을 전해 준다. 그는 '크리슈나와 젖 짜는 여자 이야기'를 '되찾은 아들의 비유'와 비교하거나, 선 불교의 특정 경전에 나온 삶과 죽음의 관계를 신약성경의 부활 보도와 비교한다. 두 경우 모두, 먼저 타종교 이야기로 우리 정신과 상상력을 각성시키고 벼린 다음 우리 고유한 이야기와 이미지들을 새로운 눈과 귀로 되돌아본다.[33]

우리는 북아메리카와 유럽, 특히 아시아에서 타종교 세계를 보고 들어서 '새로운 눈과 귀'를 가지게 된 다른 신학자를 찾아볼 수 있다. 그리스도인 비교신학자 수는 아직 적지만, 그들의 주장은 곳곳에서 들려온다.[34]

그렇다면 비교신학은 진정 종교 간 대화인가? 우리가 살펴본 설명과 사

---

[33] Fredericks, *Faith among Faiths*, ch. 7.

[34] 아시아 신학자로는 세바스티안 파이나다스(Sebastian Painadath), 알로이시우스 피어리스(Aloysius Pieris), 프랜시스 베니스(Francis Veneeth), 조셉 파트라판칼(Joseph Pathrapankal)이, 서구 신학자로는 레오 레페두레(Leo Lefedure), 존 키넌(John Keenan), 데이비드 부렐(David Burrell), 존 버스롱(John Berthrong)이 있다.

례를 보면, 모든 대화는 일방통행이었다. 그리스도의 말을 타종교인이 듣고 그 말을 자기 전통에 적용하며, 타종교관을 바꿀 준비를 해야 한다. 다소 치우친 모습이었다. 비교학자들은 이 점을 인정한다. 그러나 그들은 수용 모델 범위 안에서만 연구하기 때문에, 자신들이 할 수 있는 것만 한다. 그들은 타종교인에게 무엇을 해야 한다고 말하지 않고 타종교나 타종교인을 있는 그대로 받아들이고자 한다. 수용 모델 지지자는 자신의 결정을 굳건히 지킨다. 그 결정이란, 모든 종교가 대화 놀이에 참여하고 싶다면 절대적 주장을 포기해야 한다고 관계주의가 주장한 것을 대화 상대에게 요구하지 않는 것이다. 비교신학자는 그리스도인에게 말하는 그리스도인으로서, 형제자매에게 새로운 그리스도교 신앙 이해에 마음을 열라고 주장한다. 타종교도 자기 종교의 결정을 따를 것이다. 비교학자들은 타종교에게 이 방식을 강요하진 않아도 격려하고 싶어 한다. 비교신학 방법이 그리스도인을 끊임없이 쇄신하고 새 힘과 열매를 주는 한, 한 종교의 장점은 타종교들에게도 장점이 될 것이다. 많은 종교가 자기 공동체 안에서 비교신학을 실천하는 것은 자기 종교 공동체끼리 대화를 실천하는 것과 같다.

우정의 중요성

프레드릭스는 비교신학이 어떻게 자연스럽게 대화신학을 이끌어 내는지 관찰하고 보여 준다. 프레드릭스는 자신의 체험을 통해 대화신학을 펼치는 과정이 그리스도인을 타종교 경전에 더 익숙하게 할 뿐 아니라 타종교인들과 더 깊은 우정을 나누게 해 준다고 말한다. 비교학자들은 책만 가지고 연구하길 바라지 않는다. 특정한 타종교인과 만나 교류하고 사랑하지 않고서 내 종교와 타종교를 깊이 비교하는 일은 불가능하다. 비교학자가 함께 이야기 나누고 탐색하는 타종교인에게 느끼는 사랑은 아가페*agape*

가 아니고 필리아philia다. 아가페는 인간으로서 그리고 특별히 예수 제자로서 원수를 포함한 모든 사람에게 주는 관심과 사랑이다. 한편 필리아는 우리가 타인에게서 경험한 것 때문에 우리 안에서 샘솟고 우리를 채우는 사랑, 특별한 사랑이다. 그것은 '예수가 사랑하라고 명했기 때문에 사랑하는 것이 아니라, 비그리스도교 친구의 타고난 선함과 덕이 빚어낸 보물'을 사랑하는 것이다.[35]

비교신학의 토양에서 싹트는 이 우정과 사랑 때문에, 그리스도인은 타종교 친구한테서 배울 뿐 아니라 그들과 나누고 넉넉해져서 그들을 끌어안는 자기 자신을 발견할 것이다. 이 친구들이 자기 전통과 그리스도교를 비교한 것에 대해 듣고자 하면 할수록, 예수와 복음에서 배우고자 하면 할수록, 그리스도인 친구들은 이 배움과 교류를 도와줄 것이다. 친구란 그런 것이다. 그러나 친구는 다툴 수도 있고, 우정은 다툼을 부추길 수도 있다. 사실, 서로 다른 경험자들의 우정에 유일한 토대란, 서로의 차이에서 배우는 것과 배울 수 없는 차이들을 가지고 사는 것이다. "솔직하게 말하면 여러 종교인은 궁극적인 문제를 각자 다르게 인식하고 있다. 우정이란 이 차이를 더 인상 깊게 깨닫게 해 준다. 비교신학을 하기 위해, 그리스도인은 비그리스도인과 정직하고 진지한 다툼을 통해 깊고 영원한 우정을 발전시킬 것이다." 서로에게 배우는 친구들은 서로 다툴 수도 있다.[36]

예수의 역할은?

비교신학에서 예수는 어떤 위치에 있는가? 비교학자들은 이 책에서 거듭 제기하는 질문에 어떻게 응답하는가? 그리스도인은 예수가 하느님의

---

[35] Fredericks, *Faith among Faiths*, 173-7.

[36] 같은 곳.

외아들이며 유일한 구세주이므로 타종교인과의 진솔한 관계를 묵살해 버릴 수도 있다는 전통적 주장을 어떻게 이해할 수 있는가? 이미 보았듯이, 그리스도인 비교학자들은 예수에 대한 헌신과 타종교에 설득당하기 쉬움 사이의 긴장을 인정한다. 우리는 타자를 필요로 한다. 그러나 이 긴장이 어떤 작용을 하고 두 특성이 얼마나 왜곡되는지 더 깊이 파헤치면, 예수에 대한 헌신이 설득당하기 쉬움보다 중요하고, 설득당하기 쉬움의 한계를 확인하게 된다. 그러나 이 '확인'은 그리 간단치 않다. 비교신학자는 예수에게 헌신하는 것과 타종교에 설득당하는 문제를 정확히 밝히는 것이 어려울 뿐 아니라 위험하다고 보기 때문이다.

 프레드릭스는 자신의 책에서, 예수를 인간 역사에 개입하시는 하느님의 독특하고 참된 역사적 육화라고 보는 그리스도교의 확신과 주장이 그리스도교 정체성의 한 부분이며, 비교신학과 종교 대화에서 다루어야 할 과제라고 당연히 받아들인다. 사실 그는 예수를 많은 구원자의 육화와 동일시하는 관계주의를 계속 경계한다. 관계주의는 그리스도교의 정체성을 흐려 놓고 불구로 만들어 그리스도인이 타종교인과 참된 대화를 하지 못하게 만든다고 보기 때문이다. 그는 이것이 자기 혼자만의 의견이 아니라고 말한다. 그가 만난 많은 불자와 무슬림은, 온갖 것을 제거하여 대화 상대를 불쾌하게 만드는 이들보다는 자기 전통의 가르침을 말하는 그리스도인과 대화하고 싶어 했다. 프레드릭스는, 예수의 신성을 신화적이거나 상징적으로 재해석하여 예수를 다른 상징이나 육화들과 나란히 놓는 존 힉 같은 신학자들은 그리스도인뿐 아니라 불자나 힌두인도 그리스도교를 알 수 없게 만들어 버린다고 충고한다. 프레드릭스는 하느님의 외아들로서 예수에게 헌신하는 것이 타종교에 설득당하기 쉬운 특성이나 타종교의 경전과 상징들 때문에 흔들리고 변하는 것을 줄이지는 않는다고 주장한다.[37]

클루니도 이런 까닭을 설명한다. 첫째, 그는 비교신학의 접근 방식이 이 책의 모델 가운데 완성 모델인 '포괄주의'와 상당히 유사하다고 깨끗이 인정한다. 왜 그런가? 비교신학자는 완성주의자처럼 '비그리스도교 안에서 하느님이 구원을 펼치신다고 인정하면서도, 여전히 그리스도가 하느님의 결정적이고 참된 계시임을 주장하기' 때문이다.[38] 클루니는 비교학자가 완성주의자처럼 '하느님은 모든 사람을 구원하시고자 하신다'. 그러나 '하느님은 예수를 통해서만 구원하신다'는 까다롭고 명백히 모순된 '두 가지 주장'과 긴장을 안고 살아간다고 말한다. 그러나 비교신학자에게 이 '까다롭고 모순되어' 보이는 것은 '활력'을 가득 담고 있으며 즐거움을 안겨 주기까지 한다. 익숙한 이미지로 해석하면, 비교신학자는 하느님의 보편적 사랑과 예수 및 교회의 특수성 사이에서 균형을 잡으려고 하지 않는다. 그들은 시소가 오르내리는 것을 즐기고 여기서 삶을 그려 낸다. 이것이 간단하면서도 이해하기 어려운 이유는 다음과 같다. "비교신학자는 (시소의 위아래를 읽으면서) 텍스트부터 맥락까지 두루 파악하라고 주장한다면, 포괄주의자(완성 모델 지지자)는 그리스도만이 구원을 주고 이 구원은 참된 보편성을 지닌다고 주장한다."[39] 우리는 이 설명의 풍요로움을 맛보기 위해 이 설명을 파헤쳐 보아야 한다.

클루니는 '텍스트'가 그리스도교의 성경과 전통이며, '맥락'은 많은 종교 경전과 전통들이 있는 세상이라고 말한다. 비교신학은 이 안에서 그리스도교 경전을 이해해야 한다고 주장한다. 완성주의자가 예수를 하느님의 완전하고 최종적인 진리로 보는 교리 주장에서 출발한다면, 비교신학자는

---

[37] 같은 책, 120-7.
[38] Clooney, "Reading the World in Christ", 73. 그는 가빈 드코스타를 인용하고 있다.
[39] 같은 책, 73.

그리스도교 경전이 우월하다는 관점에서 (그가 '맥락'이라고 부른) 타종교 경전들을 연구하고 끌어안는 실천 단계를 출발점으로 한다. 비교신학자는 예수가 유일한 구원자요 모든 진리의 표준이라고 주장하며 시작하는 데, 이것은 교황이나 성경이 요구했기 때문이 아니라 모든 비교신학 작업 방식이 그렇기 때문이다. 우리는 항상 자신의 문화적·종교적 망원경을 통해서 다른 것을 보고 있다. 이것은 피할 수 없는 일이다. 타종교에서 본 것이 내가 전통적으로 믿었던 것에 도전해 온다고 해도, 우리는 항상 우리 경전이나 망원경을 출발점으로 해서만 타종교를 보고 판단한다.[40]

여기서 우리는 비교신학 방법이 수용 모델의 토대 안에 얼마나 깊이 자리 잡고 있는지 볼 수 있다. 클루니와 프레드릭스는 수용 모델의 종교 이해가 우리의 종교적 체험과 세계관을 나타내고 결정하는 '문화적·언어적' 표현과 공명한다고 본다. 모든 사람은 특정 문화와 종교 안에서, 또 그 부분으로서 종교적이다. 우리는 '특정 종교 안에 존재'하면서 '종교적인 것'을 분리할 수 없다. 우리는 자신의 종교적 안경을 통해 보지 않고는 다른 종교를 볼 수 없다. 타종교를 '있는 그대로' 보기 위해 우리 안경을 벗을 수 없다. 만일 그럴 수 있다고 생각한다면, 자신을 속이고 있는 것이다. 우리가 자기 종교 안에서 보았던 것보다 더 많은 것을 타종교 안에서 본다고 할지라도, 그것은 항상 자신의 종교를 통해 이해하고 자신의 종교와 통합되어 있는 것을 이해하는 것이리라.

그리스도인이 그리스도와 성경을 통해 체험하는 진리나 신적 존재가 그리스도와 성경을 넘어서지만, 그럼에도 "성경과 그리스도에 의해 형성되었다"고 클루니가 주장한 이유가 여기 있다. 따라서 그리스도인은 실재에

---

[40] 같은 책, 66, 64.

[41] Clooney, "Reading the World in Christ", 74-5.

대한 성서적 관점 '밖으로' 벗어나지 못하고, 힌두인은 베다의 세계관 '밖으로' 나가지 않는다고 클루니는 주장한다. 우리가 아무리 그리스도와 그리스도교 밖에서 진리를 만나고 이해하려 해도, 우리는 항상 그 안에서 진리를 찾고 검토할 것이다. 더 나아가 그리스도인 비교신학자가 힌두교에서 많은 것을 배운다고 해도, 그것은 '성경의 세계관' 때문에 가능하다. "그는 힌두교의 관점을 택하지 않는다. 최종 분석할 때 힌두교 경전에 나오는 대로 세상을 보지도 않고, (힌두교) 경전을 중요시하고 성경은 등한시하지도 않을 것이다." 그리스도인으로서 '그것을 허용하지 않아서'가 아니라 그것이 불가능하기 때문이다. 이것은 우리가 얼마나 자신의 종교적 문화와 언어에 의해 형성되었고 유지되며 제한받는지를 알려 준다.[41]

그러나 비교신학자는 자신의 문화적·종교적 입장이 자신을 꽁꽁 가두지는 않아도 항상 제한한다고 말한다. 우리 입장과 다른 입장들을 비교할 때 많은 것을 배운다. 그렇다면, 모든 구원이 그리스도를 통해 온다는 그리스도교의 확신은 타종교의 비슷한 확신과 정면충돌할 때 어떻게 될까? 클루니는 그리스도교와 힌두교의 경전을 비교하면서 이 문제를 다룬다. 그리스도교 입장에서, 모든 구원은 예수의 수난과 죽음과 부활을 통해 온다. 힌두교 입장에서는 '브라만을 아는 것이 구원에 필요한 모든 것이다'. 그러면 구원은 그리스도를 통해 오거나 브라만을 알 때 온다는 것 중 무엇이 옳은가? 클루니는 이 질문에 성급하게 답하는 것을 경계한다. 이 두 진술이 가리키는 진리는, 그것을 전달해 준 경전이나 언어와 문화적·종교적 맥락에서 솟아 나온 것이 아니기 때문이다. '신학적 진리는 해당 경전을 통해서만 드러나고, 이 진리에 접근하는 다른 길은 없다.' 이미지를 가지고 설명하면, 진리 자체는 전달되지 않는다. 진리는 항상 언어라는 옷을 입고 있다. 그리스도교가 말하는 진리를 그리스도교 언어에서 빼내고 힌두교가 말하는 진리를 그 문화적 맥락에서 벗겨 내어 비교하거나 판단하는 것은, 볼 수 없어서 이해할 수 없는 두 유령을 비교하려는 것과 같다.

그리스도인이 말하는 진리와 힌두인이 말하는 진리는 그 고유한 문화와 체계 안에서만 이해하고 평가할 수 있다. 그리스도인이 이것을 깨닫고 진리가 경전에 떨어질 수 없이 새겨져 있다는 것을 정말로 느끼면, 그리스도와 브라만에 대한 두 주장 사이의 '그토록 반대로 보이던' 차이가 '사라지진 않아도 사소하게 생각될' 것이라고, 자신의 체험을 가지고 클루니는 주장한다. 여전히 긴장은 있겠으나, 신학자는 그것을 '수난에 대한 텍스트들과 브라만에 관한 신학적 텍스트들 사이의 명백한 모순과는 다르게' 본다. 클루니는 두 주장이 화해할 수 있는 방법, 즉 어느 한 주장이 다른 주장보다 '더 참된 것'이므로 다른 것을 포괄하는 방식으로 그 질문들에 대처하라고 말한다. 그는 '진리 문제들을 쉽게 다루지 말고 끈기 있게 연기하라'고 제안한다. 예수에 대한 그리스도교의 진리 주장과 브라만에 대한 힌두교의 진리 주장이 그 경전과 언어에 얼마나 깊숙하고 복잡하게 새겨져 있고 제한받는지를 충분히 식별하고 이해할 수 없기 때문이다. 우리는 상반된 주장을 펴는 자료들을 '결론 내리지 못한다'.

진리를 얼버무리거나 진리들의 충돌을 피하면서 이 입장을 비판하는 이들에게 클루니는 끈기 있는 연기가 더 많은 연구와 대화를 유도하고 진리로 안내할 유일한 길이라고 대답한다. 그는 더 연구하고 더 비교하는 오래고 어려운 길이 "(그리스도교와 힌두교의) 특정 경전에 나오는 주장들을 인정하고, 비교를 통해 신학적 진리들을 평가하는 기초를 세울 때 검증된다"고 말한다. 각 종교마다 오랜 시간 끈질기게 자신의 언어와 맥락 안에서 진리 주장들을 이해하려는 노력을 한 다음에만 종교 진리들을 평가할 수 있을 것이다. 이것이 바로 비교신학이 주장하는 모든 것이다.[42]

더 읽을 책

BARNES, Michael. "Theology of Religions in a Postmodern World", *The Month* 28 (1994) 270-4, 325-30.

CLOONEY, Francis X. "Comparative Theology: A Review of Recent Books (1989~1995)", *Theological Studies* 56 (1995) 521-50.

———. "Reading the World in Christ", in *Christian Uniqueness Reconsidered: The Myth of a Pluralistic Theology of Religions*. Ed. Gavin D'Costa. Maryknoll, N.Y.: Orbis Books 1990, 63-80.

———. *Theology after Vedanta: An Experiment in Comparative Theology*. Albany: State University of New York Press 1993, 1-13, 153-208.

———. "When the Religions Become Context", *Theology Today* 47 (1990) 30-8.

DUFFY, Stephen J. "A Theology of Religions and/or a Comparative Theology?" *Horizons* 26 (1999) 105-15.

FREDERICKS, James. *Faith among Faiths: Christian Theology and Non-Christian Religions*. New York: Paulist Press 1999, chapter 7 and 8.

———. "A Universal Religious Experience? Comparative Theology as an Alternative to a Theology of Religions", *Horizons* 22 (1995) 67-87.

HEIM, S. Mark. *The Depth of Riches: A Trinitarian Theology of Religious Ends*. Grand Rapids, Mich.: Eerdmans 2001, chs. 2-3/4-6/7-8.

———. "God's Diversity: A Trinitarian View of Religious Pluralism", *Christian Century*, January 24, 2001, 14-18.

———. "Salvations: A More Pluralistic Hypothesis", *Modern Theology* 10 (1994) 341-60.

———. *Salvations: Truth and Difference in Religions*. Maryknoll, N.Y.: Orbis Books 1995, 129-57, 211-30.

RENARD, John. "Comparative Theology: Definition and Method", *Religious Studies and Theology* 17 (1998) 3-18.

---

42 Clooney, *Theology after Vedanta*, 187-93.

● ● ● 제12장

수용 모델의 주장과 문제점

그리스도교 종교신학 모델을 다룰 때 생기는 위험 중 하나는 이 모델들을 나란히 줄 세워서 순서를 매기는 것이다. 수용 모델은 가장 최근에 등장했다. 가장 최근에 나온 것을 최후의 것이라고 생각하는 것은 위험한 일이다. 어떤 이는 수용 모델이 맨 마지막에 나오기 때문에 연구의 결론이라 볼지도 모르겠다. 이런 인상은 수용 모델이 역사적으로 다른 모델에서 잘못 불거져 나오는 것들을 막거나 그 흐름을 재조정하고자 생겼기 때문이다. 또, 이 모델은 오늘날 탈근대주의 언어로 말하고 느낌을 표현하기 때문이다. 그래서 독자는 '이 책 끝에서야 이 연구의 결론에 이르렀군. 저자가 안내하려고 했던 곳이 여기야'라고 결론 내릴지도 모른다.

전혀 그렇지 않다! 그것은 분명 내가 의도하는 바가 아니다. 비록 나는 내 의견을 주장하지만, 여러 모델을 밝히고 분석하면서 각 모델을 가능한 한 공정하고 명확하게 설명하고 그 장단점을 보려 했다. 나는 항상 독자가 각 모델의 장단점을 결정하도록 여백을 마련하고자 했다. 그리고 이것은 수용 모델도 마찬가지다.

따라서 우리는 종착점에 온 것이 아니다. 또, 이 책을 다 읽더라도 연구를 마친 것이 아니다. 이제 수용 모델의 주장과 이 모델이 안고 있는 문제점을 살펴볼 것이다. 이 과정에서 독자들이 각자 나름의 결론에 이르길 바란다. 수용 모델을 결론으로 선택하기도 할 것이다. 혹은 이 마지막 설명이 독자들에게 다른 모델로 되돌아가게 하여 타신앙인을 향한 자신의 태도를 정립하도록 도울 수도 있겠다. 그러나 이 모델 중 어느 것도 완벽하지 않다고 생각하는 이가 많을 것이다. 그런 의미에서 탐구는 계속된다.

주장

우리는 모두 포괄주의자다

가능한 한 솔직하고 열린 자세로 종교 대화에 참여하려는 모든 이는 수용 모델의 핵심 내용 중 한 가지인 우리 모두가 포괄주의자라는 사실을 받아들일 것이다. 아무리 다르게 행동하려고 해도, 우리는 뼛속 깊이 완강하게 자신의 고유한 종교적 관점으로 타종교인을 바라보고 귀 기울이며 이해한다. 이것이야말로 인간이 지식을 얻는 과정이다. 우리는 누군가와 만날 때 항상 특정 입장을 취한다. 우리는 다른 방향으로 움직이려고 할 때 항상 한곳에서 출발한다. 성 토마스 아퀴나스는 수세기 전에 이 점을 적절하고 인상 깊게 말했다. "인식된 것들은 인식자의 성향에 따라 인식자 안에 들어 있다."[1] 아퀴나스가 '인식자의 성향'이라고 부른 것을 벗어나기란 불가능하다. 즉, 우리는 자신의 문화적·종교적 형식을 벗어날 수도, 다른

---

[1] "Cognita sunt in cognoscenti secundum modum cognoscentis" (*Summa Theologica*, II-II, q.1, a.2).

문화적 · 종교적 형식을 따를 수도 없다. 따라서 다른 종교로 '넘어간다'거나 타종교인의 신발을 신고 걸어간다는 생각은 이상에 머물 뿐이다. 우리는 무언가를 얻으려고 애쓸 수 있고 애써야 하지만, 결코 완벽하게 그것을 실현해 낼 수는 없다. 그 신발 중 하나는 우리의 낡은 신발이다. 이를 벗어버릴 때, 우리의 일부는 감춰진다. 혹은 그렇게 보인다.

그렇다면 이것이 우리를 포괄주의자로 만드는가? '포괄주의'는 완성 모델의 꼬리표였다. 이것은 타종교의 진리와 아름다움은 인정하지만 그리스도교의 표준에 따라 그 진리/아름다움을 평가하며, 타종교의 가치는 그리스도교 안에 '포함되고' 그리스도교 안에서 '완성될' 때 더 큰 열매를 맺을 수 있다고 본다. 수용 모델 지지자는 우리가 아무리 마음을 열고 자유롭다고 해도 항상 바로 이런 식으로 진행한다고 말한다. 그리고 그 판단은 올바르다. 이렇게 수용 모델은 관계 모델을 끌어안는다. 관계주의 그리스도인이 타종교의 어떤 것이 '도전해 오고' '아주 새로운 통찰'을 준다고 판단할 때, 그 결론의 바탕은 무엇인가? 신학자들이 타전통 안에서 발견하는 것은 이미 자신의 고유한 종교 안에서 이해하고 확인한 것과 연관되거나 꼭 맞아떨어지는 것이다. 한 신학자가 타종교의 특정 형식을 '참되지 않다'고 하거나 '참아 낼 수 없는 것'이라고 결론 내릴 때, 그것은 신학자가 참되거나 도덕적이라고 보던 것과는 생경한 미지의 것이기 때문이다.

우리는 항상 자신이 참되고 가치 있다고 여기며 이미 가진 것에 입각하여 타인을 포용한다. 우리는 우리가 선 곳에서 타인을 볼 뿐 아니라 우리가 선 곳에서 타인을 이해하고 평가한다. 우리가 이 방식을 좋아하지 않는다 해도 달리 행동할 수 없다. 우리 관점에서 타인을 포용하지 않겠다는 것은 아무런 '선입견' 없이 중립성을 지키겠다는 것이다. 그러나 이 경우 '중립'은 '무無문화', '무역사', '무종교'를 뜻한다. 진정 그것은 '이 세상을 벗어난다'는 뜻이다. 그것은 문화적 한계나 치우침을 넘어서는 중립점에서 발견되는 것이다. 천사가 아닌 한, 이런 지점은 존재하지 않는다.

그래서 우리는 모두 항상 포괄주의자다. 이것은 나쁜 소식인가? 그렇지 않다. 이것이 현실이다. 훌륭한 심리학자들은 나쁜 소식이란 현실을 받아들이지 않는 것이거나 현실을 인식하지 못하는 것이라고 말한다. 그리고 수용 모델 지지자는 관계 모델 지지자에게 심리학 상담을 받을 필요가 있다고 제안한다. 관계주의 그리스도인은 그리스도교 '이해 방식'에 따라 '타종교'를 이해하고, 그리스도교 색깔로 타종교를 칠하고 있다는 것을 깨닫지 못하면서, 타종교를 타종교로도 받아들이지 않는다. 그들은 타종교인의 타자성을 왜곡한다. 그들은 타종교를 그 모습 그대로 드러나도록 내버려 두지 않는다. 이미 타종교를 자신이 보고 이해하는 세계로 포섭해 버렸기 때문이다. 우리 모두가 항상 포괄주의자라는 것을 인식하지 못하면, 제국주의자가 될 수밖에 없다. 이 말이 지나친 듯해도, 중요한 것을 지적하고 있다. 그리스도인이 항상 포괄주의자로서 타종교인에게 접근한다는 것을 잊을 때, 자신과 상대에게 모두 해를 끼치기 때문이다. 그리스도인은 타종교인이 정말 타자임을 허용하지 않는 한 그들에게 상처를 입힌다. 또 상대방이 정말 다르고 '타자'라는 사실을 묵살한 채 도전을 받아들이지 않을 때 그리스도인 역시 상처를 입는다. 하느님과 세상을 바라보는 그리스도교의 범주와 방식을 완전히 벗어 버리고서는 어떤 것도 믿을 수 없다. 항상 우리 관점 안으로 타자들을 끌어들여서, 그들의 정체성을 왜곡하고 우리 정체성을 지키려 할 때 그 상처는 깊어진다.

그렇다면 우리가 타종교인과 만날 때 피할 수 없는 이 포괄주의를 어떻게 보아야 할 것인가? 우리는 어떻게 포괄주의적 조건을 돌파하고 타자를 참으로 보고 듣고 도전에 응할 것인가? 수용 모델 지지자는 명백한 방향을 제시하지 않는다. 여기서 우리는 종교 간 대화의 주의점과 까다로운 측면을 만난다. 자신의 포괄주의를 벗어나려고 하는 한, 우리는 먼저 그것을 의식하고 고백해야 한다. 그다음은 단순하게 자신을 타인에게 개방하고 무엇이 일어나는지 보기 위해 기다리는 것이다. 정말이지, 기다리고 인내하며 돌아보고, 대화에서 벌어지는 일을 제어하지 마라. 타자가 온전히 타자가 되도록 내버려 두고, 우리가 포괄주의적으로 방어한다는 것을 인정하며, 타자를 존중하고 그에게서 배우겠다는 마음으로 타자와 공존할 때, 우리와 전혀 다르고 우리를 넘어선 것이 새로운 가능성과 통찰을 주고 우리의 '이해 방식'에 새롭게 도전해 올 것이다. 우리가 포괄주의에 갇혀 있다는 것을 인정하고 받아들이는 것만이 포괄주의를 넘어서게 할 것이다.

두 개의 다른 종교 사이에 '공통 기반'이 있어서 전혀 다른 두 사람이 연결될 수 있다면, 그 공통 기반은 대화 안에서, 대화를 통해서만 발견할 수 있다. 혹 우리는 '발견할 수 있다'고 말하는 대신에 '창조했다'고 말해야 할지도 모른다. 대화하기 전에는 전혀 다른 종교 전통들 안에 공통점이 있음을 알 수 없다. 그 이유는 단순하다. 우리는 대화하기 전에는 항상 자신의 '이해 방식'을 가지고 '공통점'을 판정하기 때문이다. 대화 상대가 전혀 다른 방식으로 이해한다는 것을 대면한 다음에야, 완전히 다른 이해 방식이 우리 고유한 이해 방식에 침투하여 영향을 미칠 수 있음을 인내롭게 기다리고 수용한 후에야, 그래서 상대와 함께 말할 수 있게 된 후에야, 공통된 무언가를 가질 수 있다. 다른 종교들 사이에 있을 수 있는 공통 기반은 종교들 사이의 차이에서 생겨날 것이다.

그리고 그 창조는 한번에 그치지 않을 것이다! 모든 그리스도인은 수용 모델에서 이 통찰과 교훈을 얻는다. 대화로 세워지거나 생겨난 공통 기반은 위태로울 것이다.[2] 그것은 여러 종교의 새로운 차이를 발견하거나 그리스도교적 관점의 한계를 목격할 때 바뀔 것이다. 더 나아가 오늘의 공통 기반은 내일의 공통 기반이 아닐 것이다. 종교들은 늘 새로운 상황의 문제에 대처하고, 우리가 만나는 대화 상대자는 항상 더욱 다르고 놀라운 것을 안겨 주기 때문이다. 종교들 사이에 공통 기반이 있다면, 그것은 결코 '하나이며 유일한' 공통 기반이 아닐 것이다.

우리는 모두 포괄주의자이므로 서로에게서 배울 수 있다. 또 우리 모두가 포괄주의자라고 인식하고 자신이 대화 상대자의 포괄주의에 포용되는 것을 허용할 때만 공통점을 발견할 수 있을 것이다. 포괄주의자를 포용하는 포괄주의자, 이것은 대화에 대한 또 다른 설명이다.

차이의 가치

이 장을 열면서 '세계종교 전통들은 정말 다르고, 우리는 차이들을 받아들여야 한다'는 말로 수용 모델을 설명하고자 했다. 우리는 이 말에서 수용 모델과 다른 모델들 사이의 판이한 차이를 볼 수 있다. 수용 모델은 다른 모델처럼 차이를 다루지 않는다. 다른 모델은 차이를 벗어 버리려고 하지만, 수용 모델은 차이와 잠시 더불어 살아갈 수도 있고 영원히 함께 살고자 한다. 대체 모델은 타종교와 만나 차이들을 존중하려고 하지만, 차이들을 제거하고 대체하여 타종교인을 그리스도교 공동체의 일원으로 새롭게 발견하고 안내하는 목표를 지향한다. 완성 모델과 관계 모델은 그리스도인이 타종교가 가진 차이들을 소중히 여기고 존중하며 배워야 하지만, 더 중요한 것은 유사점이고 이를 자신과 타종교인 사이에서 발견할 수 있다고 주장한다. 이 유사점은 하느님 개념, 자아 개념, 가난한 이들에 대한 관

---

[42] Mark Kline Taylor, "In Praise of Shaky Ground: The Liminal Christ and Cultural Pluralism", *Theology Today* 43 (1986) 36-51.

심에 있을 수 있고 대화의 기초가 되며 그리스도인과 타종교인 사이의 더 큰 일치를 가리킨다. 따라서 유사점을 발견하고 차이를 극복하고자 한다.

수용 모델은 다른 길을 모색한다. 차이들은 유사점만큼이나 가치 있다. 사실 수용 모델은 차이가 더 가치 있다고 주장한다. 차이는 유사점보다 더 생명을 주고 더 하느님을 드러낸다. 그리스도인은 타종교의 차이를 인식할 뿐 아니라 인정하고 그대로 놔둘 때 더 나은 그리스도인이 되고 신적 존재에 관해 더 배울 것이다. 수용 모델은 종교 대화의 목표가 종교들의 더 큰 일치를 얻는 것이 아니라 종교들의 다원성을 유지하고 거기서 배우는 것이라고 알려 준다. 이것은 분명 그리스도인들 다수가 받아들이기 어려운 메시지다.

그리스도교 교리와 실천의 많은 부분은, 일치를 중심이나 주요 목표로 삼는다. 오직 한 분 하느님만 계시므로, 그리스도인은 모든 사람이 이 한 분 하느님 품 안에 있고 이 아래서 일치를 이루라고 함께 부름받은 것만을 순리라고 믿는다. 이 결론은 예수만이 유일한 구세주라는 그리스도교 교리로 더 확고해졌다. 예수는 모든 사람이 그 안에서 그를 통해 일치된 삶을 살려고 육화했다. 그리고 그것은 비록 여러 교파로 나뉘었으나, 하나의 거룩한 사도적 교회가 모든 이를 위한 마지막 운명인 이유를 설명해 준다 (이 땅에서는 아니어도, 최소한 하늘 나라에서 그렇다!). 그리스도교 교리는 다원성과 함께 시작되어 일치로 향한다. 종교들 사이의 다원성은 경이롭고 도전적이며 놀라운 사실이나, 그리스도인은 더 위대한 일치를 근본 목적으로 삼는다. '더 위대한 일치'는 최종적 일치를 지향한다.

수용 모델 지지자는 그리스도인이라는 정체성을 가지고, 동료 그리스도인에게 일치를 향한 질주, 다多를 억누르는 최종적 하나 됨의 위험성을 경고한다. 이것은 그리스도교의 다른 기본적 신념과 교리들을 위협할 수 있다. 그리스도교 교리와 체험의 가장 근본 요소 중 하나는 하느님이시다. 하느님은 우리와 결합하고 우리를 사랑하시며 항상 타자로 남아 계시다. 신적 존재는 결코 인간으로 환원될 수 없고, 인간과 동일하지도 인간성 안에 포함되지도 않는다. 신과 인간 사이의 '본질적' 일치를 보여 준 예수 안에서조차, 인간성과 신성의 차이는 없어지지 않는다. 하느님이 얼마나 우리와 결합해 있든, 그리하여 우리가 이 하느님을 얼마나 알고 있든, 하느님은 타자로 남고 또 타자로 남아야 한다. 수용 모델 지지자는, 타종교의 타자성에서 하느님의 타자성이 표현되고 보존된다고 주장한다. 타종교는 항상 타자이신 하느님에 대해서 말해 주고 변호해 준다. 한 신학자는 '하느님의 압도적인 타자성'과 '이웃의 현격한 타자성'은 아주 많이 연관되어 있다고 지적한다. 신적 존재를 결코 우리의 교리나 정의들로 포착할 수 없듯이, 타종교들은 결코 "위로나 주는 '종교' 단체"the consoling communality of 'religion'로 환원될 수 없다.[3]

타종교 안에서 (그 안에서만은 아니지만) 하느님은 우리에게 신적 타자성, 우리가 알고 상상하고 기대할 수 있는 것보다 항상 '더한' 신성을 알려 주신다. 타종교라는 유한한 타자 안에서 초월적 타자이신 하느님이 우리 삶 안으로 들어오시고 보여 주셔서 우리를 당혹케 만드신다. 수용 모델은 타종교와 대화할 때 이것이 이루어진다고 말한다. 하느님은 종교들의 타자성 안에서 타자로 존재하신다. 따라서 더 높은 일치나 최종 일치를 지향하면서 종교들의 참된 차이를 뜻하는 타자성을 축소하는 것은 우리가 이해하고 포착할 수 있는 하느님의 타자성을 축소하는 것이다. 이것은 달리 말하면 우상숭배다.[4]

---

[3] David Tracy, "Theology and the Many Faces of Postmodernity", *Theology Today* 51 (1994) 108.

수용 모델 지지자는 하느님의 타자성에 기초하여 종교들의 타자성과 다원성을 받아들이라고 그리스도인에게 도전한다. 마크 하임은 삼위일체 하느님에 관한 그리스도교 교리를 가지고 똑같은 도전을 했다. 그리스도인은 '삼위' 하느님을 결코 일치나 하나로 흡수할 수 없는 것처럼, 종교들의 다원성과 다양성도 최종적 일치와 유사성으로 축소시킬 수 없다. 하임은 종교란 항상 다양할 것이라고 말했다. 그래서 종교들은 구원들을 설교할 것이다. 이것이 '이제와 영원한' 현실이다. 하임의 삼위일체에 관한 신학적 해석을 어떻게 생각하든, 그리스도인은 그의 제안에 개방해야 한다. 하임과 수용 모델 지지자는 이 제안이 열어 주는 가능성을 받아들이라고 그리스도인에게 말한다.

다양한 종교의 구원과 최종 목표들의 필요성을 부정한다면, 종교들은 결코 화해할 수 없고 화해하지 않을 것이다. 지금 하는 종교 대화와 우리가 궁극적으로 기다리는 것 안에 마지막 말로 간직해야 할 것은 차이일 것이다. 차이는 더 높은 일치 안에서 녹아 버리거나 해결되지 않을 것이다. 상투적인 말로, 우리는 불일치에 동의해야 하고 불일치에서 배워야 한다. 완강하지만 생명을 주는 불일치의 가능성을 받아들이지 않는다면, 우리는 두 개 함정에 달려드는 꼴이다. 즉, (항상 우리식대로 하는) 강압적 일치로 몰아가려는 유혹에 떨어지고, 종교적 타자의 '다른' 얼굴에서 드러나는 하느님의 참된 타자성과 만날 가능성을 스스로 잘라 버리고 말 것이다. 하느님의 신비한 타자성은 우리가 이해하고 인정할 수 있는 것보다 불분명하고 동의할 수 없는 데서 더 선명하게 계시되었다.

---

4 종교적 타자를 신적 타자의 중재자로 바라보는 통찰은 레비나스의 사상에 의지하는 바크다. 그리스도교 종교신학을 위한 레비나스의 사상과 영향에 관한 자료는 Mervyn Frederick Bendle, "The Postmetaphysics of Religious Difference", *Pacifica* 11 (1998) 1-26 참조.

대화는 신학을 전개시킨다

그리스도인은 비교신학의 권고대로 타종교의 놀랍도록 다른 타자성에 개방하기 위해 타종교인과 대화하여 종교신학의 길을 열어 갈 필요가 있다. 그리스도인은 타종교에 접근하기 전에 신학 전 분야를 앞세우며, 타전통의 경전들을 연구하거나 타종교인과 대화하기 전에 '대체 모델', '완성 모델', '관계 모델' 중 한 가지를 택해서 성급하게 관계 맺으려 한다. 이처럼 대화보다 '신학'을 앞세울 때, 그리스도인은 프레드릭스가 경고한 것처럼 '타종교 전통의 가치와 새로움'을 억누르고 그리스도교로 입을 막아 버린다.[5] 이처럼 실천하기 전에 신학화해 버리는 위험, 영토를 탐험하기 전에 지도를 그려 버리는 위험에는, 차근차근 대화 단계를 밟기에 앞서 대화 규범이나 공통 토대를 세우려는 관계 모델 지지자도 빠진다. 지도가 영토와 맞지 않다면, 우리는 그 영토를 제대로 이해할 수 없을 것이다! 세계종교 공동체들은 아주 새롭고 낯설며 전혀 다른 영토다. 지도를 그리기 전에 탐험하는 것이 더 낫다. 평가하기 전에 탐구하는 것이 더 낫다.

이런 까닭에 비교학자들은 종교신학 작업을 타종교와 대화하면서 시작해야 한다고 결론짓는다. 더 정확히 말하면, 종교신학 연구를 하려는 모든 그리스도교 신학자는 그리스도교 신학을 깊이 의심해 보지 않고는 타종교에 대해 많은 것을 알 수 없다.

아울러 비교학자들은 타종교인과 좋은 관계를 맺고 대화할 수 있는 방법을 알려 준다. '궁극적 실재에 대한 그리스도인과 불자의 개념'이나 '힌두교와 그리스도교의 자아'같이 포괄적이고 복잡한 것을 다루는 대신에, 특정 경전이나 실천이나 이미지에 초점을 맞추라고 제안한다. 분야를 한

---

5 James L. Fredericks, *Faith among Faiths: Christian Theology and Non-Christian Religions* (New York: Paulist Press 1999) 167.

정짓고 신중하게 탐구하라는 것이다. 비교학자들은 수용 모델을 확신하며 '아기가 한 발짝 한 발짝 걷듯이' 대화의 길을 가라고 말한다. 진리는 세세한 것 안에 있다. 우리는 ('힌두교는 환생을 믿는다'라거나 '불교는 하느님을 믿지 않는다'와 같이) 일반화시켜 놓은 것이 아니라 구체적이고 특수한 것들을 통해 타종교를 알아 갈 것이다. 구체적이고 특수한 것은 각 경전들, 세세한 역사적 실천, 구체적 봉헌 의식을 일컫는다. 이것은 특수한 것에서 출발하여 그 작용을 밝히는 대화방식이다. 비교학자들은 이렇게 타종교와 만날 때, 더 인내롭고 진실해질 수 있다고 말한다. 이 대화는 각 단계마다 천천히 진행될 것이다. 우리는 기어가듯이 서서히 나아갈 때 그 과정을 특히 더 신뢰하는 법이다.

비교신학자들은 완전히 새로운 종교를 발견하고 그 길에 있는 친구들이 우리를 안내하는 과정도 똑같이 중요시한다. 프레드릭스는 자신의 체험을 통해, 그리스도인이라면 누구나 새로운 종교의 세계로 들어설 필요성과 어려움을 느낀다고 밝힌다. 우리는 불교 경전에서 배울 수 있는 것보다 불교 친구에게서 더 많은 것을 배울 수 있다. 우리가 책상에 앉아 불교 경전을 읽을 때보다, 그 친구는 더 선명하고 친근하게 경전 안에 들어 있는 것을 보여 주고 들려줄 수 있다. 그 친구는 불교를 이해하고 있을 뿐 아니라 느끼고 있기 때문이다. 그 친구는 우리를 감동시키는 존재에 그치지 않고 우리와 살을 맞대고 호감을 나누는 존재다. 우리는 친구가 가진 지식뿐만 아니라 친구의 장점과 선함과 연민, 그리고 사랑까지도 나눈다. 이 친구관계는 타종교를 단순히 연구하여 이해하는 것에 머물지 않는다.

우리와 함께 대화하고 먹고 영화를 보는 타종교 친구들인 힌두인, 불자, 무슬림, 유다인과 더불어, 우리는 수용 모델이 말하는 종교 간 대화의 다른 요청을 성취할 수 있을 것이다. 이미 살펴본 대로, 반대 입장을 인정한

다음 이 반대 입장에서 배우는 대화 시간이 필요할 것이다. 이것은 쉬운 일이 아니다. 우리의 진리 주장과 완전 모순되는 타종교 교리나 실천을 접한 후 도저히 그것을 그대로 인정할 수 없을지라도, 우리는 그것이 그들에게 진리임을 수용해야 한다. 비록 그 교리를 학문이나 윤리로 용납할 수 없다 해도 말이다. 그러나 우리가 존경하고 관심을 가지는 친구가 이 '모순'을 지니고 있을 경우, 우리는 쉽게 그것을 용납하고 함께 살게 된다. 우리로서는 도대체 이해할 수 없다 해도, 그것이 우리 친구를 성장시켜 주고 생기를 준다는 것을 본다. 또 우리는 친구와 함께 걸어가는 동안 우리에겐 '틀린' 것이 그에겐 바른 것임을 보고 배우게 된다. 아마도 그에게 '틀린 것'이 우리에겐 '바른 것'이라는 점도 덩달아 보고 배울 것이다. 우정은 다른 방식으로 가르쳐 줄 수 없는 것들을 가르쳐 준다.

대화가 신학의 길을 열어 준다는 비교신학의 주장은 그리스도인에게 중요한 교훈을 준다. 비교신학자는, '이 세상의 수많은 타종교 안에서 예수의 고유한 역할을 어떻게 이해할 것인가?'라는 '감정 상하기 쉬운' 질문을 다룬다. 클루니는, 모든 구원이 예수를 통해 온다는 그리스도교의 확신과 브라만에 대한 지식이 우리를 구원한다는 힌두교의 확신 사이에서 모순이나 긴장을 느꼈을 때, 이 문제를 다룬다. 그의 해결책은 무엇인가? "진리 문제들에 대한 인내로운 판단 연기!"[6] 이 책에서 계속 되풀이해 온 곤란한 질문에 비교신학자들은 신학적으로 해결할 수 없고 대화를 통해서만 해결할 수 있을 뿐이라고 선언한다. 우리는 ('참으로'와 '유일하지 않다' 사이의) 논리 차이를 통해서나 (철학적 언어가 아닌 '사랑의 언어'로 이해하는) 신약성경 언어에 관한 역사적 연구를 통해서는 해결할 수가 없었다. 오히려 그

---

[6] Francis X. Clooney, *Theology after Vedanta: An Experiment in Comparative Theology* (Albany: State University of New York Press 1993) 187-93.

언어가 자라난 토양 안에서만 그 꽃을 식별하고 이해할 수 있다는 수용 모델의 주장만이 '예수가 구원을 준다'거나 '브라만에 대한 지식이 구원을 가져온다'는 진리 주장을 그 고유한 문화적·언어적 토양 안에서 이해하게 해 준다. 이를 통해 우리는 아주 다른 두 세계 사이에 들어가 계속 전후 맥락을 살필 것이다. 우리는 비교할 것이고 계속 대화할 것이다. 그리고 끊임없는 연구와 대화와 우정을 통해, 예수의 고유성과 브라만의 지혜가 지닌 고유성이라는 두 모순된 주장이 어떻게 해결되는지 알게 될 날을 맞이할 것이다. 아니면 우리는 해결할 필요가 없다는 것을 알게 될 것이다. 예수의 고유성에 대한 질문에서 좌절과 쓴맛을 본 그리스도인과 신학자들에게 이 소식은 복음으로 들릴 것이다.

문제점

언어는 프리즘인가 감옥인가?

　수용 모델을 다루면서 '다원성'이라는 말을 가장 자주 사용했다면, 그것은 '언어'와 밀접하기 때문이다. 다른 언어/문화들이 있기 때문에 다른 종교들이 있는 것이다. 이것은 수용 모델이 신중하고 용기 있게 접근하는 탈근대적 인식이다. 우리는 경험한 다음 말하는 것이 아니라, 우리 문화와 공동체에 있는 말들을 가지고 우리 체험을 정의 내린다. 4부는 이 점을 한결같이 지적한다. 이것은 우리 언어와 문화들 사이의 차이가 아주 경직되어 교체 불가능하기 때문에 우리 종교도 각기 다름을 분명하고 고통스럽게 각인시켜 준다.

　그러나 우리는 의문을 가질 수 있다. 언어와 같이 종교가 보고 행동할 수 있게 해 주는 프리즘이라면, 그것은 감옥이기도 하지 않을까? 언어가 우리를 보고 알도록 비춰 주는 프리즘이라면 우리가 보고 아는 것을 다르게 보지 못하게 제한하는 감옥이라고 생각할 수도 있다. 우리가 평소 모든 것을 바라보듯이 종교를 보게 하는 프리즘은, 우리가 고정불변하는 특수 관점에 빠져 있음을 알려 주는 감옥이기도 하다. 비판자들은 수용 모델이 종교를 다음과 같은 곤경에 빠뜨릴 수도 있다고 지적한다:

1. 고립주의. 우리가 한 종교 경전을 다른 경전 안에서 '해석해 낼 수 없다'고 생각하고, 다른 종교적 언어로 말하기를 배울 수도 '어울릴 수도 없다'고 주장하는 한, 모든 종교인은 자신의 종교 경전이나 언어나 종교 공동체 안에만 틀어박히게 될 것이다. 그것은 감옥처럼 보인다. 린드벡은 우리가 하나의 특정 경전이나 관점 안에서만 세상을 볼 수 있고 살아갈 수 있다고 주장했는데, 이것은 그 세계에 우리를 감금하는 것처럼 보인다. 그렇다면 정말로 다른 언어를 사용하고 다른 전통을 지닌 사람과 대화하고 이해하는 것은 불가능하고, 우리 종교가 보여 주는 장면만을 볼 수 있을 뿐이다. 각 장면은 우리 종교 안에서만 취할 수 있다. 그것을 벗어나면 이해할 수도 생각해 볼 여지도 없다. 한 장면 안에 나타나면 참된 것이지만, 그 장면에 나타나지 않은 것은 아무리 다른 장면에 있어도 의심스런 것이다. 이것은 두 번째 위험으로 안내한다.

2. 상대주의. 우리는 이미 이것을 경고한 바 있다. 그때는 관계주의가 신적 존재와 진리를 어디서나 인식할 수 있다고 한 주장을 경계하기 위해서였다. 이 상대주의는 수용 모델이 다양한 전통에 있는 신적 진리를 강조할 때 나타난다. 각 종교의 진리는 자기 전통의 언어와 경전들 안에 고유한 형태로 들어 있다. 모든 것은 각 종교의 언어와 세계관 안에서 이해되며 그 밖에서는 이해할 수 없다. 이것은 이해

할 수 없음과 해석할 수 없음을 뜻한다. 각 종교는 고립되어 있으므로 타종교의 비판에서 보호받을 수 있다. 상대방은 나에게 내 세계가 틀렸다고 말할 수 없다. 상대방은 항상 그의 세계에서 나를 보고 있기 때문이다. 더 나아가 내 세계가 옳다고 선언한 것은 무엇이건 옳다. 그렇게 선언했기 때문이다. 그것은 외부에서 비판할 수 있는 것이 아니다. 개별 문화와 종교의 진리는 무엇이든 진리다. 이것은 내 세계, 내 전통, 내 체험 안에서 움직이는 한 '어디서나 종횡무진 하는' 상대주의처럼 들린다.

3. 신앙주의. 신앙인은 하느님이 계시하신 것이나 참된 것을 간직하고 있기 때문에, 타종교인에게든 자신에게든 아무 설명도 할 필요가 없다고 '신앙주의'는 알려 준다. 타종교인에게 설명할 수 없는 이유는, 우리가 타종교인이 말할 수도 이해할 수도 없는 자기만의 종교 언어를 구사하기 때문이다. 또 자신의 종교 언어가 자신에게 진리를 말해 주는 까닭은, 자신의 종교 언어만이 진리를 알려 줄 수 있기 때문이다. 특정 언어가 자신의 언어인 이유는 두 가지가 있다. 첫째, 자신이 태어나고 자라 온 종교 세계에서 늘 그 언어가 통용되고 있었기 때문이다. 그러나 종교적 정체성은 우연이나 숙명으로 받아들여 바꿀 수도 있고 끝까지 고수할 수도 있다. 이런 점에서 자신의 종교적 정체성은 운명이 아니라 자기 선택의 결과이며, 모든 이는 자신의 고유한 종교 언어에서 그 이유를 찾을 수 있다. 그들은 그 종교가 있기 때문에 그 종교를 선택했던 것이다. 이 말은 '맹목적 신앙'처럼 들린다. 우리의 종교 선택은 차가운 물에 '뛰어드는 것'이며, 그 안에서 수영하면서 수온에 익숙해지는 것과 같다. 그러나 우리는 왜 다른 수영장이 아닌 그 수영장으로 뛰어드는지 설명할 수 없다.[7]

린드벡은 '종교들을 자기 폐쇄적이고 불변하는 지적知的 게토'로 만드는 '경전이 지닌 맥락성intratextuality이 완전 상대주의적으로 보인다'는 비판을 인정한다. 그는 "신앙적 함정이 있고, 여러 종교 가운데 특정 종교를 선택하는 것은 제멋대로이며 맹목적으로 보인다"고 고백한다.[8] 이 위험을 피하려면 '합리적 보편 규범'이 있어야 한다고 린드벡은 말한다. 다른 종교 공동체에 속한 이들을 서로 연결할 수 있고 자신의 감옥에 갇히지 않게 하는 규범 말이다.

그러나 린드벡은 이 합리적 규범을 어떻게 포착해 낼지 고민한다. 그는 이성도 공통언어도 거부한다. 그는 종교들을 잇는 다리는 논리보다는 '미학'을 통해, 신학보다는 예술 작업을 통해 만들어야 할 것이라고 제안한다.[9] 좋은 생각이다. 그러나 그는 그런 종교 예술가들이 어디서 작업을 시작할 수 있고, 함께 무슨 일을 해야 하며, 자신의 이미지와 참뜻을 어떻게 공유하면서 시작할 수 있는지 더 언급해야 한다. 예술은 문화마다 매우 다양할 수 있다. 한 문화에서 아름다움과 감동을 불러일으키는 것이 다른 문화에서는 난해하고 불쾌감을 자아낼 수 있다.

이 사실은 관계주의 그리스도인이 수용 모델 지지자와 대화를 하게 만들고 몇 가지 도움도 줄 것이다. 린드벡이 주장하듯이 종교 사이의 연결이나 공통 토대가 교리나 언어 문제와 무관한 것이라면, 공통 토대나 '합리적 보편 규범'은 윤리적 영역, 모든 이가 지구에서 직면하는 폭력 · 굶주림 · 환경 파괴라는 아주 현실적 문제에서 찾을 수 있을 것이다. 여기야말로 린

◀7 수용 모델이 빠지는 위험에 관한 내용들은 린드벡의 *The Nature of Doctrine in the Thomist* 49 (1985) 392-472을 보라.

8 George Lindbeck, *The Nature of Doctrine: Religion and Theology in a Postliberal Age* (Philadelphia: Westminster Press 1984) 128.

9 같은 책, 130-1.

드벡이 말한 종교 예술가들이 자신의 이미지와 표현을 나누기 시작하고 모두가 공유할 수 있는 의사소통 방식을 창조할 수 있는 곳이리라.

그러나 더 근본적으로 종교들 사이에 다리를 놓으려 하고 종교들을 감옥으로 만들지 않고 프리즘으로 인식하려 한다면, 수용 모델 지지자는 자신의 언어 이해 방식을 조정해야 한다. 수용 모델은 언어가 체험에 얼마나 큰 영향을 미치는지 일깨우면서 그리스도교 종교신학을 전개한다. 그러나 그들은 체험이 언어에 영향을 미친다는 것은 충분히 인식하지 못하는 듯하다. 언어와 체험은 서로 교차하고 있다. 물론, 체험이 언어 표현과 항상 함께 시작된다는 린드벡의 주장은 옳다. 그러나 그는 언어가 정반대 체험을 하게 할 수 있고 시작된 체험이 언어 자체에 영향을 미친다는 것은 제대로 지각하지 못했다. 언어의 근원이 되고 언어를 북돋워 주는 체험은 언어를 초월할 수 있다. 우리의 이미지를 떠올려 보면, 우주의 진리를 보기 위해 사용하는 망원경은 망원경으로 볼 수 있는 것보다 더 많은 것이 우주에 있다는 사실도 알려 준다. 보이는 것을 보는 동안 우리는 보이는 것 이상이 있음을 안다. 이것은 특히 종교적 '망원경'과 종교 언어 및 체험을 다룰 때 그러하다.

우리는 수용 모델 지지자가 언어와 종교를 너무 날카롭고 교묘하게 구분해 놓지 않았나 물을 수 있다. 즉, 그들은 둘 사이의 이분법을 만들어 내어, 먼저 언어가 있고 체험이 있다고, 하나는 늘 원인이고 다른 하나는 결과라고 보는 듯하다. 오히려, 언어와 체험의 관계는 인간(혹은 모든 생명체)의 물질과 영혼의 관계와 유사하다. 인간과 모든 생명체가 고유한 정체성을 지니려면, 이 둘이 서로 필요하다. 물질은 항상 '영혼 안에 있고' 영혼은 항상 '몸 안에 있다'. 즉, 린드벡은 모든 체험이 '언어화된다'고 강조한 반면, 모든 언어가 '체험화되어 있다'는 것은 잊어버렸다.[10] 언어가 우리 체험의 거푸집이 되듯이, 체험은 되튀어서 우리 언어의 거푸집이 되어 준다. 언어가 항상 체험의 어버이라면, 체험은 언어의 자녀로 성장하여 어버이에게 '응답한다'.

종교 언어가 가져오는 체험에는 늘 잉여가 있다. 비록 체험은 언어에서 오지만 그 너머까지 간다. 언어는 체험을 표현하지만, 체험을 가두지 못한다. 여기서 우리는 타종교 언어들을 이해하는 토대를 얻는다. 그 토대는 다른 언어를 배울 수 있게 해 주고 꼭 필요한 것이다. 우리의 고유한 종교 체험은 항상 우리의 고유 언어 안에서만 전달되기 때문에 우리의 고유 언어로 말할 수 없는 것이 많이 있다는 것을 알면 다른 언어를 배우려고 한다. 다른 언어를 배우려는 바람은 우리를 가두던 말에서 벗어나게 해 줄 것이다. 더 나아가 우리의 고유 언어를 통해 감지한 것 이상을, 우리가 연구하는 '다른' 종교 언어가 선생이 되어 안내해 줄 것이다. 따라서 우리는 종교적으로 두 언어를 사용할 수 없다고 주장하는 수용 모델 지지자에게 신중하고 단호하게 문제를 제기해야 한다.

토마스 머튼은 좋은 본보기다. 그는 그리스도교 언어에 익숙해지는 만큼 다른 종교 언어로도 신적 존재를 표현할 수 있음을 깨달았다. 그리스도교 언어를 배울수록 다른 언어들을 '더 빨리 배워 나갔고', 다른 언어를 배우는 만큼 그의 그리스도교 어휘도 풍성해져 갔다.[11] 오늘날 머튼을 본받아 두 가지 종교 언어를 구사하는 이들이 점점 늘고 있다. 두세 가지 이상의 종교를 실천하며 사는 '이중 소속'이나 '다중 소속'에 관한 토론이 빈번

---

[10] Stephen L. Stell, "Hermeneutics in Theology and the Theology of Hermeneutics: Beyond Lindbeck and Tracy", *Journal of the American Academy of Religion* 56 (1993) 679-703.

11 *The Asian Journal of Thomas Merton* (New York: New Directions 1975) 305-19; Thomas Merton, *Thoughts on the East* (New York: New Directions Books 1995).

해지고 있다. 두 개의 다른 종교 언어를 말할 수 없다는 주장에, '하지만 나는 그게 가능하다고 생각하고, 그 광경을 봅니다'라고 응수하는 이가 많다.

수용 모델의 다른 주장도 되짚어 보자. 모든 종교 언어는 본성상 "철저히 포괄적이어서 모든 것을 포함하거나 설명하지만 다른 것에 포함되거나 다른 것을 초월하지는 않는다".[12] 수용 모델이 말하는 모든 종교는 절대적인 주장을 편다. 그리고 (관계 모델이 주장하듯) 종교들에게 절대적 주장을 포기하라고 요청하거나 요구하는 것은 불가능을 바라는 것이다. 이 요청은 제국주의적인 사기 행각이다. 그러나 우리는 그 가능 여부를 물을 수 있다. 종교사 과정을 살펴보면, 종교들은 절대적 주장을 해 왔다. 그러나 우리는 '유일한' 진리라든가 '최종' 진리라든가 '완전한' 진리라는 확신들이 종교인들이 체험하는 정수에서 나온 것인지 물어보아야만 한다.

종교체험은 종교 언어에서 비롯하지만 항상 그것을 초월한다는 관점이 타당하다면, 모든 종교는 그 언어가 말하는 것을 아주 신중하게 다루어야 한다. 그리고 외부인이 말해 주는 것이 아니라 자신의 고유 언어가 알려 준 것을 진지하게 보아야 한다. 모든 종교 전통 안에 수용 모델 지지자가 있음을 기억할 때, 절대적 주장들과 하느님이나 신적 존재나 열반은 인간이 포착하고 표현할 수 있는 것을 초월한다는 것도 분명하게 알 수 있다. 우리의 종교 언어가 말해 주는 것보다 항상 '무언가가 더' 있는 한, 어떤 언어도 '완전히 포괄적'일 수 없다.

우리는 모든 종교가 이 사실을 인정할 수 있는 인류 종교사 단계에 있는가? 모든 종교는 절대적 주장을 뺀 채 보편적 주장을 할 수 있을까? 그렇다면 (서로 확신을 가지고 설득하려는 반대 의견 같은) 변론이 필요한 동

---

12 Paul J. Griffiths, "The Properly Christian Response to Religious Plurality", *Anglican Theological Review* 79 (1997) 19.

시에 (타종교인과 대화를 통해 자신의 종교를 확장하고 쇄신하며 바로잡을) 대화를 위한 넓은 자리도 있어야 하는 것은 아닌가?

많은 구원이 이 세상을 구원할 수 있을까?

수용 모델 지지자 가운데 독보적인 마크 하임은 종교들의 실상과 종교 간의 항구한 차이를 강조한다. 하임은 많은 구원이 이 세상뿐 아니라 다음 세상에서 절대적 다양성을 이룬다고 주장한다. 다양성이 우세하다고 말이다. 많음은 항상 하나 다음에 올 것이다. 한편, 그는 이 다양성의 소용돌이를 벗어나야 참된 대화를 할 수 있다고 주장한다.

분명 우리는 모든 종교에 공통 토대가 있다면서 차이들을 너무 쉽게 삭제하는 관계주의를 경계한 하임의 주장을 진지하게 다루어야 한다. 그러나 다른 질문을 제기할 수 있다. 다원성, '차이를 선호하여 선택하는 것'은 과연 진솔한 대화를 가능하게 해 줄까? 한 세계에서 다른 세계로 들어갈 수 있는 사람은 다른 세계를 이해할 뿐 아니라, 다른 세계가 도전하는 것에서 배우며 의미 있는 친교를 맺을 수 있을까? 더 나아가 수용 모델은 모든 종교에게 황폐해진 지구와 생태적 고통을 해결하기 위한 윤리적 협력을 허용하고 격려하는가?

분명하고 중요한 사실은, 수용 모델의 제안들이 절박하다는 점이다. 세계종교들은 서로를 받아들여야 한다. 다양한 세상에서 많은 것을 성취하고 전 세계에 피바람을 몰고 오는 종교전쟁을 멈추며 다양한 종교 공동체들을 받아들이려면, 관대하게 서로를 있는 그대로 놔두어야 한다. 관대함과 수용하는 태도가 종교들의 만남을 위한 첫 단계다. 그러나 우리가 종교 대화를 도모하려 한다면 수용력과 관대함만으로는 충분하지 않다. 자리를 마련하고 잡초를 없앤 다음, 종교들이 만나 관계를 맺고 나면 다른 일들이 발생한다. 상대를 존중하며 귀 기울이고 타종교인의 말을 이해하면, 그들과 다투면서도 새로운 것을 배울 수 있고 단순한 수용보다 더 깊이 소통하게 될 것이다. 의사소통은 수용보다 한발 더 나아가며, 일정한 길이나 공통 방향으로 '더 나아가기' 위해서는 이 단계를 밟을 수 있어야 한다.

하임과 같은 신학자가 세계종교들이 주장하는 종교적 차이들을 더 깊이 탐구할 때 직면하는 어려움은 그 차이들이 다른 방향, 심지어는 반대 방향으로 가게 한다는 점이다. 하임은 구원이 다양하다는 개념을 통해, 종교는 방편뿐 아니라 목표도 다양하다고 말한다. 그러나 두 사람이 각기 다른 목표를 주장하고, 두 사람을 살게 하는 힘과 동기와 희망이 각자 다른 방향을 가리킨다면, 그들은 서로를 어떻게 이해하고 목표에 도달하기 위해 서로 어떻게 도와주며 그 가치를 어떻게 보여 줄 것인가? 하임은 방편뿐 아니라 목표까지 전부 다르다는 것을 받아들일 때만 새로운 것을 배울 수 있다고 강조한다. 그러나 내가 가려는 곳도 아니고 아무 관심도 없는 목표에 '새로운 것'이 있다면, 도대체 거기서 무엇을 배운단 말인가?

불교의 주장을 접한 조셉 디노이아는 "나는 열반에 이르고 싶지 않다"고 솔직하게 말했다.[13] 그리스도교의 목표는 하느님 나라지 열반이 아니다. 이 둘은 다른 목표다. 세계종교 공동체들이 다양한 최종 목적지를 향해 여행할 때, 그들은 모두 서로 지나가면서 손을 흔들 수 있고 불가능해 보이는 여행길에서 동행할 수 있다.

이 책에서 거듭 제기한 문제들을 다시 한 번 보자. 종교 간 차이들 말고 공통점도 있어야 참된 종교 대화가 진행될 것이다. 분명하고도 두드러진

---

13 Joseph DiNoia, "Christian Universalism: The Nonexclusive Particularity of Salvation in Christ", in *Either/Or: The Gospel or Neopaganism*, ed. Carl E. Braaten and Robert W. Jenson (Grand Rapids, Mich.: Eerdmans 1993) 46.

차이들 사이에 대화 통로를 세우게 해 줄 무언가가 있다. 수용 모델 지지자는 그리스도인에게 종교들의 차이를 진지하게 다루고 받아들이도록 요청하는 종교들이 서로 대화할 필요가 있다고 말한다. 그들이 대화 필요성을 정말 진지하게 생각한다면, 이 차이를 어떻게 연결할지 더 말할 것이다. 그러나 그들은 차이들이 '비교할 수 없다'거나 관계 맺을 수 없는 다른 방향을 가리킨다고 생각한다. 수용 모델은 종교들 사이의 공통 기반이 대화를 통해 창조된다고 보았다. 그렇지만 그것은 '무無를 넘어선 창조'로 보인다. 수용 모델에 따르면, 우리는 종교들의 공통점을 보거나 연구할 수 없을 것이다. 이렇게 우리가 각기 다른 방향으로 여행한다면 무엇을 함께 나눌 수 있겠는가?

이 질문은 수용 모델에게 다른 질문을 제기한다. 종교들의 차이와 최종 목적지의 차이를 주장하는 이 신학자들은 모든 종교에 공통된 무언가가 있다는 것을 놓치거나 억누르는 것은 아닌가? 모든 종교는 아닐지라도 대다수 종교는 보편적인 것을 주장한다. 그들이 참된 것이라고 주장하는 것은 그들뿐 아니라 모든 이에게도 참된 것이다. 그리고 이것은 모든 사람에게 해당하거나 해당할 수 있다는 뜻이다. 각 종교는 모든 이를 잘살게 해 줄 수 있는 깊고 높고 내적이고 초월적이고 숨겨져 있고 잠재해 있는 무언가가 있다고 믿거나 바란다. 종교들은 '하느님', '알라', '브라만', '열반'이 각기 다르지만 각 공동체와 모든 사람의 목표를 실현시켜 준다고 이해했다. 각 종교의 체험과 확신들에는 사람들에게 깊은 의미를 주는 무언가가 있다. 이 무언가는 종교들을 이어 주고 관계를 맺게 해 주는 토대일 수 있다. 그 관계는 대체주의, 완성주의, 관계주의로도 이해할 수 있겠다.

따라서 관계 모델 지지자가 모든 종교는 동일한 목표를 지향한다는 주장을 펼 때 제국주의자로 비난받을 수 있는 것과 똑같이, 수용 모델도 모든 종교가 완전히 다른 목표들을 주장한다고 말할 때 비슷한 제국주의로 추락할 수 있다. 종교들은 다른 종교가 추구하는 방식에는 반대할지라도, 온 인류를 위한 단 하나의 목표를 주장한다는 사실에는 동의한다. 종교들에게 다양한 구원들과 상당히 다른 궁극적 목표가 있음을 받아들이라는 요청은 이단은 아닐지라도 낯선 요구다.

 이것은 분명 그리스도교에겐 진실이다. 하임은 많고 다양한 구원이 있다는 자신의 제안과 그리스도교의 전통 교리 사이에 긴장이 있다고 고백할 때, '조심스러워'했다. 그리스도인은 항상 하느님은 한 분이기 때문에 최종 목적지도 하나라고 당연시해 왔고 지금도 그렇다. 그리스도교의 삼위일체 교리에서 많은 구원이 가능하다는 것을 알아낸 하임의 노력은 절반의 성취일 뿐이다. 세 신적 위격에 관한 그리스도교 교리는 하느님의 본성 안에 다양성이 살아 있고 솟아 나오며 영원한 부분임을 알려 준다. 하임은 이것이 종교들 사이에서도 살아 있고 솟아 나오며 지속된다고 결론 내린다. 그러나 이것은 그리스도교의 삼위일체 하느님 교리의 절반에 해당한다. 다른 절반은 하나 됨으로 되돌아간다. 그리스도교는 세 신적 위격이 서로 관계를 맺을 수 있게 해 주는 공통점을 가지고 있어서 서로를 들어 높여 주고 위대한 일치를 이룬다고 주장한다. 하임은 세계종교들에 이 삼위일체의 절반은 적용하지 않는 듯하다. 종교들의 차이는 비교할 수 없이 다양하면서도 삼위일체의 위격들처럼 그 차이를 없애지 않고 초월할 수 있는 공통점을 지닌다. 따라서 삼위일체 교리는 그리스도인에게 종교들의 참된 다양성과 공통 토대가 있을 가능성도 확신하게 해 준다. 이 공통 토대는 다른 길들로 보일지 몰라도 최종 목적지는 다르지 않다.

 따라서 모든 종교에 공통 토대가 최소한 잠재해 있을 것이라고 믿는다면, 우리는 그것을 어디서 찾을 수 있을까? 종교들은 함께 어떻게 공통 토대를 지향할 것인가? 우리가 제시하는 답은 수용 모델 지지자에게 질문을 안겨 준다. 세계종교 공동체들이 그들 사이에서 공통점을 발굴하거나 창조하려 할 때, 자기 자신을 넘어서서 바라보는 안목이 유익할까? 우리는 모든 종교를 둘러싼 현실 세계인 불의와 폭력과 생태계 파괴로 얼룩진 세상에 대해 말하고 있다. 이 현실은 온 인류, 온 민족, 모든 종교 전통을 위협하며 뒤흔들고 있다. 만일 종교들에 어떤 공통 토대도 없다면, 공통 문제도 없다는 말인가? 이 모든 문제는 하나의 현실인 고통에 모아진다. 현대 세계의 엄청나고 끔찍하며 위협적인 고통은 인간과 생태계를 위기로 몰아가고 모든 종교인을 주목하게 한다.

다양한 종교에 거리를 두고 구체적 고통에 주목할 때, 종교들은 함께 일하고 대화할 수 있는 공통 토대를 세우거나 발견할 수 있을까? 고통이 가져오는 공통 문제들은 공통된 해결책으로 귀결되지 않는다. 공통 문제들은 공통된 해결책을 찾아내려 하거나 다양한 해결책을 조정하고 공유하는 곳에 공통된 출발점을 세워 준다. 우리는 이것을 관계 모델의 '윤리적 다리'에서 살펴보았다. 지구를 책임지려는 대화는 지구 윤리를 실천하려 한다. 이 윤리적 대화는 우리가 고려해 볼 수 있는 특별하고 일시적인 기회가 아니다. 절박한 윤리적 명령이다. 수용 모델 지지자가 이 절박함을 인식한다면, 학문적 시각보다 공통 현실에 따라 종교 간 만남을 볼 것이다.

절대적인 것은 많다 = 절대적인 것은 없다?

수용 모델은 또 다른 주장으로 더 깊은 대화를 가로막는다. 수용 모델 주창자들은 두 개의 공을 동시에 공중에 떠 있게 하려고 곡예를 한다. 하나는 모든 종교가 참으로 다양하다는 것이고, 다른 하나는 각 종교의 주장은 최종적이고 완전한 진리라는 것이다. 수용 모델이 종교들의 다양성과 아울러 각 종교의 절대 진리 주장을 강조하는 이유는 두 가지다. 첫째 종교적으로, 모든 종교는 언제나 최고에 대해 주장해 왔으므로 그 주장들을 존중해야 한다. 둘째 철학적으로, 우리는 자연히 우리의 종교적 관점이 최고라고 생각한다. 그것이 우리의 유일한 관점이며, 우리가 다른 모든 것을 보고 평가하는 유일한 입장이기 때문이다.

그러나 우리는 반드시 이것을 고수해야 하는가? 세계종교들은 대개 절대 진리나 최종 진리나 최고 진리를 주장해 왔다. 그러나 우리가 체험하는 이 세상은 수용에 머물지 않는 협력과 대화가 절실한데, 각 종교는 계속 '최고'나 '최종 말씀'을 주장해야 한단 말인가? 우리가 '나는 최종 말씀을 가지고 있다'고 확신하는 사람과 대화할 때, 그 대화는 참된 대화가 될 수 있고 모든 것을 교환하고자 하며 무언가를 배울 수 있을까? 하느님이 다른 모든 종교를 대체할 계시를 주었다고 믿는 대체주의자, 하느님이 다른 종교들을 완성할 계시를 주었다고 믿는 완성주의자, 하느님이 더 나은 이해를 돕는 계시를 주었다고 믿는 하임과 수용 모델 지지자가 대화 참여자라면, 정말 귀 기울이고 배울 수 있겠는가? 그리스도인과 타종교인들은 오랫동안 고수해 온 절대 주장과 자기 종교를 포기하거나 수정할 수 있을까?

절대 진리 주장을 포기하는 것은 종교들의 가르침과 종교체험에 담긴 진리의 특수하고 보편적인 관점을 단념하는 것이 아니다. 각 종교는 예수, 붓다, 무함마드 같은 특정 인물이나 이집트 탈출 같은 사건을 믿고, 하느님/궁극자가 남다르고 특별하며 고유성을 지니고 일하시며 계시하신다고 주장한다. 또 종교들은 특정 사건이나 인물이 지닌 가치와 힘이 보편성을 지녀서, 세세대대 모든 이에게 '구원'을 주거나 '깨달음'을 얻도록 영향을 미치고 도와준다고 말한다. 이 특수하고 보편적인 주장들은, 종교들에게 절대 주장에서 벗어나라고 요청할 때도 수용된다. 각 종교는 자신이 모든 이를 위한 참되고 중요한 것을 가지고 있다고 계속 선포한다. 그러나 각 종교가 절대적 주장을 포기하면, 타종교 인물과 사건들이 아주 다르지만 참으로 보편적인 진리들을 말할 수 있다고 인정하게 될 것이다.

　이 질문과 의견은 관계 모델과 유사하며 수용 모델과 하임도 동의하는지 따져 볼 필요가 있다. 하임은 종교들의 수단뿐 아니라 목적도 다양하다고 주장하면서 다양성을 존중하고 보존해야 한다는 수용 모델의 일반적 관점에 동의한다. 그는 많은 종교와 많은 구원이 있다고 주장한다! 어떤 이는 한 걸음 더 나아가, 많은 구원뿐 아니라 많은 절대적인 것이 있는가 물을 수 있다. '많은 절대적인 것'이란 진리와 신적 존재의 계시가 수많은 독특성과 보편적 힘을 지닌다는 뜻이다. '절대적인 것'은 특정 진리에 보편적 의미가 들어 있음을 가리킨다. 그러나 절대적인 것들은 다른 모든 것에 최종적인 말도 궁극적 목표도 주지 못한다. 절대적인 것이 많기 때문이다. 그중 어느 것도 다른 것보다 '더 절대적인 것'이 아니다. 하임은 이런 의미에서 그리스도인에게 타종교에서 발견한 '절대' 진리 주장들을 받아들이고 스스로 개방하라고 주장하며, 더 대담하게 이 다른 절대적인 것들, 다른 구원들이 전체 영원성을 꿰뚫고 지속될 것이라고 말한다. 그러나 그는 이 절대 진리들 가운데 하나인 그리스도교 계시가 마지막에는 다른 모든 것보다 더 절대적임을 증명할 것이라고 덧붙인다. 그리스도교만이 삼위일체이신 하느님의 본성을 알려 주고 다른 모든 종교를 어떻게 이해하고 평가할지 보여 줄 것이기 때문이다.

　그러나 우리는 철학과 신학적 측면에서 이를 더 고찰해 보아야 할 것이다. 철학적으로 수용 모델은 타당하다. 우리는 항상 우리 관점에서 다른 진리 주장을 본다. 그리고 우리는 내 진리가 다른 진리들보다 타당하고 중요하다고 확신한다. 그러나 다른 진리들과 대화를 시작하면서 진리를 확장하고 쇄신하고 바로잡는 것이 마땅할 수 있음을 배제해선 안 된다. 신학적으로, 종교들은 왜 절대 진리를 유일한 절대로 표현해야 하는가? 앞서도 말했듯이 모든 종교는 각자 진리를 주장하면서 신적 존재가 인간의 이해 범위를 능가한다고 인정하기 때문에, 절대적인 것을 절대 알 수 없다는 사실도 인정할 수 있다. 그러므로 한 종교가 절대적 주장을 말한다면, 다른 절대적 주장들에도 개방해야 한다.

이것은 하임이 자신의 종교신학 밑바탕에 삼위일체를 놓은 것과 일맥상통한다. 세 신적 위격 중 누구도 다른 위격보다 '더 낫거나 완전하거나 절대적'이지 않다. 따라서 다양한 종교들 가운데 어느 것도 다른 종교보다 '더 절대적'이라고 말할 수 없다. 초기 교회는 삼위일체의 신적 위격 중 한 위격이 다른 위격보다 더 중요하다고 보려는 의견을 '제1위 우위설'로 부르며 이단으로 단죄했다. 초기 그리스도교는 '세 신적 위격'이 아주 다르지만 모두 동등하다고 주장했다. 아버지(부모)도, 아들(자녀)도, 성령도 다른 것의 '마지막 말씀'이라고 말할 수 없다. 각 위격이 '절대적'이다. 하임은 그리스도인과 함께 종교들이 똑같다고 말할 수는 없을까?

그러나 우리는 질문과 의견을 분명히 밝혀야 한다. 우선, 많은 종교가 모든 이를 구원하는 메시지를 전하므로 절대적이라는 의견은 모든 종교에 해당하지 않는다. '많은'은 '모든'을 뜻하지 않는다. 역사가 밝혀 주듯이 종교라는 외투 밑에 숨어 있는 무수한 악과 이기주의를 식별하고 평가하고 세심하게 들여다보는 것이 중요하다.

또한 우리가 사용하는 언어의 불분명함과 한계를 아는 것은 더 중요하다. '많은 절대적인 것'에 관한 대화는 모순적이게 마련이다. '절대적인 것들'은 회의를 통해 드러나는 것이 아니다. 절대적인 것은 예전에 생겨난 것이다. 따라서 절대적 진리 표현이 많이 있다는 입장은 절대적 진리 표현이 없음을 의미한다. 역설적이게도 '절대적인 것이 많다'는 '절대적인 것은 하나도 없다'와 동일하다. 이 역설을 사용하는 목적과 의미가 있다. 이 역설은 신적 진리에 대한 많은 절대적 표현이 있으며, 종교인들은 자신이 믿는 이 신적 진리를 공유하고 이를 위해 죽을 수도 있다고 확신하면서 대화에 임한다는 것을 일깨워 준다. 또한 동시에 절대적 진리 표현들 가운데 어느 것도 절대적이지 않다는 점도 고려한다. 대화에 참여한 각 종교인은 다른 절대적 주장을 존중하고 배우며 자기주장을 바꿀 수도 있다. 그러나 '절대적인 것이 많다'는 주장을 '절대적인 것이 없다'고 단정하기보다는, 세계종교들을 대화 안에서 관계 맺게 해 준다고 결론짓는 것이 더 낫다. 절대적인 것들은 서로 보완하고 있다.

이런 생각을 가지고 있는 한, 관계주의와 수용 모델은 그다지 먼 관계가 아니다. 두 입장은 서로 의미 있는 대화를 할 것이다(흡수 합병도 가능하려나?). 관계주의 그리스도인은 세계종교들이 정말 다르고 이 차이는 하나의 공통 체험이나 공통 목표나 공통 토대로 단순화되지 않을 것이라는 수용 모델의 입장을 배울 것이다. 수용 모델 지지자는 다양한 종교들 중 어느 종교도 신적 진리와 계시에 대한 최종적 표현이나 절대적 표현 없이는 지속될 수 없다는 관계 모델의 관점을 배울 것이다. 종교들은 우주의 은하계로 비유할 수 있다. 우주 — 신적 존재 — 는 절대적인 것이고, 어떤 은하도 그 중심을 차지하고 있지 않다. 많은 중심이 있으므로.

비교신학은 '신학을 자유롭게' 할 수 있을까?

분명 그리스도인은 비교신학에서 많은 것을 배울 수 있고 배워야 한다. 비교신학은 먼저 타종교와 대화하기 전에 종교신학이 저지를 수 있는 위험을 살펴보라고 알려 준다. 낯선 사람을 이해하려면 먼저 그와 대화해야 한다. 이것은 의심할 바 없는 진실이지만, 대화할 때 부메랑으로 돌아오는 문제가 있다. 즉, 우리의 종교신학에 대해 생각하기 전에 종교 대화를 하는 데서 발생하는 위험들은 없는가? 만난 적이 없던 사람과 대화할 때 특정 태도나 관점이나 신념을 가지면 안 되는가? 이 일반적 태도는 대화에 아무 영향도 끼치지 않는가?

타종교와 대화할 때 비교신학 주창자들은 종교신학 연구 자료들을 준비해야 한다는 주장을 포기할 필요가 없다. 오히려 비교신학자들은 연구 작업의 균형을 잡고, 여러 자료를 모으는 한 가지 방식이거나 대화를 도와주는 한 가지 방식으로 신학을 인식해야 할 것이다. 물론 관계를 위한 또 다른 개념도 유용할 것이다. 대화하는 곳에서 대화와 신학이 교차한다는 생각 대신, 교차점의 신호등을 상상할 수 있겠다. 때로는 대화가, 때로는 신학이 녹색등이 된다. 이론과 실천, 종교신학과 종교 대화 사이의 관계에서 '이것이 먼저, 저것이 나중'이라고 말하기 어려운 것처럼, 대화 실천이 먼저, 신학 이론이 나중이라고 보아선 안 된다. 두 가지 모두 앞서거니 뒤서거니 한다. 비교신학을 전개하려면 접근하기 어려운 타종교들과 곧잘 마주해야 한다. 그리고 때로는 우리 종교 전통과 개인적 신념이 새로운 길을 탐험하도록 안내하고 영향을 준다는 것도 통찰할 줄 알아야 한다. 신학은 대화로 안내한다. 대화가 신학을 안내하고 변화시켜 줄 때도 있을 것이다. 비교신학 비판자는 신학 자료와 대화 자료가 '한 가지 일을 도모하기 위해 중요하고 서로 연관된 요소'라고 지적한다.[14]

수용 모델은 대화 이전에 신학에서 출발하는 것을 주요 줄기로 삼아야겠다. 우리는 항상 우리 안경을 통해 다른 것을 보기 때문이다. 순수 사실

---

14 Stephen J. Duffy, "A Theology of Religions and/or a Comparative Theology?" *Horizons* 26 (1999) 106.

이란 없고 해석된 사실만이 존재하는 한, '신학을 해방'시켜 주고 우리 종교의 안경을 옆에 치운 채 타종교를 '정말 있는 그대로' 보여 주는 '순수 대화'란 없다. 항상 우리 안경을 통해 타종교를 보는 한, 그 안경이 우리가 보는 것에 어떤 영향을 끼치고 왜곡시키는가를 깨닫고 문제 삼는 것은 아주 중요하다. 진실로 우리가 타종교 안에서 보는 것은 우리 안경을 새로 고치는 것이다. 그렇지만 우리는 항상 우리 안경에서 시작한다.

따라서 종교신학을 일시 중단하자는 비교신학자의 요청은 불가능한 셈이다. 우리의 고유한 관점을 완전히 포기할 수도, 우리의 신학적 안경을 빼 버릴 수도 없기 때문이다. 그러나 대화에 녹색등이 켜지고 우리 신학에 명확한 표지판이 없는 곳을 운전할 때는 앞으로 나가도 될 것이다. 비교신학자는 말하고 그리스도인은 들어야 한다. 무엇이 일어날지 몰라도 대화에 돌입하라. 타종교인에게 진실하게 그리스도교의 신학적 관점을 알려 주고 도전적인 시각을 보여 주라. 또 우리의 신학 가방을 들고 대화 여행을 하는 것이 그 가방을 재정리하거나 팔아 버리는 것이 아님을 기억하라.

이런 일이 완성 모델과 관계 모델 지지자에게 실제로 일어났다. 비교신학자가 보기에, 그것은 타신앙인을 만나기 전에 그들의 종교신학을 전개했기 때문이 아니라, 많은 그리스도인이 이미 대화에 참여하며 타종교 친구들한테서 위기감을 맛보았기 때문이다. 그들은 자신의 신학 가방을 재정리하려고 노력하며 타종교를 이해하기 위해 새 모델을 다룬다. 비교신학자가 요청하는 일이 실제 벌어져 왔다. 그리스도인은 대화의 녹색등을 따라왔다, 그리고 자신이 발견한 것들 때문에 신학의 녹색등이 번갈아 켜지길 기다리고 있다. 대화에서 그들이 본 것은 신학이 그들에게 말해 주던 것과 일치하지 않는다. 대화를 진행하려면 그들은 자신의 신학 지도책을 재조정해야 한다.

그리고 이 재조정은 비교신학자가 예상한 것보다 더 광범위한 범위에 걸쳐 있다. 때로 특정한 (아마도 무의식적인) 신학적 선 이해 때문에 비교신학자는 타종교의 참말을 무시할 것이다. 마지막으로 비교신학자에게 하는 질문은 그들의 예수 이해에 관한 것이다. 이미 살펴본 대로, 비교신학의 두 주창자인 제임스 프레드릭스와 프랜시스 클루니는 예수를 온 인류의 유일한 구원의 원천으로 이해한다. 클루니가 예수를 유일한 구세주로 보는 그리스도교 교리와 브라만을 체험하는 것이 구원을 가져온다는 힌두교 교리 사이의 마찰과 모순을 느꼈을 때, 그는 이 모순이 지닌 복합성을 '참을성 있게 연기'할 수 있었다. 이 모순이 풀리면, 예수의 유일성 문제는 해결할 수 없게 된다.

우리는 예수 홀로 구원자라는 문제를 회피해도 좋은가? 잠시 연기하는 것은 과정인가? 비교신학은 그리스도인에게 타종교와의 대화에 뛰어들어 마음과 정신을 완전히 개방하라고 요청한다. 그러나 모든 구원과 완전한 계시는 오직 예수의 삶과 죽음과 부활 안에서만 발견할 수 있다고 전제한 채 그리스도인이 타종교인과 만날 때, 완전한 개방이 가능할까? 우리는 거듭 이 문제를 제기해 왔다. 타종교 안으로 여행하는 프레드릭스와 클루니도 이 문제를 안고 있을 것이다.

프레드릭스는, 힌두인의 크리슈나에 대한 사랑이나 선 불교의 생사불이 生死不二에 대한 이해에서 그리스도인이 배울 수 있다는 멋진 통찰을 제시한다. 그러나 결국 크리슈나는 그리스도인에게 '그리스도교의 되찾은 아들의 비유를 새로운 방식으로 읽도록 개방하고', 선 불교는 '부활의 완전한 의미를 탐구하는' 기회를 주는 것이다.[15] 이 대화는 그리스도인이 이미 가

---

15 Fredericks, *Faith among Faiths*, 160.

지고 있고 알고 있는 것을 새로운 방식으로 깊이 이해하게 해 주는 듯하다. 그렇다면 그리스도인이 몰랐던 것, 예수가 계시해 준 것 너머를 배울 가능성은 없단 말인가? 그리스도교의 계시가 완전하고 최종적인 것이라면, 불가능한 게 아닌가?

여기에 크리슈나와 예수가 신의 구원하는 역사적 현존을 유사하고 동일하게 육화시켰다는 생각을 프레드릭스가 거부하는 이유가 있을 것이다. 그는 크리슈나와 예수를 유사하거나 동일하다고 보지 않는 듯하다. 이 점은 클루니도 마찬가지다. 클루니는 예수와 브라만의 체험 두 가지 다 구원을 줄 수 있다고 보지 않고, (마크 하임이 주장한 것처럼) 그리스도인과 힌두인 모두에게 똑같이 만족스럽고 '최종적인' 방법이 있다고 생각하지도 않는다. 비교신학자가 동료 그리스도인에게 요청하는 대담하고 개방적인 대화는, 오히려 비교신학자에게 예수의 고유성 문제를 더 엄밀하고 담대하게 바라보도록 요청한다.

● ● ● 결론 내릴 수 없는 결론

0| 책은 다원주의에서 시작하여 다원주의로 끝난다. '머리말'은 종교들이 많고도 다양하다는 종교 다원주의 현실을 지적하며 시작했다. 그리고 '결론'은 종교신학이 많고도 다양하다는 그리스도교 다원주의의 현실을 볼 것이다. '머리말'에서는 그리스도교가 직면한 수많은 종교의 도전을 말했다. 다른 종교적 길들과 그리스도교를 어떻게 이해해야 하는지 생각해 보았다. 그러나 이 도전에 대한 그리스도교의 응답을 모색하면서 수많은 종교보다 그리스도교의 관점과 모델들에서 더 당혹감을 맛보았다.

여기서 나는 종교 다원주의와 그리스도교 신학의 다원주의에 똑같은 말, 즉 문제는 가능성이기도 하다는 말을 할 수 있는지 답해 보려 한다. 이 책에서 살펴본 다양한 그리스도교 모델은 축복인 그만큼 골칫거리인가? 그리스도교의 타종교 접근 방식은 풍요로운 그만큼 실망스러운가? 우리가 종교 다원주의라고 부른 그리스도교 다원주의는 (순간순간 인간이 결정하고 바라는 데서 빚어지는) '사실 문제'가 아니라 (하느님이 원해서 사물들의 필요 조건이 된) '원리 문제'인가?

   이것은 쉬운 문제가 아니다. 분명하고 확실하게 대답할 수도 없다. 내가 결론 내릴 수 없는 결론이라고 한 이유가 여기 있다. 내 대답은 제안일 뿐이다. 이 제안은 공동체와 신학적 토론에 내놓기에 앞서 생각해 본 것이다. 그러나 나는 각기 다르고 상반되기까지 한 그리스도교 종교신학 모델들이 문제인 그만큼 가능성인 이유를 밝히고자 한다. 그리스도교 종교신학의 다양한 처방이 서로를 이해하고 돕는다면 가능성이 될 수 있다. 그러므로, 나는 그리스도인에게 두 가지를 제안하려 한다. 하나는 그리스도인끼리 대화하기이고 또 하나는 타종교인과 협력하기다.

그리스도인 간의 대화가 필요하다

결론을 내리기 위해 애초의 목적을 분명히 밝히고자 한다. 다른 신학자들처럼 나는 그리스도인을 좀 더 진지하고 의미 있는 타종교인과의 대화에 초대하려고 했다. 그러면서 그리스도인끼리 좀 더 진지하고 의미 있는 대화를 하도록 이끌었다. 이것은 내가 종교신학 모델들을 소개하면서 생각한 것이다. 비록 아무도 완벽하게 해낼 수는 없지만, 나는 내 사적 견해와 선호도를 배제하려고 노력했다. 나는 이 책에서 내가 좋아하는 모델을 주장하고 싶지 않았다. 그래서 가능한 한 신중하고 설득력 있게 각 입장의 내용과 동기와 개념들을 설명하고 옹호하려 했다. 독자가 각 모델을 이해할 뿐 아니라 각 모델의 통찰과 역량을 느끼고 매료되길 바란다.

   나는 각 모델의 이름을 되도록 중립적으로 붙이려고 했다. 그러나 이름이란 늘 맥락과 주체의 영향을 받기 때문인지, 내가 지은 이름은 그다지 중립적이 아닌 것 같다(친구의 충고를 따랐다면 모델 이름을 대체, 완성, 관계, 수용 대신에 A, B, C, D로 붙여야 했다).

어쨌든 나는 각 모델을 충분히 인상 깊게 설명하여, 이 중에서 나름의 길을 가고 나름의 결론을 얻으며 나름의 '모델을 선택'하게 하고 싶다. 이 다양한 모델을 통과하면서 독자 스스로 의심하고 몰두하고 해답을 찾으면서 타종교인과 대화하고 자신의 입장을 세워 나가길 바란다. 지금 이 책을 읽고 대화하면서 타종교에 대한 자기 입장을 분명히 정했다면 (혹은 최소한 자기 입장을 정하지 않았다면) 나는 이 책이 제 몫을 했다고 생각한다.

그러나 독자가 어떤 입장을 세웠든, 나는 이 책이 독자 둘레에 벽을 쌓지 않는 것이 낫다는 확신을 주었기를 희망한다. 솔직히 말해서 이 책을 쓰는 동안 벽을 쌓지 말자는 것이 내가 내린 결론이다. 각 모델을 가능한 한 정확하고 설득력 있고 비판적으로 묘사하면서, 나는 전보다 다른 관점의 장점을 더 분명하게 보았고 내 관점의 부적절함과 위험들을 목격했다. 그래도 나는 여전히 내 입장을 가지고 있고 이 책에 쓴 대로 내 입장을 분명히 밝히고자 한다. 그러나 나는 타종교에 관한 내 신학적 접근을 고집하지 않고 다른 관점을 선택한 그리스도인의 목소리와 통찰에 귀 기울일 것이다. 나는 독자들이 비교를 통해 균형 잡힌 의사소통망을 통찰하길 바란다. 그리스도교의 다양한 모델들은 서로 역동적인 비교를 하면서 균형을 잡게 해 줄 것이다. 각 모델의 특정 요소와 확신들은 그리스도교가 타종교에 접근하는 필수 요소들이다. 그러나 복음의 특정 부분을 강조하는 각 모델은 다른 모델들을 뒷전으로 밀어내는 잘못을 범한다. 따라서 다양한 모델들은 서로를 눈여겨보고 비교하며 균형을 맞출 필요가 있다. 연구를 마치면서 각 모델이 중시하는 특정 복음에 초점을 맞추어 정리해 보겠다.

1. 대체 모델. 이 모델은 예수의 메시지를 이해하고 받아들일 때 체험하고 확신하는 전복顚覆을 강조한다. 그것은 변화, 최소한 다른 움직임을 뜻

한다. 예수를 만난 후 우리의 일상 삶이나 종교적 태도는 이전과 달라진다. 그 전체나 일부가 대체되는 것이다. 모든 그리스도인은 예수의 복음이 자연스럽게 이런 결과를 낳는다고 인정한다. 예수는 모든 것, 즉 우리 삶과 이 세상이 항상 더 좋게 변화되길 바라기 때문이다. 예수가 가져온 그 모든 놀라운 일들 말고도, 그는 고통스런 회개로 초대한다. 다양한 모든 사람이 다양하게 회심을 체험하도록 말이다. 따라서 사람들이 복음을 듣고 그리스도의 영이 살아 현존함을 느낄 때, 기쁨과 아울러 두려움에 사로잡히고 회개할 것이다. 이 회개는 사람들이 의심치 않던 관습이나 태도들을 포기하거나 버리라고 요구한다. 이 요구는 대체해야 함을 뜻한다.

따라서 대체 모델은 타종교인과 만나고 대화하는 모든 그리스도인에게 '불굴의 사랑'을 보여 주라고 말한다. 타종교인을 배려하는 그리스도인은 예수의 초대를 강조할 것이다. 그러므로 대화는 언제나 불편하고 반대 의견으로 넘칠 것이다. 그리스도교 신학자 한 사람은 이것을 '신학의 논증법'이라고 불렀다. 이 논증법이나 대응은 사랑과 존경과 겸손과 비폭력을 동반할지라도, 분명하고 완고하다. 대체 모델을 따르는 그리스도인은 타종교와의 대화가 부드럽고 화기애애해도 무언가 잘못되어 있음을 배울 것이다. 우리는 '격렬한' 말들을 삼가거나 조심하고서 예수의 사랑의 복음을 전해야 하겠다.

2. 완성 모델. 이 모델은 대체 모델의 주요 관심사와 모순되진 않지만 균형을 맞추어, 복음은 전복뿐만 아니라 확증을 준다고 주장한다. 예수가 선포한 하느님은 이미 계셨던 분이고 사람들을 사랑하시며 그들 삶 안에 현존하시고 평화를 추구하라고 요청하시는 분이다. 복음은 타종교 안에 이미 존재하시는 하느님의 현존을 이해·확증하고 밝히면서, 타종교에 예수가 선포한 하느님을 덧붙이라고 요청할 것이다. 그리스도인과 대화하면서

예수를 만난 타종교인은 풍요해짐을 발견한다. 예수는 무언가를 더해 주며, 이 무언가는 그들이 이미 알고 행하는 것과 모순되진 않아도 더 완전하고 고양된 계시가 될 것이다. 그들이 이미 가진 것보다 더 충만한 것들을 예수가 안겨 줄 것이다. 그리스도인과 대화하여 들은 것에 만족하지 못하는 이들은 무언가 잘못되어 있다. 이런 점에서 완성 모델은 예수가 타종교를 완벽하게 하고 완성을 이루게 돕는다고 강조한다.

완성이라는 측면에서 볼 때, 타종교인은 그리스도인이 될 필요가 없다. 그러나 그들이 그리스도인과 대화하면서 예수를 만난다면, 달라질 것이다. 그들은 '더 나은 힌두인, 더 나은 무슬림, 더 나은 불자'가 될 것이다. 완성 모델은, 그리스도인이 대화를 통해 타종교인의 완성을 도모하지 않는 한, 예수의 힘과 가치를 등한시하는 것이라고 주장한다.

3. 관계 모델. 대체 모델과 완성 모델을 따르는 그리스도인에게는 관계 모델도 쉽게 이해된다. '관계 모델은 두 모델 방식을 다룬다.' 종교 대화는 상호 대화를 뜻한다. 그리스도인이 대화를 통해 타종교인에게 일어날 수 있다고 믿는 것은 모두 그리스도인에게도 일어날 수 있다. 그리스도인은 종교 대화에서 타종교인에게 자신을 개방할 때, 스스로 '전복'될 채비를 해야 하고 전에는 의심치 않던 특정 교리나 실천을 버리거나 대체하도록 도전받을 수 있다. 또 그들은 불자나 무슬림이 확증하고 첨가하는 것을 보고 배우며, 예수를 통해서는 결코 이해할 수 없는 것들과 직면할 준비도 해야 한다. 대화를 통해 그리스도인은 대화 없이는 결코 몰랐을 예수를 이해할 수 있다. 타종교인과의 대화는 예수의 계시가 알려 주지 않았던 하느님과 인간성에 대한 진리들을 밝혀 줄 것이고, 예수의 말에 힘을 실어 주고 들어 높일 것이다. 관계주의 그리스도인이 강조하는 이 길에서 그리스도인은 힌두인, 유다인, 불자들과 대화하고 배움으로써 더 나은 그리스도인이

될 수 있다. 그리스도인이 이들과 대화하면서 완성될 수 있다는 뜻이다.

관계주의 종교신학이 강조하듯이, 그리스도인이 대화를 통한 완성에 자신을 열어 놓아야 하는 이유는 예수가 계시하신 하느님이 항상 우리가 포착할 수 있는 것보다 더 큰 신비요 사랑이시기 때문이다. 피조물을 향한 하느님의 사랑과 바람은 보편적이고 우리가 모르는 방식으로 움직인다. 관계주의 그리스도인은 모든 종교신학이 하느님의 보편적 사랑과 예수 안에 육화한 특수한 사랑 사이에서 균형을 잡아야 한다고 일깨운다. 그렇지만 우리가 살펴본 관계주의 신학자들은 이 균형을 잘 잡지 못했다. 한편, 하느님이 세상을 다루시는 방식의 보편성과 특수성 사이의 균형을 잡는 일은 모든 그리스도교 종교신학의 주요 과제다.

4. 수용 모델. 수용 모델의 핵심은 모든 그리스도인이 복음의 핵심에서 발견하는 법칙 중 하나다. 너의 이웃을 참으로 사랑하라는 사랑의 법칙이 그것이다. 수용 모델 지지자는 그리스도인이 쉽게 잊는, 네가 네 이웃의 다름을 참으로 받아들이지 못한다면 이웃을 진정 사랑하는 것이 아니라는 사실을 지적한다. 그리스도인이 항상 '하느님을 하느님이시게' 하고 '이웃을 이웃이게' 해야 한다면, 이웃의 독특하고 고유한 정체성을 참아 주고 존중하며 인정해야 할 것이다. 이것은 우리 이웃을 억누르고 조종하며 한정 짓지 않는 것을 뜻한다. 우리 이웃의 다름을 참으로 수용하고 존경하는 것은 기본적으로 그들의 차이를 받아들이고 존중하는 것이다.

그러나 수용 모델은 그리스도인이 언어 때문에 그렇게 하지 못하고, 또 의식적으로 심술궂게도 그렇게 하지 않는다고 말한다. 우리는 항상 우리의 문화 언어와 종교 언어를 가지고 타종교를 보고 판단하며 반응한다는 것을 인식하지 못한다. 이 모델이 가장 중요하게 경고하는 것 중 한 가지가 이것이다. 우리는 우리 시각이 타종교인의 타자성을 보지 못하게 가로막으며 존중하지도 배우지도 못하게 한다는 것을 자각하고 조심해야 한다. 우리 언어가 이웃을 사랑하지 못하게 가로막기 때문이다.

우리가 우리 이웃과 그 종교의 타자성을 받아들이면서도 그 타자성을 완전히 포착하고 이해할 수 없음을 인정한다면, 다양성도 받아들여야 한다. 수용 모델은 '종교'가 언제나 '많이' 있을 것이라고 강조한다. 신학적으로, 하느님은 다양성을 사랑하신다. 하느님은 일치도 사랑하시지만 그것은 다양성을 파괴하라는 것이 아니다. 그리스도교 신학은 대체 모델, 완성 모델, 관계 모델 중 어느 것을 택하든 일치와 다양성 사이에서 균형을 잡아 가야 할 것이다. 예수는 일치로 우리를 부르지만, 다양성을 희생하라고는 하지 않았다.

각 모델을 정리하는 것은 다소 위험한 작업이다. 나는 각 모델이 중시한다고 생각하는 그리스도교 교리와 삶에서 핵심 내용을 뽑았다. 각 모델의 핵심은 그 모델을 살펴본 후 '주장'에서 보려고 했다. 나는 이 책에서 다룬 각 종교신학이 다른 신학의 핵심을 이루지는 않더라도 그리스도교 신학에서 진지하게 다루어야 할 많은 요점을 담고 있다고 생각한다. 서로 도전하고 도움을 주는 이 모델들을 비교하고 균형을 잡아야 하겠다. 또한 우리는 한 '모델을 선택'하여 타종교인과 관계 맺는 데 도움을 얻고 그 모델이 '나에게 가장 좋다'고 말하고 싶겠지만, 그 모델을 절대적이고 유일한 모델로 생각해선 안 된다. 네 가지 관점은 이 책에서 다룬 특수성과 보편성, 다양성과 일치, 개인 영성과 사회참여에 관한 그리스도교 신학들을 균형 잡아 줄 것이다. 그러나 우리가 선택한 모델이 균형을 잡는 최고의 도구일지라도, 다른 도구를 사용하는 그리스도인과 대화하고 배울 수 있을 것이다.

이것이 타종교를 놓고 그리스도인끼리 대화하는 데 필요한, 결론 내릴 수 없는 내 첫째 결론이다. 그렇다면 그리스도인 간의 대화를 어떻게 활발하고 유익하게 만들 것인가? 우리는 그리스도교의 일치에 대해 말하고 있다. 다양한 교파로 구성되어 있고 다양한 역사적 체험을 해 온 그리스도인끼리 서로 가까워지고 배우는 것 말이다. 우리 모두는 그것이 얼마나 어려울 수 있는지도 안다. 이 어려움이 나를 둘째 결론으로 이끈다.

종교 간의 협력이 필요하다

나는 모든 그리스도인이 종교신학에 대한 대화에 동참해야만 한다고 생각하지 않는다. 우리가 우리끼리만 타종교에 대해 대화하려 한다면, 너무 멀리 갈 필요가 없다. 그래서 나는 이 책을 마치면서, 머리말에서 다룬 그리스도인과 타종교인 간의 대화 필요성을 말하려 한다. 그것이 우리가 끝내는 자리다. 그리스도인이 타종교인과 대화하는 데 필요한 그리스도인 간의 신학적 대화는 타종교와의 대화 없이는 가능하지 않다. 즉, 타종교에 대한 그리스도인 간의 대화는 타종교 공동체와 대화하고 관계 맺으며 협력하도록 도와준다.

나는 11장에서 다룬 비교신학자의 입장에 동의한다. 그들은 그리스도인에게 신학을 끌어들이는 데 급급하지 말고 타종교인과 적극적으로 만나라고 주장한다. 비교신학자는 종교신학이 대화보다 앞선 것은 아니지만 대화를 떠받쳐 줄 것이라고 말한다. 나는 이것이 닭과 달걀의 풀 수 없는 문제라고 생각한다. 이것은 1단계, 2단계로 나눌 문제가 아니다. 두 가지를 함께 다룰 필요가 있다. 신학과 대화의 순환, 그리스도인끼리의 대화와 그리스도인과 타종교인의 대화 사이의 순환으로 보아야 하는 것이다.

어떻게 하면 타종교와의 대화를 최상으로 이끌 수 있는가? 우리는 어느 지점에서 그들과 대화를 시작해야 하는가? 우리 신학을 강요하지 않고, 타종교에 대한 우리의 신학적 관점을 풍요롭고 바르게 세우려면 타종교인과 어떤 방식으로 만나야 하는가? 나는 내가 최근에 체험한 종교 대화를 소개하고 싶다.

1996년 이후부터 나는 종교평화위원회 평의원으로 활동하고 있다. 이 위원회는 비정부기구(NGO)로서, 1993년에 세계종교회의를 개최한 다음 결성되었다. 고통 받는 지구와 고통 받는 생명체들을 위한 평화위원회의 목소리는 종교들이 주장한 것이 아니라, 세계인이 종교인을 향해 한 호소다. 위원회 평의원들은 종교 공동체들이 종교들 사이의 문제에만 너무 많은 시간과 노력을 허비하고, 우리 모두가 맞닥뜨린 더 큰 문제인 가난·폭력·불의·환경 파괴에 대해서는 충분히 대화하지 않았다고 생각했다. 그래서 평화위원회는 저명한 종교 지도자 단체를 세우고,[1] 평의원들을 자문으로 두어 세계의 갈등과 분쟁 지역을 방문한다. 방문 목적은 종교들 간의 갈등을 비폭력과 정의로 해결하려는 데 있다. 우리의 대화 자리는 치아파스, 멕시코, 이스라엘과 팔레스타인, 북아일랜드다.

평화위원회에서 다른 평의원들과 함께한 내 경험은 그리스도인이 타종교인과 어떻게 가장 좋은 관계를 맺어야 하는가 본보기를 제시해 준다고 믿는다. 우리는 모두 이 세상의 고통을 보고 종교인으로서 윤리적 책임감을 가지고 무언가를 해야 한다고 느끼며 함께하고 있다. 따라서 우리는 함

---

[1] 평화위원으로는 달릴 부바커(Dalil Boubakeur), 엘리스 불딩(Elise Boulding), 스와미 치다난다 사라스와티(Swami Chidananda Saraswati), 조안 치티스터 수녀(Sr. Joan Chittister), 정현경(Chung Hyun Kyung), 다마난다(쳇수마른 카빌싱그) 수녀[Sr. Dhamananda (Chatsumarn Kabilsingh)], 삼데츠 프레 마하 고사난다(Samdech Preah Maha Ghosananda), 달라이 라마(Dalai Lama), 토마스 키팅 신부(Fr. Thomas Keating), 마이레드 마귀레(Máiread Maguire), 이맘 딘 무함메드(Imam W. Deen Mohammed), 찬드라 무자파(Chandra Muzaffar), 사무엘 루츠 가르시아 주교(Bishop Samuel Ruiz García), 산동 린포체(Sandhong Rinpoche), 싱그비(L.M. Singhvi), 데스몬드 투투 주교(Bishop Desmond Tutu), 랍비 레비 웨이만-켈만(Rabbi Levi Weiman-Kelman)이 있다. 더 자세한 자료는 www.peacecouncil.org를 보라.

께 행동한다. 우리는 모든 충돌을 보고 들으며, 희생자들에게 특별한 관심을 가지고 그들의 고통을 최소화할 수 있는 방안을 실천하고자 분투하고 있다. 우리는 (치아파스에 사는 가난한 이들의 화로에 불을 지피는 것처럼) 우리 도움이 즉각 필요한 이들을 만나 도움을 주고 (군사력처럼) 권력을 장악한 자들에게 자비의 진리를 전하고자 한다.

그러므로 평화위원회 평의원들이 맺는 첫 번째 관계는 종교적이지 않다. 그 관계는 윤리적이다. 우리는 교리가 아니라 교리가 가리키는 실천을 공유하려고 한다. 평화위원회에 참여한 그리스도인은 불자와 힌두인과 함께 예수의 가르침을 공유하는 것이 아니라, 고통과 폭력에 노출된 사람들에게 예수의 가르침을 전하고자 한다. 자신의 다르마에 대한 체험을 가지고 고통과 폭력에 응답하려는 불자와 힌두인과 함께 일하려는 것이다. 이렇게 우리는 함께 행동한다. 그러면서 우리는 깊고 귀중한 우정으로 묶인다. 우리는 서로를 좋아하고 돌보며 존중하게 된다. 이 우정은 과거의 전통적 대화 모임이 이루던 관계보다 깊고, 최소한 다른 것이다. 1997년 12월 (22일 세디요 정부 명령으로) 치아파스 주의 '악떼알'이라는 마을에서 45명의 남녀 농민과 아이들이 무참히 살해당한 학살 사건을 토착민에게 듣고 오열한 후에 (캄보디아 불교 지도자인) 마하 고사난다와 내가 느낀 친밀감은, 예수와 붓다의 가르침을 토론하거나 함께 명상한 후에 느낀 친밀감과는 다른 것이다. 평화나 정의를 위해 함께 행동하고 투쟁하고 고통당하는 것은 특별한 우정을 만들어 준다.

이 우정은 신앙인들 사이에서 이루어지므로, 종교 대화를 통해 맺어진다. 폭력의 원인을 분석하고 우리가 어떻게 응답하고 행동해야 하는지 결정하는 가운데, 평화위원회 평의원들은 자연히 자기 종교 교리와 바람을 공유한다. 이 공유는 서로를 북돋워 주고 쇄신시켜 준다. 그렇지만 때로 차이들은 긴장을 불러올 것이다. 그러나 우리는 친구로서 말하고 서로 존중하며 사랑하면서, 누가 옳은가를 증명하는 것이 아니라 폭력의 희생자들을 가장 잘 돕는 목표를 지향하기 때문에, 차이를 받아들일 수 있고 긴장을 견디면서 서로 배울 수 있다. 우리는 가장 어려우면서도 가장 풍성했던 '대화'를 치아파스에서의 만남 끝에 체험했다. 이 대화는 마야 토착민들과 멕시코 정부 대표들을 방문하고 그들의 이야기를 들은 후에 행해졌다. 그리스도인·유다인·무슬림은 정부 정책을 고발하는 성명을 내자고 했으나, 불자와 힌두인은 고발 조처는 어쨌든 피해야 한다고 경고했다. 우리는 어느 한 편을 드는 것이 아니라 가난한 이들을 지원해야 한다! 우리가 취한 절충안 중 하나는 우리 모두가 서로에게 진심으로 귀 기울이고 배우는 것이었다.

종교인이 함께 행동하는 것은 자연스럽게 자기 교리와 체험을 서로 나누는 것이므로, 우리 평화위원회 모임은 우리 자신과 초대한 이들이 고통을 공유하도록 여러 종교 의례로 끝맺었다. 이것은 우리가 함께 행동하면서 자연스레 시작되고 발전한 더 직접적 종교 대화였다. 2000년 9월, 평화위원회는 겟세마니 트라피스트 대성당 모임을 더 '의미 있게' 하자고 결정하고 우리의 여러 경전을 함께 읽고 함께 기도하며 명상하였다. 이로써 우리는 더 쉽고 깊은 대화를 나눌 수 있었다.

나는 이렇게 행동에 기초한 타종교인과의 윤리적 대화에 그리스도인이 '참여'하길 제안한다. 타종교인이 특정한 신학 모델을 어떻게 사용하든 상관없이 말이다. 나는 앞의 네 가지 모델을 따르는 그리스도인은 타종교인과 함께 평화·정의·생태계 보존을 위해 일할 수 있다고 확신한다. 종교 간 만남은 이 일을 지원하고 요청하며 기본으로 생각하기 때문이다. 각자의 신학적 입장이나 교파와 무관하게 모든 그리스도인은 하느님 나라가 예수 가르침의 핵심이고 이 나라는 사람들과 창조 세계를 돌보도록 부르고 힘을 준다는 데 동의할 수 있다. 그리스도인은 인간-지구 공동체를 돌보고 고통과 불의를 없애는 데 헌신하는 모든 이와 함께 아무 거리낌 없이 일해야 하겠다. 위기에 처한 여러 민족 공동체의 문제를 해결하려는 정치 지도자와 문화 지도자들의 요청에 귀 기울일 때, 그리스도인은 절박함과 책임감을 더 강하게 느낄 것이다. '종교 간 평화와 협력 없이는 민족 간 평화도 없을 것이다!' 그리스도인이 이 선언에서 진실을 찾는다면, 이 선언은 실천에 기초한 대화로 안내할 것이다.

윤리적·지구적 책임감을 지닌 대화는 그리스도인에게 타종교인과 새로운 우정을 나누게도 할 것이다. 이 우정은 이웃의 참살이를 위해 행동하고 이들을 진심으로 사랑할 때 더 단단해질 것이다. 평화위원회의 체험에서 얻은 이 우정은 종교적 친구들의 타자성을 존중하고 수용하며, 거기서 배우고 풍요로워지는 새로운 능력을 줄 것이다. 종교 대화는 윤리적 실천을 북돋워 줄 것이다. 그리스도인은 이 윤리적 대화와 실천에서 가르침을 얻고, 대화를 통해 그리스도교 신학을 분명하고 확실하게 바로잡을 수 있을 것이다. 대화는 신학을 성숙시킬 것이다.

이렇게 그리스도인 간의 대화에서 신학을 성숙시키고 분명히 할 수도 있다. 그리스도인끼리 대화하는 데 종교 간 대화가 도움을 주어야 한다고 말한 까닭이 여기 있다. 즉, 그리스도인이 타종교인과 나누는 우정은 그리스도교 안의 서로 다른 교파를 통합시키고 우정을 돈독하게 할 수 있다. 그리스도교의 여러 교파 친구들은 타종교 친구들과 윤리적 대화를 통해 여러 다른 종교신학을 더 많이 공유하고 배울 수 있을 것이다. 타종교인과 나누는 윤리적 대화는 그리스도인끼리 나누는 신학적 대화의 방향을 잡아주고 활기를 불어넣어 줄 것이다.

이처럼 그리스도인 간의 관계와 타종교인과의 관계를 통해 대화와 신학은 끊임없이 순환하면서 생기를 얻을 것이다. (자기 자신을 이해하려는) 신학과 (타종교를 이해하고 함께 일하려는) 대화는 서로 필요하고 서로 활기를 주며 서로 도전하고 서로 변혁을 꾀한다. 그리스도인은 타종교를 이해하기 위해 그리스도인끼리 대화해야 할 뿐 아니라, 그리스도인끼리 대화하기 위해 타종교인들과 만나야 한다. 이렇게 둘은 서로 맞물려 돌아간다. 그러나 이 원의 출발점은 그리스도인의 지구를 책임지려는 윤리와 실천을 다루는 대화다. 이 대화는 고통과 위기에 처한 지구와 사람/생명체를 '구하기' 위해 그리스도인끼리, 또 타종교인과 함께 행동하고 함께 일하고 함께 대화하며 기도하는 것이다.

이것은 "너희는 먼저 하느님의 나라와 그분의 의로움을 찾아라. 그러면 이 모든 것도 곁들여 받게 될 것이다"(마태 6,33)라고 하신 예수의 가르침과 일관된다. 그리스도인은 먼저 동료 그리스도인은 물론 타종교 형제자매와 더불어 사랑과 정의와 하느님 나라의 평화를 위해 행동하는 데 헌신해야 할 것이다. 그러면 그리스도교 신학이 그리스도인을 보호해 주리라. 그러나 이런 일이 생기지 않고 신학이 별로 발전하지 않는다 해도, 세상은 더 나아질 것이다.

색인 인명

간디, 마하트마 26
그레이엄, 빌리 46
그리피스, 폴 294 300-2 304 307 318

넷랜드, 헤럴드 79
뉴비긴, 레슬리 61-2 261
니체, 프리드리히 34 103
닐, 스테픈 58

다르마트마드자, 율리우스 169
다윈, 찰스 30
달라이 라마 23 385
드사, 프랜시스 213
드코스타, 가빈 151-7 178 265 269 339
드퓌, 자끄 14 151 156-62 178-80
디노이아, 조셉 304-6 365

라너, 칼 121-37 148-51 164 174 179
　181 193 255 291
라얀, 사무엘 228
라이서, 콘라드 85
레비나스, 엠마누엘 353 각주 4
레페두레, 레오 335 각주 34
로자노, 피에로 136
루터, 마틴 69 105
룰루스, 라이문두스 120 각주 8
류터, 로즈마리 레드포드 229
린드벡, 조지 288-98 300 304 306 310
　318 324-6 329 358 360-1
린드셀, 헤럴드 86

마르크스, 칼 34 98 103 301
머튼, 토마스 213 362
몰트만, 위르겐 277

무함마드 108 252 323 369
밀뱅크, 존 265

반즈, 마이클 329
바레트, C.K. 155 각주 15
바르트, 칼 49-56 68 70-2 82 89 100
　103-4 297
바오로(사도) 50-1 58 68-9 117 124 164
　180 224
바오로 6세(교황) 141-2
바움, 그레고리 277
버스롱, 존 335 각주 34
베니스, 프랜시스 335 각주 34
베리, 토마스 29 232
벨라민, 로버트 119
보그, 마르쿠스 185 239 각주 31
보니파티우스 8세(교황) 118 134
보어, 닐스 285
볼츠만, 루드비히 285
볼프, 미로슬라브 101-2
부렐, 데이비드 335 각주 34
붓다 105 108-9 224 226 252 323 369
　386
브라튼, 칼 73-4 76 81
비트겐슈타인, 루드비히 285 300

사마르타, 스탠리 83 213
산더스, 존 89-90
서린, 캐네스 266
소브리노, 존 241
수아레스, 프란치스코 119
스미스, 윌프레드 캔트웰 24 36-7
스미스, 허스튼 23
스윔, 브라이언 29
스힐레벡스, 에드워드 26-8 158 239 276

아말라도스, 마이클 213 222-3 234 236
　257

아벨라르두스 254
아우구스티누스 116-7
아인슈타인, 알버트 30
안셀무스 254
알트하우스, 파울 70
야기, 세이치 213
야스퍼스, 칼 26
예수 15 26 47-8 50 52 55-9 63 68-9
   73-5 78 81 83 85-91 96-7 99-102
   107-10 114-6 119 128-32 134-5 137
   146-50 153 155 157-66 168-9 173-
   82 185-6 188-9 192-4 201-7 221-6
   228-9 235 237-46 249-59 271-8 287
   303 305 309 313 323-4 337-42
   351-2 356-7 369 375-6 379-83 386
   388-9
   ~ 그리스도 43 48 50 52-7 62 73
   75 85-6 88 91 96 101 107 113 128
   132 138 148 151 155 159-62 165
   168 177 189 222 257 259 271 274
   303-4 313 322-4
   역사적 ~ 69
와일드맨, 웨슬리 251 각주 3
요한 바오로 2세(교황) 19 142-3 150-1
   168 175 178 273 291
요한 23세(교황) 136
유스티누스(순교자) 116
융, 칼 구스타프 291
윌프레드, 펠릭스 213 226

존스, 스텐리 81
지베트, 더글라스 60-1

칸트, 임마누엘 196-7 263
칼뱅, 존 69
캅, 존 258
켐벨, 조셉 23
코페르니쿠스 192-3 204
콘스탄티누스(황제) 116

콜럼버스, 크리스토퍼 118
콰인, 윌라드 반 오르만 285-6
쿠사누스, 니콜라우스 120 각주 8
쿠셸, 칼 요셉 164
큉, 한스 162-3 176 274 277
크리슈나 108 198 218 224 252 323 335
   375-6
클루니, 프랜시스, S.J. 15 326-7 330-5
   339-42 356 375-6
키넌, 존 335 각주 34

테르툴리아누스 116
테오도시우스(대제) 116
토마스 아퀴나스 88 305-6 335 346
틱낫한 23
틸리히, 폴 70 78 103

파니카, 레이몬 108 213-26 230 268 291
파이나다스, 세바스티안 213 335 각주 34
파트라판칼, 조셉 335 각주 34
판넨베르크, 볼프하르트 71 74-6 78 80
   104
푸코, 미셸 34
풀젠티우스 117-8
프라이, 한스 293
프레드릭스, 제임스 326-36 338 340 354-
   5 375-6
프로이트, 지그문트 34 98 103
플라처, 윌리엄 260 263 297 299
피녹, 클락 89-90
피어리스, 알로이시우스 243-6 335 각주
   34
필립스, 게리 60-1

하버마스, 위르겐 35
하비에르, 프란치스코 105
하이트, 로저 256-7
하임, 마크 14 261 264 288 309-26 329

353 364-5 367 369-71 376
하트손, 찰스 29
헤겔, 게오르그 빌헬름 프리드리히 301
헬비그, 모니카 163 165-6 275-6
홀, 더글라스 존 258
화이트헤드, 알프레드 노스 29
힉, 존 192-208 217 230 255 261 268 291 338

색인 사항

가난 22 34 70 101 169 230-1 233-4 236-7 240 243-4 350 385-7 ☞ 빈곤
가부장제 231
가치 선택적 다원주의 318
가톨릭 교회 19 83 118 120 125-6 136-8 141-2 144-9 161 167 174-5 179 191 ☞ 로마 가톨릭 교회
개종 21 26 80 83 145 157 167-8 179 263 325
거대 담론 287 305 327
경전이 지닌 맥락성 295 360
경쟁 63 80-1 109 301 322 334
   거룩한 ~ 63 80 109
   종교적 ~ 101
계몽주의 263 282-3
계시 52-5 62 67-8 72-3 76 79 84 90-1 96 100-1 103 109 120 135 148 155 159-61 164 174 180 192 250 252 254 262 274-6 305 313 323-4 339 353 359 369-70 372 375-6 381-2
   원 ~ 68
   일반 ~ 68 71 73 77 86 104-5
   창조 ~ 68
고립주의 36 358
고유성 103 137 187 189 243-4 252 270 297 305 323 325 357 369
   그리스도교의 ~ 323
   그리스도의 ~ 160 228 323 325
   예수의 ~ 177 188-9 207 224 243 245-6 252 273 357 376
고통 18 20 29 51 97 104 169 191 218 227 230-7 240 242 244 269 297 315 321 357 364 368 380 385-9
공통 기반 229 232 259-62 267-70 298 349-50 366
   윤리적 ~ 269
과학 27 32 46 50 61 202 226 283 285-7 302

관계 모델 152 185-91 199 229 238 242-3 249-50 252 254-5 257-69 271 275-8 281 291 298 310 312 317 321 324 328 347-8 350 354 363 366 368 370 372 374 381 383
관계의 풍요로움 219-20
광신 36
『교리의 본성: 탈자유주의 시대의 종교와 신학』 289
교회 12 19 25 27-8 34 36 44 46-7 49-50 53-4 68-9 82-4 89 91 107 113-20 124 126 128 130-1 133-4 136-8 141-2 144-50 154 156 158-9 166-8 173-5 178 181 189 192-4 203-5 222 227 241-2 250 254-5 273-4 282 289-90 326 339 351 371
교회 교부 222
『교회 교의학』 50-1 55
교회 밖에 구원 없다 25 76 117-9 133 193 ☞ 구원
「교회에 관한 교의 헌장」 134
「교회의 선교 사명」 143 145 150 159
「교회의 선교 활동에 관한 교령」 134
교회일치 복음주의자 46
구원 20 25 48 51-2 54-9 62-3 67 72-7 79 81 84-7 89-91 101 105 108-10 115-20 122 124-6 128-38 143-4 146 148-9 153 161 168-9 174 178 181 189 193 228 233 239 244 250 253-7 259 273-5 288 301 304-7 309-10 312 315-7 320 323-4 339 341 353 356-7 364-5 367 369-71 375-6
   ~의 길 63 76 125-6 135 143-4 174 193
국가사회주의(나치즘) 277
국제선교회의 82
그리스도교와 타종교 17 19 54-5 79-81 83 127 152
그리스도교의 정체성 114 338
『그리스도교 종교다원신학을 향하여』 156
그리스도교 종교신학 20 36 76 95 97

104 106 109 114 132 161 174 181
　　193 242 281 288 327-9 345 353
　　361 378 382
그리스도론 205-7 222 226-7 229 245
　　250-1 255-8 272 324
　　관계 ~ 258
　　보편 ~ 222 226
　　성령 ~ 205-6 255-7
그리스도의 재현 222
그리스도 중심주의 159 323
근대성 45 263-4 283
근본주의 44-5 54 71 82 86 192 204
기초 인간 공동체 237
기축 시기 26 195 200

다원 모델 00 00 00 00 ☞ 관계 모델
다원성 17 21 24 26-8 32 37 85 158
　　192 198 217 219 281 284 321-3
　　316-8 324-5 351 353 357 364
다원주의 19 28 32 36 156 173 187 190
　　194 212 217 219 261 265 277 299
　　318 329 377
다중 소속 362
단죄 118 135 371
대체 모델 43-4 49 63 70 82 84-5 95 97
　　103-4 113 127 129 174-5 185 191
　　201 225 249 270 278 281 290 311
　　314 320 323 328 350 352 379-81
　　383
　　부분 ~ 68 72 75 81 84-5
　　완전 ~ 68 79 81 84-5 104
대화 실천 35 179 373
「대화와 선포」 143-6
「대화 지침서」 83
동일체 108

로고스 115 205 222 224 251 255 ☞ 하
　　느님 말씀
로고스 스페르마티코스 115

로마 가톨릭 교회 113-4 173
「로마서」 50 55
루터주의 76
르네상스 30

맥도날드화 266
맹목적 신앙 359
물리학 62 285
　　새로운 ~ 30-1
물 자체 196
민족주의 36 46

바르 회의 84
바티칸 국제신학공식위원회 144
반유다주의 133 228-9
배타주의 61 85 185 242
베단타 335
「베단타 이후 신학」 335
변론 300-4 322 363
보편적 구원자 323
보편주의 89 110
　　~적 해결 89
복음주의 44-7 49 54-6 59 70-5 77 79-
　　82 84-7 89 91 95-8 100-2 105-7
　　109-10 124 129 132 191-2 224 263
　　309
복음주의협회 46 143
부정신학 105
불가지론 86-7
　　낙관적 ~ 87
　　비관적 ~ 87
불교 21 23 26 106 126 134 142 156
　　194 199 201 216 245 265 294-5
　　323 326 333-4 355 365 386
　　선 ~ 25 105 335 375
　　정토 ~ 105
브라만 23 34 109 341-2 356-7 366
　　375-6
비교신학 288 325-6 329-40 342 354

356 372-3 375
~의 접근 방식 339
비교 종교신학 327
비그리스도교를 위한 바티칸 사무국 136 141 145
「비그리스도교와 교회의 관계에 대한 선언」 133-4
비그리스도인 55 86 116-7 135 142 250 304 306 310 337
빈곤 34 231 276

사후 해결 88 306
삼위일체 152-3 155 158 203 220 313-6 322-5 353 367 370-1
상대주의 22 27-8 36 199-200 235 267-9 318 358-60
상보성 157
상징 56 73-4 78 97 115 125 147 153 175 182 194 197-8 202 204-6 222 235 238 240 253 264 271 273 291-2 333 338
상호 관계성 28 215
상호 보완 157
상호 완성 154 178
생태학 233 ☞ 환경 파괴
선교사 25 43 49 55 82 127 130 149 263-4 320
선행 55 77 105 176 ☞ 실천
성경 18 20-1 23 45-8 52-3 56 59-60 63 67-8 70 73 76-7 87-8 95-7 104-10 189 206-7 225 227-9 240 251 256 287 290 304 326 331 339-41
 신약~ 51 55-6 58 72-4 81 96-7 100 107 109-10 115 182 202-3 205 225-6 240 251 254 271-2 274-5 335 356
성령 45 47 63 84 90-1 96 125 131 136 142-4 151-5 157-8 160-1 163 174-5 178-9 197 205-6 218-9 226 238 240-1 243 255-8 273 291 371

~강림파 44-5 47 49 67
~쇄신 운동 47
성사 107 126 131 147 165 175 181-2 252-5 258 273
세계교회협의회 46 82-5 302
세계복음주의학회 85
세계선교회의 82
세계시민 35-6
세계종교 14 26 28-9 32 71 76 89 104 125 142 144 151 154 194 201 220 229 233 260 281 291 307 309 314 350 354 364-5 367-9 372
세계종교회의 28 233 385
수용 모델 152 281 284 286 288 296 298-300 303-5 307 309 312 317-8 321 324-6 336 340 345-53 355 357-8 360-4 366 368-70 372-3 382-3
식민주의 83 283
신복음주의 46-7 67
 ~ 좌파 46
신비주의 213 ☞ 종교적·신비적 접근
신성 17 34 56 69 122-3 127 191 196-8 203 206 211 215 241 255-6 258 260 268 313 338 352
「신앙들 사이의 신앙」 335
신앙주의 359
「신학대전」 335
실재 17 22-3 27 29-32 37 53 61 67 75 98 136 191 193-201 206 212 215-9 222 230 242 254 261 264 267-8 291 297 304 310 313 340 354
실천 22-3 29 35 46 76-7 90 105 125-6 130 134 144 167 169 179 191 195 199-201 214 225 227-9 231 233-40 242-3 298 321 334 336 340 351 354-6 362 368 373 381 386 388-9
 ☞ 선행
「심원한 풍요로움」 312 315

「아드바이타 베단타」 335
아시아 교회 166-8
아시아 주교 166-9
아시아주교연합회 166
악 20 28 37 50 60 70 97-8 124 163 174-5 219 235-6 277-8 297 316 371
양심 68-9 88 119 127 134 306
언어 31 35 53 55 69 97-8 105 109-10 115 122 127 129 144 155 160-1 202-5 214 217 221 225-6 252 255 264 267 271-2 289-95 300 303-4 309-10 312 318 324 340-2 345 356-63 371 382-3
연기 29 342 356 375
연옥 306
열반 23 105 108 310 363 365-6
영성 47 121 232 271 274 332 383
예술 54 360
오스트레일리아 토착민 130
「오직 예수 이름으로만?」 11-2 20 215
완성 모델 91 113-4 129 150 156-7 161 173-5 177-9 181 185-6 190-1 201 249 270 278 281 304-5 311 318 320 323 328 339 347 350 354 374 380-1 383
「우남 상탐」(Unam Sanctam) 118
우상숭배 54 78 98 352
우정 336-7 356-7 386 388
육화 115 153 157 160 164 180 192 202-5 207 244 250 255-6 338 351 376 382
윤리적 실천 237 388
윤리적·실천적 다리 191 227 229 243 321
윤리적·실천적 접근 240 242
은총 20 51-5 63 89 99 107 109 117 120-6 128 130 134-7 143 147 149 158 174-5 189 207 243 250 304 306
이교도 119 131 193

이데올로기 34-5 98 154
이성 26 63 98 157 218-9 263 282-3 286 360
이슬람 21 23 27 44
익명의 그리스도인 128 130 135 193 243 305 324
인식론 98 100 107
~적 필요성 75
일치 29 32 62-3 68 72 76 82-3 101 118 142 155 169 214 216-7 219-20 222 232 234 236 255 260-1 270 273 284 289 304 310 324 351-3 367 374 383-4
「일치 운동에 관한 교령」 133

자기를 증명하는 진리들 264
절대적인 것 78 102 368 370-2
정교회 82 84 113
제1위 우위설 371
제2차 바티칸 공의회 82-3 113 132-8 141-4 147 150 167 179 187
제4차 라테라노 공의회 118
제국주의 101 221 245 259 262-3 265 267-8 276 363 367
조직신학 330
존재론 98 107
~적 치유 100
~적 필요성 73
종교 간 대화 22 36 103 143 169 176 200 213 221 227 233 265 269-70 296 299-301 320 335 349 355 388
종교 간 대화를 위한 바티칸 위원회 141
종교 다원성 21-2 25 313
종교신학 12-3 18-21 25 36 39 44 75-6 81-2 84-5 95 97 103-4 106 109 113-4 121 124 127-8 131-2 135 137 142 148 153 155 157 161 174 181 193 219 221 223 227-8 242-3 281 288 290 311 322 326-9 345 353-4 361 371-4 377-8 382-4 388

현대 ~ 156
종교 언어 35 264 291-5 300 359 361-3 382
  타~ 155 362
종교사 18 34 71 77 103 194-6 199 227 363
종교 이해 290-1 293 340
  타~ 58 95
종교적·신비적 다리 191 211
종교적·신비적 접근 211
종교평화위원회 385
『종의 기원』 30
준형상인성 123
중세 시대 30 117
지구 윤리 232-3 265-6 368
지옥 59 85-6 117 130 315
진리 충족 이론 290
진화 29 284
  ~론 30 45 50

차이 18-9 22 25 46-9 54 56 80 83 99 129 143 150 152 158 163 177 181-2 188 198-200 211-2 220-1 226 231 267 270 281-2 284 288 296 298-9 301 303 307 309 311-4 317-9 322 325-6 332-4 337 342 349-53 356-7 364-7 372 382 387
철학적 다리 185 199 201 208 238
철학적·역사적 다리 191-2 211
체험적·표현적 종교 개념 290
초자연적 실존 122
충만성 178 259
  '관계적' ~ 160
  '상대적' ~ 180

카스트 제도 34-5
케노시스 164 180

타자 123 195 198 200 314 329 338 348-9 352-3
「타종교를 향한 교회의 태도」 145 각주 5
타종교와의 대화 186 332 375 380 384
탈근대주의 217 282-5 287-9 345
탈자유주의 288-9 291 293-4 296-8
토착 종교 126
트렌토 공의회 119 124 133
특수주의 110

평화 22 25 76 80 100 104 107-8 110 122 129 142 175-6 181 195 199 220 235-6 239-40 242 281 380 386-9
평화위원회 385-8
포괄주의 89-90 190 242 318 339 347-50
폭력 51 61-2 80 100-1 104 176 230-1 235 276 360 368 385-7
프랑스 혁명 30 294
프로테스탄트 45 51 53 55 114 124 135 147 174
  ~ 원리 103
피렌체 공의회 118 135

하나이며 유일한 74 99 102 104 107-10 168-9 178 204 225-6 235 250-2 271 350
하느님 나라 15 22 75 146-7 150 156 163 167 237-9 241-3 251 269 271 276-8 365 387 389
하느님 말씀 45 63 69 71 73 104 107 115-6 119-20 153 155 157-9 163 188 202-3 222 237 241 254-6 258 275 293
하느님의 다스림 146-8 150 159 238-41 276 278
하느님의 아들 108 159 192 202-5 225 241 245 250

하늘나라 34 87-8 229 311-2 315-6 325
　☞ 구원
해방 22 126 130 138 165 169 216 234
　　236 240 277 283 374
해방자 169 238 240 242-3 276 278
해체주의자 287
「현대 세계의 교회에 관한 사목 헌장」 134
현상 62 196 198 268-9 293
환경 파괴 276 360 385
희생 34 200 230 236 244 252-5 383
힌두교 21 23 26 34 105 126-7 134 142
　　156 168 201 234 295 326 330-2
　　334-5 341-2 354-6 375
　　　오로빈도 ~ 29
「힌두교의 알려지지 않은 그리스도」 223